Gert Otto · Praktische Theologie

GERT OTTO · PRAKTISCHE THEOLOGIE · BAND 2

GERT OTTO

# HANDLUNGSFELDER
# DER PRAKTISCHEN THEOLOGIE

CHR. KAISER VERLAG

Wir danken dem Arche Verlag für die Erteilung der Abdruckgenehmigung aus dem Buch: Hanns Dieter Hüsch, Hanns Dieter Hüsch hat jetzt zugegeben ... Eine Collage von Bernd Schroeder, © 1985 by Arche Verlag AG, Raabe + Vitali, Zürich; dem Verlag Rogner & Bernhard für die Abdruckgenehmigung aus dem Buch: Hanns Dieter Hüsch, Den möcht' ich seh'n ..., München 1978, © Verlag Rogner & Bernhard, München.

CIP-Titelaufnahme der Deutschen Bibliothek

**Otto, Gert:**
Praktische Theologie/Gert Otto. - München : Kaiser.

**Otto, Gert:**
Handlungsfelder der praktischen Theologie/Gert Otto. - München : Kaiser, 1988
  (Praktische Theologie/Gert Otto ; Bd. 2)
  ISBN 3-459-01756-2
Bd. 2. Otto, Gert: Handlungsfelder der praktischen Theologie.
  1988

© 1988 Chr. Kaiser Verlag, München.
Alle Rechte vorbehalten, auch die des auszugsweisen Nachdrucks,
der fotomechanischen Wiedergabe und der Übersetzung;
Fotokopieren nicht gestattet.
Umschlag: Ingeborg Geith, München.
Satz u. Druck: Druckerei Wagner GmbH, Nördlingen
Bindung: Sellier, Freising
Printed in Germany

# INHALT

Bibliographische Abkürzungen . . . . . . . . . . . . . . 12

VORWORT . . . . . . . . . . . . . . . . . . . . . . 14

EINLEITUNG . . . . . . . . . . . . . . . . . . . . . 15

0 ASPEKTE: Religion und Kirche in der Gesellschaft . . 17

*0.0 Literatur* . . . . . . . . . . . . . . . . . . . . . 18
*0.1 Religion als Horizont von Gesellschaft und Kirche* . 23

    0.1.0 Zur Einführung . . . . . . . . . . . . . . . 23
    0.1.1 Aspekt: Religion und Geschichte . . . . . . 25
    0.1.2 Aspekt: Religion und Kritik . . . . . . . . . 30
    0.1.3 Aspekt: Religion und Gesellschaft . . . . . . 31
    0.1.4 Aspekt: Religion und Identität . . . . . . . . 35
    0.1.5 Aspekt: Kulturreligion/Civil Religion . . . . 37
    0.1.6 Zwischenüberlegung . . . . . . . . . . . . . 42

*0.2 Kirche im Horizont von Gesellschaft und Religion* . 43

    0.2.1 Aspekt: Emigration? . . . . . . . . . . . . . 43
    0.2.2 Aspekt: Traditionsabbruch . . . . . . . . . . 48
    0.2.3 Aspekt: Volkskirche . . . . . . . . . . . . . 50
    0.2.4 Aspekt: Kirche und Staat . . . . . . . . . . 53
    0.2.5 Aspekt: Kirche außerhalb der Kirche . . . . . 56
    0.2.6 Aspekt: Gemeindeaufbau . . . . . . . . . . 57

*0.3 Leitlinien* . . . . . . . . . . . . . . . . . . . . . 61

# HANDLUNGSFELDER DER PRAKTISCHEN THEOLOGIE ... 63

## VORBEMERKUNG ... 65

## 1 LERNEN (1): Erwachsenenbildung/Jugendarbeit ... 68

### 1.0 Literatur ... 69
### 1.1 Kommentierte Zugänge: Beispiele ... 72

1.1.1 Erwachsenenbildung als Selbsttätigkeit Erwachsener ... 72
1.1.2 Die Realität ... 74
1.1.3 Wunschbild: Wie Kinder sein sollten ... 75

### 1.2 Theorieansätze und Handlungsformen ... 76

1.2.1 Erwachsenenbildung ... 76
1.2.2 Jugendarbeit ... 85

### 1.3 Verknüpfungen ... 94
### 1.4 Ausblicke ... 95

1.4.1 Altenarbeit ... 95
1.4.2 Elementarerziehung ... 97
1.4.3 Evangelische Akademien ... 99

## 2 LERNEN (2): Religionsunterricht/Konfirmandenarbeit ... 102

### 2.0 Literatur ... 103
### 2.1 Kommentierte Zugänge: Beispiele ... 107

2.1.1 Bildung und Religion ... 107
2.1.2 Der umfassende Horizont des Lernens ... 108
2.1.3 Religion und Biographie ... 109

### 2.2 Theorieansätze und Handlungsformen ... 110

2.2.1 Religionsunterricht in der Schule ... 110
2.2.2 Konfirmandenarbeit und Konfirmation ... 125

*2.3 Verknüpfungen* . . . . . . . . . . . . . . . . . . 134
*2.4 Ausblicke* . . . . . . . . . . . . . . . . . . . . . 135

    2.4.1 Erzählen . . . . . . . . . . . . . . . . . . . 135
    2.4.2 Christenlehre in der DDR . . . . . . . . . . 137
    2.4.3 Islamischer Religionsunterricht an deutschen Schulen . . . . . . . . . . . . . . . . . . . . 139

## 3 HELFEN (1): Seelsorge/Beratung . . . . . . . . . . 142

*3.0 Literatur* . . . . . . . . . . . . . . . . . . . . . 143
*3.1 Kommentierte Zugänge: Beispiele* . . . . . . . . 145

    3.1.1 Seelsorgeverständnis – Theologie – Kirchenverständnis . . . . . . . . . . . . . . . . . . . 145
    3.1.2 Seelsorge als Politikum . . . . . . . . . . . . 146
    3.1.3 Beratung als kirchlich-gesellschaftliche Aufgabe . . . . . . . . . . . . . . . . . . . . 147

*3.2 Theorieansätze und Handlungsformen* . . . . . . 149

    3.2.1 Seelsorge . . . . . . . . . . . . . . . . . . . 149
    3.2.2 Beratung . . . . . . . . . . . . . . . . . . . 160

*3.3 Verknüpfungen* . . . . . . . . . . . . . . . . . . 167
*3.4 Ausblicke* . . . . . . . . . . . . . . . . . . . . . 168

    3.4.1 Telefonseelsorge . . . . . . . . . . . . . . . 168
    3.4.2 Grenzsituation Tod . . . . . . . . . . . . . 170
    3.4.3 Behindertenarbeit . . . . . . . . . . . . . . 172

## 4 HELFEN (2): Sozialgesetzgebung/Diakonie/ Entwicklungshilfe . . . . . . . . . . . . . . . . . 175

*4.0 Literatur* . . . . . . . . . . . . . . . . . . . . . 176
*4.1 Kommentierte Zugänge: Beispiele* . . . . . . . . 178

    4.1.1 Eine historische Stimme . . . . . . . . . . . 178
    4.1.2 Gerechtigkeit und Barmherzigkeit . . . . . . 179
    4.1.3 Arbeitslosigkeit . . . . . . . . . . . . . . . 181

### 4.2 Theorieansätze und Handlungsformen . . . . . . . 183

4.2.1 Diakonie im Sozialstaat . . . . . . . . . . 183
4.2.2 Diakonie und Theologie . . . . . . . . . . 189
4.2.3 Entwicklungshilfe als ökumenische Diakonie 194

### 4.3 Verknüpfungen . . . . . . . . . . . . . . . . . 200
### 4.4 Ausblicke . . . . . . . . . . . . . . . . . . . 201

4.4.1 Gemeinwesenarbeit und Gemeindeberatung 201
4.4.2 Helfende Berufe . . . . . . . . . . . . . . 203
4.4.3 Familienhilfe und -beratung . . . . . . . . 205

## ZWISCHENÜBERLEGUNG . . . . . . . . . . . . . . . 208

## 5 VERSTÄNDIGEN: Generationen/Ökumene/Männer und Frauen . . . . . . . . . . . . . . . . . . . . . 210

### 5.0 Literatur . . . . . . . . . . . . . . . . . . . 211
### 5.1 Kommentierte Zugänge: Beispiele . . . . . . . . 214

5.1.1 Absolutheitsansprüche . . . . . . . . . . . 214
5.1.2 Lerngemeinschaft zwischen den Generationen 216
5.1.3 Antirassismus . . . . . . . . . . . . . . . 217

### 5.2 Theorieansätze und Handlungsformen . . . . . . . 218

5.2.1 Dialog zwischen den Generationen . . . . . 219
5.2.2 »Ökumenischer« Dialog . . . . . . . . . . 223
5.2.3 Dialog zwischen Männern und Frauen . . . 231

### 5.3 Verknüpfungen . . . . . . . . . . . . . . . . . 241
### 5.4 Ausblicke . . . . . . . . . . . . . . . . . . . 242

5.4.1 Frauen in der Kirche . . . . . . . . . . . 242
5.4.2 Zur Asylproblematik . . . . . . . . . . . 244
5.4.3 Thesen zur politischen Predigt . . . . . . . 246

## 6 REDEN UND SCHREIBEN: Reden/Sprache/Predigt 249

*6.0 Literatur* .................... 251
*6.1 Kommentierte Zugänge: Beispiele* ......... 253

    6.1.1 Kriegsreligion im Kaiserreich ....... 253
    6.1.2 Stimmen aus nationalsozialistischer Zeit ... 255
    6.1.3 Republikanische Reden .......... 257

*6.2 Theorieansätze und Handlungsformen* ....... 259

    6.2.1 Reden und Schreiben ........... 259
    6.2.2 Instrumentelle und mediale Sprache ..... 263
    6.2.3 Die Predigt als Rede/Handlung ....... 269

*6.3 Verknüpfungen* .................. 277
*6.4 Ausblicke* ..................... 278

    6.4.1 Religion/Kirche in Massenmedien ..... 278
    6.4.2 Religiöse Sprache im Kabarett:
    Hanns Dieter Hüsch .............. 280
    6.4.3 Religion/Kirche im gesellschaftlichen Diskurs 283

## 7 DEUTEN: Lebensgeschichte/Taufe/Trauung ...... 287

*7.0 Literatur* ..................... 288
*7.1 Kommentierte Zugänge: Beispiele* ......... 290

    7.1.1 Tendenzen ................ 290
    7.1.2 Der Brauch der Taufe ........... 291
    7.1.3 Lebensgeschichte ............. 292

*7.2 Theorieansätze und Handlungsformen* ....... 293

    7.2.1 Zum Gesamtverständnis der Amtshandlungen 293
    7.2.2 Taufe ................... 299
    7.2.3 Trauung ................. 303

*7.3 Verknüpfungen* .................. 309
*7.4 Ausblicke* ..................... 310

## 7.4.1 Ökumenische Trauung ............ 310
## 7.4.2 Säkulare Riten ............... 312

# 8 FEIERN: Fest/Gottesdienst/Kindergottesdienst .... 315

*8.0 Literatur* ..................... 316
*8.1 Kommentierte Zugänge: Beispiele* ......... 319

### 8.1.1 Das Fest als Erweiterung ........... 319
### 8.1.2 Politischer Kult ............... 320
### 8.1.3 Ideal und Wirklichkeit ........... 322

*8.2 Theorieansätze und Handlungsformen* ....... 323

### 8.2.1 Fest und Feier ............... 323
### 8.2.2 Gottesdienst ................ 325
### 8.2.3 Kindergottesdienst ............. 333

*8.3 Verknüpfungen* ................... 338
*8.4 Ausblicke* ..................... 339

### 8.4.1 Abendmahl für Kinder ........... 339
### 8.4.2 Ökumenische Gottesdienste ........ 341
### 8.4.3 Die Lima-Liturgie ............. 343

# 9 KOOPERIEREN: Kommunikative Praxis/Laien/Pfarrerinnen und Pfarrer .................. 346

*9.0 Literatur* ..................... 347
*9.1 Kommentierte Zugänge: Beispiele* ......... 349

### 9.1.1 Öffentliche Rechte und Pflichten ....... 349
### 9.1.2 Gesellschaftliche Krisen ........... 350
### 9.1.3 Selbstkritische Rückfragen .......... 351

*9.2 Theorieansätze und Handlungsformen* ....... 352

### 9.2.1 Kommunikative Praxis ........... 352
### 9.2.2 Die Laien als Subjekte ........... 357
### 9.2.3 Zur Rolle von Pfarrerinnen und Pfarrern ... 362

## Inhalt

9.3 *Verknüpfungen* . . . . . . . . . . . . . . . . . . 368
9.4 *Ausblicke* . . . . . . . . . . . . . . . . . . . . . 369
   9.4.1 Position im Konflikt . . . . . . . . . . . . 369
   9.4.2 Kirchliches Engagement gegen Arbeitslosigkeit . . . . . . . . . . . . . . . . . . . . . . 371
   9.4.3 »Irgendwo ist eine Grenze ...« . . . . . . . 373

SCHLUSS . . . . . . . . . . . . . . . . . . . . . . . . 377

Sachregister . . . . . . . . . . . . . . . . . . . . . . . 383

In den Kapiteln 1 und 2 habe ich an einigen Stellen Formulierungen aus früheren, z. T. vergriffenen Veröffentlichungen verarbeitet.

# ABKÜRZUNGEN

*Enzyklopädien/Handbücher*

| | |
|---|---|
| BÄUMLER/METTE | C. BÄUMLER/N. METTE (Hg.), Gemeindepraxis in Grundbegriffen (1987) |
| BLOTH-HdB | P. C. BLOTH u. a. (Hg.), Handbuch der Praktischen Theologie, Bd. 2 (1981), Bd. 3 (1983), Bd. 4 (1987) |
| DDR-HdB | H. AMMER u. a., Handbuch der Praktischen Theologie, Bd. 1 (1975), Bd. 2 (1974), Bd. 3 (1978) |
| EE | D. LENZEN (Hg.), Enzyklopädie Erziehungswissenschaft, 11 Bde. (1983 ff.) |
| OTTO-HdB | G. OTTO (Hg.), Praktisch-theologisches Handbuch (1975²) |
| RÖSSLER/1986 | D. RÖSSLER, Grundriß der Praktischen Theologie (1986) |
| TRE | G. KRAUSE/G. MÜLLER (Hg.), Theologische Realenzyklopädie (1976 ff.) |

Der Verweis »s. Bd. 1, S. ...« bezieht sich stets auf: G. OTTO, Grundlegung der Praktischen Theologie (1986).

*Zeitschriften*

| | |
|---|---|
| EvKomm | Evangelische Kommentare |
| EvTh | Evangelische Theologie |
| MPTh | Monatsschrift für Pastoraltheologie |
| PastInf | Pastoraltheologische Informationen |
| PTh | Pastoraltheologie |
| ThPr | Theologia Practica |

| | |
|---|---|
| WPKG | Wissenschaft und Praxis in Kirche und Gesellschaft |
| WzM | Wege zum Menschen |
| ZEE | Zeitschrift für evangelische Ethik |

Im Text ist die Literatur nur mit Autorennamen und Erscheinungsjahr kenntlich gemacht. Dies schlüsselt sich durch die Literaturverzeichnisse am Anfang jedes Kapitels auf (s. auch die Vorbemerkung S. 66 f.). Die Literatur zum jeweils letzten Abschnitt jedes Handlungsfeldes (»Ausblicke«) ist aus Gründen besserer Übersichtlichkeit dort am Schluß aufgeführt.

# VORWORT

Die ausgewählten Zitate aus ELIAS CANETTIS Aufzeichnungen, die dem ersten Band vorangestellt sind, gelten auch als Motto für den zweiten Band der Praktischen Theologie. Sie mögen die Offenheit, die Unabschließbarkeit und die Ergänzungsbedürftigkeit des Überlegungsganges durch praktisch-theologische Handlungsfelder ebenso signalisieren, wie dies für die Grundlegung galt.

Wie immer habe ich zu danken – für Ermutigung und für Kritik, für kontrollierendes Mitlesen der Entwürfe und für viele Anregungen, für Formulierungsvorschläge und für Ergänzungen: Ursula Baltz-Otto, Albrecht Grözinger, Henning Luther, Ralf Stroh, Ingo Witt und, nicht zuletzt, Frau Christine Schneider, die viel zu schreiben und zu kopieren hatte, den Kaffee kochte und unsere Hektik gelassen ertrug.

Daß auch ein wissenschaftliches Buch für den Autor zur Quelle von Amüsement wird, dafür sorgen allemal Rezensenten. Einer hat in seiner Weisheit in der Besprechung des ersten Bandes die *Verständlichkeit* der Darstellung negativ als unwissenschaftlich vermerkt – um so mehr habe ich mich bemüht, daß auch der zweite Band hoffentlich nicht nur für Eingeweihte verständlich ist.

Als dritter und abschließender Band soll demnächst eine Zusammenstellung von Texten zur Geschichte der Praktischen Theologie folgen.

Ich widme dieses Buch dem Gedenken an Hans Joachim Dörger, der Anfang des Jahres 1988 sein Leben verlor.

Mainz, im Februar 1988                                       GERT OTTO

# EINLEITUNG

# 0 ASPEKTE
## – Religion und Kirche in der Gesellschaft

*Motto*

»Die Entscheidung über den künftigen Weg von Kirche und Theologie fällt im Religionsverständnis.«
MANFRED JOSUTTIS/1988

»Geschichte, Subjekt und Religion sind die gemeinsamen Themen der Theorie der Postmoderne und der Theologie.«

»Die praktisch-theologische Dimension der Auseinandersetzung um die postmoderne Bestreitung des Menschen als Subjekt kommt in der Frage zum Tragen, in welchen Vollzügen religiöser und kirchlicher Praxis sich Menschen als Subjekte erfahren können.«
ALBRECHT GRÖZINGER/1987

»Wirkliche Religion ist für die Postmoderne gefährlich.«
MANFRED JOSUTTIS/1988

## 0.0 Literatur

| | |
|---|---|
| H.-E. Bahr (Hg.) | Religionsgespräche. Zur gesellschaftlichen Rolle der Religion (1975) |
| Ders. | Ohne Gewalt, ohne Tränen? Religion 1, Religion 2<br>in: H.-E. Bahr (1975), *siehe dort* |
| R. N. Bellah | Religiöse Evolution<br>in: Seminar Religion und gesellschaftliche Entwicklung (1973), S. 267 ff. |
| P. L. Berger | Der Zwang zur Häresie (1980) |
| C. Colpe | Das Phänomen der nachchristlichen Religion in Mythos und Messianismus<br>in: Neue Zeitschr. f. Systematische Theolg. 9. Jg./1967, S. 42 ff. |
| K.-F. Daiber/<br>T. Luckmann (Hg.) | Religion in den Gegenwartsströmungen der deutschen Soziologie (1983) |
| R. Döbert | Systemtheorie und die Entwicklung religiöser Deutungssysteme (1973) |
| W. Fischer | Identität – die Aufhebung der Religion?<br>in: WPKG 65. Jg./1976, S. 141 ff. |
| F. Fürstenberg (Hg.) | Religionssoziologie ($1970^2$) |
| B. Gladigow/<br>H. G. Kippenberg (Hg.) | Neue Ansätze in der Religionswissenschaft (1983) |
| A. Grözinger | Der Streit um die Moderne und der Ort der Praktischen Theologie<br>in: ThPr 22. Jg./1987, S. 5 ff. |
| J. Habermas | Theorie des kommunikativen Handelns, Bd. 1 ($1982^2$) |
| J. Hanselmann/<br>D. Rössler | Gelebte Religion (1978) |
| J. Hanselmann u. a. (Hg.) | Was wird aus der Kirche? (1984) |

| | |
|---|---|
| M. Herbst | Missionarischer Gemeindeaufbau in der Volkskirche (1987) |
| K. Hesse | Artikel: Kirche und Staat I–IV<br>in: Ev. Staatslexikon, Bd. 1 (1987³), Sp. 1546 ff. |
| H. Hild (Hg.) | Wie stabil ist die Kirche? (1974) |
| M. Horkheimer | Kritische Theorie, hg. v. A. Schmidt, Bd. 1 (1968) |
| Ders. | Die Sehnsucht nach dem ganz Anderen. Interview mit Kommentar von H. Gumnior (1970) |
| Ders. | Zur Kritik der instrumentellen Vernunft (1974) |
| W. Huber | Kirche (1979a) |
| Ders. | Ökumenische Perspektiven zum Thema »Religion des Volkes«<br>in: K. Rahner u. a. (Hg.)/1979b, *siehe dort* |
| M. Josuttis | Rezension: M. Seitz, Erneuerung<br>in: EvKomm 10. Jg./1986, S. 229 |
| Ders. | Der Kampf des Glaubens im Zeitalter der Lebensgefahr (1987) |
| Ders. | Religion – Gefahr der Postmoderne<br>in: EvKomm 21. Jg./1988, S. 16 ff. |
| H. E. J. Kalinna | Artikel: Kirche und Staat V–VI<br>in: Ev. Staatslexikon, Bd. 1 (1987³), Sp. 1575 ff. |
| S. Kierkegaard | Der Liebe Tun<br>in: Gesammelte Werke 19. Abt., Bd. 2, hg. von E. Hirsch und H. Gerdes. GTB-Taschenbuchausgabe (1983) |
| H. G. Kippenberg | Artikel: Religion<br>in: Otto-Hdb (1975²) |
| Ders. | Diskursive Religionswissenschaft<br>in: B. Gladigow u. H. G. Kippenberg (Hg.)/1983, *siehe dort* |

| | |
|---|---|
| KIRCHENAMT DER EKD (Hg.) | Christsein gestalten (1986) |
| KIRCHENKANZLEI DER EKD (Hg.) | Thema: Volkskirche. Bearbeitet von R. SCHLOZ (1978) |
| H. KLEGER/ A. MÜLLER (Hg.) | Religion des Bürgers (1986) |
| P. KOSLOWSKI (Hg.) | Die religiöse Dimension der Gesellschaft (1985) |
| G. KÜENZLEN | Civil Religion und Christentum (1985), EZW-Texte/Impulse Nr. 21 |
| A. KUPHAL | Abschied von der Kirche (1979) |
| E. LANGE | Bildung als Problem und als Funktion der Kirche<br>in: Ders., Sprachschule für die Freiheit (1980) |
| H. LÜBBE | Die Religion der Bürger<br>in: EvKomm 15. Jg./1982, S. 125 ff. |
| Ders. | Religion und Politik<br>in: EvKomm 15. Jg./1982, S. 661 ff. |
| W. LÜCK | Die Volkskirche (1980) |
| N. LUHMANN | Institutionalisierte Religion gemäß funktionaler Soziologie<br>in: Concilium 10. Jg./1974, S. 20 ff. |
| Ders. | Funktion der Religion (1977) |
| H. LUTHER | ›Grenze‹ als Thema und Problem der Praktischen Theologie<br>in: ThPr 19. Jg./1984, S. 221 ff. |
| Ders. | Identität und Fragment<br>in: ThPr 20. Jg./1985, S. 317 ff. |
| Ders. | Schmerz und Sehnsucht<br>in: ThPr 22. Jg./1987, S. 295 ff. |
| W. MARHOLD | Gesellschaftliche Funktionen der Religion<br>in: W.-D. MARSCH/1973, *siehe dort* |
| W.-D. MARSCH (Hg.) | Plädoyers in Sachen Religion (1973) |

| | |
|---|---|
| J. MATTHES | Anmerkungen zur Säkularisierungsthese in der neueren Religionssoziologie<br>in: D. GOLDSCHMIDT/J. MATTHES (Hg.), Probleme der Religionssoziologie (1962), S. 65 ff. |
| Ders. | Die Emigration der Kirche aus der Gesellschaft (1964) |
| Ders. | Religion und Gesellschaft (1967) |
| Ders. | Kirche und Gesellschaft (1969) |
| C. MÖLLER | Lehre vom Gemeindeaufbau (1987) |
| I. MÖRTH | Die gesellschaftliche Wirklichkeit von Religion (1978) |
| J. MOLTMANN | Das Gespenst einer Zivilreligion<br>in: EvKomm 16. Jg./1983, S. 124 ff. |
| E. NEUBERT | Reproduktion von Religion in der DDR-Gesellschaft (= epd-Dokumentation Nr. 35 und 36/1986) |
| G. OTTO | Jugend und Kirche<br>in: R. HANUSCH/G. LÄMMERMANN (Hg.), Jugend zur Sprache bringen (1987) |
| W. PANNENBERG | Anthropologie in theologischer Perspektive (1983) |
| Ders. | Civil Religion?<br>in: P. KOSLOWSKI (1985), *siehe dort* |
| Ders. | Religion und menschliche Natur<br>in: Ders., Sind wir von Natur aus religiös? (1986) |
| R. PIEPMEIER | Vernunftbegriff – Religionsbegriff – Gesellschaftsbegriff<br>in: B. GLADIGOW u. H. G. KIPPENBERG/ 1983 *siehe dort* |
| K. RAHNER u. a. (Hg.) | Volksreligion – Religion des Volkes (1979) |
| T. RENDTORFF | Die Säkularisierungsthese bei Max Weber<br>in: Max Weber und die Soziologie heute (1965) |

| | |
|---|---|
| Ders. | Zur Säkularisierungsproblematik<br>in: Internationales Jahrb. f. Religionssoziologie (1966) |
| Ders. | Religion »nach« der Aufklärung<br>in: Ders. (Hg.), Religion als Problem der Aufklärung (1980) |
| D. Rössler | Christentum außerhalb der Kirche (1969) |
| Ders. | Die Vernunft der Religion (1976) |
| J. Scharfenberg | Sigmund Freud und seine Religionskritik (1971$^3$) |
| R. Schieder | Civil Religion (1987) |
| G. Schmidtchen u. a. | Gottesdienst in einer rationalen Welt (1973) |
| F. Schwarz/<br>C. A. Schwarz | Theologie des Gemeindeaufbaus (1985$^2$) |
| M. Seitz | Erneuerung der Gemeinde (1985) |
| C. Seyfarth | Zur westdeutschen Diskussion der Religionssoziologie Max Webers seit den sechziger Jahren<br>in: K. Daiber/T. Luckmann (1983), *siehe dort* |
| D. Sölle | Grenzen der Kirche<br>in: G. Heidtmann u. a. (Hg.), Protestantische Texte aus dem Jahre 1965 (1966), S. 153 ff. |
| T. Sorg | Christus vertrauen – Gemeinde erneuern (1987) |
| P. Tillich | Systematische Theologie, Bd. III (1966) |
| E. Troeltsch | Die Bedeutung des Protestantismus für die Entstehung der modernen Welt (1928$^5$) |
| F. Wagner | Was ist Religion? (1986) |
| Ders. | Subjektivität und Religion<br>in: R. Hanusch/G. Lämmermann (Hg.), Jugend in der Kirche zur Sprache bringen (1987), S. 323 ff. |
| M. Weber | Wirtschaft und Gesellschaft (1921) |

|                  | Studienausgabe, hg. von J. WINCKELMANN, 1. Halbbd. (1964) |
|---|---|
| M. WEINRICH (Hg.) | Religionskritik in der Neuzeit (1985) |
| M. WELKER | Kirche ohne Kurs? (1987) |
| R. WETH (Hg.) | Diskussion zur »Theologie des Gemeindeaufbaus« (1986) |
| H.-O. WÖLBER | Religion ohne Entscheidung (1960) |

Der Begriff *Aspekte* ist für die Einleitung zur Darstellung von neun Handlungsfeldern, die es praktisch-theologisch zu reflektieren gilt, wörtlich gemeint: nicht eine systematische Darstellung der Beziehungen zwischen Gesellschaft – Religion – Kirche kann hier die Aufgabe sein, sondern die Benennung einiger besonders problemhaltiger »Aufsichten«, einerseits aus dem Blickwinkel von Religion und andererseits aus dem Blickwinkel von Kirche, soll den Rahmen und Einstieg für die Konkretisierungen in den Handlungsfeldern bieten. Die einander überschneidenden Aspekte öffnen den Blick für die Handlungsfelder und ihre Probleme, und die Überlegungen zu den Handlungsfeldern führen weiter, was in den einleitenden Aspekten zum Teil angerissen ist. Die beiden unter 1 stehenden Aspekte (0.1.1 und 0.2.1) haben jeweils die Funktion der Richtungsangabe für den ganzen Abschnitt 0.1 und 0.2.

## 0.1 Religion als Horizont von Gesellschaft und Kirche

### 0.1.0 Zur Einführung

Wer sich heute auf das Thema Religion im Zusammenhang theologischer Erörterung einläßt, tut es noch immer im Schatten der Nachwirkungen der dialektischen Theologie, die den Religionsbegriff für obsolet erklärt hatte:

»Indem der Religionsbegriff aus seiner fundamentaltheologischen Rolle entlassen und durch den Offenbarungsbegriff ersetzt

wurde, degenerierte er zum Gegenstand der Kritik und Polemik. Religion sollten immer nur die anderen haben: die Ungläubigen, weil nicht der souveränen Macht Gottes sich fügenden, Religiösen und die nichtchristlichen Religionen unter Einschluß eines dem Religionswahn verfallenen Christentums.«
(F. WAGNER/1986, S. 441)

FALK WAGNER analysiert in seiner großen Monographie (1986) die geistesgeschichtlichen Voraussetzungen neuzeitlicher Reflexion der Religionsproblematik ebenso wie die Folgen ihrer Ausblendung oder Vernachlässigung im theologischen Diskurs des letzten halben Jahrhunderts. Inzwischen ist es unübersehbar, daß das Tabu, das die Frage nach Religion jahrzehntelang umgeben hat, seine Wirkkraft verloren hat. Ein für unseren Problemzusammenhang deutliches Indiz dafür ist zum Beispiel die Tatsache, daß DIETRICH RÖSSLER seinen Grundriß der Praktischen Theologie (1986) im Hauptteil mit einem Kapitel über Religion beginnt. Indizien aus anderen theologischen Disziplinen ließen sich anfügen. Fraglich bleibt aber, ob der Anschluß der gegenwärtigen Theologie an die religionstheoretische und religionswissenschaftliche Forschung des 19. und 20. Jahrhunderts schon wieder gelungen ist (vgl. F. WAGNER/1986, S. 441 ff.). Dabei ist als eine entscheidende Folge der Wiederaufnahme der Religionsthematik im praktisch-theologischen Zusammenhang zu unterstreichen, daß die Erörterung nicht auf die historischen Gestalten des Christentums begrenzt werden darf:

»Denn obwohl das Spezifische der Religion nur in den historisch auftretenden Religionen faßbar ist, macht es das für den Religionsbegriff konstitutive Verhältnis von Allgemeinheit und Partikularität notwendig, daß die Theologie bei ihren Bemühungen um die christliche Religion den Anschluß an die Allgemeinheit und Einheit des Religionsbegriffs gewinnt.«
(F. WAGNER/1986, S. 441 f.)

Diese These WAGNERS scheint mir so unbestreitbar wie folgenreich. Unbestreitbar, weil andernfalls das Nachdenken über Religion unerträglich provinzialisiert wird, und folgenreich, weil bei diesem Ansatz die praktisch-theologische Reflexion sich nicht auf den Horizont gegebener kirchlicher Verhältnisse beschränken darf. Damit ist die Ebene des Streites darüber, ob einem »engeren« oder »weiteren« Religionsbegriff der Vorzug zu geben sei, grundsätzlich überwunden.

### 0.1.1 Aspekt: Religion und Geschichte

Die Grundentscheidung, die die Erörterung der Religionsthematik zugleich erleichtert und erschwert, liegt in der Erkenntnis, daß es niemals Religion »als solche« gibt, sondern immer nur: Religion(en) in Geschichte verwickelt und mit Geschichte vermittelt. Die Erleichterung besteht in der Nötigung, von Religion(en) konkret und nicht abstrakt reden zu müssen, die Erschwerung darin, daß durch eben diese Nötigung immer die Ambivalenz von Religion(en) in der Geschichte vor Augen tritt und eindeutig-einseitige Aussagen verhindert.

(1) Die Wahrnehmung dieser unser Denken in Sachen Religion bestimmenden Ambivalenz ist selber geschichtlich vermittelt. Der mit der Aufklärung (vgl. T. RENDTORFF: Religion »nach« der Aufklärung/1980), vorbereitet seit Renaissance, Humanismus und Reformation, erreichte tiefe Einschnitt in der Geschichte menschlichen Denkens – und dieser Einschnitt bleibt auch dann tief, wenn man alle Komplexitäten und die »Dialektik«, die der Sammelbegriff Aufklärung hier abdecken muß, mitbedenkt – hat der Möglichkeit unbefragter Hinnahme von Traditionen, auch religiös sanktionierten Traditionen, ein Ende bereitet und dem entscheidungsfähigen Subjekt eine neue Rolle zugewiesen. Hinter diese Weichenstellung kann niemand zurück, es sei denn zum Preis der Aufgabe seiner geistigen Existenz und seiner Subjekthaftigkeit – aber selbst die Zahlung dieses Preises wäre illusionär, weil sie voraussetzt, daß der, der zu zahlen bereit ist, etwas tun kann, was er gar nicht vermag: nämlich aus geschehener Geschichte aussteigen. Dies zeigen die Ausführungen PETER L. BERGERS eindrücklich:

»Die typische prämoderne Gesellschaft schafft Bedingungen, unter denen die Religion für den einzelnen die Qualität objektiver Sicherheit hat; die moderne Gesellschaft hingegen unterminiert diese Sicherheit, entobjektiviert sie, indem sie ihr den selbstverständlichen Status raubt, und ipso facto subjektiviert sie die Religion. ... Der moderne Mensch steht vor der Notwendigkeit, zwischen Göttern zu wählen, von denen ihm eine Vielzahl zuhanden ist. Wenn die typische Conditio des prämodernen Menschen von religiöser Sicherheit geprägt ist, so folgt daraus, daß die des modernen Menschen unter dem Zeichen religiösen Zweifels steht.«
(P. L. BERGER/1980, S. 39 f.)

Auch wenn man die Unterscheidung zwischen »modernem« und »prämodernem« Menschen für eine Typisierung hält, so hat sie doch unbestreitbar Anhalt an der Geschichte. Der Lauf der Geistes- und Sozialgeschichte, zumal in den letzten zwei Jahrhunderten, belegt es: »Modernität schafft eine neue Situation, in der Aussuchen und Auswählen zum Imperativ wird« (P. L. BERGER/ 1980, S. 41). Ungeachtet einiger Vorbehalte F. WAGNERS gegenüber P. L. BERGERS Argumentationen (vgl. 1986, S. 222 ff.) benennt WAGNER die Wahlsituation des modernen Menschen mit der Formel »Subjektivität und Religion« ganz entsprechend:

»... die Formel ›Subjektivität und Religion‹ (ist) unbeschadet aller gegenteiligen Dementis für das protestantische Christentum der Moderne nicht hintergehbar. Wie auch immer das mit ›Religion‹ Gemeinte bestimmt werden mag: Religion ist nur im Medium von Subjektivität oder gar nur als Subjektivität darstellbar.«
(F. WAGNER/1987, S. 323)

(2) Die ambivalenten Wirkungen von Religion(en) in der Geschichte sind in der Neuzeit vielfach thematisiert und unterschiedlich zu erfassen versucht worden.

HANS-ECKEHARD BAHR (1975) unterscheidet zwischen »Religion 1« und »Religion 2«. Mit dieser Unterscheidung versucht er die doppelte Funktion, die Religion sowohl für das Individuum wie für die Gesellschaft haben kann, zu erfassen, das heißt: sowohl voneinander abzuheben wie auch aufeinander zu beziehen. Religion 1 zielt auf Integration, Religion 2 auf Emanzipation. Mit dieser Begriffsbildung nimmt BAHR religionswissenschaftliche Anregungen auf, die zwischen mythischen (rückwärtsgewandten) und messianischen (zukunftsorientierten) Formen von Religion unterscheiden (vgl. C. COLPE/1967). Beide Formen von Religion begreift BAHR als »Formen fundamentaler Suche des Menschen nach Identität« (1975, S. 34), und er bezeichnet die in beiden Formen erstrebte »Totalität und Sinnvergewisserung« als Anaklisis, also als »Anlehnung an Haltgebendes« (ebda.).

Die beiden Formen von Religion lassen sich folgendermaßen voneinander abheben:

☐ Religion 1 ist »Identitätssuche des Menschen durch Ursprungsvergewisserung, durch Rückversicherung im ewig Gleichen, uralt Tradierten«; sie entspringt »dem Sicherheits- und Geborgenheitsbedürfnis des Menschen. Der Undurchschaubarkeit und Sinnlosigkeit der Welt müssen Bereiche abgetrotzt werden, in denen Gewißheit herrscht, müssen Schutzordnungen (Nomos) entgegengebaut werden, die Unheil bannen ..., die – in Ritus, Liturgie – Sinn repräsentieren.« (H.-E. BAHR/1975, S. 42)

Vieles, was wir traditionell mit Religion verbinden, gehört zu diesem Typus: die Verbindung von Religion mit Gehorsam, die Inanspruchnahme von Religion zum Zwecke der Stabilisierung herrschender Verhältnisse, die Versöhnung mit einer unbefriedigenden Realität durch Religion. In einer sich funktional verstehenden Soziologie wird daraus die These, daß Religion »unbestimmbare in bestimmbare Kontingenz« verwandelt (N. LUHMANN/1974, S. 20; vgl. ders./1977). Hier ist die bewahrend-stabilisierende Intention von Religion absolut gesetzt:

»Wo Religion Nichtverfügbares handhabbar macht, wo fragilste religiöse Erfahrung einfriert zum geschlossenen Religionssystem, ist selbst die ursprüngliche Intention von Religion 1 nur in Zerrform noch sichtbar.«
(H.-E. BAHR/1975, S. 43)

☐ Mit »Religion 2« ist die andere Seite der Doppelfunktion von Religion gemeint: die messianische Erinnerung daran, daß die Zukunft noch nicht eingelöst ist. Das heißt:

»Anlehnung nach vorne (Messianismus) ist orientiert an der noch ausstehenden Aufhebung aller Entfremdungen, an der Erneuerung aller Verhältnisse, in denen der Mensch ein gedrücktes, mißhandeltes, verachtetes, ein verschlossenes Wesen ist.« (H.-E. BAHR/1975, S. 34 f.)

Mit diesen Umschreibungen für Religion 2 sind die »universalen Verheißungen des Christentums« gemeint, die in der bürgerlichen Religion und Gesellschaft in aller Regel als spirituelle Ideale, nicht aber als mögliche, als anzustrebende Realität gelesen werden. Im Verständnis von Religion 2 werden sie beim Wort genommen und »identifiziert als große, politische Antithese zu bestehenden Ordnungspraktiken und als deren produktive Alternative« (H.-E. BAHR/1975, S. 35). Eben dies ist in großen Bildern der biblischen Sprache zum Ausdruck gebracht, in Bildern, die nicht spiritualisiert werden dürfen, sondern an denen die dahinter zurückbleibende Realität des Lebens immer wieder zu messen ist: »Bilder einer Humanität ohne Gewalt und Tränen« (S. 35).

Angesichts dieser beiden alternativen Funktionen von Religion 1 und 2 spricht H.-E. BAHR von einer »Spannungseinheit« (S. 49) und weist einerseits die »pure Antithetik« (ebda.) ab, beharrt aber andererseits auf dem Einspruch gegen ein schiedlich-friedliches Nebeneinander beider. Vielmehr ist Religion 2 für ihn die kritische Norm einer jeden Hoffnung, deren Inhalt auch die Überwindung der Angewiesenheit auf die Wünsche von Religion 1 ist (kritisch dazu F. WAGNER/1986, S. 567 f.).

(3) In der Differenzierung zwischen Religion 1 und Religion 2 sind unverkennbar Impulse der Kritischen Theorie aufgenommen. Daher liegt es nahe, hier den Zusammenhang mit der Bezugnahme auf MAX HORKHEIMERS Aufsatz über »Traditionelle

und Kritische Theorie« aus dem Jahre 1937 herzustellen (vgl. Bd. 1, S. 75 ff.).

Daß Religion nicht erst ein Thema der Philosophie des späten HORKHEIMER ist, wie vielfach angenommen wird, sondern sein Werk insgesamt bestimmt, hat neuerdings noch einmal R. PIEPMEIER verdeutlicht (1983). Er zeigt, daß HORKHEIMERS »Analyse der neuzeitlichen Vernunftentwicklung«, wie er sie in der ›Kritik der instrumentellen Vernunft‹ (1947) vornimmt, »eine Analyse der Differenzierung von Vernunft, Religion und Politik« ist (R. PIEPMEIER/1983, S. 37). In seiner Spätphilosophie wird Religion in einigen Anmerkungen, die zwar nur wenig entfaltet werden, aber grundsätzlichen Charakter haben, thematisch. Dabei wird das utopische Potential von Religion, also das, was H. E. BAHR unter Religion 2 versteht, deutlich akzentuiert, und die Herkunft des Gedankens aus jüdisch-alttestamentlichen Zusammenhängen ist unübersehbar. Dies zeigen auch Äußerungen in einem zuwenig bekannt gewordenen Interview mit H. GUMNIOR:

Nach Hinweisen darauf, daß keine moralische Entscheidung positivistisch begründbar sei, sondern letzten Endes immer »auf Theologie zurück« gehe, weil man nicht »exakt begründen« kann, warum ein Mensch lieben und nicht hassen sollte, beantwortet HORKHEIMER die Frage, was für ihn in diesem Zusammenhang Theologie bedeute:
»Auf keinen Fall steht Theologie hier für die Wissenschaft vom Göttlichen oder gar für die Wissenschaft von Gott.
Theologie bedeutet hier das Bewußtsein davon, daß die Welt Erscheinung ist, daß sie nicht die absolute Wahrheit, das Letzte ist. Theologie ist – ich drücke mich bewußt vorsichtig aus – die Hoffnung, daß es bei diesem Unrecht, durch das die Welt gekennzeichnet ist, nicht bleibe, daß das Unrecht nicht das letzte Wort sein möge.«
(M. HORKHEIMER/1970, S. 61)

Die Passage schließt mit einem Bild, das mir wie kein anderes geeignet scheint, HORKHEIMERS utopisch gefülltes Religionsverständnis vor Augen zu stellen: Es geht um die »Sehnsucht danach, daß der Mörder nicht über das unschuldige Opfer triumphieren möge« (1970, S. 62).

Es gibt weitere vergleichbare Aussagen im Werk HORKHEIMERS. Die Tendenz ist klar erkennbar: Die Kritik an der Religion und ihrem affirmativen Charakter hebt nicht auf, vom Hoffnungspotential zu reden, das der (christlichen) Religion eignet (vgl. z. B. auch M. HORKHEIMER/1968, S. 374 ff.; ders./1970, S. 228). In dieser Differenziertheit kann sich HORKHEIMER auf religiöse Aussagen beziehen – nicht aber auf den Positivismus, denn der ist *nur* affirmativ, ohne Ambivalenz, also auch ohne die Chance, Hoffnung freizusetzen.

*0.1.2 Aspekt: Religion und Kritik*

Da der Bezugspunkt in den folgenden Aspekten des Religionsverständnisses durchgängig der Abschnitt *0.1.1 Religion und Geschichte* ist, kann ich mich nunmehr kürzer fassen.

Der Zusammenhang von Religion und Kritik ist in einem doppelten Sinn sowohl konstitutiv wie unauflöslich: Einerseits ist Religion als »Religion1« der *Kritik bedürftig,* andererseits aber *ist* Religion selbst Kritik – nämlich an Mensch, Welt und Gesellschaft, samt aller ihrer Umstände, die nicht sind, wie sie sein könnten oder sollten. Insofern Religion den Traum von einer »neuen Erde«, von einem »neuen Himmel« und einem »neuen Menschen« träumt, *muß* sie Kritik des Alten, des Gegebenen und Bestehenden sein.

Mir scheint, daß FALK WAGNER diese doppelte Beziehung zwischen Religion und Kritik auf seine Weise ebenfalls im Sinn hat, zu ihr aber aus der Logik seiner Überlegungen heraus auf anderem Weg gelangt. Das Fazit seiner Untersuchungen zum Religionsbegriff ist negativ: Die Theorien der Religion, philosophische wie theologische, sind nicht in der Lage, Religion so zu begründen, daß die Einwände der Religionskritik entkräftet wären. Daraus folgert WAGNER, daß sich Religionsbegründung und Religionskritik gegenseitig bedingen (müssen) und nicht ausschließen (dürfen). Dies ist auf zweifache Weise zu denken:

»*Erstens* kann die Religionsbegründung als Funktion der Religionskritik inszeniert werden, so daß dann von einer Religionsbegründung als Religionskritik zu sprechen ist ... *Zweitens* kann die Religionskritik auch umgekehrt im Dienste einer Religionsbegründung stehen; einer derartigen Religionskritik als Religionsbegründung ist es darum zu tun, die kritisierte Religion in eine Begründung zu überführen und aufzuheben, durch die das Defizit der kritisierten Religionstheorien überwunden werden kann. ›Religionsbegründung als Religionskritik‹ und ›Religionskritik als Religionsbegründung‹ sind in der Weise miteinander verzahnt, daß die ›Religionskritik als Religionsbegründung‹ auf den kritischen Einsichten der als Religionskritik vorgetragenen Religionsbegründung aufbaut ...«
(F. WAGNER/1986, S. 556; anders D. RÖSSLER/1986, S. 67 ff., vgl. dazu A. GRÖZINGER/1987, S. 19).

## 0.1.3 Aspekt: Religion und Gesellschaft

Verhältnis und Beziehungen zwischen Religion und Gesellschaft sind in drei »klassischen« Denkmodellen (vgl. die problemgeschichtliche Einleitung bei F. FÜRSTENBERG/1970²) zu begreifen versucht worden, wozu neuerdings als viertes, die früheren sowohl aufnehmend als auch kritisierend, die schon in 0.1.1 erörterte Kontingenzbewältigungsthese N. LUHMANNs zu rechnen ist. In der Vielfalt der Vorstellungen vom Verhältnis zwischen Gesellschaft und Religion kann man alle ernstzunehmenden auf eines dieser Modelle im Sinne einer Variante rückführen (oder auch auf Anteile aus mehreren).

1) *Das Denkmodell Kompensation* (FEUERBACH, MARX, FREUD). In der Kompensationsthese wird auf den Begriff gebracht, daß Religion als ausgleichender Ersatz für Unzulänglichkeiten und nicht eingelöste Hoffnungen im gesellschaftlichen und individu-

ellen Leben fungiert. »Durch einen Projektionsvorgang (FEUER-
BACH) auf eine transzendente Ebene werden soziale Probleme
bewältigt, (im HEGELschen Sinne) aufgehoben« (W. MARHOLD/
1973, S. 82). Mit dieser allgemeinen Umschreibung ist freilich
noch nicht zum Ausdruck gebracht, welche unterschiedlichen
Anteile und Akzentuierungen von L. FEUERBACH (vgl. J. MATT-
HES/1967, S. 60 ff.), K. MARX (vgl. J. MATTHES/1967, S. 64 ff.) und
S. FREUD (vgl. J. SCHARFENBERG/1971³) in die Ausgestaltung der
Kompensationsthese eingegangen sind. Auch wenn dies hier
nicht weiter zu verfolgen ist, bleibt zu beachten, daß die Kom-
pensationsvorstellung auf sehr unterschiedlichem Niveau, zumal
wenn man alltagssprachliche Verwendungszusammenhänge einbezieht (nach dem Motto: »Laß nur, im Jenseits geht's dir besser«), in die Diskussion eingebracht wird. Neben einer stumpf
ausgleichenden, das Elend hienieden neutralisierenden Fassung
steht eine andere, in der der Blick auf ein »besseres Jenseits« nicht
einfach in billige Vertröstung gerinnt, sondern zum inspirieren-
den Motor des Lebens im unbefriedigenden Diesseits wird. Diese
Tendenz scheint mir auch in KARL MARX' berühmten Sätzen der
Einleitung zur Kritik der Hegelschen Rechtsphilosophie zu dominieren: »Die Forderung, die Illusion über seinen Zustand aufzugeben, ist die Forderung, einen Zustand aufzugeben, der der
Illusionen bedarf.« Diese inspirierende und gerade nicht neutrali-
sierende Seite des Denkmodells Kompensation berührt sich dann
auch mit den schon erörterten utopischen Inhalten von Religion
(s. o. 0.1.1), und dem von MARX eben zitierten Satz ist der von
HORKHEIMER an die Seite zu stellen: »In der Religion sind die
Wünsche, Sehnsüchte und Anklagen zahlloser Generationen nie-
dergelegt« (1968, S. 374; vgl. W. MARHOLD/1973, S. 82 f.).

*(2) Das Denkmodell Integration (E. DURKHEIM).* Es war DURK-
HEIMS Interesse, die Funktion von Religion in der Gesellschaft
näher zu bestimmen, und zwar *jeder* Religion in *jeder* Gesellschaft (vgl. E. DURKHEIM/1898, in: J. MATTHES/1967). Seine Antwort, abgeleitet aus der Erforschung australischer Stammesreli-
gionen, schreibt der Religion die Kraft zu, die Gesellschaft als

Ganze bzw. einzelne gesellschaftliche Gruppen zusammenzuhalten.

»Die Religion erweist sich als eine Kraft, die geradezu als zusammenhaltendes Band der Gesellschaft zu bezeichnen ist. Sie wirkt als ein stabilisierender Faktor des Sozialverhaltens. Diese Wirkung erreicht sie vornehmlich dadurch, daß sie Normen und Werte formuliert, die für alle Gesellschaftsangehörigen verbindlich sind. Eng damit hängt ein weiteres zusammen: Die Wertvorstellungen implizieren ein bestimmtes Sozialverhalten.« (W. MARHOLD/1973, S. 80)

Denkt man diese Auffassung zuende, so kann man sagen: »In den Inhalten der Religion treffen wir auf die Idee, die die Gesellschaft sich von sich selber machte« (H. G. KIPPENBERG/1975², S. 495). Das soziologische Interesse an Religion gilt der Frage nach der Struktur der Gesellschaft und ihrem Zusammenhalt (vgl. J. MATTHES/1967, S. 15 ff.; I. MÖRTH/1978, S. 15 f.).

*(3) Das Denkmodell Säkularisierung (MAX WEBER).* »Die Säkularisierungsthese ist ohne Zweifel diejenige Leithypothese, die die Religionssoziologie von ihren Anfängen bis in die jüngste Zeit am nachhaltigsten geprägt hat« (W. MARHOLD/1973, S. 85). Dieser Satz gilt um so mehr – und damit auch über das Datum seiner Veröffentlichung hinaus –, wenn man die nachfolgende kritische Diskussion der These WEBERS einbezieht.

Gegenstand der Reflexion ist jener Vorgang, in dem sich Anteile von Verhaltens- und Bewußtseinsstrukturen aus religiösen Zusammenhängen herauslösen und verselbständigen. Was ehedem religiös bedeutsam (oder besetzt) war, wird nunmehr Teil vernünftigen Begreifens von Welt (vgl. F. FÜRSTENBERG/1970², S. 17). Für M. WEBER (vgl. 1921/1964) und E. TROELTSCH (vgl. 1928⁵) spielte dabei immer auch sehr konkret die Frage nach dem Verhältnis zwischen moderner Welt und christlichem Glauben eine entscheidende Rolle.

Religion wird im Sinne dieser These »zum Medium menschlicher Rationalität«, und daraus folgt:

»Damit wurzelt die Dynamik abendländischer Kultur- und Gesellschaftsentwicklung in der Religion als einem ersten Versuch des Menschen, durch sinnhaftes Handeln Herrschaft über die Erfahrungswelt zu erlangen. Der Entwicklungsprozeß, der Religion zur gesellschaftlichen Rationalität werden läßt, hat für Weber nun in der abendländischen modernen Industriegesellschaft seinen Endpunkt erreicht ... Religion ... ist in der modernen Industriegesellschaft säkularisiert, die religiösen Inhalte sind in der modernen Lebensführung verteilt und als solche nicht mehr (unmittelbar) identifizierbar.«
(I. MÖRTH/1978, S. 17 f.)

In der Diskussion der sechziger und beginnenden siebziger Jahre hat WEBERS These vielleicht ihre stärkste Wirkung gehabt, zugleich aber auch schwerwiegende Kritik erfahren. Sie kam bezeichnenderweise sowohl aus der Theologie (z. B. T. RENDTORFF/1965 und 1966) wie auch aus der Soziologie (z. B. J. MATTHES/1962 und 1967). Kern der Kritik ist der Vorwurf, WEBER habe allzu unreflektiert »die neuzeitliche Gegenüberstellung von Religion und Gesellschaft übernommen und damit für die weitere Religionssoziologie eine irreführende Weiche gestellt« (C. SEYFARTH/1983, S. 22). JOACHIM MATTHES hat schon 1967 resümiert:

»Die Säkularisierungsthese erweist sich als ein sehr elastisches zeitgeschichtliches Interpretament, in dem eine Fülle von Erfahrungen, Situationsdeutungen und Zielvorstellungen in einen auslegungsfähigen Zusammenhang gebracht wird. Seine außerordentliche Elastizität, sein Vermögen, kontroverse Positionen im gleichen Denk- und Deutungshorizont zu vereinigen, sichert diesem Interpretament ein hohes Maß an psychologischer Überzeugungskraft und läßt es zur fortlaufenden Selbstbestätigung und Stabilisierung des Zusammenhanges beitragen, auf den es sich deutend bezieht.«
(J. MATTHES/1967, S. 84 f.)

FALK WAGNER bringt ein klärendes Moment in die Diskussion ein, indem er zwischen zwei Formen der Säkularisierung unterscheidet, je nachdem ob der Blickwinkel von der Religion oder von der Gesellschaft bestimmt ist. *Einerseits* kann die Säkularisierung die »Übersetzung von ursprünglich religiösen Motiven und Gehalten« in neuzeitliche rationale Strukturen bedeuten. Dann werden aus religiösen Gehalten Säkularisate. *Andererseits* kann die Säkularisierung meinen, »daß die Gesellschaft und ihre Institutionen oder Systeme gegenüber der Religion sich verselbständigen« (F. WAGNER/1986, S. 197). Das erstgenannte Verständnis könnte in seinen Konsequenzen helfen, zu wenig bedachte Thesen oder Verhaltensweisen, die von einer Dichotomie zwischen Kirche und Gesellschaft ausgehen, wie dies heute seitens der Kirche nicht selten geschieht, zu überwinden (dazu F. WAGNER/1986, S. 196 ff.; R. N. BELLAH/1973, S. 267 ff.; J. HABERMAS/1982², S. 207 ff.; R. DÖBERT/1973, S. 73 ff.).

### 0.1.4 Aspekt: Religion und Identität

In nachaufgeklärter Zeit (s. o. 0.1.1) stellt sich auch die Frage nach Identitätserfahrungen des Menschen anders als unter prämodernen Bedingungen. Die Möglichkeit zu wählen, anstatt sich auf traditionsbestimmte Lenkungen ohne weitere Rückfrage einlassen zu können, verändert die Selbsterfahrung des einzelnen: »Modernisierung hat zu einer starken Betonung der subjektiven Seite menschlicher Existenz geführt, ja man kann sogar sagen, daß Modernisierung und Subjektivierung verwandte Prozesse sind«, formuliert P. L. BERGER (1980, S. 33) im Anschluß an Arnold Gehlen. BERGER entwickelt sein Verständnis von »Subjektivierung« am Umgang mit der »uralte(n) menschliche(n) Frage: ›Was können wir wissen?‹« (S. 34):

Der einzelne muß auf diese Frage »Antworten haben, denn er muß irgendeine Form sinnvoller Ordnung haben, in der er und durch die er leben kann. Wenn die Antworten nicht objektiv, durch seine Gesellschaft, gegeben werden, muß er sich nach *in-*

*nen* wenden, zu seiner Subjektivität, um von dort an Sicherheiten heraufzuholen, was immer er erreichen kann. Diese Wendung nach innen ist Subjektivierung ...«
(P. L. BERGER/1980, S. 34)

Diese Beobachtung dürfte auch dann zutreffen, wenn man gegenüber dem soziologisch-theologiegeschichtlichen Kontext, in dem sie bei BERGER steht, Bedenken anmeldet (vgl. F. WAGNER/ 1986, S. 222 ff.). Jedenfalls sind die Rahmenbedingungen der Frage – um BERGERS Formulierung zu variieren – ›Wer bin ich?‹ oder ›Wer sollte ich sein?‹ mit dem Verweis auf die Subjektivierung schlechthin *aller* Antwortmöglichkeiten zutreffend markiert.

Daraus ergeben sich (neben vielen anderen) zwei Fragen: Welche Rolle spielt im subjektivierten Prozeß der Identitätsbildung Religion? und: Wie ist der Begriff der Identität zu akzentuieren?

Zur Frage nach der Rolle der *Religion:*
Den Vollzug der diversen Wahlmöglichkeiten – oder in anderer Ableitung: die »Offenheit« seiner Existenz – nimmt »der Mensch auf die Weise wahr, daß er Vollständigkeit, Konsistenz und Ganzheit seines Daseins als symbolischen Zusammenhang vorstellt« (D. RÖSSLER/1986, S. 77). Im vorgestellten symbolischen Zusammenhang werden einzelne Situationen und Ereignisse, biographische Einschnitte oder Phasen sozusagen überstiegen, um dessen inne zu werden, was Teile als ›Ganzes‹ zu begreifen erlaubt. In dieser Bewegung kann Identität je und je erfahrbar werden – und in der Suche nach dem »symbolischen Zusammenhang« tritt der einzelne »in religiöse Deutungs- und Vorstellungszusammenhänge ein« (D. RÖSSLER/1986, S. 77). Zugleich aber wird in diesem Suchprozeß der jeweils individuelle Horizont der Frage durchstoßen, weil die Sinnsuche des einzelnen in die Sozialität verweist: »Persönliche Identität kann sich nur sozial konstituieren« (W. FISCHER/1976, S. 152; vgl. zu den tiefgreifenden Folgen für das Kirchenverständnis dort S. 160 f.).

Zur Frage nach dem Verständnis von *Identität:*
Die Rede von Identität ist vor harmonistischen Mißverständnissen zu schützen. In diesem Interesse ordnet HENNING LUTHER dem Begriff Identität den des *»Fragments«* zu. Ein Identitätsverständnis, das – etwa in der Folge entwicklungspsychologischer Ansätze – von ungebrochenen Wachstums- und Reifungsvorstellungen oder etwa vom erreichbaren Traum vollendeter Ich-Identität sich bestimmen läßt, unterschlägt die »Verlustgeschichte«, die Teil menschlichen Lebens ist:

»Wir sind immer zugleich auch gleichsam Ruinen unserer Vergangenheit, Fragmente zerbrochener Hoffnungen, verronnener Lebenswünsche...
Andererseits ist jede erreichte Stufe unserer Ich-Entwicklung immer nur ein Fragment aus Zukunft. Das Fragment trägt den Keim der Zeit in sich. Sein Wesen ist Sehnsucht.«
(H. LUTHER/1985, S. 325; vgl. ders./1984 und 1987)

## 0.1.5 Aspekt: Kulturreligion/Civil Religion

Wer von Religion redet, muß ein Interesse daran haben, wie sich Religion in die Gesellschaft hinein und in ihre mannigfachen Lebensformen und Lebensgestaltungen vermittelt. Es gibt in unserem Jahrhundert auf diese Frage neben anderen zwei unterschiedliche Antworten, und der Unterschied zwischen beiden markiert etwas von der Disparatheit der Situation.

(1) PAUL TILLICH thematisiert im 3. Band seiner Systematischen Theologie (1966) den Zusammenhang von Religion und Kultur. Sein Interesse gilt der Klärung der komplexen Beziehungen zwischen Moralität, Kultur und Religion (vgl. 1966, S. 116 ff. und S. 282 ff.). *Essentiell* sind alle drei in der Dimension des Geistes miteinander verbunden:

»Es gibt keine Selbst-Transzendierung in der Dimension des Geistes ohne die Konstituierung des moralischen Selbst durch den unbedingten Imperativ, und diese Selbst-Transzendierung kann nur innerhalb des Sinn-Universums der Kultur Form gewinnen.«

Aber:
»Das Leben beruht ... auf dem Verlust der ›träumenden Unschuld‹, auf der Selbstentfremdung des essentiellen Seins und auf der zweideutigen Mischung von essentiellen und existentiellen Elementen. Im aktuellen Leben finden wir Moralität für sich mit ihren Zweideutigkeiten, Kultur für sich mit ihren Zweideutigkeiten und Religion für sich mit ihren tiefen Zweideutigkeiten« (1966, S. 117).

Die Diskrepanz zwischen essentieller Verbundenheit von Moralität, Kultur und Religion und ihrer faktischen Getrenntheit überwindet TILLICH im Rekurs auf den göttlichen Geist. Wie stellt sich das Verhältnis zwischen Religion und Kultur in seinem Lichte dar?

Als Ausgangspunkt der Argumentation ist festzuhalten, daß aus der Freiheit des Geistes folgt: das Verhältnis zwischen Religion und Kultur ist zu unterscheiden vom Verhältnis zwischen Kirchen und Kultur (letzteres ist selbst schon »ein Stück Kultur«! vgl. 1966, S. 282).

Das Wirken des Geistes ist an keine Kirchen gebunden. Sodann verweist TILLICH auf das Prinzip der »Konvergenz des Heiligen und des Profanen« (S. 284). Insofern auch das Profane wie alles Leben »unter dem Gesetz der Selbst-Transzendierung« (ebda.) steht, gibt es eine Wiedervereinigung zwischen Heiligem und Profanem. Und schließlich gehören Kultur und Religion »wesenhaft« zusammen, denn: »Religion ist die Substanz der Kultur, und Kultur ist die Form der Religion« (S. 285).

Mit dieser gedanklichen Konstruktion gelingt es TILLICH, die jeweilige *faktische* Trennung zwischen Religion und Kultur *grundsätzlich* zu überwinden. Damit wird als Gegenbild zur Realität unter Berufung auf den Geist eine utopische Perspektive entwickelt, in der zusammengeführt wird, was zusammengehört, ohne daß aus der ursprünglichen Zusammengehörigkeit autoritäre Ansprüche seitens der Religion und erst recht nicht seitens der Kirchen abgeleitet werden.

FALK WAGNER präzisiert zutreffend:

»Da die Religion mittels ihrer Funktion der Selbsttranszendierung den Prozeß der Kritik und Konstruktion permanent erneuert, hebt sie sich als Funktion der Sittlichkeit und der Kultur in diese auf. Angesichts dieses Gottesdienstes im Alltag der Welt ist die Form einer separat institutionalisierten Religion als Notbehelf zu beurteilen. Denn die der Selbsttranszendierung des Lebens verpflichtete Religion wäre in der Tat überall. Diese Ubiquität der Religion läßt sich aber nicht dadurch realisieren, daß die Lebenssphären der Moralität und Kultur von religiösen Herrschaftsansprüchen abhängig gemacht werden. Vielmehr wäre diese Ubiquität daran gebunden, daß sich die Religion als besondere Institution im Interesse der permanenten Selbstüberschreitung des moralisch-kulturellen Lebens überflüssig machte. Religion würde sich als Kraft zur unabschließbaren Kritik und Neugestaltung des menschlichen Lebens manifestieren. Ihre *Aufhebung in den moralisch-kulturellen Lebensprozeß* würde nichts anderes als ihre *Realisierung* bedeuten.«
(F. WAGNER/1986, S. 497, Hervorhebung von mir)

(2) Der 3. Band von TILLICHS Systematischer Theologie ist im englischen Original 1963 erschienen. Über seine Wirkungen mag man, mindestens was den westeuropäischen Bereich angeht, unterschiedlicher Meinung sein. Mit Beginn der sechziger Jahre beginnt ROBERT N. BELLAH seine Arbeiten zur Civil Religion zu veröffentlichen (vgl. R. SCHIEDER/1987; F. WAGNER/1986, S. 563 ff.). Der völlig unterschiedliche Denkansatz beider darf nicht darüber hinwegtäuschen, daß die Interessen letztlich konvergieren: in der Frage nach dem Verhältnis von Religion einerseits und Kultur und Gesellschaft andererseits. BELLAHS Überlegungen setzen anders ein als TILLICHS, weniger systematisch-theologisch, stärker soziologisch-pragmatisch – und gerade darum ist es instruktiv, die beiden Ansätze in ihrer tiefgehenden Verschiedenheit nebeneinander zu stellen.

Das Grundinteresse an der Civil Religion gilt der Frage, welche Grundvorstellungen die Gesellschaft und auch den Staat unter den Bedingungen der Moderne fundieren und integrieren. Formuliert man es so, dann ist deutlich, daß hinter der aktuellen Fragestellung die bekannte DURKHEIMsche Problematik steckt (s. o. 0.1.3) und dahinter wiederum ROUSSEAU, von dem auch der Begriff stammt (vgl. F. WAGNER/1986, S. 41 f.). Ohne hier auf die besondere amerikanische Situation einzugehen (vgl. H. KLEGER u. A. MÜLLER/1986), läßt sich die Problematik folgendermaßen umreißen:

☐ Jede Gesellschaft bedarf grundlegender Vergewisserungs- und Integrationsvorstellungen. Wenn sie durch eine institutionalisierte Religion nicht (mehr) geleistet werden, konstituieren sie sich auf andere Weise. Eine eigene Facette dieser Problematik zeigt sich in der DDR (vgl. E. NEUBERT/1986).

☐ In der Bundesrepublik (und in Westeuropa überhaupt) resultieren solche Basisvorstellungen zum Teil aus Resten christlicher Tradition, die von den institutionalisierten Kirchen weitgehend abgelöst sind, zum anderen Teil aus ganz anderen Quellen (Ideologien, säkulare Denkmuster mit zeitweiliger Dominanz, z. B. Fortschrittsglaube).

☐ Im Prozeß der Bildung grundlegender Vergewisserungs- und Integrationsvorstellungen geht christliche Tradition in Kultur und Geschichte ein.

☐ Die gegenwärtige Situation ist in dreifacher Hinsicht kompliziert: *erstens* nimmt die gesellschaftliche Bedeutung der institutionellen Kirchen im Prozeß der Integration der Gesellschaft, also im Prozeß der Herausbildung von Civil Religion, stetig ab; *zweitens* gilt dies aber auch für die verbindende Wirkung tragender Ideologien, und *drittens* integrieren auch nicht mehr umfassend motivierende Vorstellungen, die ja ideologische Grenzen immer wieder hinter sich gelassen ha-

## 0.1 Religion als Horizont von Gesellschaft und Kirche

ben, wie etwa der Fortschrittsglaube bis spätestens zur Mitte dieses Jahrhunderts.

☐ Nur wenn man dieses dreifache Dilemma ernst nimmt und sich gerade auch über die sicher noch zunehmende Marginalität der Kirchen keiner Täuschung hingibt, könnte es sein, daß die Kirchen im Prozeß der Herausbildung von Civil Religion eine Rolle zu übernehmen in der Lage sind. Dies setzt allerdings konsequent voraus, daß der immer gegebene Zusammenhang von Religion und Kultur, von Religion und Gesellschaft fundamental ernst genommen wird – daß also jeglicher theologischen Theorie einer Trennung zwischen Evangelium und Religion, zwischen christlichem Glauben und Christentum der Abschied gegeben wird. Wenn dies geschieht, wären die Kirchen die einzigen, die aufgrund von *Traditionen* und *Institutionen* den Bildungsprozeß einer Civil Religion sowohl *inspirieren* wie auch *kritisch begleiten* könnten. Dies wäre dann nicht eine »uneigentliche« Aufgabe der Kirche, sondern vielleicht *die* Zukunftsaufgabe? (zu diesen Thesen vgl. insgesamt G. KÜENZLEN/1985)

Diskutierbar, um von Lösbarkeit noch gar nicht zu reden, wird diese Aufgabe für die Kirchen freilich nur dann werden, wenn sie sich nicht von einem autoritär-konservativen Religions- und daraus folgenden Kirchenverständnis bestimmen lassen (vgl. J. HANSELMANN und D. RÖSSLER/1978). Daß hier das Problem des gegenwärtig politisch sicher nicht unwirksamen Religionsverständnisses von WOLFHART PANNENBERG liegt, hat F. WAGNER in einer brillanten Analyse gezeigt (vgl. W. PANNENBERG/1983; 1985; 1986; F. WAGNER/1986, S. 498 ff.).

Die Wiederaufnahme dessen, was TILLICH mit dem Begriff der »Selbst-Transzendierung« (s. o.) intendiert hat, könnte hier hilfreich sein, denn dieser Begriff hat sowohl eine kritische Spitze gegen jede affirmative Vereinnahmung von Religion für die Gesellschaft oder durch die Gesellschaft, wie er zugleich – natürlich in eigener Version – jenes utopische Potential gegen jeden Posivitismus bestärkt, dem HORKHEIMERS Interesse galt (s. o. 0.1.1). Die Kontroverse zwischen H. LÜBBE und J. MOLTMANN verdeutlicht genau diese Problematik (vgl. H. LÜBBE/1982; J. MOLTMANN/1983). Beide Kontrahenten diskutieren nur jeweils einen von ihren Denkvoraussetzungen her akzentuierten *Ausschnitt* der Problematik und müssen daher in der Kontroverse verharren; daß es dabei leichter fällt, dem Ausschnitt, den MOLTMANN wählt, Sympathien entgegenzubringen, ändert an der Sachlage nichts.

Zu betonen ist schließlich, daß, soweit ich sehe, die grundlegende Einbeziehung der Identitätsproblematik (s. o. 0.1.4) in die deutsche Civil-Religion-Diskussion noch aussteht. Dies sei zugleich ein nochmaliger Hinweis darauf, daß *alle* hier erörterten Aspekte der Religionsproblematik aufeinander verweisen, was für das im folgenden Abschnitt zu bedenkende Thema Kirche ebenso gilt.

*0.1.6 Zwischenüberlegung*

Ehe sich im folgenden Abschnitt der Blickwinkel verändert, Angelpunkt der Fragestellung ist dann nicht mehr Religion, sondern Kirche, möchte ich einige ausgewählte Problemstellungen, die sich ergeben haben, festhalten, damit sie in die weiteren Überlegungen eingehen. Zum Beispiel:

☐ Wo und wann immer von Religion die Rede ist, ist deren Ambivalenz zu beachten. Vorrangiges Interesse gilt dem, was hier im Anschluß an H.-E. BAHR »Religion 2« genannt worden ist, und dem in ihr verborgenen »utopischen Potential« (M. HORKHEIMER).

☐ Nicht nur im Blick auf Religion allgemein, sondern auch hinsichtlich ihrer kirchlich-christlichen Gestalt ist die mit der Aufklärung gegebene historische ›Wende‹ nicht mehr rückgängig zu machen: religiöse Traditionen sind befragbar geworden und mithin nicht mehr selbstverständlich gültig.

☐ Damit wird auch der Zusammenhang von Religion und Religionskritik unauflöslich.

☐ Der neuzeitliche Zusammenhang von Religion und Gesellschaft hat zwei unterschiedliche Facetten: religiöse Inhalte werden säkularisiert, *und* gesellschaftliche Strukturen werden gegenüber der Religion autonom.

☐ Das Grundinteresse, das hinter dem Begriff »Civil Religion« steht, ist die Frage, wodurch moderne Gesellschaften fundiert werden. Die Herausbildung neuer Vergewisserungs- und Integrationsvorstellungen, in die zum Teil Anteile (säkularisierter) christlicher Tradition eingehen, ist ein komplizierter Prozeß. Die kritische Begleitung dieses Prozesses könnte eine wesentliche Aufgabe der Kirche sein.

## 0.2 Kirche im Horizont von Gesellschaft und Religion

Der Diffusität des Bildes von Religion ist hier keine dogmatisch orientierte Ekklesiologie gegenüberzustellen, sondern wiederum soll in Form von *Aspekten,* die den Vorwurf des Pragmatismus keineswegs scheuen, versucht werden, der *Realität* ebenso wie der *Problematik* der Kirche in der Gegenwart ein Stück näherzukommen, um den Hintergrund wenigstens anzudeuten, vor dem sodann die Handlungsfelder erörtert werden. Dabei wird, mindestens implizit, die Frage, wie in offiziellen oder offiziösen kirchlichen Äußerungen und in der wissenschaftlichen Reflexion auf entscheidende Aspekte gegenwärtiger Religionsproblematik eingegangen wird, immer mitzubedenken sein.

### 0.2.1 Aspekt: Emigration?

Vor bald 25 Jahren hat JOACHIM MATTHES seine These von der »Emigration der Kirche aus der Gesellschaft« (1964) zur Debatte gestellt. Es könnte sein, daß sie heute, unter veränderten Rahmenbedingungen, aktueller ist als damals.

(1) MATTHES' Grundgedanke läßt sich folgendermaßen zusammenfassen:

»Die Vorstellung, daß eine entkirchlichte Gesellschaft und eine ›entgesellschaftlichte‹ Kirche einander gegenüberstehen, beherrscht das zeitgenössische Denken ›außerhalb‹ und ›innerhalb‹ der Kirche und bestimmt den Rahmen des kirchlichen Handelns, den Zweitakt der *Sammlung*, des Herausrufens der Gläubigen aus ihren gesellschaftlichen Bindungen, und der *Sendung*, des Hinausschickens der Gläubigen auf die vielfältigen Felder der funktionalen Gesellschaft. Reicht dieses Schema zu?«
(J. MATTHES/1964, S. 16)

Das ist MATTHES' Kernfrage. Aus ihr folgen alle anderen Überlegungen. Sie setzen bei dem Hinweis an, daß die Rede von »der« Gesellschaft, der »die« Kirche gegenübersteht, ein geschichtlich vielfach bedingtes Denkschema ist, das also der Befragung offensteht, nicht aber ein »abstraktes regulatives Prinzip kirchlicher (und christlicher) Existenz in *der* Gesellschaft oder der Welt überhaupt« (S. 16), als das es immer wieder gehandhabt wird. Innerhalb dieses Denkschemas werden komplexe Größen oder Zusammenhänge partiell isoliert und verobjektiviert. Damit geht Geschichte, deren Teil der Betrachter selbst auch ist, verloren. Mehr noch und folgenreicher: Der Betrachter setzt sich dabei als Subjekt gegenüber der Geschichte. Für unseren Zusammenhang bedeutet dies:

»Das Ergebnis ist, daß wir von *der* Gesellschaft in ihrer *Natur*, als *System* reden und uns ihr *gegenüber* sehen, und indem wir diese Rede wörtlich nehmen und in unsere Alltagserfahrung einbeziehen, scheint uns, als sei uns (als Kirche) dieses Phänomen einer emanzipierten funktionalen Gesellschaft gleichsam als Objekt vorgesetzt, als Objekt des kirchlichen Handelns ...
Der erste gedankliche Schritt, den wir tun müssen ... ist, uns aus der falschen Sicht zu befreien, in der uns *die* Gesellschaft als ein

Objekt erscheint, dem *die* Kirche als ein Subjekt gegenübersteht.«
(J. MATTHES/1964, S. 17)

Dies realisieren bedeutet auch die Unmöglichkeit der Umkehrung solcher Betrachtungsweise, wobei dann *die* Gesellschaft dem mehr oder minder bedeutungslosen Objekt Kirche gegenüberstände. Daß wir gesellschaftliche Phänomene und Prozesse in der Reflexion zu Objekten machen und analysieren können, bedeutet nicht, »daß uns *die* Gesellschaft faktisch gegenüberstünde, sei es als eine Bedrohung, sei es als eine Aufgabe« (S. 18). Entscheidend ist vielmehr zu begreifen: Wir haben immer, als einzelne, als Kirche, ohne jede Einschränkung teil an der Gesellschaft – »an der inneren Möglichkeit, sie als System zu denken und zu behandeln, wie an ihrer Geschichtlichkeit und der äußeren Möglichkeit, *in ihr* zu handeln« (ebda.).

Diese Überlegung führt letztlich dazu, die Frage nach dem *Verhältnis* von Gesellschaft und Kirche zu destruieren und statt dessen »die komplexe und schon immer vermittelte Einheit dessen, was mit dieser polaren Beziehungsfrage gemeint ist, ins Licht« zu rücken (S. 20). Alles andere ist unlogisch:

»Man kann den geschichtlich-gesellschaftlichen Prozeß der letzten ein, zwei Jahrhunderte nicht als Säkularisierung im Sinne der Emanzipation *der* Kirche aus *der* Gesellschaft ›anerkennen‹ und *zugleich* die Forderung erheben wollen, nun von dieser emigrierten Kirche aus in die Gesellschaft ›hinein‹ zu handeln, und zwar in einer gesellschaftlich *wirksamen* Weise. *Entweder* muß man den als Säkularisierung gedeuteten geschichtlich-gesellschaftlichen Prozeß ernst nehmen und als *Ganzes* – unter Einschluß des Funktions- und Standortwandels kirchlicher Institutionen in ihm – theologisch ... zu deuten versuchen, *oder* man behauptet mehr oder weniger hintergründig und verdeckt das innere Unbetroffensein der Kirche von diesem Prozeß und zieht aus dieser Behauptung die Konsequenz eines ›Vormarsches‹ der Kirche auf die säkulare, autonome Gesellschaft ...«
(J. MATTHES/1964, S. 67 f.)

(2) Bedenkt man die schon angedeuteten Folgen der Aufklärung für das Verhältnis zu religiösen Traditionen – Folgen, von denen natürlich die Kirche in keiner Weise ausgenommen ist, s. o. 0.1.1 – und nimmt sie als wesentlichen Teil des Hintergrundes zu MATTHES' Emigrationsthese hinzu, so fällt ein eigenes Licht auf das Verhalten der Kirche angesichts schwindender Mitgliederzahlen. Indiz dafür sind die beiden EKD-Studien *»Strukturbedingungen der Kirche auf längere Sicht«* (Dezember 1985, nur kirchenintern veröffentlicht) und *»Christsein gestalten«* (Februar 1986, einige Monate später veröffentlicht, dazu: G. OTTO/1987, S. 336 ff.).

Die Modellrechnungen, nach denen die Zahl der evangelischen Kirchenmitglieder in der Bundesrepublik bis zum Jahre 2030 etwa 50% der Zahl von 1980 ausmachen, also sich Mitgliederbestand wie Kirchensteueraufkommen auf die Hälfte von heute reduzieren werden, stehen hier nicht zur Debatte. Wie unsicher sie auch sein mögen, daß sie mindestens einen zu erwartenden Trend angeben, ist wichtiger als die Problematisierung von Zahlen (gegen M. WELKER/1987, S. 8 ff.). Entscheidend aber ist, daß sich in beiden Texten in der Diskussion des genannten Trends und der Folgerungen, die aus ihm zu ziehen sind, eben jene Denkweise wiederholt, die Matthes mit seiner Emigrationsthese auf den Begriff gebracht hat: Die Kirche steht der säkularisierten Gesellschaft *gegenüber* und fragt *sich*, was zu tun sei. An einigen Beobachtungen läßt sich dies leicht belegen.

Schon Entstehungs- und Publikationsweise beider Texte sind charakteristisch. Eine Kirche, die sich wirklich als Teil des gesellschaftlichen Wandels begriffe, könnte nicht meinen, im Gespräch *mit sich selbst* neue Wege zu finden. Beide Texte sind von einer kirchenamtlichen »Studien- und Planungsgruppe«, die namentlich ungenannt bleibt, verfaßt. Das Strukturpapier ist nur kirchenintern verbreitet worden, die Studie »Christsein gestalten« ist publiziert worden, *nachdem* sie monatelang intern verbreitet und so natürlich bekannt geworden war. Folglich wurden die

## 0.2 Kirche im Horizont von Gesellschaft und Religion

Texte von den Medien entsprechend »dramatisch« und »sensationell« eingeschätzt. Was die Publikationsweise angeht: so geht mit der Öffentlichkeit um, wer keine Öffentlichkeit will, und was die Entstehungsbedingungen angeht: so verfährt, wer nicht begriffen hat, daß er über *sich selbst* nur im Dialog *mit anderen* produktiv nachdenken kann.

Inhaltlich kehrt das von Matthes herausgearbeitete Subjekt (= Kirche) – Objekt (= Gesellschaft) – Denken in der Tendenz zwar unterschiedlich deutlich, aber durchgängig wieder. Deutlichster Beleg dafür ist im Strukturpapier der Abschnitt über »Missionarische Kompetenz«. Wo »Missions«-Terminologie für angemessen gehalten wird, hat die Kirche ihre Einbindung in die Gesellschaft (die ja Kritik keineswegs ausschließt!), ihre Anteilhabe an der Säkularität, ihre notwendigerweise dialogische Beziehung zu anderen Religionen und Sinngebungen in der Gesellschaft offensichtlich nicht begriffen.

Wie sähe ein denkbares Gegenbild zu den beiden kirchlichen Studien aus? Welche Denkansätze müßten dominieren? Ich nenne einige Fragestellungen als Beispiele:

☐ Wie läßt sich die Kirche auf jene Problematik ein, die sich hinter dem Begriff »Civil Religion« verbirgt?

☐ Welche Folgerungen sind daraus zu ziehen, daß die Bundesrepublik ein multireligiöses Land geworden ist?

☐ Wie ist mit traditionell verbrieften Privilegien der Kirchen in Zukunft umzugehen? Nicht nur, weil die Kirchen schrumpfen, sondern weil sie sich selbst als an der Säkularisierung beteiligt begreifen – was bedeutet das zum Beispiel für das kirchliche Verhältnis zum Religionsunterricht an staatlichen Schulen?

Natürlich sind dies nur Beispiele, aber sie mögen für eine Tendenz stehen, die sich in den beiden Studien nicht findet: sich dem komplexen Ineinander von Kirche und Gesellschaft zu stellen, anstatt die Gesellschaft weiterhin als Objekt der Kirche zu betrachten. Wenn diese Tendenz die Überlegungen bestimmt, wird man nicht mehr darüber nachdenken, ob die Beziehung zur Kirche durch »Aufwertung der 40., 50. und 60. Geburtstage« verbessert werden kann (vgl. Christsein gestalten, S. 98).

## 0.2.2 Aspekt: Traditionsabbruch

Nimmt man zunehmende Kirchenaustrittszahlen als Indikator der geistesgeschichtlich-gesellschaftlichen Lage, so sind sie aufschlußreich als Folge zunehmender Säluarisierung. Sie sind Ausdruck eines *Traditionsabbruchs,* der sich auch anderwärts beobachten läßt. Im speziellen Fall ist er folgenreichen für die Situation der Kirche in der Gesellschaft der Zukunft.

ARMIN KUPHAL versteht die »traditionale Bindung als allgemeinen Faktor ..., der grundsätzlich in jeder Kirchenzugehörigkeit enthalten ist, weil die Sozialisationsbedingungen für diese Mitgliedschaft dementsprechend beschaffen sind bzw. es waren. Der Zustand der allgemeinen Selbstverständlichkeit und der subjektiven Alternativlosigkeit ist – was die Mitgliedschaft angeht – auch für die Kirchenfernen vorhanden, nicht bloß für die Mitglieder mit intensiver Teilnahme am kirchlichen Leben.«
(A. KUPHAL/1979, S. 213 f.)

*Dieses* Verständnis von »traditionaler Bindung« ist nicht mit einem üblichen Sprachgebrauch von ›Tradition‹ oder ›traditionell‹ zu verwechseln (vgl. A. KUPHAL/1979, S. 213). Im KUPHALschen Sinne hatte schon H.-O. WÖLBER den Begriff gebraucht, wenn er in seiner Untersuchung von einer Kirche bzw. Religion »ohne Entscheidung« sprach (vgl. H.-O. WÖLBER/1960). Ausschlaggebend ist: Traditionale Bindungen machen subjektive Entscheidungen überflüssig; sie befreien von ihnen, weil sie die Entscheidungssituation gar nicht entstehen lassen. Daraus folgt:

## 0.2 Kirche im Horizont von Gesellschaft und Religion

»Wenn nun ein Kirchenmitglied nur noch traditional an die Kirche gebunden ist, dann hieße das folgerichtig, daß bei einer Störung auch noch dieser letzten Bindungskomponente die Aufgabe der Mitgliedschaft akut wäre. Oder umgekehrt gesagt: Wenn der Befund der nur traditionalen Bindung tragfähig ist, dann ist das beobachtete Ansteigen der Kirchenaustritte womöglich die Folge davon, daß diese noch einzige Bindung von Mitgliedern an die Kirche zerstört oder gestört worden ist.«
(A. KUPHAL/1979, S. 222 f.)

KUPHAL arbeitet mit dieser Hypothese und erhärtet sie dadurch, daß er für den *Traditionsabbruch* Gesetzmäßigkeiten aufweisen kann und die »konkreten Randbedingungen seit 1967« in die Überlegung einbezieht (vgl. 1979, S. 225 ff. und 248 ff.).

Sein Fazit lautet: »Seit Ende der sechziger Jahre ist mehr geschehen, als daß einige – gemessen an der Masse des Kirchenvolkes: wenige – Kirchenmitglieder ihrem Unmut über unpopuläre Maßnahmen per Austritt Luft gemacht haben. Vielmehr hat in den Strukturen, die eine äußerst wichtige Komponente kirchlicher Bindung bewirkten, eine Art Bruch stattgefunden« (1979, S. 469).

Daher ist es illusionär, mit einer Rückkehr zu früheren Verhältnissen wie mit einer Wetterwende zu rechnen. Klimaveränderungen halten die einem *Traditionsabbruch* innewohnende Dynamik nicht auf, gerade weil er im Unterschied zum *Traditionsbruch* keinen subjektiv bewußt vollzogenen Perspektivwechsel darstellt.

Beziehen wir diese Überlegung wiederum auf den Einschnitt, der in Sachen Religion und Tradition mit der Aufklärung erfolgt ist (s. o. 0.1.1), so kann man sagen: Hatte aufgeklärtes Denken die wissenschaftliche Theologie – wenigstens in Teilen – schon lange bestimmt, so haben die Folgen aufgeklärten Geistes nunmehr die Kirchen und das Mitgliedschaftsverhalten erreicht.

## 0.2.3 Aspekt: Volkskirche

Der Begriff Volkskirche ist als *Programmbegriff* eine spezifisch deutsche Prägung. Als Angelpunkt vieler Kontroversen (vgl. W. LÜCK/1980) ist er zugleich zum Zündstoff konkurrierender Konzeptionen des Gemeindeaufbaus geworden (s. u. 0.2.6). Wenn man die Ebene unbedachten und unscharfen Sprachgebrauchs durchstoßen will, wird man zuerst die unterschiedlichen Bedeutungen, die der Begriff in seiner Geschichte seit Schleiermacher gewonnen hat, sichten müssen, um sodann die deutsche Diskussion zu durchstoßen und den Zusammenhang mit ökumenischen Überlegungen herzustellen. Ich folge dabei weitgehend WOLFGANG HUBER (1979a; 1979b).

HUBER unterscheidet fünf Verwendungsweisen des Begriffs:

☐ »Volkskirche ist Kirche *durch* das Volk.«
Als freier Zusammenschluß von Gemeinden verwirklicht sie sich durch »*Partizipation* der Laien«.

☐ »Volkskirche ist Kirche *hin* zum Volk.«
Sie will das Volk durchchristlichen und verwirklicht sich »*durch Volksmission*«.

☐ »Volkskirche ist Kirche *eines* Volkes.«
Die Kirche bezieht sich auf *eine* Nation, und sie verwirklicht sich »durch *Nationalität*«.

☐ »Volkskirche ist Kirche *für das* Volk.«
Die Kirche ist zuständig für die pfarramtliche Versorgung der Bevölkerung, beginnend bei der Kindertaufe. Sie verwirklicht sich durch »*Versorgung*«.

☐ »Volkskirche ist Kirche *für das* Volks*ganze*.«
Sie will öffentlich wirksam sein und versteht sich als Anwalt des Gemeinwohls in christlicher wie in allgemeiner Hinsicht. Sie verwirklicht sich durch die »Wahrnehmung ihres *Öffentlichkeitsanspruchs*«.
(W. HUBER/1979a, S. 170 f.)

Für alle fünf Verwendungsweisen des Begriffs Volkskirche gibt es historische Ausprägungen, die jeweils zu differenzierter Diskussion nötigen. Die Frage scheint berechtigt, ob ein nicht zuletzt durch die Geschichte seines Gebrauchs derart schillernd gewordener Begriff noch heute als Programm verwendbar ist.

Unter Einbeziehung der Formel von DIETRICH BONHOEFFER »Kirche für andere« stellt HUBER das Nachdenken über die Volkskirche in ökumenischen Zusammenhang: »Aufgabe einer ökumenischen Reflexion ist die Rezeption fremder Erfahrung« (1979b, S. 165 ff.). Dabei ergibt sich im Ansatz eine folgenreiche Verschiebung: statt von Volkskirche ist von »*Religion des Volkes*« die Rede. Das Thema »Religion des Volkes« ist in vierfacher Hinsicht zentral:

☐ »angesichts der *konfessionellen* Grenzen« zwischen den Kirchen;

☐ »angesichts der *regionalen* Grenzen«, die die Welt politisch, sozial und kulturell spalten;

☐ »angesichts der Gegensätze *ethischer* Orientierung«, die die Christenheit trennen;

☐ »angesichts der Grenze zwischen dem christlichen Glauben und der Welt der *Religionen.*«
(W. HUBER/1979b, S. 165)

»Religion des Volkes« ist in diesem vierfachen Sinn bisher eher im katholischen Zusammenhang, und hier vor allem in Lateinamerika, thematisiert worden. Aber es ist die Frage, ob hiervon nicht auch in anderen Regionen und auch innerhalb anderer Traditionen zu lernen wäre. Möglicherweise würde sich dann auch zeigen, daß die in der deutschen Praktischen Theologie nahezu vergessene religiöse Volkskunde, wie sie vor allem Paul Drews und Friedrich Niebergall konstitutiv in das Verständnis Praktischer Theologie einbezogen haben, neu zur Debatte steht.

Der Begriff *Volk* wäre freilich durchaus anders zu verstehen, als er in deutscher Tradition weithin besetzt ist:

»In dem theologischen Verständnis, das durch die Überlegungen zur ›Religion des Volkes‹ nahegelegt wird, ist Volk weder die statistische Gesamtheit der Bevölkerung eines Staates noch die unterste Schicht einer vorgegebenen gesellschaftlichen Schichtung noch schließlich der Inbegriff für Arteigentümlichkeiten oder für die kulturelle Sonderstellung einer Nation.«
(W. HUBER/1979b, S. 169)

Alle Verständnisse von Volk, die unseliger deutscher Geschichte naheliegen, sind hier nicht gemeint, sondern der Begriff des Volkes verweist in diesem Kontext auf den Begriff des Volkes Gottes:

»Seine Dynamik empfängt der Begriff des Volkes Gottes durch Jesu Parteinahme für die Schwachen und Leidenden, für die Geringsten. Und er empfängt seine Dynamik gleichzeitig durch jene ›Niederlegung des Zauns‹, durch die alle Grenzen der Nation und des Kults, der Rasse und des Geschlechts relativiert werden (vgl. Gal 5,28; Eph 2,14).«
(W. HUBER/1979b, S. 169)

Läßt sich die Kirche auf dieses Verständnis ein, dann wird sie insofern »Volkskirche«, als sie Ort der Bergung für Schwache, für Leidende wird – welcher Nation, welcher Rasse, welcher Religion oder Konfession sie auch immer sein mögen. Und dies gilt nicht abstrakt oder prinzipiell, sondern am »historisch und kulturell, politisch und ökonomisch bestimmten Ort«. Daraus folgt, daß die Kirche auf die »spezifischen Lebensbedingungen und Erfahrungen ihrer Glieder einzugehen und sich auf den politischen, ökonomischen und auch religiösen Zusammenhang, in dem sie leben, einzustellen« hat (W. HUBER/1979b, S. 170).

Volkskirche – Kirche für die Religion des Volkes: Die beiden Begriffe signalisieren eine Spannung im Verständnis, die in der Geschichte des deutschen Protestantismus wurzelt. Läßt sich die

Kirche auf die Religion des Volkes ein, um in *diesem* Sinne Volkskirche zu sein, muß sie sich auch mit ihrer eigenen Geschichte auseinandersetzen. Auch dies könnte ein Medium ihrer Erneuerung sein.

### 0.2.4 Aspekt: Kirche und Staat

ERNST LANGE kommt in seinen Überlegungen zu »Bildung als Problem und als Funktion der Kirche« zu dem Schluß:

»Staat und Gesellschaft können von ihrem Selbstverständnis und von ihrer Verfassung her die traditionelle Symbiose mit der Kirche ebensowenig mehr verantworten wie die Kirche die traditionelle Symbiose mit dem Staat und der Gesellschaftsordnung.«
(E. LANGE/1980, S. 182)

Das gegenwärtige Bild der Beziehungen zwischen Kirche und Staat ist zutreffend so umschreibbar:

»Blickt man auf die Stellung der Kirchen in der Bundesrepublik Deutschland, so wird man das Element der Staatsverbundenheit stärker finden als das Element der Distanz zum Staat; demgemäß ist die Gefahr der Anpassung in ihnen stärker ausgeprägt als die Gefahr der Beziehungslosigkeit.«
(W. HUBER/1979a, S. 149)

Nur beide Sätze *zusammen* können in ihrem Spannungsverhältnis die Problematik des Verhältnisses zwischen Staat und Kirche in der Bundesrepublik gegenwärtig andeuten. Es ist eine juristisch-politische und eine theologisch-kirchliche Problematik, und sie wird nur erreichbar, wenn es gelingt, in der Diskussion diese beiden Problemstränge ständig aufeinander zu beziehen. Dies aber muß auf dem Hintergrund der historischen Vermittlung der Fragestellung geschehen, weil sie anders gar nicht zu begreifen ist (vgl. insgesamt K. HESSE/1987³; H. E. J. KALINNA/ 1987³, dort Lit.!).

Ein Ausgangspunkt für das Verständnis der gegenwärtigen Problematik ist die Tatsache, daß die Kirchen *öffentlich-rechtliche Körperschaften* sind. Dieser Status bedeutet, daß es sich um Institutionen handelt, die hoheitliche Ordnungsaufgaben wahrnehmen. Folglich sind zum Beispiel Kommunen oder Ärztekammern und Industrie- und Handelskammern derartige Körperschaften. Bedenkt man, daß bis Ende des 19. bzw. Beginn des 20. Jahrhunderts alle Personenstandsangelegenheiten, aber zum Beispiel auch die Aufsicht über die Volksschulen und die Volksschullehrerausbildung kirchliche Angelegenheiten waren, so leuchtet ein, daß die Kirchen den Status öffentlich-rechtlicher Körperschaften hatten.

Nun liegt auf der Hand, daß die genannten Ordnungsaufgaben inzwischen an den Staat übergegangen sind. Logischerweise müßte man also folgern, daß den Kirchen der Status von Körperschaften des öffentlichen Rechts nicht mehr zukommt. Die Weimarer Reichsverfassung hat jedoch nur eine »hinkende« Trennung von Staat und Kirche eingeführt und den Kirchen den öffentlich-rechtlichen Körperschaftsstatus belassen. Dies war »eine *politische* Entscheidung gegen die sog. laizistische Tendenz, die Kirche zu einer ›privaten Gesellschaft‹ zu machen« (KIRCHENKANZLEI/1978, S. 120). Im Grundgesetz der Bundesrepublik sind die entsprechenden Artikel der Weimarer Verfassung übernommen worden (analog ist mit den Artikeln zur Regelung des Religionsunterrichts an öffentlichen Schulen verfahren worden). Das kirchliche Handeln sollte auch für eine veränderte Situation abgesichert werden. Sicher dachten dabei manche primär an das diakonische Handeln der Kirche, aber schon ein Blick auf die den Kirchen im Zusammenhang ihres öffentlich-rechtlichen Status eingeräumten *Privilegien* zeigt, daß sie keineswegs nur den diakonischen Bereich betreffen:

☐ Kirchensteuererhebung durch die staatlichen Finanzverwaltungen;

- ☐ Regelung der Beziehungen zwischen Staat und Kirche durch Staatskirchenverträge;

- ☐ kirchliche Mitspracherechte im Religionsunterricht an öffentlichen Schulen;

- ☐ Wehrdienstbefreiung von Geistlichen;

- ☐ Absicherung Theologischer Fakultäten/Fachbereiche an staatlichen Universitäten usw.

Dies sind nur Beispiele. Angesichts dieser Privilegienliste, von rechtssystematischen Überlegungen ganz zu schweigen, und im Interesse *unabhängigen* Wirkens der Kirche, also außerhalb von Argumentationen aufgrund kirchlicher Gegnerschaft, stellt sich die Frage, ob es wünschenswert oder angemessen ist, weiterhin ungebrochen für die Beibehaltung des Status einer öffentlich-rechtlichen Körperschaft zu votieren:

»So hat sich auch die Meinung darüber geteilt, ob die Kirche nicht doch stärker auch in *Parallele* zu anderen Organisationen des öffentlichen Lebens zu sehen ist, nämlich als Verband unter Verbänden. Es wird die Frage gestellt, ob und inwieweit die Rechtsposition der Kirche (noch) mit ihrem tatsächlichen politischen und gesellschaftlichen Stellenwert in Einklang ist oder aber ein Fossil aus der ›vorpluralistischen‹ Zeit des alleinigen Gegenübers von Kirche und Staat.«
(KIRCHENKANZLEI/1978, S. 122)

Die Frage ist so vielschichtig, daß man sie nicht abstrakt beantworten kann. Antworten auf derartige Fragen, die allein aus der Rechtssystematik abgeleitet sind oder sich lediglich politischen Stimmungslagen verdanken, verfehlen leicht die Realität. Dies heißt umgekehrt: Die Antwort hängt *auch* davon ab, wie die Kirche sich selbst und ihre Aufgabe in der Gesellschaft begreift und realisiert – formelhaft verkürzt gesagt: ob als Ort, an dem Religion gesellschaftlich relevant thematisiert wird *oder* als Institution zur Bewahrung des »reinen Evangeliums«. Natürlich ist das eine zu flache Alternative. Aber mit der plakativen Formel mag deutlich werden, um welche Tendenzen es geht.

## 0.2.5 Aspekt: Kirche außerhalb der Kirche

Das Phänomen des Traditionsabbruchs (s. o. 0.2.2) stellt zugleich vor die Frage nach den Grenzen der Kirche. Auf wen weiß sich die Kirche und ihr Handeln bezogen: Auf eine kleiner werdende Zahl von Mitgliedern und neu zu gewinnende Mitglieder der Kirche im vollen Sinn des Wortes oder auch auf diejenigen, die der Kirche fern sind und fern bleiben, ohne daß ihnen Ernsthaftigkeit und Verantwortlichkeit ihres Lebens bestritten werden könnten? Damit kommen wir bereits an den Rand der Überlegungen zum Gemeindeaufbau, die uns im nächsten Abschnitt beschäftigen werden.

Das Problem »Kirche außerhalb der Kirche« ist in die neuere Diskussion besonders durch DOROTHEE SÖLLE und KARL RAHNER (vgl. aber auch D. RÖSSLER/1969) gebracht worden:

»Erscheint nicht der Glaube an Christus heute sowohl in der offiziellen oder manifesten Kirche wie auch außerhalb derselben, nämlich dort, wo das Leben der Freigewordenen anbricht und gelebt oder auch nur erwartet wird, wo um dieses neuen Lebens willen gelitten und zugleich gehofft wird, wo Menschen es nicht aufgeben, nach diesem neuen Leben zu fragen, und sich nicht einverstanden erklären mit den Lösungen des billigen Glücks, mit deren Hilfe man heute das Reich Gottes zu verraten pflegt? Wo immer Menschen auf Gottes Reich warten, da ist Christus bei ihnen, da wartet er mit ihnen, auch wenn sie seinen Namen nicht nennen. Wo immer Menschen ihre Hoffnungen begraben haben, sei es unter billigem, überall angebotenem Glück, sei es unter billiger, immer schon besessener Gnade, da ist Christus mitbegraben. Der Maßstab der latenten Kirche ist die Hoffnung, die sie hegt. Sie ist vor allem Kirche der Erwartenden.«
(D. SÖLLE/1966, S. 153)

In weiteren Reflexionsschritten, die hier nicht nachgezeichnet zu werden brauchen, entfaltet und differenziert D. SÖLLE ihre These: »Hoffnung ist größer – und verzweifelter geworden seit Christus, und diese Hoffenden und Enttäuschten zwingen uns, die Grenze zwischen ›drinnen‹ und ›draußen‹ abzubauen« (S. 154).

Vielleicht kann man es im Zusammenhang unseres Überlegungsganges so zuspitzen: Ein Kirchenverständnis, das die Überwindung von »drinnen« und »draußen« nicht zu integrieren vermag, ist notwendig in der Gefahr, zu einer Kirche zu führen, die aus der Gesellschaft emigriert. Eine Kirche, die nicht aus der Gesellschaft emigriert, ist eine Kirche, die davon bestimmt ist, daß die sie bewegenden Grundfragen des Lebens in der Gesellschaft, bei unzähligen einzelnen und in Gruppen, immer schon virulent sind – und die nicht emigrierende Kirche läßt sich darauf ein. So verschränken sich noch einmal das Kirchenverständnis und die Frage nach der »Religion des Volkes« (s. o. 0.2.3).

## 0.2.6 Aspekt: Gemeindeaufbau

Der Begriff Gemeindeaufbau, inzwischen fast zum Schlagwort geworden, und seine gegenwärtige Konjunktur sind auf dem Hintergrund der VELKD- und EKD-Umfragen (vgl. G. SCHMIDTCHEN/1973, H. HILD/1974; J. HANSELMANN u. a./ 1984), der Kirchenaustrittsbewegung in den letzten zwanzig Jahren und den durch sie ausgelösten Überlegungen verschiedener Art zu sehen. Die Ansätze der Fragestellung reichen jedoch wesentlich weiter zurück (vgl. C. MÖLLER/1987; M. HERBST/1987).

MANFRED JOSUTTIS schätzt den augenblicklichen Beliebtheitsgrad der Rede vom Gemeindeaufbau vermutlich psychologisch richtig ein, wenn er darauf verweist, daß sie »in mancher Hinsicht so erfreulich positiv klingt. Während die längst vergessenen Programme einer Kirchenreform immer auch kritische Elemente enthielten, ist die kirchliche Entwicklung jetzt stillgestellt aufs rein Konstruktive« (M. JOSUTTIS/1986, S. 229).

Mit CHRISTIAN MÖLLERS umfassender problemgeschichtlicher Darstellung wird der Schritt von der Vielfalt der miteinander konkurrierenden Positionen und Programme und ihrer gegenseitigen eher positionellen Beurteilung zu abwägender Reflexion erreicht (C. MÖLLER/1987; weniger reflektiert, weitaus positioneller M. HERBST/1987).

Der Begriff Gemeindeaufbau ist mehrdeutig. Er kann sich auf die gegebene äußere Ordnung und innere Gestalt einer Gemeinde beziehen; er kann aber auch die Entwicklung und Erneuerung einer Gemeinde meinen. Daraus resultiert, daß eine Reihe weiterer Begriffe nicht selten mitgemeint sind, wo von Gemeindeaufbau die Rede ist: Gemeindepflege und Gemeindeorganisation, aber auch Gemeinwesenarbeit, Gemeindeberatung oder Gemeindepädagogik (vgl. C. MÖLLER/1987, S. 23 f.). Hinzu kommt die Spannung zwischen den Begriffen Kirche und Gemeinde. Jede Gemeinde ist zwar Kirche im vollen Sinn des Wortes, gleichwohl ist Kirche im vollen Sinn des Wortes mehr als eine einzelne Gemeinde. Eine Formel aus der Reformierten Kirche Hollands bringt dies schön zum Ausdruck: »Wir sind an unserem Teil das *Ganze* ... wir sind das Ganze nur für unser *Teil*« (zitiert nach C. MÖLLER/1987, S. 25). Jedenfalls gehört die Spannung zwischen Einzelgemeinde und Kirche sachlich-inhaltlich unabdingbar in alle Überlegungen zum Gemeindeaufbau hinein, wenn nicht frommer Autismus die Augen trübt:

»Eine Lehre vom Gemeindeaufbau hat den Zusammenhang von Kirchengemeinde und Gemeinde-Kirche zu bedenken. Dieser Zusammenhang bewahrt auch vor einer Gefahr, die schon dem Begriff ›Gemeindeaufbau‹ als Mißverständnis innewohnt, nämlich geschichtslos zu werden und so zu tun, als könne eine Gemeinde vom Nullpunkt aufgebaut werden. Nicht einmal die urchristlichen Gemeinden konnten sich dieser Illusion hingeben, sind sie doch in ein Erbe eingewandert, das ihnen Israel gegeben hatte.«
(C. MÖLLER/1987, S. 25)

In der Studie »Christsein gestalten« (KIRCHENAMT DER EKD/ 1986) werden die verschiedenen Ansätze und Zielrichtungen der Konzeption von Gemeindeaufbau nach »Kirchenbildbestimmten Ansätzen« und »Lebensweltbestimmten Ansätzen« unterschieden. Das ist dann möglich, wenn dabei nicht übersehen wird, daß

## 0.2 Kirche im Horizont von Gesellschaft und Religion

in *beiden* Ansätzen das Kirchenverständnis eine entscheidende Rolle spielt, und Kirchenverständnis und Glaubensverständnis sind in aller Regel aufeinander bezogen. Daraus folgt automatisch eine unterschiedliche Wertung der Volkskirche, und einmal mehr zeigt sich, daß der Begriff weder zur Klärung noch zur Verständigung geeignet ist, weil er allzu vieldeutig ist (s. o. 0.2.3). Die einander gegenüberstehenden Grundpositionen lassen sich folgendermaßen typisieren:

☐ *Einerseits »Lebensweltbestimmt«:* »Den Ausgangspunkt bildet die Einsicht, daß der christliche Glaube nur dann lebendig angeeignet und verinnerlicht werden kann, wenn seine Lebensbedeutung im Kontext der individuellen Biographie und der subjektiven Alltagswelt mit ihren Herausforderungen und Problemlagen erfahren wird. Deshalb müssen die Inhalte der christlichen Tradition in die Sprache der Alltagswelt übersetzt und darin ›einheimisch‹ werden.«
(CHRISTSEIN GESTALTEN/1986, S. 49)

☐ *Andererseits »Kirchenbildbestimmt«:* Die »vom Kirchenbild her bestimmte, in der Regel positionell-theologisch orientierte Ausrichtung (zielt) auf die Umgestaltung und Umformung der Alltagswelt mit ihren Routinen und Gewohnheiten nach einem geprägten Bild von Kirche, von christlicher Frömmigkeit und christlicher Lebenspraxis ... das Ziel (wird) im allgemeinen durch die Einrichtung gesinnungshomogener Bezugsgruppen und bestimmter Observanzregeln verfolgt.«
(CHRISTSEIN GESTALTEN/1986, S. 50)

Zum erstgenannten Typ zählen die gängigen differenzierenden Arbeitsweisen, wie sie in vielen Gemeinden der Landeskirchen und in übergemeindlichen Aktivitäten ablesbar sind, ob Gemeindepädagogik oder Gemeindeberatung, ob psychologische Beratung oder teilnehmerorientierte Arbeitskreise, ob Ev. Akademien oder Kirchentage usw. (vgl. C. MÖLLER/1987, S. 30 ff.).

Zum anderen Typ zählt vorzugsweise, was sich »Missionarischer Gemeindeaufbau« nennt, einschließlich charismatischer Bewegungen (vgl. F. SCHWARZ u. C. A. SCHWARZ/1985²; M. SEITZ/ 1985; T. SORG/1987; zusammenfassend: M. HERBST/1987).

Unsere bisherigen Überlegungen im Anschluß an JOACHIM MATTHES' Emigrationsthese und zum Problemkreis Volkskirche und Religion des Volkes legen die Entscheidung zwischen den beiden Typisierungen nahe: im »kirchenbildbestimmten« Typus wird die Kirche einmal mehr als Subjekt verstanden, das eine entchristlichte Gesellschaft im Sinne ihres Objekts zu bearbeiten hat. Es ist dies eine Spur, der ich in der Darstellung der Handlungsfelder nicht folgen werde. Im »lebensweltbestimmten« Typus liegt mindestens die Chance, daß sich die Kirche als Teil der Gesellschaft begreift und in die Lage versetzt wird, die »Religion des Volkes« produktiv zu thematisieren.

MÖLLER versucht die Alternative im Rückgriff auf KIERKEGAARDS große Rede »Liebe erbaut« zu überwinden (vgl. 1983, S. 233 ff.). Übersetzt man die Rede aus KIERKEGAARDS entfernter Sprache und wohl auch zum Teil aus dem Kontext seines Denkens in unsere Zeit und Problemlage und interpretiert sie vielleicht etwas weniger milde als MÖLLER, könnte sie mit ihrem Grundgedanken, daß die zu erbauende Liebe beim anderen immer schon *vorauszusetzen* ist, davor bewahren, Adressaten zu Objekten der Verkündigung zu machen:

»Erbauen heißt Liebe voraussetzen; liebevoll sein heißt, Liebe voraussetzen; nur Liebe erbaut. ... Kein Mensch kann den Grund der Liebe in eines andern Menschen Herz einsenken; dennoch ist die Liebe der Grund, und erbauen kann man nur von Grund auf, also kann man nur erbauen, indem man Liebe voraussetzt.«
(S. KIERKEGAARD/1983, S. 249)

Mir scheint, dies ist die Absage an missionarischen Eifer.

## 0.3 Leitlinien

Aus der Sammlung diverser Aspekte – einerseits vom Gesichtspunkt der *Religion* aus, andererseits vom Gesichtspunkt der *Kirche* aus, immer gegenseitig aufeinander bezogen vor dem Horizont der *Gesellschaft* – ergeben sich einige Linien des Religions- und Kirchenverständnisses, die für die Überlegungen zu den folgenden Handlungsfeldern hier vorangestellt werden sollen, obwohl sie dort erst konkret werden können. Zum Beispiel:

☐ Von Kirche und christlichem Glauben ist im Zusammenhang von Religion zu reden.

☐ Von der Kirche, auch von einer in naher Zukunft vermutlich erheblich schrumpfenden Kirche, und ihren Aufgaben ist nicht unter der Prämisse der Auswanderung aus der Gesellschaft zu reden, sondern der Ausgangspunkt ist die Einsicht, daß die Kirche stets Teil jener Gesellschaft ist, der sie sich gegenübergestellt sieht.

☐ Im »Traditionsabbruch« zeichnet sich ab, daß die Folgen der Aufklärung das Mitgliedschaftsverständnis in den Kirchen erreicht hat. Hier dürfte für die Zukunft ein Zentralproblem kirchlichen Selbstverständnisses und kirchlicher Praxis liegen. Mit der Verlängerung traditioneller kirchlicher Arbeitsformen in die Zukunft wird es kaum zu bewältigen sein. In dieser Lage kann die – im Ansatz anders verursachte – Lage der Kirche in der DDR als heuristisches Abbild einer zukünftigen Kirche in der Bundesrepublik fungieren.

☐ In kritischer Reflexion beider Begriffe ist zu fragen, inwieweit Anteile von »Volkskirche« und von »Religion des Volkes« auf neue Weise miteinander vermittelbar sind.

☐ Nur wenn in der neueren Diskussion über Gemeindeaufbau

die neuzeitlichen und die künftigen Bedingungen von Kirche in der Gesellschaft ernst genommen werden, wird nicht Gemeinde im Ghetto gebaut.

# HANDLUNGSFELDER
# DER PRAKTISCHEN THEOLOGIE

# VORBEMERKUNG

Die *Auswahl der Handlungsfelder* ist nicht aus einer vorgegebenen Systematik abgeleitet. Mein Ausgangspunkt war vielmehr die Suche nach Tätigkeiten (oder Verhaltensweisen), denen eine anthropologische Grundbedeutung nicht abzusprechen ist und von denen *zugleich* evident ist, daß sie im Zusammenhang von Gesellschaft – Religion – Kirche eine Rolle spielen. Es war dann relativ leicht, solchen – verbal und nicht substantivisch – zu benennenden Tätigkeiten jeweils vielfältige einschlägige Arbeitsfelder zuzuordnen. Daß bei diesem Verfahren sowohl das Interesse leitet, die Praktische Theologie für neue Fragestellungen zu öffnen, wie zugleich auch die Tradition des Faches die Einfälle mitbestimmt, ist unbestreitbar – und wird auch bei vergleichbaren Versuchen immer so sein, weil sich darin eine Grundstruktur allen Denkens und Lernens spiegelt: Innovation ist nicht ohne Tradition.

Zu unterstreichen ist, daß so eine für allfällige Erweiterungen *offene* Auswahl von Handlungsfeldern (mit den sie entfaltenden Unterabschnitten) ohne jeden Anspruch auf Vollständigkeit entstanden ist. Vielmehr versuche ich, auf der materialen Ebene den Ansatz des offenen Systems zu realisieren, wie ich es im 1. Band begründet habe.

Zur Anlage der Handlungsfelder ist vorweg keine Erklärung nötig. Die Perspektive der Erörterung ist durchgängig an der Gegenwartsproblematik orientiert. Ob es gelungen ist, die Einführung in konkrete Situationen mit der Anleitung zu deren Reflexion zu verbinden, muß der Leser beurteilen. Lediglich ein Hinweis zu den »Verknüpfungen« (Ziffer 3 in jedem Kapitel); das Interesse, die zahlreichen Verflechtungen jedes Handlungsbereiches, einschließlich der ihm innewohnenden Fragestellungen, mit ausgewählten anderen zu verdeutlichen, habe ich in tabellarischer Form auf drei Ebenen einzulösen versucht:

☐ Unter (1) leitet die Frage nach dem Zusammenhang zwischen dem jeweiligen Handlungsfeld und den in Band 1 dargestellten *Reflexionsperspektiven*. Grundsätzlich gilt: *Alle* in Band 1 genannten Reflexionsperspektiven sind für *alle* Handlungsfelder von Belang. Dies schließt aber nicht aus, daß bestimmte von Fall zu Fall dominieren. Daher werden unter (1) die genannt, die für die Reflexion der Probleme des jeweiligen Handlungsfeldes von besonderer Bedeutung sind (in der Regel drei).

☐ Unter (2) werden *Querverbindungen* zwischen allen Kapiteln hergestellt, damit deutlich wird, daß viele Problemstellungen des einzelnen Handlungsfeldes auch in ganz anderen Zusammenhängen wiederkehren.

☐ Unter (3) wird der Blick geöffnet für Arbeitsbereiche, die im jeweiligen Kapitel nicht erörtert sind, in denen aber *vergleichbare Fragestellungen* auftauchen.

In der Literaturauswahl zu Beginn der Kapitel ist im allgemeinen nur aufgeführt, worauf im Text Bezug genommen wird; von hieraus erschließt sich weitere Literatur. Durchgängig sind zu den einzelnen Themen die einschlägigen Lexika und Handbücher zu konsultieren. Sie sind nicht vor allen Kapiteln wiederholt worden, sondern ebenfalls nur dann, wenn sie zitiert wurden. Um ihre Einbeziehung generell zu sichern, nenne ich die wichtigsten vorweg:

D. RÖSSLER, Grundriß der Praktischen Theologie (1986)
P. C. BLOTH u. a. (Hg.), Handbuch der Praktischen Theologie, Bd. 2 (1981), Bd. 3 (1983), Bd. 4 (1987)
H. AMMER u. a., Handbuch der Praktischen Theologie, Bd. 1 (1975), Bd. 2 (1974), Bd. 3 (1978)

G. OTTO (Hg.), Praktisch-theologisches Handbuch (1975²)
C. BÄUMLER/N. METTE (Hg.), Gemeindepraxis in Grundbegriffen (1987)
E. FEIFEL u. a. (Hg.), Handbuch der Religionspädagogik, Bd. 1 (1973), Bd. 2 (1974), Bd. 3 (1975)
außerdem: RGG, TRE
Diese Titel werden grundsätzlich abgekürzt zitiert; vgl. dazu das Abkürzungsverzeichnis S. 12 f.

# 1 HANDLUNGSFELD: LERNEN (1)
## – Erwachsenenbildung/Jugendarbeit

*Motto*

»Jugendarbeit und Erwachsenenbildung sind benachbarte Handlungsfelder ...
Eine erste Parallele liegt im Primat der Praxis vor der Theoriebildung. Jugendarbeit und Erwachsenenbildung haben beide ihre Ursprünge im 19. Jahrhundert. Sie sind als sehr unterschiedliche Initiativen zu begreifen, um mit den Folgeproblemen der Industrialisierung fertig zu werden. Familienerziehung, Schulbildung und Berufsausbildung konnten die in einer sich rasch verändernden Gesellschaft entstehenden Lerndefizite nicht hinreichend abdecken. Die Entwicklung vollzog sich im Kontext der deutschen Sozialgeschichte höchst konfliktreich. Das bürgerliche Bildungsprivileg wurde durch die Aktivitäten der Arbeiterbildung in Frage gestellt.«

Christof Bäumler/1981

## Thesen zur Orientierung

☐ Erwachsenenbildung will den Prozeß unterstützen, in dem es dem Menschen möglich wird, sein Leben und Handeln in Zusammenhängen zu begreifen und sinnvoll zu gestalten.

☐ Jugendarbeit, in der Jugendliche selbst das »Thema« sind, ist inahltlich durch die Antagonismen bestimmt, die das Leben Jugendlicher (und Erwachsener) in unserer Gesellschaft kennzeichnen.

## 1.0 Literatur

| | |
|---|---|
| M. Affolderbach (Hg.) | Evangelische Jugendarbeit (1980) |
| Ders. (Hg.) | Grundsatztexte zur evangelischen Jugendarbeit (1982²) |
| Ders./H. Steinkamp (Hg.) | Kirchliche Jugendarbeit in Grundbegriffen (1985) |
| C. Bäumler | Unterwegs zu einer Praxistheorie (1977) |
| Ders. | Bemerkungen zum Verhältnis von Jugendarbeit und Erwachsenenbildung in: ThPr 16. Jg./1981, Heft 1/2, S. 192 ff. |
| Ders. | Konzeption und Theorie kirchlicher Jugendarbeit, in: Affolderbach/Steinkamp (1985), *siehe dort* |
| H.-E. Bahr (Hg.) | Wissen wofür man lebt (1982) |
| H. Blankertz u. a. (Hg.) | Sekundarstufe 2 – Jugendbildung zwischen Schule und Beruf (1982) = EE Bd. 9,1 (Teil 1: Handbuch) |
| Ders. u. a. (Hg.) | Sekundarstufe 2 – Jugendbildung zwischen Schule und Beruf (1983) = EE Bd. 9,2 (Teil 2: Lexikon) |
| G. Buttler u. a. (Hg.) | Lernen und Handeln (1980) |
| H. Dauber | Schulmisere und Erwachsenenbildung in: Gronemeyer/Bahr (1977), *siehe dort* |
| Ders./E. Verne (Hg.) | Freiheit zum Lernen (1976) |
| W. Deresch | Handbuch der Erwachsenenbildung (1973) |
| Deutsche ev. Arbeitsgemeinschaft für Erwachsenenbildung (Hg.) | Die Erwachsenenbildung als ev. Aufgabe (1979²) |
| Deutscher Bildungsrat (Hg.) | Strukturplan für das Bildungswesen (1970) |

| | |
|---|---|
| A. Feige | Erfahrungen mit Kirche (1982²) |
| P. Freire | Pädagogik der Unterdrückten (1971) |
| Ders. | Erziehung als Praxis der Freiheit (1974a) |
| Ders. | Pädagogik der Solidarität (1974b) |
| K. A. Geissler/ H. G. Ebner | Interaktionsstrukturen in der Erwachsenenbildung in: EE Bd. 11 (1984), S. 160 ff. |
| A. Grözinger/ H. Luther (Hg.) | Religion und Biographie (1987) |
| M. Gronemeyer | Erwachsenenlernen als kritische Erinnerung in: ThPr 16. Jg./1981, Heft 1/2, S. 52 ff. |
| Dies./H.-E. Bahr (Hg.) | Erwachsenenbildung – Testfall Dritte Welt (1977) |
| H.-H. Groothoff | Erwachsenenbildung und Industriegesellschaft (1976) |
| J. Habermas | Können komplexe Gesellschaften eine vernünftige Identität ausbilden? in: J. Habermas/D. Henrich, Zwei Reden (1974) |
| J. M. Häussling | Artikel: Jugendrecht in: EE Bd. 9,2 (1983), S. 355 ff. |
| R. Hanusch/ G. Lämmermann (Hg.) | Jugend in der Kirche zur Sprache bringen (1987) |
| I. Illich | Entschulung der Gesellschaft (1972) |
| E. Jordan | Artikel: Jugendarbeit in: EE Bd. 9,2 (1983), S. 316 ff. |
| H.-G. Jung (Hg.) | Gemeinden im Bildungsprozeß (1977) |
| J. Jürgensen | Vom Jünglingsverein zur Aktionsgruppe (1980) |
| Kirchenamt der EKD (Hg.) | Erwachsenenbildung als Aufgabe der ev. Kirche (1983) |
| M.-L. Könneker (Hg.) | Kinderschaukel 2 (1976) |

| | |
|---|---|
| M. Krämer | Identität und Lernen in der Erwachsenenbildung<br>in: ThPr 16. Jg./1981, Heft 1/2, S. 77 ff. |
| L. Krappmann | Soziologische Dimensionen der Identität (1973³) |
| E. Lange | Sprachschule für die Freiheit (1980) |
| K. Liedtke | Wirklichkeit im Licht der Verheißung (1987) |
| J. Lott | Artikel: Erwachsenenbildung<br>in: Otto-HdB (1975²), S. 196 ff. |
| Ders. | Erziehung als Praxis der Freiheit<br>in: ThPr 11. Jg./1976, S. 134 ff. |
| Ders. (Hg.) | Kirchliche Erwachsenenarbeit (1977) |
| Ders. | Handbuch Religion II: Erwachsenenbildung (1984) |
| Ders. | Erwachsenenbildung – (k)ein Thema der Praktischen Theologie<br>in: ThPr 20. Jg./1985, S. 195 ff. |
| Ders. | Erinnerte Lebensgeschichten<br>in: ThPr 21. Jg./1986, S. 33 ff. |
| H. Luther | Religion, Subjekt, Erziehung (1984) |
| Ders. | Identität und Fragment<br>in: ThPr 20. Jg./1985, S. 317 ff. |
| Ders. | Artikel: Jugend/Jugendliche<br>in: Bäumler/Mette (1987), S. 218 ff. |
| C. Meier | Kirchliche Erwachsenenbildung (1979) |
| E. Meueler | Pädagogische Ansätze zur Entschulung kirchlicher Erwachsenenbildung<br>in: ThPr 11. Jg./1976, S. 107 ff. |
| Ders. | Die Lebenswirklichkeit als auszulegender Text<br>in: Der ev. Erzieher 39. Jg./1987, S. 253 ff. |
| K. E. Nipkow | Grundfragen der Religionspädagogik<br>Bd. 1 (1975a); Bd. 2 (1975b); Bd. 3 (1982) |
| Ders. | Neue Religiosität, gesellschaftlicher Wandel und die Situation der Jugendlichen |

| | in: Zeitschrift für Pädagogik 27. Jg./1981, S. 379 ff. (dort Lit.!) |
|---|---|
| G. Otto | Jugend und Kirche<br>in: Hanusch/Lämmermann (1987), *siehe dort* |
| F. Pöggeler (Hg.) | Handbuch der Erwachsenenbildung<br>8 Bde. (1974 ff.) |
| Ders. (Hg.) | Geschichte der Erwachsenenbildung (1975)<br>= F. Pöggeler (1974 ff.), Bd. 4, *siehe dort* |
| E. Schmitz | Erwachsenenbildung als lebensweltbezogener Erkenntnisprozeß<br>in: EE Bd. 11 (1984), S. 95 ff. |
| Ders./H. Tietgens (Hg.) | Erwachsenenbildung (1984)<br>= EE Bd. 11 |
| U. Smidt | Dokumente evangelischer Jugendbünde (1975) |
| Shell-Jugendwerk (Hg.) | Jugendliche und Erwachsene '85<br>5 Bde. (1985) |
| F. Steffensky | Der Konflikt zwischen einer alten und einer neuen Kultur<br>in: H.-E. Bahr (1982), *siehe dort* |
| T. Strohm | Neue Dimensionen kirchlicher Jugendarbeit<br>in: ThPr 16. Jg./1981, Heft 3/4, S. 92 ff. |
| G. Strunk | Artikel: Erwachsenenbildung<br>in: TRE Bd. 10 (1982), S. 175 ff. |
| V. Weymann | Evangelische Erwachsenenbildung (1983) |

## 1.1 Kommentierte Zugänge: Beispiele

### 1.1.1 *Erwachsenenbildung als Selbsttätigkeit Erwachsener*

»Erwachsenenbildung fängt damit an, daß – in einer Kirchengemeinde – Erwachsene als Menschen *ernst genommen* werden, bei

denen man nicht ausschließen kann, daß ihnen gelegentlich etwas Vernünftiges einfällt, worauf Pfarrer und Kirchenvorstand noch nicht gekommen sind.
Erwachsenenbildung heißt dann: *Hilfen zu geben,* damit solche Eigeninitiativen *durchdacht* verwirklicht werden können. Das ist ein *Lernprozeß,* der der *Anleitung* bedarf.
Nur wo so etwas geschieht – also die Förderung der *Selbsttätigkeit* der Gemeindeglieder – ist auch ein *zusätzliches* Bildungsangebot sinnvoll, etwa in Form von Vorträgen ...«
(G. Schmidt/1981, S. 3)

Das ist die Stimme eines Gemeindegliedes. Es ist unverkennbar, daß hinter den formulierten Vorstellungen von Erwachsenenbildung im Rahmen einer Kirchengemeinde bestimmte Erfahrungen stehen. Sie dürften darauf hinauslaufen, daß Erwachsenenbildung immer wieder verstanden wird als Versorgung von Erwachsenen mit Bildungsangeboten, die *andere,* nicht die Betroffenen, festlegen und organisieren. Ist dies der Ansatz, so widersprechen Arrangement und Organisation im Kern der inhaltlichen Zielsetzung vernünftiger, das heißt den Adressaten adäquater Erwachsenenbildung.

Wenn man davon ausgeht, daß Erwachsene, in welch unterschiedlichem Maß auch immer, Erfahrungen einbringen, die der Verarbeitung bedürfen, Interessen haben, die sie vielleicht noch nicht klar genug artikulieren können, des Austauschs mit anderen bedürfen, für die sie sich vielleicht erst aufschließen müssen – kurzum: wenn man Erwachsene als mündige Menschen ernst nimmt, dann dürfen sie nicht von Bildungsangeboten abhängig gemacht werden, die andere ohne ihre Mitsprache für sie festlegen. Und dies schon gar nicht in einem relativ übersehbaren Bereich, wie es eine Kirchengemeinde im Unterschied zum Beispiel zu einer Volkshochschule mit weitaus größerer Anonymität der Teilnehmer ist.

## 1.1.2 Die Realität

»250 000 Kinder und Jugendliche leben nicht bei ihren Eltern, sondern in Heimen, auf Beobachtungsstationen, in Internaten sowie in kinder- und jugendpsychiatrischen Einrichtungen; 65% davon stammen aus Arbeiterfamilien; 760 000 Bundesbürger, meist kinderreiche Familien, leben in Obdachlosenunterkünften; 370 000 Schüler bleiben jährlich sitzen; 390 000 Kinder sind in Sonderschulen; 17 000 Kinder sind in Sonderkindergärten für Behinderte; 320 000 Kinder werden jährlich bei Verkehrsunfällen verletzt, 3700 getötet; 400 000 Kinder werden jährlich von ihren Eltern mißhandelt; 1,2 Millionen Eltern sind alleinstehend; etwa 25% der Vorschul- und Kindergartenkinder und Schulanfänger werden als gestört, krank oder behindert eingestuft.«
(H.-E. BAHR/1982, S. 16)

Diese Zahlen geben nicht den neuesten Stand wieder. Mich interessiert auch nicht, ob einzelne Zahlen aufgrund neuer Erhebungen nach oben oder nach unten korrigiert werden müssen. Die Situation ist nicht weniger schrecklich, wenn irgendeine der genannten Zahlen um 1000 oder 2000 gesunken ist.

Diese soziale Realität der Bundesrepublik ist der Hintergrund, wenn von Elementarerziehung oder Jugendarbeit die Rede ist. Die nicht abzuweisende Gefahr ist, daß alle unsere Theorien und Konzepte jene Hunderttausende von Kindern und Jugendlichen aussparen, weil sie gar nicht im Blick sind oder weil sie unerreichbar scheinen oder – aus Ratlosigkeit derer, die im Unterschied zu anderen sehr wohl wissen, daß hier Kirche und Gesellschaft vor einer nicht eingelösten Verantwortung stehen.

Wie können wir die Gefahr überwinden, daß die Angebote der Gesellschaft oder der Kirche, freie oder institutionalisierte, nur die »Normalen« erreichen, nur die, die noch nicht zu Schaden gekommen sind? Noch schlimmer, wenn das oft die sind, die schon so angepaßt sind, daß der Umgang mit ihnen weniger problematisch ist!

### 1.1.3 Wunschbild: Wie Kinder sein sollten

*Was treiben denn die Mädchen?*

*Die kleinen pflegen Puppen,*
*die großen kochen Suppen*
*und spinnen leer den Rocken*
*und stricken warme Socken;*
*sie nädeln, bügeln, waschen*
*und putzen Glas und Flaschen.*

*Sie scheuern Tisch und Bänke*
*und ordnen wohl die Schränke,*
*sie flechten fein die Zöpfe*
*und spülen rein die Töpfe.*
*Sie müh'n sich ab nach Kräften*
*in häuslichen Geschäften.*

*Wer so schafft, wird fürs Leben*
*die beste Hausfrau geben.*
(F. ERCK/1889, in: M.-L. KÖNNEKER/1976, S. 116)

Nein, so denkt heute niemand mehr. So spricht auch heute niemand mehr. Aber dies schließt nicht aus, daß uns die *Folgen* solcher Auffassung von Kindern und ihrer Erziehung – ein entsprechendes Beispiel für Knaben ließe sich mühelos beibringen – beschäftigen müssen.

Die Folgen haben unterschiedliche Gestalt und liegen auf verschiedenen Ebenen. Ich beschränke mich auf wenige Beispiele und deute nur an:

☐ Wenn in der bayerischen Landeskirche erst vor rund zehn Jahren für Frauen der Weg ins gleichberechtigte Pfarramt geöffnet worden ist oder wenn in anderen Landeskirchen dies zwar wesentlich früher geschah, ihnen aber die Dienstbezeichnung Pfarrerin vorenthalten wurde und sie lebenslänglich Vikarin hießen oder wenn solche Vikarinnen automatisch mit der Eheschließung aus dem Pfarramt ausscheiden mußten, dann zeigt dies alles, daß im Hintergrund ein Frauenbild stand, das letztlich mit einem Männerberuf unvereinbar war, und dies Bild bestimmt die Erziehung von klein auf.

☐ Daß die verfassungsmäßig garantierte Gleichberechtigung der Frau bis heute nicht selbstverständlich, geschweige denn überall durchgesetzt ist, zeigen Stellenbesetzungen und Aufstiegschancen im Staat, zum Beispiel im gesamten Bildungswesen, in der Wirtschaft oder in der Kirche auch da, wo unbestreitbar ausreichend viel qualifizierte Frauen zur Verfügung stehen. Wenn die Benachteiligung gelegentlich auch an Frauen und ihrem Verhalten liegt, ist es Folge ihrer Sozialisation – womit nicht das Verhalten der Männergesellschaft entschuldigt ist, sondern hier schließt sich der circulus vitiosus.

## 1.2 Theorieansätze und Handlungsformen

### *1.2.1 Erwachsenenbildung*

Die Geschichte der Erwachsenenbildung in Deutschland, entstanden im 19. Jahrhundert, ist Teil der Sozialgeschichte, mithin auch Teil der Antagonismen, die das soziale Leben tiefgreifend bestimmen. In *diesem* Kontext ist die Geschichte der Erwachsenenbildung zugleich Teil der Bildungsgeschichte. Dieser historische Hintergrund wirkt sich bis in die gegenwärtige Diskussion über Aufgabe und Verständnis von Erwachsenenbildung aus (vgl. F. PÖGGELER/1975, dort Lit.!; J. LOTT/1984, bes. S. 17 ff.; ders./1975², S. 196 ff.; G. STRUNK/1982).

Tendenzen und Schwerpunkte der Theoriebildung sind immer in diesem Kontext zu sehen, auch wenn er nicht in jedem Fall expliziert werden kann (vgl. H.-H. GROOTHOFF/1976).

(1) Die gegenwärtige bildungspolitische Situation der Erwachsenenbildung läßt sich folgendermaßen kennzeichnen: Der ra-

## 1.2 Theorieansätze und Handlungsformen

sche Ausbau der Erwachsenenbildung seit etwa 1970 und die generelle, den traditionellen Schulformen für Heranwachsende grundsätzlich vergleichbare Anerkennung (vgl. DEUTSCHER BILDUNGSRAT/1970) der Erwachsenenbildung führt auch zu einer zunehmenden staatlichen Regulierung. Daraus folgt, daß die jeweiligen politischen Mehrheiten in den einzelnen Bundesländern aus der generell anerkannten Bedeutung der Erwachsenenbildung unterschiedliche organisatorische Konsequenzen ziehen, die ihrerseits folgenreich sind für Inhalt und Struktur:

»In der weiteren Debatte entwickelt sich die These, daß angesichts solcher gesellschaftlicher Bedeutung die Erwachsenenbildung zu jenen Aufgaben zu zählen sei, die dem sozialstaatlichen Auftrag zur Daseinsvorsorge unterliegen. Damit wird eine fundamentale Änderung der bisherigen Grundverfassung der deutschen Erwachsenenbildung eingeleitet, die vom Subsidiaritätsprinzip weg- und zum Prinzip der Gewährleistung des Erwachsenenbildungsangebotes durch den Staat hinführt. Am eindeutigsten ist die skizzierte Entwicklung vom Bundesland Nordrhein-Westfalen aufgenommen (Weiterbildungsgesetz 1974). Die veränderte Position kommt treffend in der Formel zum Ausdruck: ›die freien Träger können Weiterbildungsangebote machen, die öffentlichen Träger müssen Weiterbildungsangebote machen‹ (1. Bericht der Planungskommission 1972). In ihr ist der Versuch zu sehen, das Interesse am systematischen Ausbau der Erwachsenenbildung und ihre allmähliche Integration in das Bildungssystem mit der bisherigen pluralen Struktur gleichrangiger Träger zu vermitteln.«
(G. STRUNK/1982, S. 176)

Diese Tendenz zur Integration der Erwachsenenbildung in das allgemeine Bildungssystem wird in den von der CDU bzw. CSU regierten Bundesländern nicht geteilt, vielmehr vertreten sie die Eigenständigkeit der Erwachsenenbildung und die Beibehaltung des pluralen Bildungssystems, ohne dabei freilich der Erwachsenenbildung einen geringeren Stellenwert beizumessen. Diese Kontroverse ist Ausdruck der »Übergangsphase, in der sich die deutsche Erwachsenenbildung befindet« (G. STRUNK/1982, S. 177).

(2) Inhaltliche Bestimmungen von Erwachsenenbildung divergieren naturgemäß. Läßt man einmal vortheoretisch bleibende Aussagen und eher unreflektierte Handlungsweisen beiseite, so bietet sich das Verständnis von ENNO SCHMITZ als ein Rahmen an, in dem auch unterschiedlich akzentuierende Vorstellungen Platz finden, sofern sie in einem entscheidenden Punkt übereinstimmen: nämlich darin, daß Erwachsenenbildung als »lebensweltbezogener Erkenntnisprozeß« zu begreifen sei:

Erwachsenenbildung ist ein »spezifischer Typus pädagogischer Interaktion« wird aufgefaßt »als ein außerhalb der unmittelbaren Lebenspraxis angesiedelter, aber auf diese intentional bezogener kommunikativer Prozeß der deutenden Übersetzung zwischen den Bedeutungszusammenhängen der subjektiven und der objektiven Wirklichkeit. Handeln als ein Prozeß der Lebensbewältigung durch praktische Entscheidungen, die intellektuell zu begründen sind, stellt sich aus dieser Sicht dar als ein fortlaufender Versuch der Herstellung unproblematischer Situationen durch Erkennen der Bedingungen des Handelns. In diesem ständigen Problematischwerden der Welt ist Erwachsenenbildung eine mögliche Instanz der Herstellung materialer Rationalität und Verhaltenssicherheit. Sie ist neben Beratung und Therapie eine der professionell unterstützten Instanzen, die sich wesentlich des Gesprächs als einer dialogisch ermöglichten Form der deutenden Übersetzung zwischen innerer und äußerer Realität bedienen.« (E. SCHMITZ/1984, S. 95)

Innerhalb dieses Rahmens lassen sich verschiedenartige didaktische Interessen und Vorstellungen diskutieren, von denen ich hier nur zwei herausheben will, weil sie auch im Blick auf kirchliche Erwachsenenbildung von besonderem Interesse sind.

Wenn man in der Erwachsenenbildung den Ort notwendiger *Lernprozesse* und erst recht, wenn man diese als Teil des gesamten Bildungssystems sieht, liegt die Gefahr nahe, das Lernen Erwachsener in Analogie zum Lernen in der Schule zu begreifen. Auch wenn man die Kritik am schulischen Lernen gelegentlich für überzeichnet halten mag, was der notwendigen Diskussion sicher schadet (vgl. H. DAUBER u. E. VERNE/1976; H. DAUBER/

1977), ist sicher richtig, daß schulisches Lernen, wie wir es in seinen gegenwärtigen Formen kennen, auf keinen Fall *lebenslang* institutionalisiert werden darf. Zur Begründung genügen hier zwei Hinweise auf ganz unterschiedlichen Ebenen: einerseits bezieht sich das Lernen im Unterricht der Schule nur ausschnitthaft auf die begrenzten Erfahrungen von Kindern und Jugendlichen, weil mehr als begrenzte Erfahrungen noch nicht vorhanden sind; Lernprozesse Erwachsener jedoch müssen voll und ganz in das umfängliche Erfahrungspotential, das Erwachsene immer schon mitbringen, integriert werden. Sonst ist das Neugelernte beziehungslos. Andererseits: Im schulischen Lernen werden in hohem Maße gesellschaftlich-kulturelle Zusammenhänge, die oft von hoher Komplexität sind, aber auch erst im Begreifen ihrer Komplexität verstanden werden können, aufgelöst und in Schulfächer zerlegt, in denen dann Zusammengehöriges ein Eigenleben führt. Man denke an die Trennung der naturwissenschaftlichen Einzelfächer oder die Trennung von Deutsch, Religion und Geschichte. Es steht hier nicht zur Debatte, ob das in der Schule so sein muß, aber für die Erwachsenenbildung gilt in jedem Falle, daß sie sich solcher Lernorganisation nicht unterwerfen darf, weil sie dann die Beziehung zur Lebenswelt der Lernenden verlöre. Lernen ist hier als *entschultes Lernen* zu begreifen. Diese Perspektive verdankt IVAN ILLICH/(1972) und PAULO FREIRE (1971; 1974a; 1974b) entscheidende Anregungen; Grundgedanken beider Autoren lassen sich, wie sich gezeigt hat, bei aller Wahrung der Situationsunterschiede zwischen Lateinamerika und Westeuropa produktiv auf unsere Aufgaben beziehen (vgl. E. LANGE/1980; J. LOTT/1976; 1984).

Erfahrungsbezogenes Lernen wird die *Biographie des Lernenden* in den Lernprozeß einbeziehen, und dies nicht im Sinne verkürzender Individualisierung von Lernvorgängen, die doch immer die Perspektiven des je einzelnen erweitern und überschreiten sollen, sondern im Interesse von Identitätsfindung oder Identitätsstabilisierung:

»Identitätsbildung meint in unserem Zusammenhang den Prozeß, das eigene Handeln und das eigene Leben als etwas Zusammenhängendes und Sinnvolles zu erleben und zu gestalten.«
(J. LOTT/1984, S. 82 f.; dazu M. KRÄMER/1981)

Dies bedeutet notwendigerweise, die Individualität (der eigenen Person, der eigenen Biographie) immer dialektisch verschränkt mit der Sozialität (des gesamten Lebenskontextes) zu begreifen:

»Ausgehend von der unaufhebbaren Dialektik von Individualität und Sozialität wird im allgemeinen zwischen einer *persönlichen* oder biographischen Identität, in der sich das Subjekt als ein konstantes Wesen im Verlauf der Zeit wiedererkennt, und zwischen einer *sozialen* Identität unterschieden, in der das Subjekt sich als konstantes Wesen wiedererkennt im sozialen Raum, in seinen verschiedenen Rollen gegenüber unterschiedlichen Bezugsgruppen. Identitätsstiftend sind also weder das Subjekt noch die Gesellschaft je für sich genommen, sondern in der Auseinandersetzung zwischen subjektiver Reflexion sozial zugeschriebener Rollen einerseits und der sozialen Verortung subjektiver Leitbilder, Wünsche, Erfahrungen und Sehnsüchte andererseits, erfolgt die Ausbildung sozialer Identität.«
(J. LOTT/1984, S. 83; vgl. L. KRAPPMANN/1973[3])

Dabei sind, LOTT folgend (1984, S. 87 f.), vier Aspekte wichtig:

☐ Der Prozeß der Identitätsbildung ist nicht abschließbar, sondern er bleibt offen (vgl. H. LUTHER/1985).

☐ Identität ist nicht einfach die Summe gemachter Erfahrungen, sondern neue Herausforderungen können gemachte Erfahrungen verändern, mithin auch die Biographie verändern, weil die Biographie ja immer das Konstrukt aus *gelebtem* und jeweils neu reflektiertem, *dargestelltem* Leben ist.

☐ Identitätsbildung folgt nicht aus einsamer Selbstbetrachtung, sondern ist Folge sozialer Interaktion:

## 1.2 Theorieansätze und Handlungsformen

»Menschen müssen, um sich selbst sehen, verstehen und beurteilen zu können, von anderen gesehen, verstanden und beurteilt werden. In den alltäglichen Interaktionen bestätigen, korrigieren oder verwerfen die jeweiligen Interaktionspartner ihre Selbstbilder.«
(J. LOTT/1984, S. 87; außerdem: K. A. GEISSLER u. H. G. EBNER/ 1984)

☐ Dies alles bedeutet, daß zur Identitätsbildung die Fähigkeit zur Veränderung ebenso gehört wie die Fähigkeit, überwundene eigene »Positionen« sinnvoll in die Lebensgeschichte zu integrieren (vgl. J. HABERMAS/1974; M. GRONEMEYER/1981).

(3) Neuere Ansätze *kirchlicher Erwachsenenbildung* tendieren zu Linienführungen, die die allgemeine Erwachsenenbildung und ihre Didaktik kennzeichnen.

Zu älteren Ansätzen vgl. C. MEIER/1979, S. 16 ff.; H. LUTHER/ 1984, S. 16 ff.
Zu neueren Ansätzen vgl. zum Beispiel: Themenheft Erwachsenenbildung, ThPr 16. Jg./1981, Heft 1–2; Literaturberichte ebda. und in ThPr 21. Jg./1986, S. 136 ff.; H.-G. JUNG/1977; DEUTSCHE EV. AG FÜR ERWACHSENENBILDUNG/1979[2]; G. BUTTLER u. a./ 1980.

Das Urteil über Tendenzen kirchlicher Erwachsenenbildung ist nicht einfach an der Vielfalt einschlägiger kirchlicher Veranstaltungen ablesbar – im Wildwuchs mischen sich da fast alle denkbaren Varianten –, auch nicht ohne weiteres an der EKD-Denkschrift »Erwachsenenbildung als Aufgabe der evangelischen Kirche« (KIRCHENAMT DER EKD/1983), sondern eher schon ist es begründbar durch den Blick auf jene Veranstaltungen, die speziell von Erwachsenenbildungsbeauftragten der Landeskirchen durchgeführt werden (vgl. zum Beispiel für die Ev. Kirche in Hessen und Nassau E. MEUELER/1976, S. 107 ff.; ders., in: J. LOTT/1977, S. 101 ff.). Aber eindeutig wird das Bild erst, wenn man einschlägige neuere Theoriebildungsversuche sichtet (zusammenfassend C. MEIER/1979; anders V. WEYMANN/1983).

ERNST LANGE hat 1972 erstmals seine Thesen zur Erwachsenenbildung als »Sprachschule für die Freiheit« (jetzt E. LANGE/1980, S. 117 ff.; vgl. K. LIEDTKE/1987, S. 230 ff.) veröffentlicht. In ihnen plädiert er für eine »konfliktorientierte Erwachsenenbildung«; dabei nimmt er P. FREIRES Pädagogik der Unterdrückten auf und denkt dessen Ansatz, wohl zum ersten Mal in der Bundesrepublik, in Richtung Kirche und Erwachsenenbildung weiter.

Sein Ausgangspunkt ist die Beobachtung, daß »für die Mehrheit der Menschen Erwachsensein gleich ›Ausgelernthaben‹ ist« (S. 122) – im glatten Widerspruch zu der These, daß Menschen lebenslang auf Lernen angewiesen sind. Er folgert, daß genau dieser Widerspruch der Ansatz einer möglichen Theorie der Erwachsenenbildung sein könnte – und zwar gerade auch für die Kirchen:

»Es geht nicht mehr an, sich mit den gängigen konstitutionellen und entwicklungspsychologischen Begründungen zu begnügen. Denn es gibt darüber hinaus andere Ursachen. Zu diesen gehört der unbewältigte oder verschleierte, der in einem seelischen oder gesellschaftlichen Gewaltverhältnis unterdrückte Konflikt. Anders formuliert: Einschüchterung und Angst und ihre seelischen und sozialen Folgen machen lernunfähig.
Wo Menschen im Konflikt lernunfähig geworden sind, gelingt die Wiederherstellung ihrer intellektuellen, affektiven und sozialen Kräfte, ihrer Chance menschlichen Wachstums nur so, daß der unterdrückte Konflikt und seine Folgen thematisiert und zum eigentlichen Lernfeld gemacht werden. Eingeschüchterte Menschen lernen nur *im* Konflikt und *am* Konflikt. Das gilt vor allem für die, die scheinbar ›ausgelernt‹ haben: die Erwachsenen.«
(E. LANGE/1980, S. 123)

LANGES These ist es, daß diese »Beschränkung« der Menschen in der Kirche ebenso wie in der Gesellschaft zu finden ist. Wenn der Beruf der Kirche Diakonie ist, dann ist die »Beschränkung« der Menschen eine Herausforderung für sie, der sie zu entsprechen hat, wenn sie ihre Aufgabe ernst nimmt. Denn:

## 1.2 Theorieansätze und Handlungsformen

»Gesucht ist heute mehr denn je eine Kirche, die um das Erwachsenwerden der Menschen im religiösen und im gesellschaftlichen Sinne besorgt ist. Gesucht ist eine ›Kirche der Wachsenden‹. Projekte konfliktorientierter Erwachsenenbildung müßten die Kirchen in einen tiefreichenden Konflikt mit sich selber bringen. Aber der inszenierte Konflikt enthält auch hier die Chance des Lernens, des Wachstums, der Erneuerung.«
(E. LANGE/1980, S. 132)

JÜRGEN LOTT hat LANGES Perspektiven weiter ausgearbeitet (1977, S. 7ff.; 1984; 1986, S. 33ff.). Unterschiedliche Nuancen und Akzente können hier auf sich beruhen. Entscheidend ist, daß LANGES Vermächtnis weitergedacht worden ist, dabei die biographische Komponente besonders betonend. Dabei hat LOTT von der Erwachsenenbildung her eine Aufgabenbestimmung der Praktischen Theologie insgesamt im Blick (1985, S. 183).

Im Zusammenhang seiner Bemühungen um ein Gesamtverständnis von Praktischer Theologie spielt für HENNING LUTHER (1984) das Problem der Erwachsenenbildung eine zentrale Rolle. In weiterführender Auseinandersetzung mit dem Werk F. NIEBERGALLS präzisiert er: »Entscheidend dafür, wie Praktische Theologie das Thema der Erwachsenenbildung aufgreift, ist die Klärung ihres leitenden Erziehungs- und Bildungsverständnisses einerseits und die Reflexion auf die Subjektfrage andererseits« (1984, S. 274). Er versteht Erziehung als »Erziehung zur Entwicklung«, als »Anbieten von Entwicklungsreizen« (1984, S. 275f.), und dieses Erziehungsverständnis ist auf keine Altersstufe begrenzt, sondern schließt Erwachsenenbildung im Ansatz ein. Für die Bedeutung der Subjektfrage zeigt er:

»Wenn Erwachsenenbildung an einem Erziehungskonzept hängt, das von der Mündigkeit der Betroffenen ausgeht, kann Erwachsenenbildung nur dann widerspruchsfrei in die Praktische Theologie integriert werden, wenn diese selber prinzipiell den Subjektstatus der Betroffenen ernst nimmt. Praktische Theologie gerät in Schwierigkeiten mit dem Problem der Erwachsenenbildung, wenn sie als Träger der von ihr zu reflektierenden

Tätigkeiten nicht die betroffenen Menschen selber ansetzt, sondern ein abstraktes Kollektivsubjekt oder einen Funktionsträger.«
(H. LUTHER/1984, S. 279)

Überblickt man die drei Versuche von E. LANGE, J. LOTT und H. LUTHER, die Theoriebildung (kirchlicher) Erwachsenenbildung voranzutreiben, und zwar immer im Zusammenhang ihres Verständnisses von Praktischer Theologie, so ist bemerkenswert:

☐ Mit der in der allgemeinen Erwachsenenbildungsdebatte erhobenen Forderung, Erwachsenenbildung in das Bildungssystem zu integrieren, konvergiert H. LUTHERS *Erziehungsverständnis* insofern, als hier Erziehung programmatisch nicht auf den »Nachwuchs« beschränkt wird, sondern alle Altersstufen umfaßt (vgl. 1984, S. 277 u. ö.).

☐ E. LANGES Ausgangspunkt bei der Lernunfähigkeit der Betroffenen, J. LOTTS Interesse an sozialer Interaktion, an Identitätsfindung und Selbsterhellung der Biographie, beider Orientierung an den Konflikten der Lebenswelt – diese Aspekte lassen sich insgesamt als Facetten der *Subjektproblematik* auffassen, wie sie H. LUTHER thematisiert.

☐ Sowohl das hier explizierte Erziehungsverständnis wie das Subjektverständnis lassen eine entsprechend realisierte kirchliche Erwachsenenbildung auf derselben Linie erscheinen, die E. SCHMITZ meint, wenn er von allgemeiner Erwachsenenbildung als *»lebensweltbezogenem Erkenntnisprozeß«* spricht (E. SCHMITZ/1984, S. 95 ff.; s. o.).

☐ *Innerhalb* dieses Horizonts – nicht auf anderer, etwa abtrennbarer Ebene liegend! – hat die lebensweltbezogene Auseinandersetzung mit *Religion,* zum Beispiel mit »Erfahrungen von Religion in der Lebensgeschichte« und deren Aufarbeitung, ihren ebenso notwendigen wie legitimen Ort (vgl. J. LOTT/

1984, S. 132 ff. sowie zu 1.2.1 insgesamt K.-E. NIPKOW/ 1975b, S. 181 ff.; ders./1982, S. 99 ff., 119 ff., 244 ff.; A. GRÖZINGER u. H. LUTHER/1987; Handbuch der Religionspädagogik, Bd. 1, S. 337 ff.).

### 1.2.2 Jugendarbeit

Kirchliche Jugendarbeit ist ein freies Angebot innerhalb der großen Angebotspalette von Freizeitaktivitäten durch Kommunen und freie Träger. Hinsichtlich der ihr vorgegebenen Struktur ist sie insofern diakonischer Arbeit oder auch der kirchlichen Erwachsenenbildung vergleichbar. Der Rolle, die das Bundessozialhilfegesetz für die Diakonie spielt (vgl. 4.2.1), entspricht für die kirchliche Jugendarbeit das Jugendwohlfahrtsgesetz. Es kommt als Ausgangspunkt einer sinnvollen Einschätzung und einer weiterführenden Reflexion hinzu, daß alle drei genannten Arbeitsfelder – Diakonie, Erwachsenenbildung und Jugendarbeit – im 19. Jahrhundert entstanden sind (zur Geschichte der Jugendarbeit vgl. J. JÜRGENSEN/1980; U. SMIDT/1975). Sozialgeschichtliche Konstellationen und bildungsgeschichtliche sowie bildungspolitische Entwicklungen sind seitdem der historische Kontext von Theorie und Praxis auch der Jugendarbeit.

(1) Aus den genannten Gründen ist der Blick zuerst auf das Jugendwohlfahrtsgesetz (1961) zu lenken. Nach § 5 haben die Jugendämter die Aufgabe, »Einrichtungen und Veranstaltungen sowie die eigenverantwortliche Tätigkeit der Jugendverbände und sonstigen Jugendgemeinschaften unter Wahrung ihres satzungsgemäßen Eigenlebens zu fördern«. Zu dieser Förderung gehören: allgemeine Kinder- und Jugenderholung, Freizeiten, politische Bildung, die Unterhaltung von Jugend- und Freizeitheimen und die Aus- und Fortbildung von Mitarbeitern. Diese gesetzliche Basis ist in einigen Bundesländern Ende der siebziger Jahre durch Jugendbildungsgesetze noch weiter konkretisiert worden. Ein neues Jugendhilfegesetz, das im Rahmen eines neuen Sozialgesetzbuches erarbeitet worden ist, wurde 1980 vom Bundestag

verabschiedet, ist aber im Bundesrat gescheitert (vgl. J. M. HÄUSSLING/1983, S. 358). Es hätte bedeutend weitergehende Regelungen zur Sicherung des Rechts Jugendlicher auf Förderung und Hilfe geboten.

Das Jugendwohlfahrtsgesetz regelt auch die finanzielle Förderung bestimmter Veranstaltungen:

»Da die Angebote und Einrichtungen der Jugendarbeit weder von den Jugendlichen selbst oder deren Erziehungsberechtigen noch von den Trägern (Jugendverbände) allein finanziert werden können, werden diese öffentlich gefördert. Hier ist allerdings aufgrund der unbestimmten Rechtsbegriffe des Jugendwohlfahrtsgesetzes, der fehlenden zwingenden Förderungsverpflichtung und der unterschiedlichen Leistungsfähigkeit und Leistungsbereitschaft der Kommunen und Länder ein starkes Gefälle festzustellen. Wird in einigen Bereichen und Regionen die Jugendarbeit relativ großzügig gefördert, so sind in anderen öffentliche Mittel für diese Aufgaben kaum oder nur sehr unzureichend zu erhalten. Zudem tritt auch die Jugendarbeit bei den Gesamtaufwendungen der Jugendhilfe gegenüber den ›klassischen Fürsorgebereichen‹ (hier vor allem Heimerziehung) in den Hintergrund. Die zur Förderung der Jugendarbeit verfügbaren Bundesmittel sind fast ausschließlich im Bundesjugendplan ausgewiesen.«
(E. JORDAN/1983, S. 317)

Innerhalb dieses gesetzlichen Rahmens (und seiner finanziellen Hilfen) findet kirchliche Jugendarbeit statt. Als Träger lassen sich drei verschiedene Kreise voneinander unterscheiden (nach M. AFFOLDERBACH/1980):

☐ Die evangelischen Jugendverbände (zum Beispiel CVJM, Pfadfinder, Ev. Schülerarbeit u. a.),

☐ die Kirchengemeinden, Kirchenkreise und Landeskirchen;

☐ Fort- und Weiterbildungsinstitutionen für Jugendarbeit in unterschiedlicher Trägerschaft.

Die »Arbeitsgemeinschaft der Evangelischen Jugend e. V.« (AEJ) ist eine Dachorganisation auf Bundesebene, in der sich Vertreter fast aller Träger kirchlicher Jugendarbeit, einschließlich der freikirchlichen Träger, zur Förderung der Jugendarbeit und zur Durchsetzung ihrer Interessen zusammengeschlossen haben. Sie ist 1949 gegründet worden.

Die Rechtslage und die organisatorische Struktur sind der Rahmen, der im Gedächtnis zu behalten bleibt, wenn man sich dem Diskussionsprozeß um Aufgabe und Zielsetzung kirchlicher Jugendarbeit in den vergangenen Jahrzehnten oder auch unter den Bedingungen der Gegenwart zuwendet.

(2) Da Jugendarbeit sich an konkrete Adressaten wendet, deren Bild und deren Lebensproblematik sich angesichts der wechselnden Herausforderungen ihrer jeweiligen Gegenwart verändert, ist vor den Theorien der Jugendarbeit der Blick auf die Situation der Jugend selbst zu lenken (vgl. insgesamt SHELL/1985). Dies kann hier natürlich nur ganz ausschnittartig geschehen, und die kirchliche Problematik ist dabei sogleich einzubeziehen. Aber dies scheint auch erlaubt, weil darin, mindestens teilweise, gesamtgesellschaftliche Aspekte des Themas »Jugend« symptomatisch erkennbar werden.

Zur Interpretation der Jugendproblematik – das heißt: sowohl der Lebenssituation Jugendlicher und *zugleich* des Verhältnisses zwischen Jugend und Erwachsenen – bieten sich auf weite Strecken die soziologische Kategorie des *Traditionsabbruchs* und die hermeneutische Kategorie des *Traditionsbruchs* an. Beide sind voneinander zu unterscheiden, auch wenn sie sich aufeinander beziehen lassen. *Traditionsabbruch* ist das Absterben, das Verdorren von Konventionen, ohne daß es dazu großer subjektiver Entscheidungen oder Entschlüsse bedarf. Im *Traditionsbruch* dagegen irritieren sich Subjekte gegenseitig durch bewußt vollzogenen Wechsel von Perspektiven (s. o. Einleitung: 0.2.2).

Neuere Arbeiten zur Jugendforschung zeigen, daß die schlichte Entgegensetzung von Jugend und Erwachsenenwelt an den Problemen vorbeigeht:

»Jugend ist für den Erwachsenen nämlich nicht nur (wie die offizielle Erwachsenenliteratur über Jugend meist den Eindruck vermittelt) das Fremde, andere, sondern immer auch etwas Eigenes. Jugend ist kein fremder Volksstamm, dessen (emphatisches) Verständnis uns, wenn überhaupt, nur mit äußersten methodischen Mühen gelingt. Wir tragen *unsere* Jugend mit uns, wenngleich wir sie seltsamerweise meist verdrängt haben. Aber die Art, wie wir (als Erwachsene) mit unserer Jugend umgehen, prägt (unbewußt) unseren Umgang mit der Jugend, mit denen, die heute Jugendliche sind. Fremdheit zu Jugendlichen verrät auch Fremdheit zu sich selbst, zur eigenen Jugend ... Dies sind biographisch bedingte Probleme der Älteren, die man ... gar nicht genug benennen kann.«
(H. LUTHER/1987, S. 218)


FULBERT STEFFENSKY (1982) hat den Traditionsbruch, der heute das Zusammenleben zwischen Jüngeren und Älteren in der Gesellschaft bestimmt, als den »Konflikt zwischen einer alten und einer neuen Kultur« interpretiert. In diesen Konflikt ist die Beziehung zur Kirche einbezogen, und hier wirkt sich nun im *Traditionsbruch* auch der (soziologisch verstandene) *Traditionsabbruch* verstärkend aus. Was für die gesellschaftliche Problematik gilt, gilt auch mutatis mutandis für das Verhältnis zur Kirche, und am Thema Jugend kann man zugleich studieren, daß es sich um Probleme *aller*, also auch der Erwachsenen, handelt:

»Die Lebenskonzepte vieler Älterer sind so schwach und für sie selber so wenig überzeugend, daß es ihnen schwerfällt, das, was Jüngere wollen, einzuordnen und zu beurteilen. Sie sehen sich, weil sie selber keine überzeugenden Deutungsmuster haben, dauernd verwirrenden Signalen und Phänomenen ausgesetzt. Ich vermute, daß es nie eine ältere Generation gegeben hat, die so redebereit, so verständigungsbereit, so ›offen‹ war, wie es die Älteren sind, mit denen es unsere Jugendlichen zu tun haben.

Offen und diskussionsbereit, aber nicht aus Stärke, sondern aus Unüberzeugtheit von sich selber.«
(F. STEFFENSKY/1982, S. 92 f.)

Wenn diese Diagnose stimmt, dann ist damit zugleich etwas sehr Grundsätzliches für das Verhältnis zwischen Kirche und Jugend, genauer: für das Verhalten der Kirche gegenüber der Jugend, ausgesprochen. Es wird dann nämlich nicht möglich sein, in dem traditionellen »Erwachsenen-Denkmodell« zu verharren: Was muß die Kirche der Erwachsenen, also die Kirche, wie sie ist, tun, um besser an die Jugendlichen »heranzukommen«? Um den »jungen Leuten«, besser verständlich zu werden? In solchen Formulierungen, die ja Grundhaltungen spiegeln, ist stillschweigend vorausgesetzt: Hier sind die Erwachsenen, hier ist die Kirche – und dort sind die anders gewordenen Jugendlichen. Einerseits also der »Bestand« und andererseits die Irritationen durch eine bestimmte Altersstufe. Eben dieses Gegenüber ist falsch, weil dabei übersprungen oder (sicher häufiger) verdrängt wird, daß die Erwachsenen und die Kirche selbst *Teil des soziokulturellen Veränderungsprozesses* sind. Wenn dies aber ernst genommen wird, dann stehen nicht mehr neue Aktivitäten einer alten Kirche für moderne Jugendliche zur Debatte, sondern zu fragen ist: Welche *inhaltlichen* Anfragen, welche Veränderungsprozesse sind für die Gesellschaft, für die Kirchen und für den Glauben, und zwar im Blick auf Junge wie Ältere, heute zu bedenken? Nur wenn die Frage so gestellt wird, besteht die Chance, das Problem Jugend und Kirche angemessen zu erreichen.

In ähnliche Richtung gehen KARL ERNST NIPKOWS Überlegungen (1981). Für ihn spielt der Zusammenhang zwischen sozialem Wandel einerseits und der Erschütterung der Plausibilitätsstrukturen andererseits, die unser Weltverständnis bisher grundlegend bestimmt haben, eine entscheidende Rolle. Dabei thematisiert NIPKOW zwar die neue Religiosität, greift aber ständig über sie hinaus. Seine Folgerungen aus seiner Problem- und Literaturanalyse lassen sich dreifach zusammenfassen:

☐ »Die Kirchen und die gesellschaftliche Öffentlichkeit nehmen die tatsächliche Herausforderung nicht ernst, wenn sie ihre Aufmerksamkeit ausschließlich auf die sog. ›Jugendreligionen‹ bzw. ›Jugendsekten‹ fixieren und dadurch die Thematik ›externalisieren‹, anstatt sich zu vergegenwärtigen, warum die religiöse Suche auch gerade in den Kirchen selbst anzutreffen und die Sinnkrise ein gesamtgesellschaftliches Phänomen ist.«

☐ Es geht »nicht nur um neue (religions)pädagogische Methoden, sondern um *inhaltliche Transformationen* von Kirche und christlicher Existenz, und zwar in zwei Richtungen. Wonach in der neuen Religiosität gefragt wird, kann zum Teil in der eigenen biblisch-christlichen Überlieferungs- und Frömmigkeitsgeschichte wiederentdeckt werden ... Dies fruchtbar werden zu lassen, setzt jedoch größere innere Freiheit der Kirchen im Umgang mit ihren eigenen Traditionen einschließlich der Häresien und den experimentellen christlichen Bewegungen in der Gegenwart voraus. Dabei müßten sich die verfaßten Kirchen aus ihrem konfessionellen Provinzialismus lösen und, ohne das konfessionelle Erbe zu verraten, in der Fülle der *ökumenischen Bewegung* den größeren Christus entdecken.«

☐ »Die allgemeine Pädagogik erreicht die ... geforderte Problemebene ..., wenn sie Erziehung und Unterricht als Erschließung von Sinn begreift und diese Perspektive ... konsequent in die Didaktik des schulischen Unterrichts und in die Pädagogik der Jugend- und Erwachsenenarbeit hinein konkretisiert. Wieder aber ... brauchen diese pädagogischen Bemühungen eine größere innere Freiheit der *Gesellschaft* im ganzen für die Artikulation auch grundsätzlich neuer Wege in der Gestaltung unserer zukünftigen gesellschaftlichen Lebensformen.«
(K. E. NIPKOW/1981, S. 398 ff.; vgl. auch K. E. NIPKOW/1982, bes. Kap. 2 und 3; außerdem EE Bd. 9/1, S. 19 ff.)

Die Beschäftigung mit Jugendproblemen zeigt nicht nur, daß die Welt der Jugend und der Erwachsenen *eine* Welt ist, wenn auch oft in verschiedenen Facetten, sie zeigt auch: Die Anfragen an die Kirchen und die Gesellschaft sind bezüglich ihrer Reaktionen auf soziokulturelle Veränderungen und die aus ihnen erwachsenden Aufgaben für beide *strukturell* gleichartig.

## 1.2 Theorieansätze und Handlungsformen

(3) Der Theoriebildungsprozeß ist für die kirchliche Jugendarbeit so sorgfältig dokumentiert, daß er hier nicht nachgezeichnet zu werden braucht (vgl. M. AFFOLDERBACH/1982[2]; ders./1980; C. BÄUMLER/1985; ders./1977; Handbuch der Religionspädagogik, Bd. 1, S. 293 ff.). Statt dessen sind einige Schwerpunkte der gegenwärtigen Diskussion hervorzuheben.

BÄUMLER bestimmt den Begriff der offenen Jugendarbeit präzise und läßt zugleich erkennen, welche Inhalts- und Gestaltungsfragen sich damit verbinden. Ausgehend von der Vorstellung, daß die Möglichkeit der Teilnahme an offener Jugendarbeit keinerlei Vorbedingungen, die auf seiten der Teilnehmer zu erbringen wären, unterliegt, ergibt sich folgende Umschreibung:

»In einer offenen Jugendarbeit sind die Jugendlichen selbst der Theorie nach, ansatzweise auch in der Praxis, die bestimmenden Subjekte. Ausgehend von ihren authentischen Bedürfnissen soll ihnen die Chance eingeräumt werden, in relativer Distanz zu ihren alltäglichen Erfahrungen in Familie, Schule, Berufsausbildung und Arbeitswelt die Widersprüche zwischen Bedürfnissen und Erfahrungen in Gruppen Gleichaltriger unter Beratung von dazu fähigen Erwachsenen zu reflektieren. Die gemeinsame Suche nach tragfähigem Lebenssinn und einer ihm entsprechenden Lebenspraxis in der Gesellschaft ist als offener Lernprozeß aller daran Beteiligten zu begreifen.«
(C. BÄUMLER/1982[2], S. 235)

In den Hauptelementen dieser Umschreibung, die für künftige Theoriebildung richtungsweisend sein dürfte, sind zugleich Problemstellungen formuliert oder anvisiert, die teils in der laufenden Diskussion thematisch sind, teils der Diskussion bedürfen. Ich hebe dreierlei hervor:

☐ *Orientierung an den Subjekten:* »Die Behauptung, Jugendliche seien das Thema kirchlicher Jugendarbeit, sollte theologisch eingeholt werden. Das scheint mir am ehesten durch eine theologische Theorie der Subjektivität möglich zu sein. In ihr wäre die bedingungslose Anerkennung der Person durch das rechtfertigende Handeln Gottes im Kontext von Geschichte und Gesellschaft herauszuarbeiten.« (C. BÄUMLER/1985, S. 238)

☐ Die *Erfahrung der Antagonismen,* die das Leben der Jugendlichen, und nicht nur deren Leben, täglich prägen, bestimmt die Inhalte.

☐ *Überwindung konfessioneller Abgrenzungen:* »Die Identität kirchlicher Jugendarbeit durch konfessionelle Abgrenzung sichern zu wollen, dies mag kurzfristig der Bestandserhaltung dienen, fördert aber weder die Jugendarbeit noch die Praxis der Volkskirche.« (C. BÄUMLER/1985, S. 242)

Diese Perspektiven sind mit THEODOR STROHMs stark sozialwissenschaftlich orientierten Thesen zu verbinden. STROHM entwickelt auf dem Weg über eine Analyse der Urbanisierung als Rahmenbedingung des Lebens einer großen Zahl Jugendlicher und eine vergleichende Analyse der Erfahrungen, die bei Jugendprotesten in Zürich, Berlin, Nürnberg und Hamburg gemacht worden sind, »Umrisse einer Konzeption offener kirchlicher Jugendsozialarbeit« (1981). Charakteristisch ist dabei, daß seine Thesen sowohl die öffentliche Jugendhilfe wie die Kirchen und ihre Gemeinden im Blick haben:

»Man wird sich entschließen müssen, die öffentliche Jugendhilfe ihres – oft bürokratischen – Veranstaltungscharakters zu entkleiden, in sie Elemente von Autonomie einzutragen und umgekehrt neue Jugendbewegungen auch als mögliche bzw. legitime Träger von Jugendhilfe bzw. Jugendarbeit ernst zu nehmen.«

Und:

»Langfristig bleiben die Bemühungen um ein Eingehen auf die legitimen Bedürfnisse der in der Großstadt gefährdeten Jugend nur dann wirksam, wenn jene ein selbstverständliches Lebens- und Heimatrecht sowie eine Perspektive auf mitverantwortbare Zukunft im Zentrum ihres Lebensvollzugs erhält. Dazu bedarf es

nicht nur einer weitherzigen Gesinnung der christlichen Gemeinde, sondern einer ›Öffnung‹ ihrer angestammten Räume, so daß über bloße Sympathie hinaus neue Gemeinschaft entstehen kann.«
(T. STROHM/1981, S. 106 f.)

## 1.3 Verknüpfungen

(1) Dominierende Reflexionsperspektiven:

- 3: Didaktik (= Bd. 1, S. 130 ff.)
- 6: Kommunikation (= Bd. 1, S. 201 ff.)
- 2: Rhetorik (= Bd. 1, S. 109 ff.)

| (2) hier erörterte *Handlungsfelder:* | in anderen Kapiteln erörterte *problemverwandte Handlungsfelder:* |
|---|---|
| Erwachsenenbildung | z. B. 2: *Lernen (2)* |
| | bes. 2.1.3: Religion und Biographie |
| Jugendarbeit | z. B. 2: *Lernen (2)* |
| | bes. 2.2.2: Konfirmandenarbeit |
| Altenarbeit | z. B. 3: *Helfen (1)* |
| | bes. 3.2.1: Seelsorge |
| | 3.2.2: Beratung |
| | z. B. 5: *Verständigen* |
| | bes. 5.2.1: Dialog |
| Elementarerziehung | z. B. 7: *Deuten* |
| | bes. 7.2.2: Taufe |
| Ev. Akademien | z. B. 9: *Kooperieren* |
| | bes. 9.2: Theorieansätze und Handlungsformen |

(3) Nicht erörterte *verwandte Praxiszusammenhänge:*

z. B.: Volkshochschularbeit
Gemeindevorträge und -seminare
Fortbildung kirchlicher Mitarbeiter
(einschließlich Pfarrerfortbildung)

## 1.4 Ausblicke

### 1.4.1 Altenarbeit

Daß Altenarbeit, Alten- oder Seniorenbildung heute im Zusammenhang von Erwachsenenbildung erörtert wird, wäre vor zwanzig oder dreißig Jahren kaum vorstellbar gewesen, weil die Praxis an Betreuungsstereotypen für unselbständige Hinfällige orientiert war, in kirchlichen kaum anders als in staatlichen oder kommunalen Maßnahmen. Auf gesetzgeberisch-organisatorischer Ebene spielt die Ablösung der früheren Formen der Altenhilfe und Altenfürsorge durch Änderungen im Bundessozialhilfegesetz und die Entwicklung von Altenplänen in Ländern und Städten eine entscheidende Rolle (vgl. G. BRELOER/1984, S. 349).

Damit geht ein tiefgreifender Wandel im Verständnis des Älterwerdens und im Verständnis des Alters einher, der den neueren psychologisch-gerontologischen Forschungen zu verdanken ist. Entscheidend war dabei die Einsicht, daß Älterwerden nicht das Schicksal einer bestimmten Altersstufe ist, etwa der Pensionäre mit über 65 Jahren, sondern einen lebenslangen Prozeß darstellt, der von den Betroffenen auf *jeder* Altersstufe Veränderung, Neuorientierung, Auseinandersetzung mit Ungewohntem usw. verlangt. So traten an die Stelle lang tradierter, aber kaum reflektierter Klischees vom Alter und vom Älterwerden neue Einsichten, die empirisch belegt werden konnten:

☐ Automatischer, sozusagen naturhafter Intelligenzabbau ist für das Alter nicht nachweisbar, vielmehr spielen biographische und äußere Lebensbedingungen eine entscheidende Rolle;

☐ die Lernfähigkkeit nimmt nicht einfach ab, sondern Ältere lernen oft anders als Jüngere;

☐ Einsamkeits- und Trennungserfahrungen können alte Menschen gefährden – ebenso wie Kinder und Jüngere (vgl. J. LOTT/1984, S. 182 ff.; P. B. BALTES, Hg./1979).

Aus diesen hier nur anzudeutenden Einsichten ergeben sich weitreichende Folgerungen für eine adäquate Altenarbeit:

Altenarbeit als Altenbildung hat prinzipiell gleichartige Zielperspektiven wie Erwachsenenbildung generell: Selbstfindung, Identitätsbildung, Lebensweltorientierung. Aber sie muß, wiederum wie gegenüber allen zu unterscheidenden Gruppen, diese Zielperspektiven im Lebenskontext alter Menschen verfolgen. Also werden sich von dort aus auch die Themen (bzw. die Medien) stellen müssen (vgl. mit ausführlichen Beispielen J. LOTT/ 1984, S. 196 ff.; D. ELBERS/1986; U. KOCH-STRAUBE/1979).

So notwendig die Berücksichtigung der spezifischen Situation alter Menschen ist, so verhängnisvoll ist die Isolierung der Altenbildung von anderen Personengruppen. Wenn zur Altenbildung auch die Förderung von Kommunikationsfähigkeit der Teilnehmer gehört, dann bedeutet dies nicht nur Kommunikation mit Gleichaltrigen, sondern mindestens ebenso auch mit anderen Altersgruppen. Vielleicht haben Kirchengemeinden sogar bessere Möglichkeiten und Voraussetzungen, kommunikative Situationen für Jüngere und Ältere gemeinsam zu schaffen. Bei der Begegnung verschiedener Generationen käme es darauf an, im sozialen Vollzug zu erfahren:
Daß unterschiedlichste Erfahrungen *mitteilbar* werden;
daß einander *anzuhören* für beide Seiten ergiebig ist, auch wenn es anstrengt;
daß man auch mit *bleibenden Unterschieden* zusammenleben kann, wenn man das Leben des anderen etwas besser kennt.

*Lit.:*
P. B. BALTES (Hg.), Entwicklungspsychologie der Lebensspanne (1979)

K. F. BECKER u. a., Kirche und ältere Generation (1978)
G. BRELOER, Artikel: Seniorenbildung, in: EE Bd. 11 (1984), S. 439 ff.
D. ELBERS, Altenbildung als Teil einer umfassenden Erwachsenenbildung, in: ThPr 21. Jg./1986, S. 17 ff.
U. KOCH-STRAUBE, Gemeindearbeit mit alten Menschen (1979)
U. LEHR, Psychologie des Alters ($1974^2$)
J. LOTT, s. Literaturverzeichnis
C. RUMPELTES, Kirchliche Erwachsenenbildung mit alten Menschen, in: ThPr 15. Jg./1980, S. 167 ff.

### 1.4.2 Elementarerziehung

Es ist bekannt genug, daß in der frühen Kindheit folgenreiche Weichenstellungen für die künftige Biographie eines Menschen geschehen. Das gilt nicht minder für die religiöse Biographie (vgl. als Beispiel T. MOSER/1979). Daher erscheint es konsequent, im weiteren Zusammenhang von Erwachsenenbildung und Jugendarbeit einen Seitenblick auf das nur scheinbar weit entfernte Feld der (religiösen) Früherziehung zu lenken. Wie Jugendliche und Erwachsene sich mit den Realitäten ihres Lebens auseinandersetzen, wie kommunikations- und interaktionsfähig sie sind und nicht zuletzt: welche Lebensmuster und -einstellungen sie wiederum Kindern weitervermitteln, hängt damit zusammen, welche Erfahrungen sie selbst in der Kindheit mit ihrer Welt und mit den Menschen gemacht haben.

Im Anschluß an NORBERT METTE (1983) lassen sich ausgewählte Problemstellungen herausheben, die die gegenwärtige Diskussion bestimmen. Primär gegenüber religiöser Erziehung in einem spezifischen Sinn sind für das Kleinkind gerade inmitten der Ambivalenzen seiner Erfahrungswelt, daß es Erfahrungen in einer *bestimmten* Lebenspraxis macht: Erfahrungen der Akzeptanz durch Eltern und andere, Erfahrungen gelingenden Lebens, obwohl zugleich Scheitern Teil des Lebens ist.

»Es geht nämlich nicht nur darum, daß traditionelle, religiöse Erziehungspraktiken stärker wieder mit den Erfahrungsbedin-

gungen des normalen erzieherischen Alltags in Verbindung gebracht und entsprechend aufpoliert werden; vielmehr ist eine entschlossene Abkehr von einer allzu stark kirchenbezogen orientierten Sicht der religiösen Erziehung gemeint. Erst wenn die Gesamtheit der kindlichen Entwicklungs- und Reifungsbedingungen in der Gegenwart in den Blick genommen wird, zeigt sich, wie gefährdet bereits in der frühen Kindheit die lebensermöglichenden Erfahrungen des unbedingten Erwünscht- und Angenommenseins sind. Wenn es darum die religiöse Erziehung gerade mit solchen Erfahrungen zu tun hat, ihr ›Gelingen‹ also an bestimmte Voraussetzungen im Sozialisationsgeschehen geknüpft ist, muß es ihr zunächst darum zu tun sein, daß die Kinder in ihren frühen Lebensjahren genau diese grundlegenden Erfahrungen machen können.«
(N. METTE/1983, S. 285)

Zu den Zielvorstellungen gehört, Kleinkindern im Kontext ihrer Erfahrungswelt erste Ahnungen von der »Mehrdimensionalität der Wirklichkeit« zu vermitteln. Religiöse Erziehung ist also im Ansatz »Kritik an allen eindimensionalen Wirklichkeitsauffassungen«, nicht aber »Einweisung in die gegenwärtig vorherrschenden Denkmuster« (N. METTE/1983, S. 16). Die Orientierung an Akzeptanzerfahrungen und mehrdimensionaler Wirklichkeitserfahrung bedeutet zugleich, daß in religiöser Früherziehung ein weiter Religionsbegriff leitet.

Wenn in der Elementarerziehung nicht explizite Vermittlung von Glaubenswissen das erste ist, auch nicht einfach die Einübung ritualisierter Frömmigkeitsformen, so bedeutet dies nicht, daß christliche Deutungen gemachter Erfahrungen ausfallen müßten. Aber die Abfolge ist wichtig: was gedeutet werden soll, muß zuerst erfahren sein.

»Indem im pädagogisch-sozialisatorischen Umgang miteinander gleichsam voll ausgebildete Interaktionsformen antizipiert werden, wird – für alle Beteiligten – ein Handlungsspielraum eröffnet, in dem sie – ständig neu – aus den Beziehungen zu anderen sich selbst lernen können, in dem sie – immer wieder – ihr Recht verwirklichen können, ein anderer zu werden. Es ist ... die Erfahrung eines Unbedingten, die bei diesem Versuch, Identität in

Interaktion zu erwerben, zum Durchbruch kommt und die dann auf dem Hintergrund der jüdisch-christlichen Tradition erschlossen und benannt werden kann als der Gott, der einen solchen lebensstiftenden Umgangsstil miteinander eröffnet und trägt.«
(N. METTE/1983, S. 283)

*Lit.:*
B. BUSCHBECK/W. E. FAILING, Religiöse Elementarerziehung (1976)
H.-J. FRAAS, Religiöse Erziehung und Sozialisation im Kindesalter (1973)
S. KEIL, Artikel: Familie, in: TRE Bd. 11 (1983), S. 1 ff.
N. METTE, Voraussetzungen christlicher Elementarerziehung (1983)
T. MOSER, Grammatik der Gefühle (1979)
Handbuch der Religionspädagogik, Bd. 1, S. 201 ff.

### 1.4.3 Evangelische Akademien

Die Arbeit der Evangelischen Akademien hat im September 1945 in Bad Boll begonnen und hat sich inzwischen interkonfessionell und international ausgeweitet (vgl. H.-G. JUNG/1977, S. 138 ff.). Eine umfassende Analyse dieser Arbeit liegt bis heute m. W. nicht vor (übrigens ebensowenig wie über den Deutschen Evangelischen Kirchentag in der Nachkriegszeit).

In Aufnahme und Verarbeitung schon früher ausgebildeter Motive, Ansätze und Forderungen (vgl. H.-G. JUNG ebda.) ist charakteristisch:

»Die Akademiearbeit wird von christlichen Tendenzen und Traditionen getragen, die im herkömmlichen Leben der Kirche keine ausreichende Repräsentation gefunden hatten: 1. Die Laienbewegung, die sich etwa in den Studentengemeinden des Dritten Reiches sowie in den Evangelischen Wochen der 30er Jahre formiert hatte – beide unter Mitwirkung von E. Müller. 2. Der Öffentlichkeitswille, der verantwortliche Christen zur Auseinandersetzung mit politischen, gesellschaftlichen und kulturellen Zeitfragen veranlaßte.«
(H.-G. JUNG/1977, S. 141)

Eine Denkschrift der EKD über den »Dienst der Ev. Akademien im Rahmen der kirchlichen Gesamtaufgabe«, im Jahre 1963 veröffentlicht (vgl. ZEE 7. Jg./1963, S. 375 ff.), thematisiert Grundprobleme, die bis heute zur Debatte stehen (vgl. H.-G. JUNG/ 1976; C. MEIER/1981; K. SCHALLER/1984). Diese Denkschrift ist in die Publikation der gesammelten Denkschriften nicht eingegangen, obwohl sie in Bd. 4,1 hineingehört hätte.

Die Kernfrage, die schon im Text von 1963 verborgen ist, also bevor die intensive Diskussion über die Erwachsenenbildung begann, läuft darauf hinaus, in welchem Verhältnis Erwachsenenbildung und Akademiearbeit zueinander zu sehen sind. Es fällt auf, daß die Antwort auf diese Frage seitens der Vetreter oder Anwälte der Akademien sehr vorsichtig und abwägend ist und erst mit zunehmender Abklärung des Verständnisses von Erwachsenenbildung an Kontur gewinnt. Dabei läuft die Argumentation häufig über eine Analyse der Kennzeichen des für die Akademien bezeichnenden Veranstaltungstyps, nämlich der »Tagung«:

»Für die Tagung sind folgende Elemente konstitutiv: 1. Freiwilligkeit der Teilnahme; 2. eine gewisse Vielfalt der Teilnehmer; 3. eine gewisse Dauer der Veranstaltung (... ca. 2 bis 2,5 Tage); 4. eine begrenzte Teilnehmerzahl; 5. Orientierung an einem Sachthema; 6. gemeinsames Leben der Teilnehmer, das am ›dritten Ort‹ Distanz und Intensität für die kognitive und emotionale Seite des Lernvorgangs vermittelt; 7. Unabhängigkeit des Veranstalters; er muß die Beiträge der Teilnehmer zur Geltung bringen und fruchtbar machen können.«
(H.-G. JUNG/1977, S. 140)

Auch eine fundierte Tagungs-Didaktik fehlt m. W. bis heute. Sie müßte Implikationen und Konsequenzen dieser Arbeitsform insbesondere im Blick auf die Teilnehmer, die an der Vorbereitung der Tagung nur begrenzt oder gar nicht beteiligt sind – zum Beispiel an der Themenfindung – weiterverfolgen. Dies ist eine Frage, die das Verhältnis zur Erwachsenenbildung betrifft, unabhängig davon, ob kirchliche Akademietagungen ihren eigenen, vielleicht notwendigen Stellenwert im Dialog zwischen Kirche und Gesellschaft haben.

Das abgewogene Urteil von CHRISTOPH MEIER erscheint einleuchtend:

»... die ›Erwachsenenbildung im engeren Sinn‹ könnte bzw. müßte sich nicht zuletzt dadurch von der Arbeit der Akademien unterscheiden, daß ihre Angebote regional und lokal näher beim ›Verbraucher‹ angesiedelt sind, was einerseits zwar mit einem Verlust an Öffentlichkeit bzw. breiter öffentlicher Resonanz erkauft werden muß, andererseits aber zweifellos einen Gewinn an Intensität der Arbeit sowie eine Verbesserung des Teilnehmer- und Situationsbezugs bringt.«
(C. MEIER/1981, S. 104)

So gesehen könnten sich die Erwachsenenbildung der Kirche und die Arbeit der Evangelischen Akademien sinnvoll ergänzen.

*Lit.:*
H.-G. JUNG, Artikel: Kirchliche Akademien, in: TRE Bd. 2 (1977), S. 138 ff.
Ders., Akademiearbeit und Erwachsenenbildung, in: ThPr 11. Jg./1976, S. 124 ff.
H. KALLENBACH, Geschichte der Ev. Akademien, in: F. PÖGGELER (Hg.), Geschichte der Erwachsenenbildung (1975)
G. KOCH u. a., Lernen in Bildungshäusern und Akademien (1983)
LEITERKREIS DER EV. AKADEMIEN (Hg.), Der Auftrag der Ev. Akademien (1979)
C. MEIER, Akademiearbeit und Erwachsenenbildung im Rahmen der kirchlichen Gesamtaufgabe, in: ThPr 16. Jg./1981, S. 96 ff.
K. SCHALLER, Die Arbeit der Ev. Akademien unter pädagogischem Anspruch, in: ThPr 19. Jg./1984, S. 193 ff.

# 2 HANDLUNGSFELD: LERNEN (2)
## – Religionsunterricht/Konfirmandenarbeit

*Motto*

»Das Äquivalent mündiger Selbstbestimmung muß Solidarität sein...
Für Bildungsprozesse bedeutet das, daß Kinder erfahren sollen, wie Lernen Freude macht, wenn sie zusammen lernen, einander helfen, sich helfen lassen und Aufgaben gemeinsam bewältigen. Für Bildungsprozesse bedeutet das auch, daß sie didaktisch orientiert, also lernerleichternd sein und auf die soziale Biographie der Schüler Rücksicht nehmen müssen. Wir können uns Bildung ohne ›Humanisierung des pädagogischen Umgangs‹ nicht vorstellen.«

KLAUS KLEMM u. a./1985

## Thesen zur Orientierung

☐ Schulischer Religionsunterricht ist allein durch didaktische Begründungen legitimierbar. Dies hat Folgen für Inhalt und Form des Unterrichts.

☐ Die Diskussion über Konfirmation und Konfirmandenunterricht zeigt, in welchem Maße theologische (oder kirchliche) Entscheidungen durch geschichtlich-gesellschaftliche Faktoren bestimmt und bedingt sind.

## 2.0 Literatur

| | |
|---|---|
| G. Adam | Der Unterricht der Kirche (1980) |
| H. Albertz | Blumen für Stukenbrock (1981) |
| I. Baldermann | Wie lernfähig sind unsere Kirchen? in: ThPr 21. Jg./1986, S. 185 ff. |
| U. Baltz/G. Otto | »Religion« contra »Ethik«? in: G. Otto (1986), *siehe dort* |
| U. Baltz-Otto | »Religion« und »Literatur«, Theologie und Literaturwissenschaft in: P. Biehl u. a. (Hg.), Jahrbuch für Religionspädagogik, Bd. 4 (1988) |
| C. Bäumler/ H. Luther (Hg.) | Konfirmandenunterricht und Konfirmation (1982) |
| P. Biehl | Symbol und Metapher in: P. Biehl u. a. (Hg.), Jahrbuch für Religionspädagogik, Bd. 1 (1985), S. 29 ff. |
| A. v. Campenhausen | Erziehungsauftrag und staatliche Schulträgerschaft (1967) |
| E. Canetti | Die gerettete Zunge (1977) |
| Ders. | Die Fackel im Ohr (1980) |
| Ders. | Das Augenspiel (1985) |
| L. Christ | Erinnerungen einer Überflüssigen in: Dies., Gesammelte Werke (1983[6]), S. 7 ff. |
| Comenius-Institut (Hg.) | Handbuch für die Konfirmandenarbeit (1984) |
| K. Dienst | Moderne Formen des Konfirmandenunterrichts (1973.) |
| H.-J. Dörger/ J. Lott/G. Otto | Religionsunterricht 5 bis 10 (1981) |
| D. Ehlers | Entkonfessionalisierung des Religionsunterrichts (1975) |
| K. Fingerle | Artikel: Schule in: EE Bd. 1 (1983), S. 526 ff. |
| C. Fischer | Der Einfluß gesellschaftlicher Verhältnisse |

| | |
|---|---|
| | auf praktisch-theologische Argumentationen, konkretisiert am Beispiel der Entwicklung von Konfirmation und Jugendweihe in der DDR, Examensarbeit Darmstadt (1986) |
| H. M. Fraundt | Die Geschichte des Religionsunterrichts zwischen 1848 und 1933 am Beispiel ausgewählter Krisen- und Knotenpunkte. Diss. Mainz (1980) |
| K. Frör (Hg.) | Confirmatio (1959) |
| Ders. (Hg.) | Zur Geschichte und Ordnung der Konfirmation in den lutherischen Kirchen (1962) |
| K. Gossmann (Hg.) | Glaube im Dialog (1987) |
| A. Grözinger/ H. Luther (Hg.) | Religion und Biographie (1987) |
| H. Hafa | Der Weg der Christenlehre nach 1945 in: Die Christenlehre 40. Jg./1987, S. 70 ff. |
| B. Hallberg | Die Jugendweihe (1978) |
| B. Hareide | Die Konfirmation in der Reformationszeit (1971) |
| M. Hartmann | Kirchliche Jugendarbeit in beiden deutschen Staaten in: G. Helwig u. D. Urban (1987), *siehe dort* |
| G. Helwig/ D. Urban (Hg.) | Kirchen und Gesellschaft in beiden deutschen Staaten (1987) |
| R. Henkys | Gottes Volk im Sozialismus (1983) |
| H.-J. Heydorn | Erziehung in: Ders., Ungleichheit für alle. Bildungstheoretische Schriften Bd. 3 (1980), S. 63 ff. |
| Kirchenamt der EKD (Hg.) | Zusammenhang von Leben, Glauben und Lernen (1982) |
| Dass. | Erwachsenenbildung als Aufgabe der evangelischen Kirche (1983) |
| Dass. | Ökumenisches Lernen (1985) |

| | |
|---|---|
| K. Klemm/H.-<br>G. Rolff/K.-<br>G. Tillmann | Bildung für das Jahr 2000 (1985) |
| H.-R. Laurien | Ethikunterricht<br>in: Stimmen der Zeit 191 (1973), S. 240 ff. |
| H. Luther | Der fiktive Andere<br>in: A. Grözinger/H. Luther (Hg.)/1987, *siehe dort* |
| C. Menze | Artikel: Bildung<br>in: EE Bd. 1 (1983), S. 350 ff. |
| T. Moser | Gottesvergiftung (1976) |
| W. Neidhart | Konfirmandenunterricht in der Volkskirche (1964) |
| K. E. Nipkow | Braucht unsere Bildung Religion?<br>in: H. Horn (Hg.), Begegnung und Vermittlung (1972), S. 37 ff. |
| Ders. | Grundfragen der Religionspädagogik Bd. 1 (1975) |
| Ders. | Erwachsenwerden ohne Gott? (1987) |
| G. Otto | Artikel: Religionsunterricht<br>in: Otto-HdB, S. 506 ff. |
| Ders. | »Religion« contra »Ethik«? (1986) |
| Ders. | Jugend und Kirche<br>in: R. Hanusch/G. Lämmermann (Hg.), Jugend in der Kirche zur Sprache bringen (1987a), S. 335 ff. |
| Ders. | Brauchen wir eine theologische Revision religionspädagogischer Theorien?<br>in: EvTh 47. Jg./1987b, S. 350 ff. |
| Ders. | Artikel: Lernen<br>in: TRE (im Druck) |
| Ders./H.-J. Dörger/J. Lott | Neues Handbuch des Religionsunterrichts (1972⁴) |
| Gunter Otto/<br>W. Schulz (Hg.) | Methoden und Medien der Erziehung und des Unterrichts (1985) = EE Bd. 4 (1986) |

| | |
|---|---|
| W. REES | Der Religionsunterricht und die katechetische Unterweisung in der kirchlichen und staatlichen Rechtsordnung (1986) |
| H. REISER | Identität und religiöse Einstellung (1972) |
| F. RICKERS | Religionspädagogik zwischen 1975 und 1985<br>in: ThPr 21. Jg./1986, S. 343 ff. und 22. Jg./1987, S. 63 ff. |
| G. SAUTER | Zur theologischen Revision religionspädagogischer Theorien<br>in: EvTh 46. Jg./1986, S. 127 ff. |
| J. SCHILDMANN/<br>B. WOLF | Konfirmandenarbeit (1979) |
| H. SCHMIDT | Religionsdidaktik, Bd. 1 und Bd. 2 (1982 und 1984) |
| Ders. | Didaktik des Ethikunterrichts, Bd. 1 und Bd. 2 (1983 und 1984) |
| R. SCHMOECKEL | Der Religionsunterricht (1964) |
| F. SCHWEITZER | Lebensgeschichte und Religion (1987) |
| E. SCHWERIN | Kirchliche Arbeit mit Kindern und Konfirmanden in den Kirchen der DDR<br>in: K. GOSSMANN (1987), *siehe dort* |
| D. STOODT | Arbeitsbuch zur Geschichte des Religionsunterrichts (1985) |
| Ders. | Kirchliche Begleitung Jugendlicher in der puberalen Ablösephase durch den Konfirmandenunterricht<br>in: C. BÄUMLER/H. LUTHER (1982), *siehe dort* |
| L. VISCHER | Die Geschichte der Konfirmation (1958) |
| K. WEGENAST (Hg.) | Religionspädagogik, Bd. 1 und Bd. 2 (1981 und 1983) |

## 2.1 Kommentierte Zugänge: Beispiele

### 2.1.1 Bildung und Religion

»Die Frage, ob unsere Bildung Religion braucht, kann nur bejaht werden, wenn bei dem Thema Religion grundsätzlich und unabgeschwächt auch die gesellschaftliche und die klerikale Instrumentalisierung religiöser Bildung gesellschafts-, religions- und kirchenkritisch zum Thema gemacht wird.«
(K. E. NIPKOW/1972, S. 45)

K. E. NIPKOWS Antwort auf die Frage, ob unsere Bildung Religion brauche, ist erkennbar vorsichtig. Es ist eine Antwort unter der Bedingung konstitutiver Einbeziehung der Kategorie der Kritik. Die Vorsicht ist historisch begründet. Denn die Geschichte der Einbeziehung von Religion und Kirche in den Bildungszusammenhang der Schule ist, wie sich leicht nachweisen läßt, immer *auch* die Geschichte des Mißbrauchs kirchlicher Religion gewesen – eines Mißbrauchs, den die Kirche nicht selten selbst gefördert hat. »Die Beanspruchung religiöser Erziehung aus dem Interesse am Bestand der vorhandenen politisch-gesellschaftlichen Ordnung« (K. E. NIPKOW/1972, S. 43) läßt sich bei Schulpolitikern des 19. Jahrhunderts, man braucht nur den Namen STIEHL zu nennen und an seine »Regulative« zu erinnern, ebenso wie bei Wilhelm II. und seiner Einschätzung der Lehrer beobachten wie in den nach 1945 geführten Auseinandersetzungen um die »christliche« Schule, um die Konfessionsschule oder um Lehrpläne für den Religionsunterricht und ihre Genehmigung (vgl. zur Geschichte D. STOODT/1985).

Die historische Erfahrung des Mißbrauchs von Religion im Bildungszusammenhang führt zur Forderung einer *kritischen* Beschäftigung mit Religion, weil die Ambivalenz der Wirkungen auch zur Geschichte von Religion gehört. Diese Kritik beschneidet nicht die Bedeutung von Religion, zum Beispiel im Rahmen der Aufgabe der Schule, sondern sie macht sichtbar, welche Impulse Religion, die nicht fremdbestimmt ist, geben kann.

## 2.1.2 Der umfassende Horizont des Lernens

»Die didaktische Dimension ist allen kirchlichen Praxisfeldern inhärent; für die Mehrzahl von ihnen ist sie konstitutiv. Der Versuch, den Vorgang der Verkündigung von didaktischen Prozessen abzuheben, war durch einen verengten, technischen Begriff des Lernens verursacht worden; er war sicher zum Schaden der Wirksamkeit von Predigt und Seelsorge. Inzwischen haben wir die umfassende Bedeutung des Lernens für alles menschliche und also auch alles kirchliche Leben zu begreifen gelernt.« (I. BALDERMANN/1986, S. 288)

INGO BALDERMANN formuliert diesen Satz im Zusammenhang einer Analyse der drei Denkschriften zum Thema Lernen, die die Kammer der EKD für Bildung und Erziehung in den Jahren zwischen 1982 und 1985 veröffentlicht hat. Die Analyse zeigt beides: die Schwierigkeiten der Kirche, sich auf *demokratische* Lernprozesse einzulassen, aber auch erste hoffnungsvolle Schritte auf dem Weg zu »ökumenischem Lernen«. Indes, der Weg zu einer »Kirche als Lerngemeinschaft« scheint noch ziemlich weit.

Vor diesem Hintergrund, der natürlich seine weit zurückreichende Vorgeschichte hat, sind auch die beiden in diesem Kapitel zu erörternden Handlungsfelder zu sehen: Schulischer Religionsunterricht und Konfirmandenarbeit der Kirche. Daß *Lernen* – ein neues Verständnis und eine neue Praxis des Lebens zu erlernen – unserem Glaubensverständnis nicht ohne weiteres inhärent ist, hatte über einen langen Zeitraum, und bisweilen noch heute, für den schulischen Religionsunterricht zur Folge, daß strittig war, ob auch in diesem Fach zu lernen sei oder ob es da nicht um »ganz anderes« gehe. Der Streit um Leistungsmessung und Noten im Religionsunterricht ist nur ein äußerlich bleibendes Symptom dieser Diskussionslage. Und die nicht abreißenden Reformbemühungen, die Konfirmation und Konfirmandenunterricht seit dem vorigen Jahrhundert getreulich begleiten, spiegeln ebenso die Schwierigkeit, theologisch-kirchliche Zielsetzungen *innerhalb* pädagogischer Reflexion zu verantworten.

## 2.1.3 Religion und Biographie

»Die übergroße Anzahl der Jugendlichen in der DDR hat keine biblischen Kenntnisse und keine kirchlichen Traditionen... Die christliche Sozialisation, das Aufwachsen in kirchlich engagierten Familien und die schulische Vermittlung kirchlicher Traditionen gibt es in der DDR kaum noch.«
(G. HELWIG u. D. URBAN/1987, S. 109)

Religion wird biographisch vermittelt (vgl. F. SCHWEITZER/ 1987). Es täte der Kirche und kirchlich interessierten Sozialisationsagenturen in der Bundesrepublik gut, sich vorzustellen, daß heutige DDR-Verhältnisse möglicherweise ein Bild der Lage in der Bundesrepublik von morgen erahnen lassen. Welche Konsequenzen sind daraus zu ziehen, zum Beispiel für das Verständnis schulischen Religionsunterrichts, wenn er nicht mehr durch eine grundgesetzliche Regelung wie heute (vgl. GG Art. 7) gedeckt wäre?

Mit diesem Hinweis ist nicht unterstellt, Lebensgeschichten oder Religion könnten je als »abgeschlossene« Größen betrachtet werden. Aber in ihren jeweiligen Vorläufigkeiten haben sie Prägekraft für künftige Lebensphasen. Diese Einsicht führt zu Problemstellungen, die bisher nur wenig bearbeitet worden sind:

☐ Autobiographien unterschiedlichster Autoren – Literaten, Theologen, Psychologen – zeigen, daß die frühe Lebensgeschichte und ihre Prägungen durch spätere Einflüsse nicht aufgehoben wird, vgl. so unterschiedliche Autobiographien wie die von E. CANETTI (1977 ff.) und T. MOSER (1976) oder H. ALBERTZ (1981) und L. CHRIST (1983[6]). Dies bedarf theologischer Aufarbeitung, die bis heute nicht geleistet ist, bis hin zu der Frage, in welchem Maße wissenschaftlich-theologische »Programmaussagen« gestern und heute biographisch bedingt sind.

☐ D. STOODT (s. BÄUMLER u. Luther/1982) und H. REISER/1972

(vgl. K. E. NIPKOW/1987) haben gezeigt, daß Aufarbeitung von (religiöser) Sozialisation Bedingung der Möglichkeit selbstbestimmten Lebens ist.

☐ H. LUTHER (1987) deutet im »fiktiven Anderen« die Adressatenperspektive der autobiographischen Äußerung und eröffnet damit eine neue Sicht der Einschätzung religiöser Aussagen in Autobiographien.

## 2.2 Theorieansätze und Handlungsformen

### 2.2.1 Religionsunterricht in der Schule

Der Religionsunterricht in der staatlichen Schule ist ein Paradigma für die Fülle komplexer Überschneidungsprobleme zwischen Staat-Kirche-Gesellschaft, zwischen der Theologie und nichttheologischen Wissenschaften, zwischen »Glauben« und »Religion«. Diese Überschneidungsprobleme treten auch in anderen Handlungsfeldern auf, aber vielleicht nicht so deutlich und nicht so zahlreich. Weil nach meinem Verständnis praktisch-theologische Reflexion heute vorrangig derartigen Komplexitäten zu gelten hat, erörtere ich den schulischen Religionsunterricht im Sinne eines Exempels ausführlicher als andere Handlungsfelder.

(1) Anders als bei anderen Schulfächern ist die inhaltliche Legitimation des Religionsunterrichts in Korrespondenz mit *rechtlichen Rahmenbestimmungen* zu diskutieren. Das beginnt beim Grundgesetz – kein anderes Schulfach ist vergleichbar durch das Grundgesetz abgesichert und festgelegt – und setzt sich in Kirchenverträgen, Konkordaten, Landesverfassungen und Länderschulgesetzen fort (vgl. W. REES/1986; R. SCHMOECKEL/1964). Es kann hier nicht um die Frage gehen, wie die Bestimmungen auf den verschiedenen Ebenen zueinander stehen (Grundgesetz

versus Länderschulgesetze, vgl. A. v. CAMPENHAUSEN/1967), sondern nur die Haupttendenzen müssen sichtbar gemacht werden.
Dabei ist auszugehen von Art. 4 GG:
1) Die Freiheit des Glaubens, des Gewissens und die Freiheit des religiösen und weltanschaulichen Bekenntnisses sind unverletzlich.
2) Die ungestörte Religionsausübung wird gewährleistet.

Die verfassungsmäßige Grundlage des Religionsunterrichts bietet Art. 7 GG:

1) Das gesamte Schulwesen steht unter der Aufsicht des Staates.
2) Die Erziehungsberechtigten haben das Recht, über die Teilnahme des Kindes am Religionsunterricht zu bestimmen.
3) Der Religionsunterricht ist in den öffentlichen Schulen mit Ausnahme der bekenntnisfreien Schulen ordentliches Lehrfach. Unbeschadet des staatlichen Aufsichtsrechtes wird der Religionsunterricht in Übereinstimmung mit den Grundsätzen der Religionsgemeinschaften erteilt. Kein Lehrer darf gegen seinen Willen verpflichtet werden, Religionsunterricht zu erteilen.

Die Schlüsselformulierung dieser Bestimmungen ist die »Übereinstimmung mit den Grundsätzen der Religionsgemeinschaften«. An diese Formulierung, aus der Weimarer Reichsverfassung wörtlich ins Grundgesetz übernommen, hängt sich eine vielschichtige juristische, theologische, politische und pädagogische Debatte an (vgl. H. M. FRAUNDT/1980). Erschwerend kommt hinzu, daß – eben aufgrund der Übernahme der entscheidenden Bestimmungen aus der Weimarer Reichsverfassung – eine jahrzehntelange (staatskirchenrechtliche, verfassungsrechtliche) Auslegungsgeschichte entstanden ist, die es besonders in juristischer Hinsicht nicht leichter macht, den Grundgesetzbestimmungen heute neue Perspektiven abzugewinnen, etwa unter Zuhilfenahme der Rechtsfigur vom »schleichenden Verfassungswandel«.

Die Tendenzen der Debatte lassen sich so zusammenfassen:

☐ Die Wahrung der »Übereinstimmung mit den Grundsätzen der Religionsgemeinschaften« wird für möglich nur in konfessionell getrenntem Religionsunterricht gehalten.

☐ Unter den »Grundsätzen« werden in unterschiedlicher Akzentuierung Bibel, Katechismen und Dogmen verstanden, wobei heute sicher auf keiner Seite mehr die pure Indoktrination als Zielvorstellung leitet.

☐ Aufgrund dieser Strukturierung muß die schon in der Verfassung vorgesehene Nichtteilnahme am Religionsunterricht gesetzlich geregelt und gesichert werden. Dies geschieht durch das »Reichsgesetz über die religiöse Kindererziehung« von 1921, das bis heute gilt, wo nicht andere gesetzliche Bestimmungen an seine Stelle getreten sind (wie z. B. in Rheinland-Pfalz). Es regelt die Möglichkeit der Abmeldung vom Religionsunterricht mit der religiösen Mündigkeit bei Eintritt des 14. Lebensjahres (in Rheinland-Pfalz: 18. Lebensjahr).

☐ Landesgesetzliche Regelungen sehen für nicht am Religionsunterricht teilnehmende Schüler Ersatzunterricht vor. Erst als Ende der sechziger, Anfang der siebziger Jahre Abmeldungen in erheblichem Umfang zu verzeichnen waren, sind diese Regelungen inhaltlich gefüllt und realisiert worden.

Überblickt man den Gesamtverlauf der Debatte (vgl. D. STOODT/1985), so kann man sagen, daß eines ihrer Kennzeichen die Dominanz der juristischen Argumente und Denkkategorien gebenüber den spezifisch didaktischen ist. Da aber Religionsunterricht didaktisch zu verantworten ist, kann ihm dies sicher nicht genützt haben.

Die Wahrung der grundgesetzlichen Forderungen – wenn denn eine Änderung des Grundgesetzes vorerst nicht zu erreichen ist –

## 2.2 Theorieansätze und Handlungsformen 113

schließt nicht aus, sondern ermöglicht es, eine Zielvorstellung von Religionsunterricht zu haben, die gegenwärtige Begrenzungen überschreitet, weil dies partiell auch innerhalb gegenwärtiger gesetzlicher Gegebenheiten möglich ist – gleichsam als »Vorarbeit« für das, was heute noch Postulat bleiben muß. Nur ein Unterricht, der auf diese Weise auch künftige Situationen mitbedenkt, wird der Gegenwart des Schülers gerecht.

Daher ist zu fragen: Wie muß ein Religionsunterricht aussehen, der allen Schülern gerecht wird, der der Aufgabe der Schule entspricht und der unserer geistigen, kulturellen, politischen und religiösen Situation gemäß ist?

(2) Die Vorgeschichte der gegenwärtigen religionsdidaktischen Diskussionslage kann hier nur tabellarisch angedeutet werden. Dabei ist die Mißverständlichkeit jeder schematisierten Darstellung immer im Sinn zu behalten. Was in Wahrheit vielschichtig ist, wird in der Tabelle auf *einer* Ebene dargestellt. Das bedeutet:

☐ Die einzelnen Zeitphasen liegen zum erheblichen Teil nicht nacheinander, sondern nebeneinander.
☐ Rückgriffe auf Vorhergehendes gibt es in jeder Phase, sowohl gezielt und reflektiert wie auch von den Beteiligten nicht immer voll durchschaut.
☐ Die gegenwärtige Situation ist dadurch gekennzeichnet, daß unter den Rückgriffen auf vorangegangene Konzepte die Neigung zum biblisch orientierten Religionsunterricht dominiert.

(Die Titel der einschlägigen Arbeiten der in der Tabelle genannten Autoren sind zu finden bei: G. OTTO/1975[2]; K. WEGENAST/ 1981; H. SCHMIDT/1982; 1984.)

Die gegenwärtige Diskussionslage ist in der Tabelle nicht erfaßt. Die Zeit der Entwicklung neuer »Konzeptionen« ist Anfang der achtziger Jahre zu Ende. Was nun folgt, ist die weitergehende Reflexion verschiedener Perspektiven, die allesamt in den genannten Konzeptionen (mindestens implizit) angelegt sind. Da-

Handlungsfeld: 2 Lernen (2)

| | Bibel/Heilige Schrift | Problem/»Kontext« (Christlicher Glaube/Fragen, Bedürfnisse, Erfahrungen der Schüler) | Religion zwischen Tradition und Situation | Religion in der Sozialisation/Religion in der Gesellschaft |
|---|---|---|---|---|
| ab 1945: | Evangelische Unterweisung<br><br>Bohne<br>Rang<br>Kittel<br>Hammelsbeck | | | |
| ab 1958: | »Biblischer«, historisch-hermeneutischer RU<br><br>Stallmann<br>Stock<br>Otto<br>Wegenast<br>Baldermann | | | |
| ab 1968 | | | | |
| ab 1969: | | Problemorientierter RU, RU nach dem »Kontext-Typus«, thematischer RU<br><br>Kaufmann<br>Nipkow<br>Biehl<br>Gloy | Unterricht in Religion<br><br>Halbfas | |
| ab 1970: | | | Lernzielorientierter RU<br><br>Heinemann<br>Vierzig | Therapeutischer bzw sozialtherapeutischer RU<br><br>Stoodt<br>Reiser |
| ab 1972: | | | | Religions- bzw. ideologiekritischer RU<br><br>Otto/Dörger/Lott<br>Vierzig<br>Stoodt<br>Brockmann |
| 1980: | | | | |

## 2.2 Theorieansätze und Handlungsformen

bei lassen sich unterschiedliche Akzentsetzungen beobachten, die zu Differenzen im Verständnis des Religionsunterrichts führen (vgl. dazu F. RICKERS/1986 und 1987).

Entscheidend für die Zukunft des Religionsunterrichts erscheint mir, daß sich alle Beteiligten – Kirchen ebenso wie Schulpolitiker – klarmachen: Die Sicherung des Religionsunterrichts in der Schule von morgen liegt *nicht* in seiner grundgesetzlichen Garantie, sondern sie liegt darin, daß man die Notwendigkeit eines Unterrichts in Religion *didaktisch* erweisen kann. Wer zeigen kann, daß die Auseinandersetzung mit Religion im *Bildungsprozeß* nötig ist, der kann den Religionsunterricht legitimieren – auf Dauer *nur* der (vgl. G.OTTO/1987b). Damit ist ein Religionsunterricht, der sich kirchlich oder halbkirchlich versteht, nicht vereinbar. An seine Stelle tritt ein Verständnis, das sich folgendermaßen umschreiben läßt:

☐ Religionsunterricht bearbeitet die ambivalenten Zusammenhänge und Beziehungen zwischen Religion – Kirche – Gesellschaft, an denen er selbst teilhat und die die Lebenswelt des Schülers mitbestimmen. Somit ist es kritischer Unterricht.
Das *Gegenbild* ist ein Religionsunterricht, der sich zur Stabilisierung des jeweils gegebenen Verhältnisses zwischen Religion – Kirche – Gesellschaft mißbrauchen läßt.

☐ Religionsunterricht bearbeitet die Wirkungsgeschichte von Religion und Kirche in der Gesellschaft, die Wirkungsgeschichte der gegenseitigen Beziehungen und Inanspruchnahmen, um der Ambivalenzen ansichtig zu werden.
Das *Gegenbild* ist ein Religionsunterricht, der auf idealtypische Bilder abzielt, ohne sich der Realität – vergangener wie gegenwärtiger Ausprägung – zu stellen.

☐ Themen und Inhalte des Religionsunterrichts sind folglich komplex. Aufgrund ihrer Gesellschaftsbezogenheit können sie nicht eindimensional religiöser Natur sein, weil das »Reli-

giöse« nur im Material von Welt und Geschichte auftaucht.
Das *Gegenbild* ist ein Religionsunterricht, der religiöse Inhalte isoliert und somit verfälscht.

☐ Themen und Inhalte des Religionsunterricht bearbeiten das positive Potential ausgewählter religiöser Traditionen und Verhaltensweisen (z. B. Befreiungsimpulse, Kraft zu Veränderungen, Utopien, Wertung des Menschen) in Auseinandersetzung mit der Geschichte der Verdrängung und des Mißbrauchs eben dieses Potentials.
Das *Gegenbild* ist ein Religionsunterricht, der die geschichtlichen Brüche überspielt und sich in idealisierender Auslegung erschöpft.

Religion wird thematisch, wenn und weil wir kritisch mit Welt umgehen. Nur so ergibt sich ein Umgang mit Religion, der aus materialen Notwendigkeiten von Fall zu Fall einsehbar begründbar ist; andernfalls muß die Beschäftigung mit Religion immer schon vorher als Notwendigkeit postuliert werden, die aber letztlich unbegründet bleibt. Es geht darum, einsichtig zu machen, daß es notwendig ist, sich mit Religion auseinanderzusetzen, weil wir auf ihre ambivalenten Wirkungen stoßen, und dies ist ein Sachverhalt, der in keiner Weise auf Kirche begrenzbar ist. Dabei wird in unseren Breiten aus historisch-faktischen Gründen die Berücksichtigung christlicher Religion gegenüber anderen dominieren. Das ist kein theologisches, sondern ein didaktisches Urteil, das soziokulturell bedingt ist. Nichtchristliche Religionen spielen insoweit eine Rolle, als sie Aufschluß über Religion und ihre Wirkungen geben, den die Beschäftigung mit christlicher Religion nicht vermittelt, der aber zur Erfassung von Religion in ihrer Beziehung zur Welt zu kennen nötig ist (vgl. 2.4.3). Religionsunterricht ist also kein religionskundliches Panoptikum, in dem man möglichst viel zu sehen bekommen kann, sondern die geschichtliche Situation und die Lebenspraxis der Schüler, für die Religionsunterricht stattfindet, also Geschichts- und Interessenbezogenheit von Religionsunterricht steuern die Auswahl von

## 2.2 Theorieansätze und Handlungsformen

Fragestellungen und Materialien, die im Religionsunterricht um ihrer Funktion und Wirkung willen berücksichtigt werden müssen.

In solchem Unterricht wird es u. a. notwendig sein, sich mit biblischen und anderen religiösen Traditionen zu beschäftigen, von Fall zu Fall unterschiedliche Weltdeutungen und ethische Orientierungen und ihre Wirkungen kennenzulernen, Einblick in die Bedeutung von Kirchen und Konfessionen zu gewinnen, religiösen Implikationen in der Alltagswelt nachzuspüren usw. Operationalisiert man diese Fragerichtungen nur ein wenig, so zeichnet sich ab, was im Religionsunterricht konkret zum Thema werden kann; es zeichnet sich auch ab, daß es sich zum Teil mit bisherigen Inhalten durchaus vereinbart. Zum Beispiel sollen Schüler/innen im Religionsunterricht lernen:

- Eigene religiöse Prägungen und die anderer zu erkennen und zu befragen,
  z. B.: Was ist das eigentlich mit dem Gebet? – Oder: Die einen drohen mit Gott, die anderen reden vom »lieben« Gott...
- Religiöse Vorstellungen und Überlieferungen, religiöse Sprache, einschließlich ihrer Wirkungen, kennenzulernen, um damit adäquat umzugehen,
  z. B.: Was feiern wir eigentlich, wenn wir Weihnachten feiern? – Oder: Wenn ich etwas lese, stoße ich oft auf »fromme« Wörter, die ich nicht verstehe...
- Kirchen und Konfessionen in ihrer Eigenart ansatzweise zu verstehen,
  z. B.: Was steckt dahinter, daß die Klasse im Religionsunterricht geteilt wird? – Oder: Die Katholiken haben andere Feiertage als wir...
- Probleme des Zusammenlebens von Menschen aus unterschiedlichen Völkern, Nationen, Rassen, Konfessionen human zu bewältigen,
  z. B.: Sind Juden andere Menschen als wir? – Oder: Türken haben keine Bibel, sondern sie lesen im Koran...

☐ Sinn- und Existenzfragen zu reflektieren,
z. B.: Wie werden Menschen mit Leid und Schuld fertig? –
Oder: Ich weiß oft gar nicht, was »Glück« oder »Hoffnung«
heißen soll...
(vgl. G. OTTO u. a./1972⁴; H. J. DÖRGER u. a./1981)

Dieser Unterricht vermittelt notwendige Kenntnisse, und er leitet schrittweise an, über sie nachzudenken (vgl. die Kontroverse zwischen G. SAUTER/1986 und G. OTTO/1987b). In ihm wird die Bemühung um das Verständnis symbolischer Sprache breiten Raum einnehmen müssen (vgl. P. BIEHL/1985), wie überhaupt mannigfache Überschneidungen mit dem Deutsch- und Literaturunterricht für den Religionsunterricht charakteristisch sind (vgl. U. BALTZ-OTTO/1988). Daher sind auch für den Religionsdidaktiker die Bemühungen um eine »Lernbereichsdidaktik« als Schritt über die Grenzen der Fachdidaktiken hinaus belangvoll (vgl. GUNTER OTTO u. a./1985).

3) Die seit Beginn der siebziger Jahre um den »*Ethik*«-*Unterricht* (vgl. zum ganzen Abschnitt H. SCHMIDT/1983 und 1984; U. BALTZ u. G. OTTO/1986, S. 102 ff.) als Alternative oder Ersatz des konfessionellen Religionsunterrichts geführte Debatte ist geeignet, die didaktische Diskussion voranzutreiben. Die in den einzelnen Bundesländern etwas unterschiedliche Rechtslage zeigt die nebenstehende Übersicht.

Die Frage, ob Religionsunterricht in didaktischer Hinsicht nach Konfessionen getrennt gedacht und in der Schule entsprechend organisiert werden muß, hat zwei voneinander zu unterscheidende Wurzeln, eine historische und eine aktuelle.

Die Tendenz, die konfessionelle Trennung und die an Konfessionen orientierte didaktische Struktur des Religionsunterrichts in Frage zu stellen, begegnet bereits im 19. Jahrhundert. Das Nassauische Schuledikt von 1817 kennt nebeneinander »allgemeinen« und »konfessionellen« Religionsunterricht. CH. WEISS und A. DIESTERWEG knüpfen 1848 an das Nassauer Vorbild und an

## 2.2 Theorieansätze und Handlungsformen

| Bundesland | Bezeichnung des Faches | Rechtliche Grundlage |
|---|---|---|
| Baden-Württemberg | Ethik | Schulgesetz vom 23. 3. 1976 (§ 100) |
| Bayern | Ethik | Verfassung des Freistaates Bayern vom 2. 12. 1946 (Art. 137 Abs. 2) |
| Berlin | – | – |
| Bremen | – | |
| Hamburg | Politik II (Klasse 9 + 10) Ethik (Klasse 9 + 10) Philosophie (Klasse 11–13) | Schulgesetz i. d. F. vom 17. 10. 1977 (§ 4) |
| Hessen | Ethikunterricht | Schulverwaltungsgesetz i. d. F. vom 4. 4. 1978 (§ 4) |
| Niedersachsen | Religionskunde Werte und Normen | Schulgesetz i. d. F. vom 18. 4. 1978 (§ 104) |
| Nordrhein-Westfalen | – | – |
| Rheinland-Pfalz | Ethikunterricht | Verfassung für Rheinland-Pfalz vom 18. 5. 1947 (Art. 35) |
| Saarland | Allgemeine Ethik | Schulordnungsgesetz i. d. F. vom 21. 6. 1978 (§ 15) |
| Schleswig-Holstein | Philosophische Propädeutik (Klasse 11–13) | Erlaß vom 11. 1. 1971 |

Versuche mit einem allgemein-christlichen Religionsunterricht im Großherzogtum Baden in je verschiedener Weise mit eigenen Stellungnahmen zur Überwindung des konfessionellen Religionsunterrichts an (vgl. H. M. FRAUNDT/1980). Niemand wird die damaligen Vorstellungen und die dahinterstehenden Argumentationen heute unbesehen übernehmen wollen. Aber sie gehören in die Vorgeschichte des heutigen Faches »Ethik« hinein, ebenso wie man den durch die Bremer Klausel des Grundgesetzes sanktionierten Bremer Religionsunterricht (»bekenntnismäßig nicht gebundener Unterricht auf allgemein christlicher Grundlage«) nicht ohne diese Vorgeschichte verstehen kann (vgl. U. BALTZ u. G. OTTO/1986).

Die andere Wurzel der Diskussion hängt unmittelbar mit der durch die wachsende Zahl der Abmeldungen provozierten Einrichtung des Faches »Ethik« zusammen.

Wenn man diese beiden Wurzeln und die durch sie beeinflußten Diskussionsstränge voneinander zu unterscheiden vermag, bleibt man vor dem Irrtum bewahrt, daß über einen allgemeinen Religionsunterricht, ob er nun »Ethik« heißt oder anders, erst seit den siebziger Jahren diskutiert würde. Wenn man umgekehrt diese beiden Diskussionsstränge zugleich aufeinander zu beziehen in der Lage ist, könnte man vielleicht manches für die heutige Profilierung des Faches »Ethik« im Sinne eines »allgemeinen Religionsunterrichts« lernen.

Die unklaren und uneinheitlichen Bezeichnungen des Faches verweisen auf den ungeklärten didaktischen Status, zumal wenn man hinter neuere Gesetzes- und Verordnungstexte gegebenenfalls auf die früheren Formulierungen in den Landesverfassungen zurückgreift (Rheinland-Pfalz und Bayern). Der Spannungsbogen reicht von verschiedenen Variationen der Bezeichnung »Ethik« über »Philosophie«, »Politik« bis zu »Religionskunde«. Läßt man beiseite, wie diese Bezeichnungen in den jeweiligen Richtlinien und Lehrplänen konkret-inhaltlich eingelöst werden, so kann man aus dem Variantenreichtum der Namen eine grundsätzliche Feststellung ableiten: Der inhaltlichen Komplexität des Faches als Alternative zum konfessionellen Religionsunterricht (oder dessen Ersatz) wird keine der Varianten für sich gerecht. Dies führt notwendig zu einer Vielfalt von Bestimmungen – es sei denn, man bediente sich einer Fachbezeichnung, die ebenso komplex wäre wie die inhaltliche Vielfalt des Faches. Solche Bezeichnung kann man nicht willkürlich setzen, sondern im Zusammenhang ihrer inhaltlichen Eignung wird man auch fragen müssen, was sich aus der Geschichte des Faches wie auch aus seiner Einbindung in die Schule nahelegt.

Fragt man so und begreift die bisher vorliegenden Lehrpläne und Richtlinien als materiale Ebene, auf die sich die Fachbezeichnung zusammenfassend beziehen soll, so liegt eine einzige Umschreibung nahe, deren Kurzform ebenso selbstverständlich ist: *Religionsunterricht für alle* ist die Umschreibung, *Religion* ist die Kurzform. Natürlich trifft diese Bezeichnung nicht in logisch-systematischer Strenge auf alle Inhalte des Faches zu – wie sie dies auch beim konfessionellen Religionsunterricht, genannt Religion, noch nie getan hat. Immer ist für dieses Schulfach in der

Neuzeit faktisch ein sehr weites Religionsverständnis vorausgesetzt worden, auch da, wo man sich bis in die Kontroversen der Gegenwart explizit für einen engen und gegen einen weiten Religionsbegriff ausgesprochen hat (vgl. K. E. NIPKOW/1975). Handelt es sich aber bei der Einrichtung des »Ethik« o. ä. genannten Faches um eine partielle inhaltliche Alternative bei weitgehend gleichartigen Grundintentionen beider Fächer, so kann man durchaus sinnvoll von allgemeinem Religionsunterricht reden (im Unterschied zu konfessionellem evangelischem oder katholischem Religionsunterricht).

Kronzeugin für dieses Verständnis ist H.-R. LAURIEN (1973) – zwar im Gegensatz zu ihrer eigenen Terminologie, aber in ihren inhaltlichen Aussagen. Die Umschreibung von »Inhalte(n) und Ziele(n) des Ethikunterrichts« leitet sie mit dem bezeichnenden Satz ein: »Dieser Unterricht darf nicht nur auf die ethische Thematik beschränkt sein« (1973, S. 245). In Aufnahme der These von H. ROTH, daß kein Mensch »ohne Weltdeutung... geistig leben kann«, heißt es wenig später: »Ethikunterricht muß Lernziele und Inhalte umfassen, ›die Grundfragen menschlicher Existenz einschließlich der Religion erhellen‹ und solche, ›in denen die Angewiesenheit des Menschen und der Gesellschaft auf Sittlichkeit deutlich wird‹« (1973, S. 246).

Die mannigfachen Ungereimtheiten, die die Entstehungsgeschichte dieses Faches prägen, heben die Chance nicht auf, daß in einem didaktisch zureichend reflektierten »Ethik«-Unterricht der »Religionsunterricht für alle« als die didaktisch angemessene Form von »Religion« in der Schule der Zukunft realisiert werden kann.

Subsumiert man die Fülle vorliegender Unterrichtshilfen für den Religionsunterricht der Sekundarstufe I und II, so kommt man an dem Eindruck kaum vorbei: Inhaltlich entsprechen sie in Themenwahl und Gestaltung viel eher einem »Ethik«-Unterricht unseres Verständnisses als einem traditionellen konfessionellen Religionsunterricht. Das gilt ebenso in erheblichem Maße für weite Teile der Religionsbücher der Grundschule. Unterrichtshilfen und Schulbücher pflegen in der Regel weitaus deutlicher zu signalisieren, wie Unterricht real aussieht, als das auf der Ebene der Theorie-Debatte erkennbar wird. Analysiert man dazu Tendenzen der gegenwärtigen religionspädagogischen Diskussion, kommt man zu Beobachtungen, die komplexer sind, als dies Unterrichtshilfen und Lehrbücher erkennen lassen; doch auch diese Beobachtungen führen nicht zu einem einfachen Gegensatz von traditionellem, konfessionellem Religionsunterricht und »Ethik«-Unterricht (ausführlich dazu: U. BALTZ u. G. OTTO/ 1986, S. 116 f.).

Bleibt noch einmal zu fragen: Ist allgemeiner Religionsunterricht in diesem Sinn *rechtlich* möglich? Bei Fortschreibung der Auslegungsgeschichte von GG Art. 7 (und WRV Art. 149) scheint es mir erlaubt, diese Frage zu bejahen.

Die Situation und die Rahmenbedingungen des Religionsunterrichts haben sich gegenüber der Entstehungszeit des Grundgesetzes, erst recht aber gegenüber der Entstehungszeit der Weimarer Reichsverfassung grundlegend verändert. Nicht nur das Verhältnis zwischen den Konfessionen ist vor vierzig und mehr Jahren ein völlig anderes gewesen als heute. War »Ökumene« damals eine Sache einiger gelehrter Fachleute, so bestimmt sie heute das Verhältnis der Kirchen zueinander und das (wenn auch undifferenzierte) Bewußtsein der breiten Masse der Kirchenmitglieder. Schwerer noch wiegt wohl, daß sich Ende der vierziger Jahre niemand hat vorstellen können, daß Deutschland bis in seine Schulklassen hinein ein multireligiöses Land werden würde – aber dies ist heute der Fall. Artikel 7 des Grundgesetzes ist dann aber, wenn man ihn nicht ändern will, so zu interpretieren, daß der Religionsunterricht realitätsgerecht erteilt werden kann.

Dies erscheint möglich, wenn man die – ohnedies ungemein dubiose – Formel von der »Übereinstimmung des Religionsunterrichts mit den Grundsätzen der Religionsgemeinschaften« nicht als Eingrenzung der inhaltlichen Komplexität versteht, sondern als zu beachtenden Interpretationshinweis für *bestimmte* Inhalte: Sie kann nur in solchen Anteilen des Religionsunterrichts Berücksichtigung finden, die Themen der christlichen Religion gewidmet sind. Sie gilt also nicht pauschal für den Religionsunterricht, sondern logischerweise nur für bestimmte Komponenten, eben für jene, denen sich die christlichen Kirchen verdanken. Faktisch ist das nie anders gewesen, man hat es nur niemals ausgesprochen. Es sollte aber ausdrücklich benannt werden, um falsche Hypotheken abzubauen. Wer hat denn je, wenn er im Rahmen seines konfessionellen Religionsunterrichts Fremdreligionen behandelt hat, diese in Übereinstimmung mit den Grundsätzen seiner Religionsgemeinschaft unterrichtet? Wer hat denn Kirchengeschichte unter dieser Formel traktiert? Die Beispiele machen den Widersinn deutlich, den man aussprechen sollte, um einen ohnedies problematischen Rechtssatz – der durch die theologische Interpretation von Juristen nur noch delikater geworden ist! – so einzugrenzen, daß er wenigstens nicht zu sehr die Weiterentwicklung eines Unterrichtsfaches stört.

Eines dürfte klar sein: Das angedeutete Verständnis von GG Art. 7 wäre in dem Augenblick realisierbar, in dem die Kirchen ihre Zustimmung geben. Denn jedermann hat das Recht, auf eine exzessive Inanspruchnahme eines Rechtstitels aus der Vergangenheit zu verzichten (vgl. D. EHLERS/1975).

(4) Diese Überlegungen werden zusammengehalten durch die Reflexion auf die *öffentliche Schule* als den institutionellen Bedingungsrahmen des Religionsunterrichts.

Insofern Religionsunterricht in der Schule stattfindet, ist es des Nachdenkens wert, wie die didaktische Aufgabe der Schule insgesamt zu umschreiben ist. Die generelle Antwort auf diese Frage ist für den Religionsunterricht deswegen belangvoll, weil sich von dorther mitbestimmen wird, ob er eher Reflexion von Religion oder eher Einübung in Glaubenstraditionen zu sein habe (vgl. G. SAUTER/1986; G. OTTO/1987b). Die Aufgabe der

Schule gegenwärtig im Rahmen einer umfassenden Theorie der Schule zu konkretisieren, wird dadurch erschwert, daß es eine größere Zahl konkurrierender Theorieentwürfe unterschiedlichen Elaborationsgrades gibt (vgl. K. FINGERLE/1983). Dennoch lassen sich elementare Aspekte benennen, die zur Verständigung über unseren Zusammenhang sozusagen zwischen den Theorien hinreichend präzisiert werden können:

☐ Schule ist ein institutionalisierter Ort von Unterricht, für alle Kinder und Jugendliche bestimmten Alters verbindlich.

☐ Als solche Institution ist die Schule auf Kultur und Geschichte bezogen, denen sie sich verdankt, und sie ist bezogen auf die gegenwärtige demokratische Gesellschaft, der sie inkorporiert ist und die ihren Bestand gewährleistet.

☐ Mit diesen beiden Aspekten verbindet sich ein Unterrichtsverständnis, das hier im Blick auf den Religionsunterricht zu präzisieren ist. Der Erziehungsauftrag, den die Institution Schule von der demokratischen Gesellschaft bekommt, ja, der aus dem Demokratieverständnis der Gesellschaft folgt, zielt auf: Mündigkeit, Befähigung zum Lernen, Aufklärung. Gegenbegriffe dazu sind: Abhängigkeit, Einübung, Indoktrination. Die Bindung des Religionsunterrichts an Anleitung zu Reflexions- und Kritikfähigkeit folgt mithin aus der gesellschaftlichen Natur der Institution Schule in der Gegenwart – in der gegenwärtigen, demokratisch verfaßten Gesellschaft. Umgekehrt verkürzt eine Schule, die die Dimension von Religion aus ihrem Lern- und Reflexionszusammenhang ausblendet, das Verständnis von Kultur und Geschichte, also auch von Gegenwart, auf die sie bezogen ist. Noch einmal gewendet: Religionsunterricht, der sich aus diesem Unterrichtsprozeß der Schule ausklinkt und eine Sonderexistenz beansprucht, verliert nicht nur seinen Ort, sondern auch sein Recht in der Schule.

Für Schule und Unterricht insgesamt gilt der Antagonismus, den HEINZ JOACHIM HEYDORN plastisch herausgearbeitet hat: Einerseits reproduziert sich in allen Lernprozessen, ob in Elternhaus oder Schule, stets die bestehende Gesellschaft in ihrem jeweiligen Ist-Zustand. Die Lernenden werden als die Betroffenen mithin zu Objekten. Andererseits kommen in demselben Prozeß die Lernenden zu sich selbst, mit der Chance, Subjekte zu werden, die den Ist-Zustand in ihrer Zukunft verändern können (H. J. HEYDORN/1980; zur religionspädagogischen Diskussionslage insgesamt vgl. Handbuch der Religionspädagogik, Bd. 2).

### 2.2.2 Konfirmandenarbeit und Konfirmation

In der Geschichte der Konfirmation und des auf sie vorbereitenden Unterrichts lassen sich drei Phasen deutlich voneinander unterscheiden: die Anfänge in der Reformationszeit, die Neugewinnung im Pietismus und in der Aufklärung und die Zeit seit der Mitte des vorigen Jahrhunderts, charakterisiert durch die bis zum Überdruß wiederkehrenden Leitbegriffe »Konfirmationsnot« und »Reform« (vgl. K. FRÖR/1959 und 1962; B. HAREIDE/1971; J. SCHILDMANN u. B. WOLF/1979; L. VISCHER/1958). Besonderes Interesse kann die Geschichte dieser kirchlichen Handlung deswegen beanspruchen, weil wir es hier mit einem Akt zu tun haben, der freier menschlicher Erfindung entsprungen ist und keine besondere Legitimation, sei es durch Offenbarung oder biblische Belege, bei sich hat. Logischerweise bedeutet das: eine Synode könnte jederzeit, wenn sie es für richtig hält, die Konfirmation auch wieder abschaffen. Auch wenn manche Stimmen in der langwährenden Diskussion, manche kirchenamtliche Äußerung und erst recht die Vollmundigkeit früherer Konfirmationsgelübde diesen historischen Umstand kaum erkennen lassen, sollte man ihn sich klar machen, weil dies vielleicht die Debatten entkrampfen könnte.

(1) Eine historisch-kritische Darstellung, die die Geschichte der Konfirmation und des Konfirmandenunterrichts von den Anfän-

gen bis zur Gegenwart umfaßt, liegt nicht vor. Dies ist bedauerlich, weil in solcher Darstellung vermutlich sichtbar würde, in welch hohem Maße nahezu alle Gegenwartsfragen historisch präfiguriert sind. Wir müssen uns hier auf die *Reformdiskussion im 20. Jahrhundert* beschränken (vgl. auch Handbuch der Religionspädagogik, Bd. 1, S. 153 ff.).

BÄUMLER/LUTHER (1982) haben diese Diskussion nicht nur dokumentiert, sondern durch sehr differenzierte Leitfragen auch ein Instrumentarium an die Hand gegeben, um die Debatte zu analysieren:

»Werden die Jugendlichen in der Weise als Subjekte ernst genommen, daß die aktuelle Wirklichkeit ihrer subjektiven Verfaßtheit mit der möglichen und wünschenswerten Entfaltung ihrer Subjektivität im Erwachsenenalter vermittelt wird?
Wird die Kirche als eine flexible und offene Institution begriffen, die die Subjektivität der Jugendlichen ernst zu nehmen vermag und sich für sie aufschließen kann?
Wird der gesellschaftliche Kontext der Begegnung der Jugendlichen mit der kirchlichen Institution gesehen und wie wird er genauer bestimmt?«
(BÄUMLER u. LUTHER/1982, S. 18)

Diese Fragestellungen sind differenzierter und substanzieller als üblicherweise Reformkonzepte befragt werden. Denn sie lassen die gängigen Rückfragen hinter sich:

»Werden die Konfirmanden in die Ortsgemeinde eingegliedert? Gelingt die elementare Vermittlung des objektiven Lehrbestands der Kirche? Werden die Jugendlichen dazu befähigt, in christlicher Verantwortung den Gefahren einer ›permissiven‹ Gesellschaft zu widerstehen?«
(BÄUMLER u. LUTHER/1982, S. 18)

BÄUMLER/LUTHERS Leitfragen sind geeignet, die Problemgeschichte des Konfirmandenunterrichts und der Konfirmation (im 20. Jahrhundert) zu strukturieren sowie aus der Analyse des Materials Ansätze zu einer Praxistheorie zu erheben. Dies gelingt deswegen, weil in den Leitfragen die entscheidenden Aspekte erfaßt sind: der pädagogisch-psychologische Aspekt, der kirchentheoretische Aspekt und der soziokulturelle Aspekt. Damit sind die Grenzen einer reproduktiven Materialsammlung überschritten, und es werden Ansätze einer eigenen Praxistheorie der Herausgeber erkennbar. Sie hat ihre Hauptmerkmale in der Betonung des Konfirmanden als Subjekt, einem daran orientierten Kirchenverständnis, das die Konfirmanden nicht zu Objekten der Belehrung degradiert, sondern als freie Kommunikationspartner ernstnimmt, und der Berücksichtigung der geschichtlich-gesellschaftlichen Rahmenbedingungen des konfirmierenden Handelns der Kirche. Diese Rahmenbedingungen sind für das Verständnis nicht Beiwerk, sondern sie sind konstitutiv für theologische Aussagen (vgl. die eigenen Beiträge der beiden Herausgeber in BÄUMLER u. LUTHER/1982, S. 270 ff. und 310 ff.).

Damit ist eine Reflexionsebene erreicht, die sowohl die Analyse einzelner Modelle hinter sich läßt (vgl. K. DIENST/1973; G. ADAM/1980), obwohl sie dafür Kriterien bereitstellt, als auch über jenen Typus von Reformvorstellungen hinausführen könnte, der sich lediglich auf den Einzelfall bezieht oder sich auf technisch-organisatorische Veränderungen beschränkt. Wesentliche Vorarbeiten zu dieser veränderten Perspektive hat WALTER NEIDHART (1964) geleistet. Einige Züge des Ansatzes von BÄUMLER/LUTHER lassen sich in dem neuen »Handbuch für die Konfirmandenarbeit« (COMENIUSINSTITUT/1984) wiederentdekken, aber durchgängig ist es nicht von ihm bestimmt.

(2) Die schon genannte Berücksichtigung des geschichtlich-gesellschaftlichen Kontextes wird in absehbarer Zukunft für das Konfirmationsverständnis eine besondere Zuspitzung erfahren. Traditionsabbruch und Schrumpfung der Kirche (s. o.: 0.2) können für die Praxis von Konfirmandenunterricht und Konfirmation nicht folgenlos bleiben. Eine genaue Beobachtung der Konfirmationszahlen in den nächsten Jahren muß zeigen, ob die Teil-

nahme gravierend zurückgeht. Damit ist zu rechnen. Dann ergeben sich unter anderem folgende Fragen:

☐ Nimmt die Teilnahme an *Jugendweihefeiern* in entsprechendem Maße zu?

Für diese Annahme spricht wenig, da die Jugendweihe in Deutschland vor Bestehen der DDR und danach in der Bundesrepublik noch nie eine sehr bedeutsame Resonanz gehabt hat. Wenn aber die Jugendweihen nicht zunehmen, wie ist es dann zu beurteilen, daß für eine immer größere Anzahl von Jugendlichen der soziologisch und sozialpsychologisch bedeutsame Übergangsritus ins Erwachsenenalter ausfällt? Denn diese Funktion hat ja die Konfirmation immer *auch* erfüllt, wie immer man sie auch theologisch interpretiert hat. Könnte es sein, daß ein derartiger Passage-Ritus auch deswegen heute leichter als früher entfallen kann, weil das Gegenüber zwischen Jugendalter und Erwachsenenalter weniger eindeutig geworden ist?

☐ Was bedeuten rückläufige Zahlen und abnehmender öffentlicher Stellenwert für die *Konfirmation* selbst?

Beides bedeutet erst einmal, daß die Entscheidung, an Konfirmandenunterricht und Konfirmation teilzunehmen, ein Stück bewußter gefällt werden muß als bisher. An die Stelle traditionell geleiteter Beteiligung muß häufiger die eigene Entscheidung treten, weil die Alternative, sich nicht konfirmieren zu lassen, keine Außenseiterposition mehr ist.

Aus dieser neuen Situation entsteht ein Bündel weiterer Fragen:

Unter den bisherigen Bedingungen und besonders im Zusammenhang des Verständnisses der Konfirmation als Passage-Ritus war die generelle Festlegung auf etwa das 14./15. Lebensjahr durchaus plausibel. Wenn diese Voraussetzungen aber entfallen, mindestens in den Hintergrund rücken, muß man dann nicht davon ausgehen, daß die Entscheidung, sich konfirmieren zu lassen, zu unterschiedlichen Zeitpunkten fallen wird und also festgelegte Konfirmationstermine unrealistisch sind? Es finden schließlich auch nicht nur einmal jährlich Trauungen statt.

Wenn heute ein nichtgetaufter Vierzehnjähriger konfirmiert werden soll, wird er am Sonntag zuvor (oder auch am Beginn des Konfirmationsgottesdienstes) getauft. Denn die Konfirmation setzt die Taufe voraus. Die aus diesem Grundsatz heraus entstandene Praxis war in sich immer schon höchst fragwürdig. Wird man nun unter veränderten Bedingungen diese fragwürdige Praxis fortsetzen wollen? Oder wird in dem Fall, da jemand nicht als Säugling getauft wird, sondern im Jugend- oder Erwachsenenalter, die Taufe die Konfirmation überflüssig machen? Evangelischem Taufverständnis entspräche dies durchaus. Bisher war es aber vor allem aufgrund der gesellschaftlichen Geltung der Konfirmation kaum möglich, so zu verfahren. Wird es nun endlich realisierbar?

Wenn es realisierbar wird, dann haben wir es zugleich und automatisch mit einer einschneidenden Veränderung des Konfirmationsverständnisses zu tun. Das bisherige Konfirmationsverständnis ruht auf drei Säulen: absolvierter Unterricht in christlicher Lehre, Zulassung zum Abendmahl, Übertragung der kirchlichen Rechte. Wenn das Unterrichtserfordernis bei Jugendlichen oder Erwachsenen im Zusammenhang der Taufvorbereitung erfüllt worden ist, welchen Grund wollte man dann noch geltend machen, Abendmahlszulassung und kirchenrechtliche Mündigkeit wie bisher von der Taufe abzutrennen? Wer getauft ist, muß dann auch alle Rechte haben. Damit kehrt sich das bisherige Bild um: hat bisher, streng genommen, unsere Konfirmationspraxis permanent die Taufe entwertet, so würde nunmehr die Taufpraxis die Konfirmation entwerten. Unter der Voraussetzung, daß die Bedeutung der Konfirmation als Passage-Ritus abnimmt, halte ich diese Umkehrung für begrüßenswert.

Daß sich Unterrichtsstruktur und Unterrichtsinhalte, ob Tauf- oder Konfirmandenunterricht, der Situation gemäß und den Adressaten entsprechend werden modifizieren müssen, liegt auf der Hand. Wöchentlich ein oder zwei Unterrichtsstunden, anderthalb oder zwei Jahre lang, sind für Schüler denkbar, aber nicht für Berufstätige. Hier werden ganz andere Formen zu entwickeln sein, die Konsequenzen für die Inhalte haben. Die Tendenz kann nur in Richtung der Arbeiten von BÄUMLER/LUTHER: »Der Konfirmand als Subjekt« (1982, S. 31) liegen. Mit dieser Formel ist der entscheidende theoretische Ansatz der Konfirmandenarbeit für die Zukunft umschrieben. »Eine einseitig objektivistische, vorrangig vom ›Wesen der Kirche‹ her argumentierende Erörterung der Konfirmationsproblematik, die die Konfirmanden als Objekte der Integration behandelte, nicht aber als Subjekte ernstnahm«, ist damit theoretisch überholt (BÄUMLER u. LUTHER/1982, S. 31).

(3) Es gibt kaum ein plastischeres Beispiel für die Mitwirkung geschichtlich-gesellschaftlicher Faktoren in theologischer Urteilsbildung und kirchlicher Praxis als die Auseinandersetzungen um *Konfirmation und Jugendweihe* in der DDR. Sie sind auch ein Beispiel dafür, daß auf die Kirche *gesellschaftliche* Lernprozesse zukommen können, in denen sie aufgrund neuer Einsichten frühere *theologische* Entscheidungen korrigieren muß.

C. FISCHER (1986) hat den Auseinandersetzungsprozeß für den Zeitraum zwischen 1948 und 1975 dargestellt. Die Anfangsphase von 1948 bis 1954 war dadurch gekennzeichnet, daß die Kirchen trotz der veränderten politisch-gesellschaftlichen Situation ungebrochen an der überkommenen Tradition der Konfirmation festhielten. Die Beteiligung der Jugendlichen war fast so hoch wie in Vorkriegszeiten. Die Jugendweihe spielte anfangs kaum eine Rolle, 1950 wurde sie durch Anordnung der SED überhaupt eingestellt. In der zweiten Phase – 1955 bis 1968 – ändert sich das Bild einschneidend. Ende 1954 wird die Jugendweihe wieder eingeführt und als Schulentlassungsfeier propagiert. Die Reaktion der Kirche ist der Ausschluß Jugendlicher von der Konfirmation, die sich zur Jugendweihe melden. Auf dem Wege der Kirchenzucht am einzelnen soll die Konfrontation mit dem Staat durchgehalten werden. Die Frage, ob ausgerechnet die volkskirchliche Tradition der Konfirmation ein geeigneter Ort für solche Kraftprobe ist, stellt sich nicht. Erst Ende der fünfziger, Anfang der sechziger Jahre beginnt sich das Bild zu ändern. Eine Aussage, zu der es parallele gibt, ist die von Bischof Jänicke vor der Synode der Kirchenprovinz Sachsen im Jahre 1965. Er fordert dazu auf, »dem Geist Jesu den Vorrang vor einem unpersönlichen ›Geist des Christentums‹ und vor kirchengeschichtlich gewordenen Formen und Normen zu geben« (nach C. FISCHER/1986, S. 11). Das absehbare Ende volkskirchlicher Strukturen wird erkennbar, die Jugendweihe übernimmt zunehmend die Rolle der Konfirmation, sich dabei selbst mehrfach verändernd, und eine Veränderung im Verhältnis zwischen Staat und Kirche bahnt sich an. Auf diesem Hintergrund sind die (landeskirchlich nicht einheitlichen) Bemühungen um ein Neuverständnis »konfirmierenden Handelns« in der DDR und auch die Auflockerungstendenzen bezüglich der Ausschlußregelung zu sehen. In der dritten Phase – 1969 bis 1975 – zeigt sich, daß beide Seiten, die Kirche ebenso wie der Staat, gelernt haben, die Situation besser einzuschätzen und sich auf sie einzustellen. Äußerungen von beiden Seiten belegen dies (vgl. C. FISCHER/1986, S. 18 ff.). Die programmatischen Überlegungen zum »konfirmierenden Handeln der Gemeinde« werden auf verschiedenen Ebenen weiter vorangetrieben (vgl. die Texte bei BÄUMLER u. LUTHER/1982, S. 327 ff.), und die Sanktionen gegen Jugendliche, die an der Jugendweihe teilnehmen, werden nach und nach aufgehoben.

Der Grundgedanke der Texte zum »Konfirmierenden Handeln« gipfelt darin, die punktuelle Erörterung von Konfirmation und Konfirmandenunterricht zugunsten einer umfassenderen Betrachtungsweise zu überholen:

». . . eine umfassende Zuwendung der Gemeinde zu allen Kin-

dern und Jugendlichen in ihrer heutigen Welt ist nötig! Sie ist im missionarischen Auftrag der Gemeinde Jesu Christi (Matth. 28,19 f.) begründet, der auch eine pädagogische Dimension hat. Eine solche umfassende Zuwendung nennen wir *konfirmierendes Handeln der Gemeinde*. Sie hat das Ziel, Kinder und Jugendliche – möglichst in Gemeinsamkeit mit den Eltern – zu einem altersgemäßen Verstehen und Annehmen des Lebensangebotes Jesu Christi in Wort und Sakrament zu führen, sie darin zu befestigen und damit zu befähigen, als Glieder der christlichen Gemeinde in der sozialistischen Gesellschaft verantwortlich vor Gott zu leben.«
(vgl. bei BÄUMLER u. LUTHER/1982, S. 335 ff.)

In einer Anlage (bei BÄUMLER u. LUTHER/1982, S. 338 ff.) wird die Problematik, die sich aus der Existenz der Kirche in der sozialistischen Gesellschaft der DDR ergibt, explizit verhandelt. Hier werden nicht mehr traditionelle Normen durchzuhalten versucht, sondern es wird gefragt, was in einer veränderten Situation Konfirmation unter den gegebenen Lebensbedingungen Jugendlicher heißen kann:

»Konfirmierendes Handeln der Gemeinde steht angesichts des umfassenden Prozesses der Erziehung sozialistischer Persönlichkeiten in und außerhalb der Schule vor einer erschwerten Aufgabe.
Während alle Kinder und Jugendliche dem sozialistischen Erziehungsprozeß notwendig unterworfen sind, beruht ihre Einbeziehung in das konfirmierende Handeln der Gemeinde auf der Freiwilligkeit. Die Einbeziehung in beide Prozesse versetzt Kinder und Jugendliche in die ständige Spannung zwischen beiden. Das nötigt sie zu eigenständiger Auseinandersetzung. Dazu müssen sie befähigt werden.
Während das sozialistische Erziehungshandeln getragen ist durch die äußere Autorität der herrschenden Arbeiterklasse, ihrer Partei und ihres Staates, bezieht sich das konfirmierende Handeln der Gemeinde allein auf die geistliche Autorität des Evangeliums. Die Gemeinde und besonders die Eltern sind gerufen, es den Kindern und Jugendlichen durch Wort und Leben glaubhaft zu bezeugen.
Die Gemeinde kann von Kindern und Jugendlichen, die in gespannter Situation zu konkreten Entscheidungen genötigt sind,

nicht erwarten, daß ihr Verhalten vorgeprägten Normen und Erwartungen der Gemeinde entspricht. Sie kann nur bestrebt sein, das ihre zu tun, um durch lebendiges Zeugnis und bergendes Geleit zu ermöglichen, daß Kinder und Jugendliche Entscheidungssituationen erkennen und sich darin bewähren. Anwendung kirchlicher Ordnung, die ein bestimmtes Verhalten zum Maßstab macht, gerät notwendig in die Gefahr der Gesetzlichkeit und widerspricht dem Evangelium.«
(nach: BÄUMLER u. LUTHER/1982, S. 339).

Der hier gerafft nachgezeichnete Diskussionsprozeß zum Thema Konfirmation ist weit über dieses Thema hinaus instruktiv. In ihm wendet sich das Thema »lernen«, das wir gewohnt sind, auf Personen zu beziehen, und betrifft die Lernfähigkeit der Kirche als Institution. Nicht nur in der DDR dürfte für die Kirche alles davon abhängen, ob und wie sie fähig ist, sich Lernprozessen, ausgelöst durch die jeweiligen historischen Rahmenbedingungen, innerhalb derer sie lebt, auszusetzen.

(Zur DDR vgl. außerdem: R. HENKYS/1983; M. HARTMANN, in: G. HELWIG u. D. URBAN/1987, S. 102 ff.; E. SCHWERIN/1987)

## 2.3 Verknüpfungen

*(1) Dominierende Reflexionsperspektiven:*
- 3: Didaktik (= Bd. 1, S. 130 ff.)
- 1: Hermeneutik (= Bd. 1, S. 85 ff.)
- 4: Recht (= Bd. 1, S. 160 ff.)

| (2) hier erörterte Handlungsfelder: | in anderen Kapiteln erörterte *problemverwandte Handlungsfelder*: |
|---|---|
| Religionsunterricht | z. B. 6: *Reden und Schreiben* <br> bes. 6.6.6: Instrumentelle und mediale Sprache |
| Konfirmandenunterricht | z. B. 8: *Feiern* <br> bes. 8.4.1.: Abendmahl für Kinder <br> z. B. *Lernen (1)* <br> bes. 1.2.2: Jugendarbeit |
| Christenlehre | z. B. 5: *Verständigen* <br> bes. 5.1.2.: Lerngemeinschaft |
| Islamischer Religionsunterricht | z. B. 5: *Verständigen* <br> bes. 5.2.2: »Ökumenischer« Dialog |

(3) Nicht erörterte *verwandte Praxiszusammenhänge:*
z. B.: Lernvorgänge außerhalb der Schule
    Religionsunterricht an Berufs- und Sonderschulen
    Konvertitenunterricht

## 2.4 Ausblicke

### 2.4.1 Erzählen

Erzählung, besser: erzählen ist »ein fundamentales anthropologisches Phänomen« (H. SCHRÖER/1982, S. 227). Wenn dies der Ausgangspunkt ist, dann reicht es nicht, die Frage nach der Erzählung auf das Problem der Erzählung biblischer Geschichten für Kinder im Grundschulunterricht oder im Kindergottesdienst zu verkürzen. Vielmehr gilt umgekehrt, daß man diesen speziellen Aufgaben vermutlich nur dann gerecht wird, wenn man von einer umfassenden Theorie des Erzählens ausgeht. In eine solche umfassende Theorie gehören sowohl Fragen nach der literarischen Gestalt der Erzählung wie nach der Erzählung in alltagssprachlicher Fassung (vgl. E. LÄMMERT/1968³; K. EHLICH/ 1980).

An Stelle einer ausgeführten Theorie des Erzählens müssen wir uns hier mit Hinweisen auf W. BENJAMINS Betrachtungen »Der Erzähler« begnügen. Im Kern enthalten sie in eigener Fassung die entscheidene Problematik allen Erzählens unter den Bedingungen der Gegenwart. Ich hebe nur zweierlei heraus: Abgesehen von anderen Gründen ist die Kunst des Erzählens selten geworden, weil die Verbreitung der *Information* sie zu verdrängen droht. »Die Information hat ihren Lohn mit dem Augenblick dahin, in dem sie neu war. Sie lebt nur in diesem Augenblick, sie muß sich gänzlich an ihn ausliefern...« (W. BENJAMIN/1980, S. 445). Für die Erzählung aber ist charakteristisch, daß sie auch »noch nach langer Zeit der *Entfaltung* fähig« ist. Die Kunst allen Geschichtenerzählens liegt darin, »*weiterzuerzählen*« (W. BENJAMIN/1980, S. 446).

Geht man von hier aus, so stellt sich das Problem der Erzählung anders, als es uns geläufig ist. Daß eine Übersetzung des Neuen Testaments, also zum guten Teil der *erzählten* Geschichte Jesu, den Titel »Die gute *Nachricht*« trägt, ist nur *ein* Beispiel für

Unverstand. Nicht anders sind manche neueren Erzählbeispiele zu beurteilen. Solchen Tendenzen gegenüber ist zu fragen: Wo zeigen sich erzähltheoretische Ansätze, die BENJAMINs Verständnis nahekommen und damit gleichsam automatisch nicht allein auf kleine Kinder als Hörer abzielen?

Fragt man so, dann steht im Grunde nur eine Erzählkonzeption zur Debatte, die altersstufenübergreifend ausbaufähig scheint. Altersstufenübergreifend: denn Erzählen ist ein Medium zwischenmenschlicher wie dann auch didaktisch einsetzbarer Kommunikation, das für Schüler aller Altersstufen, für Behinderte, für Alte, für Vorschulkinder von Belang ist. W. NEIDHARTs Erzähltheorie ist offen für solche Weite. Dies liegt vor allem daran, daß er von der Subjektivität des Erzählers ausgeht – der Nachrichtenübermittler muß Interesse an »Objektivität« haben – und daß er in der Differenzierung zwischen verschiedenen notwendigen, einander zuzuordnenden Erzählungstypen ansatzweise die notwendige Weite des Weitererzählens erreicht (W. NEIDHART/ 1975). Er bleibt dabei, plausibel von seiner Fragestellung aus, beim Erzählen biblischer Geschichten stehen. Aber seine Konzeption läßt sich mühelos weiterdenken in Richtung produktiver »Neuerzählung« – also in Richtung von Erzählungen, in denen es um in der Bibel Gemeintes, um Konkretionen christlichen Glaubens geht, ohne daß dafür bei der Erzählung biblische Textvorgaben Pate stehen müßten (vgl. U. BALTZ u. G. OTTO/1986).

*Lit.*:
U. BALTZ-OTTO, »Religion« und »Literatur«, Theologie und Literaturwissenschaft, in: P. BIEHL u. a. (Hg.), Jahrbuch der Religionspädagogik, Bd. 4 (1988)
U. BALTZ u. G. OTTO, Elemente einer Theorie des Erzählens im Religionsunterricht, in: G. OTTO, »Religion« contra »Ethik«? (1986), S. 123 ff.
W. BENJAMIN, Der Erzähler, in: Gesammelte Schriften, Bd. II, 2 (1980), S. 438 ff.
K. EHLICH (Hg.), Erzählen im Alltag (1980)
E. LÄMMERT, Bauformen des Erzählens (1968$^3$)

W. NEIDHART u. H. EGGENBERGER, Erzählbuch zur Bibel (1975)
H. SCHRÖER, Art.: Erzählung, in: TRE Bd. 10 (1982), S. 227 ff.

### 2.4.2 Christenlehre in der DDR

Die konsequent durchgeführte Trennung von Staat und Kirche führte nach 1945 in der damaligen sowjetisch besetzten Zone zur Einrichtung einer evangelischen Unterweisung, die allein von der Kirche zu verantworten war. Im »Gesetz zur Demokratisierung der deutschen Schule« von 1946 heißt es in § 2: »Die schulische Erziehung der Jugend ist ausschließlich Angelegenheit des Staates. Der Religionsunterricht ist Angelegenheit der Religionsgemeinschaften.« Die Verfassung der DDR von 1949 anerkennt in Artikel 44 ausdrücklich das Recht der Kirchen zur Erteilung von Religionsunterricht. In der Verfassung von 1968 wird dieses Recht nicht mehr erwähnt, weil die Verfassung »wie das öffentliche Bewußtsein ihn (scil.: den Religionsunterricht) inzwischen völlig in die Lebensformen der Kirchgemeinden integriert sieht« (W. BALTIN/1971[5], Sp. 177).

»Mit der katechetischen Arbeit hat die christliche Unterweisung heimgefunden zur Kirche, zur Gesamtkirche ebenso wie zur Einzelgemeinde. Sie sind fortan – und nicht mehr der Staat – Träger des christlichen Unterrichts. Wie könnte es in dieser Lage anders sein! Die eigentliche Bewährungsprobe für diese Arbeit wird jene Stunde sein, wo die Kirche wieder die Möglichkeit haben wird, zu wählen zwischen dem staatlich angestellten Religionslehrer und dem kirchlichen Katecheten. Möge die Kirche dann nicht der Versuchung unterliegen, die katechetische Arbeit wieder aufzugeben.«
(W. ZIMMERMANN, in: ZIMMERMANN u. HAFA/1957, S. 45)

Diese Sätze formuliert der verantwortliche Mann der Berliner Kirchenleitung im Rückblick auf die ersten *zehn Jahre* katechetischer Arbeit in den ostdeutschen Kirchen. Sie lassen noch das Pathos erkennen, mit dem man auf die Eliminierung des Religionsunterrichts aus den Schulen geantwortet hat: Mit der neuen Christenlehre hat der Religionsunterricht an den Ort »heimgefunden«, an den er gehört, und seine folgenreiche Fremdbestimmung durch den Staat ist damit ein für allemal, wie man hoffte, beendet. Diese Reaktion auf eine Zwangslage, die man nicht selbst gewählt hat, darf man wohl aus dem historischen Abstand bei allem Respekt vor der Aufbauarbeit der damaligen Generationen als durchaus mehrdeutig bezeichnen. Die Emphase der »ersten Stunde« (und darüber hinaus) erklärt sich zum guten Teil aus theologischen Prämissen, viel weniger aus pädagogischen oder aus schulpolitischen; denn dafür hatte die Kirche ja gar keinen Spielraum. Daher ist es nicht zufällig, wenn einer der Väter der katechetischen Arbeit in der Sowjetischen Besatzungszone im Rückblick auf *vierzig Jahre* 1987 als die entscheidenden Wurzeln »für unsere Arbeit« die »Neubesinnung in unserer Kirche nach dem I. Weltkrieg« nennt, und zwar die Lutherrenaissance, die Theologie Karl Barths und die Theologie des Kirchenkampfes (H. HAFA/1987, S. 71).

Die Beteiligung an der Christenlehre, die ja freiwillig ist und auch von den fünfziger Jahren an nur noch in kirchlichen Räumen stattfindet, schwankt von Anfang an, zumal zwischen Stadt und Land, und nimmt im Laufe der Jahre im Zusammenhang mit der immer ausgeprägteren Diaspora-Situation der Kirche und dem Ende der Volkskirche ab. In der mecklenburgischen Landeskirche nehmen zum Beispiel 1974 noch 22 446 Kinder am Unterricht teil, 1984 sind es nur 9 732 (nach: G. HELWIG u. D. URBAN/1987, S. 110). Die Christenlehre wird durchgeführt von Katecheten und Katechetinnen, die in eigenen Seminaren ausgebildet werden.

Die theologisch-religionspädagogische Arbeit, die zur Konsolidierung der Christenlehre in Theorie und Praxis geleistet worden ist, zumal auf dem Gebiet der Lehrplanentwicklung, ist beträchtlich. Zunehmend konnte dabei auch der Kontakt zur Religionspädagogik in der Bundesrepublik intensiviert werden. Die seit 1948 erscheinende Monatszeitschrift »Die Christenlehre« dokumentiert die religionspädagogische Arbeit in der DDR.

*Lit.*:
W. BALTIN, Artikel: Christenlehre, in: H.-H. GROOTHOFF/ M. STALLMANN (Hg.), Neues Pädagogisches Lexikon (1971⁵), Sp. 177 ff.
P. C. BLOTH (Hg.), Christenlehre und Katechumenat in der DDR (1975)
H. HAFA, Der Weg der Christenlehre nach 1945, in: Die Christenlehre 40. Jg./1987, S. 70 ff.
G. HELWIG/D. URBAN siehe Literaturverzeichnis
P. LETHIÖ, Religionsunterricht ohne Schule (1983)
W. ZIMMERMANN/H. HAFA, Zur Erneuerung der christlichen Unterweisung (1957).

### 2.4.3 Islamischer Religionsunterricht an deutschen Schulen

Allein ein Blick auf die Zahlen kennzeichnet die Situation und nötigt zu Konsequenzen für die Schule: Mehr als eine halbe Million muslimischer Kinder und Jugendliche lebt in der Bundesrepublik und in West-Berlin. 1985 war etwa jedes 10. Schulkind muslimisch. »In den großen Städten gibt es Schulen, in denen 40% oder mehr Kinder aus muslimischen Familien kommen« (J. LÄHNEMANN/1986, S. 197; alle Zahlenangaben nach LÄHNEMANN).

Diese Lage macht es notwendig, an deutschen Schulen islamischen Religionsunterricht einzurichten. Aber es wäre falsch, alles auf diese *eine* Aufgabe abzuwälzen. Sie ist nur dann sinnvoll lösbar, wenn man erkennt, daß sie Teil einer umfassenderen Aufgabe ist. Die Teilnahme muslimischer Schüler an deutschem Schulunterricht erfordert weitergehende Berücksichtigung, in die der muslimische Religionsunterricht eingebettet ist. Nur dann dürfte er sinnvoll sein. Es geht um eine »ganzheitliche Aufgabe«, die »auf drei Ebenen gefördert werden« kann:

»1. durch die gemeinsame Gestaltung des Schullebens, z. B. die Berücksichtigung der Feste aus beiden Kulturen und die gegenseitige Einladung dazu, die Zusammenarbeit von deutschen und türkischen Lehrern, aber auch die Einbeziehung deutscher und türkischer Eltern bei solchen Anlässen u. ä.

2. Es gehört zum Aufgabenbereich verschiedener Schulfächer, auch mit der anderen Kultur, deren Geschichte und Religion bekannt zu machen. Neben dem Religionsunterricht sind es Fächer wie Geschichte, Geographie, Sozial- und Gemeinschaftskunde.
3. Eine besondere Aufgabe hat hier der (christliche, G. O.) Religionsunterricht..., um christliche Kinder mit dem Islam bekannt zu machen.«
(J. LÄHNEMANN/1986, S. 199 f.)

Die interkulturelle und interreligiöse Begegnung ist also der für islamischen Religionsunterricht notwendige Hintergrund, wenn er nicht in der Isolation bleiben soll.

Daß der Islam keine einheitliche Größe ist und keine unseren Kirchen vergleichbare Organisationsstruktur hat, erschwert die Versuche, islamischen Religionsunterricht einzurichten, muß sie aber nicht unmöglich machen, wie sich inzwischen gezeigt hat. In Hamburg und in Bayern sind die Klärungen vorangekommen. Am weitesten sind die Arbeiten einer Lehrplankommission für »Religiöse Unterweisung für Schüler islamischen Glaubens«, berufen vom Kultusminister von Nordrhein-Westfalen (1980). Diese Kommission besteht aus fünf türkischen Lehrern, einem muslimischen Theologen, einem Übersetzer und zwei deutschen Religionspädagogen. Ein Lehrplanentwurf für die Grundschule liegt bereits vor. Er ist dadurch gekennzeichnet, daß er islamische Tradition vermitteln, zu islamischer Identität verhelfen und die Verständigung zwischen Muslimen und Christen fördern will. Dabei werden islamische Glaubensinhalte und Alltagserfahrungen in der fremden Umwelt ständig miteinander in Beziehung gesetzt:

## 2.4 Ausblicke

Inhaltsstruktur

|  | Alltag in | Grundlagen | des Islam |
|---|---|---|---|
|  |  | Deutschland |  |
|  | erlebte und erfahrene Umwelt | Pflichten, Kult und Brauchtum | religiöses Wissen |
| Klasse 1 | 1 »Wir lernen uns kennen«<br>2 »Unsere Familie« | 3 »Wir feiern Feste«<br>4 Sauberkeit gehört zum Glauben« | 5 »Wir lernen Hz. Muhammad und den Koran kennen«<br>6 »Die Moschee – unser Gebetshaus« |
| Klasse 2 | 7 »Wir leben in einer fremden Umwelt«<br>8 »Allah will, daß die Menschen arbeiten« | 9 »Wir wollen ehrlich sein«<br>10 »Unser Fasten im Ramadan« | 11 »Hz. Muhammad, der Gesandte Allahs«<br>11 »Erstes Wissen über Allah« |
| Klasse 3 | 13 »Freundschaft«<br>14 »Gemeinschaft« | 15 »Taharet – über die Reinheit«<br>16 »Unser Gebet«<br>17 »Pilgerfahrt« | 18 »Hz. Muhammad, der Imam« |
| Klasse 4 | 19 »Muslime in Deutschland«<br>20 »Andere Religionen | 21 »Zekat und Sadaka« | 22 »Unser Koran«<br>23 »Die fünf Säulen«<br>24 »Islam- unser Glaube« |

(nach: J. Lähnemann/1986, S. 204)

*Lit.*:
J. LÄHNEMANN, Zur Lage des islamischen Religionsunterrichts in der Bundesrepublik und Westberlin, in: P. BIEHL u. a. (Hg.), Jahrbuch der Religionspädagogik, Bd. 2 (1986), S. 197 ff. (dort Lit.!)
LANDESINSTITUT FÜR SCHULE UND WEITERBILDUNG (Hg.), Religiöse Unterweisung für Schüler islamischen Glaubens – 24 Unterrichtseinheiten für die Grundschule (1984)
RAT DER EKD (Hg.), Zur Erziehung und Bildung muslimischer Kinder und Jugendlicher (1983)

# 3 HANDLUNGSFELD: HELFEN (1)
## – Seelsorge/Beratung

*Motto*

»Mit der Wiederentdeckung des Menschen und des Menschseins in seiner Schönheit, Tragik, seinem Wunder und Schmerz hat sich die Seelsorgebewegung nicht nur ein Stück beruflicher Wirklichkeit zu erschließen gesucht. Sie rührt vielmehr mit wachsender Zartheit und Zuwendung an ein weites Geheimnis, das zumeist nur in der Gestalt von Poesie, Traum und Sehnsucht zur Sprache kommt oder sich überhaupt jeder lauten Sprache zu entziehen sucht.«

RICHARD RIESS/1986

## Thesen zur Orientierung

☐ Menschen sind gegenseitig auf Hilfe angewiesen. Hilfe vollzieht sich in Zuwendungen unterschiedlicher Art: durch Wort und Tat, durch Wort als Tat und Tat als Wort.

☐ Darum sind Seelsorge und Diakonie nicht voneinander zu trennen. Seelsorge ist diakonisches Handeln, Diakonie ist seelsorgerliche Tat.

☐ Hilfe ist nicht durch festgelegte Rollen von Gebenden und Nehmenden definiert. Vielmehr überwindet Hilfe diese Rollenverteilung. Beide, Hilfesuchender und Helfender, haben einander gegenseitig etwas zu geben und nehmen voneinander.

## 3.0 Literatur

| | |
|---|---|
| J. E. ADAMS | Befreiende Seelsorge (1972) |
| Ders. | Handbuch für Seelsorge (1976) |
| H. ASMUSSEN | Die Seelsorge (1934) |
| I. BECKER u. a. | Handbuch der Seelsorge (1983²) |
| O. F. BOLLNOW | Existenzphilosophie und Pädagogik (1977⁵) |
| K. DÖRNER/ U. PLOG | Irren ist menschlich. Lehrbuch der Psychiatrie/Psychotherapie (1984²) |
| H. FABER/ E. v. D. SCHOOT | Praktikum des seelsorgerlichen Gesprächs (1962; 1971³) |
| A. GRÖZINGER | Seelsorge als Rekonstruktion von Lebensgeschichte in: WzM 38. Jg./1986, S. 178 ff. |
| E. GUHR | Personale Beratung (1981) |
| H. HALBERSTADT | Psychologische Beratungsarbeit in der evangelischen Kirche (1983) |
| H. HARSCH | Theorie und Praxis des beratenden Gesprächs (1985⁶) |
| H. JUNKER | Das Beratungsgespräch (1973) |
| KIRCHENAMT DER EKD (Hg.) | Psychologische Beratung in der Kirche = EKD-Texte 5 (1981) |
| M. v. KRIEGSTEIN | Gesprächspsychotherapie in der Seelsorge (1977) |
| M. KROEGER | Themenzentrierte Seelsorge (1973) |
| H. LEMKE | Theologie und Praxis annehmender Seelsorge (1978) |
| W. LÜDERS | Fokalberatung in: WzM 36. Jg./1984, S. 201 ff. |
| H. LUTHER | Alltagssorge und Seelsorge: Zur Kritik am Defizitmodell des Helfens in: WzM 38. Jg./1986, S. 2 ff. |
| W. NEIDHART | Evangelikale und neo-orthodoxe Seelsorge in: ThPr 12. Jg./1977, S. 319 ff. |
| Ders. | Artikel: Seelsorge in: OTTO-HdB (1975²), S. 526 ff. |

| | |
|---|---|
| O. Pfister | Analytische Seelsorge (1927) |
| R. Riess | Seelsorge (1973) |
| Ders. | Seelsorgerliche Beratung<br>in: F. Klostermann/R. Zerfass (Hg.), Praktische Theologie heute (1974), S. 464 ff. |
| Ders. | Kirche der Seelsorge – ein vergessener Traum?<br>in: P. Stolt (Hg.), An den Grenzen kirchlicher Praxis (1986), S. 24 ff. |
| C. Rogers | Die klientbezogene Gesprächstherapie (1942; 1972$^2$) |
| J. Scharfenberg | Seelsorge als Gespräch (1974$^2$) |
| Ders. | Einführung in die Pastoralpsychologie (1985) |
| Ders. (Hg.) | Freiheit und Methode. Wege christlicher Einzelseelsorge (1979) |
| H. Schröer | Artikel: Beratung<br>in: TRE Bd. 5 (1980), S. 589 ff. |
| D. Stollberg | Therapeutische Seelsorge (1972$^3$) |
| Ders. | Mein Auftrag – deine Freiheit (1972) |
| Ders. | Seelsorge durch die Gruppe (1977$^2$) |
| Ders. | Wahrnehmen und Annehmen (1978) |
| Ders. | Artikel: Clinical pastoral Training<br>in: TRE Bd. 8 (1981), S. 123 ff. |
| H. Tacke | Glaubenshilfe als Lebenshilfe (1975) |
| R. Tausch | Gesprächspsychotherapie (1968; 1973$^5$) |
| H. J. Thilo | Beratende Seelsorge (1971) |
| E. Thurneysen | Rechtfertigung und Seelsorge<br>in: Zwischen den Zeiten 6. Jg./1928, S. 197 ff. |
| Ders. | Lehre von der Seelsorge (1948) |
| Ders. | Seelsorge im Vollzug (1968) |
| H.-H. Ulrich (Hg.) | Diakonie in den Spannungsfeldern der Gegenwart (1979$^2$) |

| | |
|---|---|
| WEGE ZUM MEN-SCHEN | Themenheft: Psychologische Beratung als Aufgabe der Kirche<br>36. Jg./1984, Heft 4 |
| WELTWEITE HILFE | Themenheft: Kirchliche Lebensberatung<br>24. Jg./1974, Heft 1<br>Themenheft: Grundlagen kirchlicher Lebensberatung<br>29. Jg./1979, Heft 3 |
| K. WINKLER | Karl Barth und die Folgen für die Seelsorge in: PTh 75. Jg./1986, S. 458 ff. |
| F. WINTZER (Hg.) | Seelsorge. Texte zum gewandelten Verständnis und zur Praxis der Seelsorge in der Neuzeit (1978) |
| H.-O. WÖLBER | Das Gewissen der Kirche (1963) |
| D. WYSS | Die tiefenpsychologischen Schulen von den Anfängen bis zur Gegenwart (1966²) |

## 3.1 Kommentierte Zugänge: Beispiele

### 3.1.1 Seelsorgeverständnis – Theologie – Kirchenverständnis

»Der Streit um die Seelsorge gleicht nicht selten einem Nebenkriegsschauplatz, auf dem der nicht ausgetragene Kampf um das ›rechte Theologieverständnis‹ geführt bzw. neue Kämpfe entfacht werden. Vielfach geht es dabei gar nicht um ein verbessertes, sensibleres Verständnis für das, was Seelsorge eigentlich ist oder sein sollte, sondern um die Verteidigung bestimmter theologischer Positionen.«
(H. LUTHER/1986, S. 2)

HENNING LUTHER benennt mit diesem Hinweis ein Charakteristikum der Diskussionslage: Wo es vermeintlich oder vorgeblich um die Klärung von Fragen der Seelsorge geht, wird in Wahrheit um theologische Grundsatzfragen gestritten, und die Klärung spezifisch seelsorgerlicher Probleme bleibt nur zu oft auf der

Strecke. Das strittige theologische Grundproblem ist die Frage nach Recht und Grenze, nach Möglichkeit oder Unangemessenheit der Einbeziehung erfahrungswissenschaftlicher (psychologischer, generell humanwissenschaftlicher) Forschungen in die theologische Reflexion – eine Fragestellung also, die den Horizont der Lehre von der Seelsorge übersteigt. Beispiele für die Austragung dieses verzerrten Streites sind so unterschiedliche Arbeiten wie von evangelikaler Seite J. E. ADAMS (1972; 1976) oder der problematische Versuch der Vermittlung von H. TACKE (1975; vgl. dazu W. NEIDHART/1977).

Auf anderer Ebene hat H. LUTHERs Feststellung ihre Entsprechung, insofern sich das jeweilige Theologieverständnis mindestens zum erheblichen Teil in einem entsprechenden Kirchenverständnis niederschlägt. Mit vollem Recht hat daher H.-O. WÖLBER schon vor 25 Jahren die »Geschichte der Seelsorge als Darstellung des Kirchenbegriffs« (1963, S. 72 ff.) bezeichnet:

»Weil Seelsorge immer als unmittelbarste Form der kirchlichen Beeinflussung, Führung und auch Erziehung verstanden werden mußte, ergab es sich von selbst, daß die Auffassungen von Seelsorge unmittelbar von dem leitenden Kirchenbegriff geprägt werden. Wer sich fragt, welche Ekklesiologie tatsächlich vorherrschte, muß sich nach der praktischen Seite hin immer fragen: Wie wurde Seelsorge verstanden und geübt?«
(H.-O. WÖLBER/1963, S. 81)

Wenn man sich diese Verquickung mit dem Theologie- und mit dem Kirchenverständnis sowohl für die Geschichte der Lehre von der Seelsorge wie erst recht für die aktuelle seelsorgerliche Diskussion stets vor Augen hält, wird das Verständnis für die jeweilige (wahre) Problematik geschärft.

### 3.1.2 Seelsorge als Politikum

»Der Versuch einer solchen (strengen Scheidung zwischen seelsorgerischer und sozialpolitischer Tätigkeit, G. O.) würde auch (an die Geistlichen) die Zumutung stellen, zu ignorieren, daß die

Menschen, um deren christliche Haltung sie besorgt sind, in ihren gesamten Lebensverhältnissen und Interessen teils Produkt, teils mitwirkende Ursache sozialer und ökonomischer Situationen sind.«
»Aber sehr ernstlich möchten wir hier warnen vor der grundsätzlichen Bescheidung des geistlichen Amtes auf die direkt religiösen Angelegenheiten...«
(O. BAUMGARTEN/1891, in: F. WINTZER/1978, S. 42 f.)

In den Auseinandersetzungen über das Schlagwort von der »Politisierung der Kirche« ist es sicher hilfreich, auf eine Stimme zu hören, die nicht dem Verdacht der bloßen Aktualität unterliegt. Gerade so kann die grundsätzliche Einsicht desto deutlicher werden: Die Menschen, um die es in Seelsorge und Beratung geht, führen keine religiöse Sonderexistenz, sondern sie sind in ihren Fragen oder Nöten eingebunden in soziale, ökonomische, politische Situationen – und die jeweiligen ungelösten Lebensprobleme sind immer auch Teil eben dieser Situationen. Wer dies bedenkt, wird die religiös fundierte oder motivierte Aussage oder Hilfe nicht in einem Raum ansiedeln wollen, der grundsätzlich möglichst »politikfrei« zu halten ist, weil es solche »Räume« nur zum Preis der Illusion gibt. Vielleicht liegt ein Teil der Wirkungslosigkeit der Seelsorge auch darin, daß sie zu oft in vermeintlich bestem Wollen sich von solchen Illusionen hat bestimmen lassen.

Die Ausblendung humanwissenschaftlicher Erkenntnisse aus der Lehre von der Seelsorge bzw. aus der Praktischen Theologie überhaupt ist nur eine Variante dieser Position (vgl. dazu Abschnitt 3.2.1).

### 3.1.3 Beratung als kirchlich-gesellschaftliche Aufgabe

»Die Kirche sieht es als eine ihrer Aufgaben an, die Menschen auf ihrem Weg durchs Leben mit ihrer Hilfe zu begleiten...
Der Auftrag der Kirche gilt dem Menschen in seiner Ganzheit und der Gestaltung menschlicher Gemeinschaft. In dem Bemü-

hen, diesen Auftrag wahrzunehmen, haben Kirchen und ihre diakonischen Werke psychologische Beratungsstellen eingerichtet. Damit entsprechen sie dem wachsenden Bedürfnis nach Hilfe in Lebenskrisen, Beziehungskonflikten und psychischen Schwierigkeiten.«
(KIRCHENAMT DER EKD/1981, S. 1)

Ungeachtet der andauernden Diskussion über das Verhältnis zwischen Beratung und Seelsorge (s. u.) sind kirchliche Beratungsstellen zu nahezu selbstverständlichen Einrichtungen geworden. Die faktische Praxis der Beratungsarbeit ist der Theoriebildung in der Seelsorge mindestens teilweise und mindestens zeitweise voraus, wenn man auf die Diskussionsprozesse der letzten zwanzig Jahre sieht. Daher ist es wichtig, sich das Ausmaß dieser Arbeit vor Augen zu halten: In der Bundesrepublik gibt es 187 Ehe-, Familien- und Lebensberatungsstellen in evangelischer Trägerschaft (nach H. SCHRÖER/1980, S. 591), dazu etwa 60 Stellen für Telefonseelsorge, in den letzten Jahren sind Drogenberatung und Schwangerschaftskonfliktberatung neu hinzugekommen, um nur diese als Beispiele zu nennen. Insgesamt ist die Bundesrepublik mit einem Netz kirchlicher Beratungsdienste (vgl. H. HALBERSTADT/1983; H.-H. ULRICH/1979²) überzogen, und wenn man alle Inanspruchnahmen addiert, dann sind es mit Sicherheit mehrere Millionen Ratsuchender pro Jahr (eine Gesamtstatistik ist mir nicht bekannt). Allein in der Telefonseelsorge betrug die Zahl der Anrufer im Jahre 1984 ca. 700 000 bei ca. 5000 Mitarbeitern, davon ca. 160 hauptamtlich und vollbeschäftigt, ca. 270 nebenamtlich und teilzeitbeschäftigt und alle anderen, also über 4500, ehrenamtlich!
(Zahlenangaben nach »Auf Draht«, Magazin für Mitarbeiterinnen und Mitarbeiter in den Telefonseelsorgestellen, 1985/Heft 4.)

## 3.2 Theorieansätze und Handlungsformen

### 3.2.1 Seelsorge

Ein, wenn nicht das Hauptproblem gegenwärtigen Nachdenkens über eine Lehre von der Seelsorge liegt darin, daß es nicht nur unterschiedliche Akzentsetzungen im leitenden Verständnis gibt, sondern daß *grundlegend* kontroverse Auffassungen (samt ihren vermittelnden Zwischenformen) das Feld bestimmen und durchaus auch in praktischen Vollzügen erkennbar sind. Darüber informiert F. WINTZERs Quellenband (1978) in Grundzügen. Die *gegenwärtige* Problematik ist auch für unseren Zusammenhang nicht anders als durch eine wenigstens teilweise Rekonstruktion der *Problemgeschichte* zu erreichen (vgl. D. RÖSSLER/1986, S. 154 ff. und S. 173 ff.).

(1) Weil Seelsorge es im extremen Sinne des Wortes mit der Realität der Welt, mit der Wirklichkeit beschädigten Lebens zu tun hat, ist sie in Theorie und Praxis immer zugleich ein Seismograph für das leitende Verständnis von Theologie und Kirche (s. o.). Daher gehe ich für die weiteren Erörterungen von einem theologischen Text aus, der bildhaft Aspekte des Seelsorgeverständnisses formuliert – nämlich in Bildern eines Traums, und sodann ist zu fragen, inwieweit verschiedene Theorieansätze und Praxisvorstellungen diesen Traumbildern entsprechen oder widersprechen:

»*Sieben Träume von einer Kirche der Seelsorge*
1. Ich träume von einer Kirche, die vom Atem des Geistes und aus der Kraft der Auferstehung lebt und selbst einen Raum zum Atmen und für neues Leben gibt.
2. Ich träume von einer Kirche, die die ›dona lacrimarum‹, die Gabe der Tränen, kennt und die ›Kunst niederzuknien‹ (F. Heer).
3. Ich träume von einer Kirche, deren Schatz das ›Ensemble der Opfer‹ (E. Lange) ist und die den Mund auftut für die Schwachen.

4. Ich träume von einer Kirche, die an den Ort des Kreuzes geht und an all die Orte der Krise, des Schattens und der Ohnmacht.
5. Ich träume von einer Kirche, deren Wirkung am Sonntag und am Werktag wie Balsam ist in einer Welt der Heillosigkeit, der Gewalt und der Verzweiflung.
6. Ich träume von einer Kirche, in der die Erfahrung des gnädigen Gottes und des Gekreuzigten leibhaftige Gestalt gewinnt – bis hinein in die Gesten des Segens und des Trostes und den Strom des guten Wortes.
7. Ich träume von einer Kirche, die für jene Stadt Gottes steht oder zeitlebens wenigstens die Erinnerung an jene Stadt Gottes wachhält, in der es keinen Tod mehr gibt und kein Geschrei und kein Leid.«
(R. Riess/1986, S. 45)

Hier ist explizit ausformuliert, was implizit annäherungsweise immer gilt: Kirchenverständnis und Seelsorgeverständnis bedingen sich gegenseitig. Die Verschlüsselungen des Textes sind zu öffnen in Situationen und Konkretionen hinein, und dabei ist zu fragen, wie sich darin programmatisch unterschiedliche Seelsorgeverständnisse ausnehmen.

(2) Spekulierend kann man fragen, ob nicht der Verlauf der Theoriedebatten in der Seelsorge dadurch vorprogrammiert worden ist, daß die frühe dialektische Theologie zum Wortführer auch in der Seelsorgelehre wurde, *bevor* die seit dem späten 19. Jahrhundert beginnenden human- und sozialwissenschaftlichen Klärungen seelsorgerlicher Probleme hatten ausreichend zur Geltung gebracht werden können. Als sich Eduard Thurneysen im Jahre 1928 mit seinem epochemachenden Aufsatz zu Worte meldet, lagen ja empirisch und psychologisch orientierte Arbeiten durchaus schon vor, bis hin zu Oskar Pfisters tiefenpsychologisch geprägter Seelsorgelehre (1927), aber diese Ansätze wurden nicht ausdiskutiert, sondern überdeckt von der Vehemenz eines neuen theologischen Denkansatzes und zeittypisch gefärbten, expressionistischen theologischen Denkstils.

## 3.2 Theorieansätze und Handlungsformen

Fragt man, beim Beispiel THURNEYSENs bleibend (vgl. K. WINKLER/1986), was für den Neuansatz der Seelsorgelehre im Verständnis der dialektischen Theologie charakteristisch ist, so ist dabei von vornherein mitzubedenken, daß hier Lehre den gedachten Vollzug von Praxis stets sehr genau mitabbildet – oder dies mindestens beansprucht –, so daß also die Hinwendung zu THURNEYSENS »Theorie« immer zugleich die Beschäftigung mit seinem Praxisverständnis bedeutet.

Es ist alles andere als zufällig, daß THURNEYSEN seine Abhandlung über die Seelsorge mit einem großen, emphatischen Abschnitt über die *Predigt* beginnt. Denn ausschließlich im Horizont von deren Neuverständnis fallen für die dialektische Theologie alle die Praktische Theologie insgesamt betreffenden Entscheidungen:

»Dieses Wort, in dem Gottes Wort zum Menschen kommt, ist das Wort der Kirche. Oder richtiger gesagt: es sollte es sein. Denn da ist Kirche, wo Menschenwort für diesen Dienst bereitgestellt und hingegeben wird, daß in ihm Gottes menschgewordenes Wort zum Reden komme. Darum: wo dieser Sachverhalt erkannt und bejaht wird, wo an die Rechtfertigung geglaubt wird, da ist die Predigtaufgabe klar und gegeben.«
(E. THURNEYSEN/1928, in: F. WINTZER/1978, S. 73)

Nach kräftigen Seitenhieben gegen die Lebensnähe der Predigt und entsprechender krasser Entgegensetzung zwischen allem Menschlichen und Gottes majestätischer Wahrheit findet THURNEYSEN *dann* zum Problem der Seelsorge. Dabei bildet der Zusammenhang von Sünde und Rechtfertigung, also: das Verständnis des Menschen als Sünder, der der Rechtfertigung bedarf, den alleinigen Mittelpunkt seiner Überlegungen. Und noch einmal wird die dominante Stellung des Predigtverständnisses deutlich:

»... Kirche ist nichts anderes als der Ort, wo eben dieses Glauben sich ereignet, der Ort in der Welt, wo der Mensch unter Ausschaltung aller anderen Gesichtspunkte psychologischer oder soziologischer Art angesehen wird als der Mensch, der Gott

gehört. Dieser primäre Akt des Glaubens vollzieht sich zuerst und zunächst in der Verkündigung, in der *Predigt*...
Seelsorge ist so verstanden ein Spezialfall der Predigt.«
(E. THURNEYSEN/1928, in: F. WINTZER/1978, S. 86)

THURNEYSENS spätere (1948) »Lehre von der Seelsorge« und sein zwei Jahrzehnte später nachgeschobenes, stärker praxisorientiertes Buch »Seelsorge im Vollzug« (1968), dies freilich in abgemilderter Gestalt, sind nichts anderes als Ausführung und Entfaltung dieses Programms, wobei die Orientierung an Begriff und Tradition der *Kirchenzucht* den Schlüssel zum Gesamtverständnis bietet.

Ohne auch noch auf H. ASMUSSENS (1934) zwar zum guten Teil sehr anders verlaufende, aber doch vergleichbare Argumentation einzugehen, ist die Frage zu stellen: Wie verhält sich THURNEYSENS Seelsorgeverständnis zu R. RIESS' »Träumen von einer Kirche der Seelsorge«?

Es ist sicher nicht zu bestreiten, daß THURNEYSEN gegenüber allen Tendenzen, den Inhalt der biblischen Botschaft schlichtweg mit empirisch-sozialwissenschaftlichen oder kulturellen Einsichten zu *verrechnen* oder ihn gar darin aufgehen zu lassen, mit Recht seine Stimme erhebt, zumal im Kontext seiner Zeit, also nach den Erschütterungen durch die Kriegserfahrung von 1914–18. Hier liegt sein bleibendes Recht, und dieser Stachel ist aus der Theologie nicht zu entfernen. Aber die systematische Konstruktion, die er dafür aufbaut (bzw. von KARL BARTH entlehnt), ist nun so beschaffen, daß das berechtigte Interesse nur in neue und doch wohl keineswegs weniger schlimme Aporien hineinführt. Denn eine derart auf Sünde und Ausrichtung des Gesetzes ausgerichtete Kirche und die ihr entsprechende Seelsorge – wie will sie denn zum Beispiel mit dem »Ensemble der Opfer« umgehen (Traum 3), wie will sie ihnen *situationsbezogen* gerecht werden? Und wo ist in einer derart monoman kerygmatisch begriffenen Predigt, aus der das Verständnis der Seelsorge *dedu-*

## 3.2 Theorieansätze und Handlungsformen

*ziert* wird, über die Kategorie des Gehorsams hinaus, die hier logisch stimmig hergehört, der Raum des Trostes, der Ort des Verständnisses für den, der sich *nicht* in die Gemeinde eingliedern lassen will und dafür vielleicht gute Gründe hat?

(3) Will man den »nachdialektischen« Veränderungsprozeß in seiner ganzen Vielfalt *von heute aus* zusammenfassend umschreiben, so kann man vielleicht formulieren: *Pastoralpsychologische Einsichten* unterschiedlicher Herkunft und unterschiedlicher Richtung werden auf Theorie und Praxis der Seelsorge bezogen. Dieser Prozeß beginnt in Deutschland Anfang der sechziger Jahre (H. FABER u. E. v. d. SCHOTT/1962). Dabei ist für das Verständnis der folgenden Auseinandersetzungen, aber auch der versuchten Synthesen, zweierlei immer im Blick zu behalten:

☐ Das Bild von aufeinanderfolgenden »Phasen« der Theoriebildung wird dem Ablauf nur sehr begrenzt gerecht. Auch wenn ein Nacheinander nicht einfach zu bestreiten ist, so darf es doch die Tatsache der starken Überschneidungen und Überlappungen von kerygmatisch-dialektischer und pastoralpsychologischer Seelsorge nicht verstellen.

☐ Daß man für die deutsche Diskussion den Neuansatz bei FABER/v. d. SCHOOTs Arbeit festmachen kann, verweist darauf, daß Probleme der Praxis (und der Ausbildung) anfangs bedrängender und auch inspirierender gewesen sind als Probleme der Theoriebildung. Es verweist auch darauf, daß die Anknüpfung weniger bei deutschsprachigen Vorarbeiten (z. B. O. PFISTER/1927) erfolgte, vielmehr bei holländischen und dann vor allem amerikanischen (s. u.).

Bei vorsichtiger Strukturierung der Stimmenvielfalt und der großen Zahl unterschiedlicher Entwürfe seit FABER/V. d. SCHOOT kann man feststellen:
Nach der Vermittlung der durch C. ROGERS geprägten Form des Clinical Pastoral Training und der Basisinformation über die

Amerikanische Seelsorgebewegung durch DIETRICH STOLLBERG ($1972^3$) werden unter je unterschiedlicher Rezeption der diversen psychologischen Schulen und Richtungen und in Anlehnung an meist *eine* derselben Neuentwürfe der Lehre von der Seelsorge vorgelegt.

Mit allen Vorbehalten und unter Beachtung der Problematik jeder solchen Schematisierung kann man folgendermaßen zuordnen:

| | |
|---|---|
| H. J. THILO/1971: | Tiefenpsychologie |
| J. SCHARFENBERG/1972; $1974^2$: | Psychoanalyse (FREUD) |
| M. KROEGER/1973: | Kombination von themen- und klientenzentrierter Methode |
| R. RIESS/1973: | Tiefenpsychologie |
| M. v. KRIEGSTEIN/1977: | Verhaltenspsychologie |
| H. LEMKE/1978: | Klientenzentrierte Methode (ROGERS) |
| D. STOLLBERG/1978: | Elemente verschiedener Auffassungen von Psychotherapie und Gruppendynamik |

Noch einmal: das sind Tendenzangaben im Sinne von Groborientierungen, aber nicht etwa Festschreibungen.

Gemeinsam ist allen Autoren der Versuch, auf dem Weg der Auseinandersetzung mit dem Seelsorgeverständnis der dialektischen Theologie bzw. im Versuch seiner Überwindung Psychologie und Theologie in eine neue Beziehung zueinander zu bringen, und zwar weniger generell wissenschaftssystematisch oder -theoretisch, sondern im Blick auf den konkreten Vollzug von Seelsorge. Dabei wird bei allen, wenn auch vielleicht in unterschiedlicher Deutlichkeit, die Trennung von oder Spannung zwischen Lebenshilfe und Glaubenshilfe, zwischen beraten und bezeugen, zwischen menschlicher Hilfe und Verkündigung des göttlichen Wortes überwunden. Die strenge Differenzierung

## 3.2 Theorieansätze und Handlungsformen

zwischen Beratungsvorgängen einerseits und der Verkündigung andererseits funktioniert nur so lange, wie das Theologie- und Verkündigungsverständnis der dialektischen Theologie ungebrochen vorherrscht. In dem Augenblick, in dem man psychologische Aspekte und Fragestellungen im Vollzug der Seelsorge (und in der Reflexion dieses Vollzugs) als tendenziell gleichberechtigt zuläßt, *kann* das Trennungstheorem nicht mehr greifen.

Damit ist freilich die andere Version der Frage noch nicht beantwortet: Läßt sich das Verhältnis zwischen therapeutischen und spezifisch seelsorgerlichen Anteilen im Vollzug der konkreten Seelsorge, die Beziehung zwischen Theologie und Psychologie über die Aussage hinaus bestimmen, daß beide in der Seelsorge zur Synthese kommen? Oder ist es keine Synthese, sondern nur ein schiedlich-friedliches Nebeneinander, wobei einmal die Psychologie, ein ander Mal die Theologie dominiert? Und hängt vielleicht von den jeweiligen Fällen oder Situationen oder auch institutionellen Einbindungen ab, wer dominiert? Oder hängt es von Personen ab, vom christlich orientierten Therapeuten im Unterschied zum nichtchristlichen, von Amt oder Funktion des Pfarrers?

In all diesen Richtungen sind Teilantworten versucht worden. Eine gewisse Verbreitung hat D. STOLLBERGs griffige Formel gefunden: »Seelsorge ist Psychotherapie im kirchlichen Kontext« (1972/S. 33). Und ebenso kann er umgekehrt formulieren: »Versteht sich ein Psychotherapeut als Christ, so ist seine Arbeit als Seelsorge zu bezeichnen« (1972/S. 34). Dahinter steht die Auffassung, daß die Differenzierung zwischen Seelsorger und Therapeut lediglich ein »pragmatisches Definitionsproblem« darstellt, kein grundsätzliches (vgl. S. 33). Der jeweils unterschiedliche Kontext – christlich-kirchlich oder weltanschaulich – ist es, der zu Differenzierungen führt, nicht aber der Unterschied der Methoden. Jedoch, dies ist eine Antwort, die systematischer Reflexion kaum standhalten kann. Übersehen scheint dabei, daß das, was für STOLLBERG lediglich »Kontexte« sind, doch immer auch in die Methoden eingeht, und insofern führt die »pragmatische« Antwort, die er gibt, nicht weiter.

Vielleicht liegt das Dilemma der unbefriedigenden Antworten darin, daß die Frage grundlegend falsch gestellt ist. Hinter dem Interesse an Zuordnung oder Unterscheidung von Seelsorge und Psychologie/Psychotherapie liegt wohl ein Stück Definitionssehnsucht, weil, wenn sie erfüllt wird, vieles übersichtlicher scheint. Was aber übersichtlicher zu werden scheint, könnte ja gerade das sein, was in Wahrheit komplex ist und also in seiner Komplexität erfahren sein will.

In diese Richtung scheint mir die sich weiterentwickelnde *Pastoralpsychologie* zu weisen, damit die alte Frage nach dem »Verhältnis« zwischen zwei als trennbar gedachten Bereichen mit Längen überholend. JOACHIM SCHARFENBERGS Einführung in die Pastoralpsychologie (1985) – gerade auch die Gestalt der Darstellung! – und die schon vorher begonnene neue Hinwendung zur Kategorie des Symbols sind ein Beleg dafür.

SCHARFENBERG unterscheidet Definition und Symbol folgendermaßen:

»Die Definition informiert, das Symbol gibt zu denken (Ricoeur); die Definition verlangt Auseinandersetzung, das Symbol Zusammensetzen; die Definition verbreitet Endgültigkeit, das Symbol eröffnet Zukunft; die Definition tötet ihr Objekt, das Symbol schafft Leben; die Definition ist das Grundelement von Wissenschaft, das Symbol das Grundelement von Kunst und Religion.«
(J. SCHARFENBERG/1985, S. 44)

Auf diesem Hintergrund fragt SCHARFENBERG, welche »Art von Psychologie« überhaupt für den Seelsorger in Frage komme und: »wie kann sie mit der pastoralen Existenz zu einer überzeugenden Identität verschmolzen werden?« (S. 48). Die Fragestellung hat sich also verändert. Es geht nicht mehr um eine »fertige«

## 3.2 Theorieansätze und Handlungsformen

Psychologie und um eine »vorgegebene« Theologie, die zueinander in ein Verhältnis gebracht werden müssen, sondern die Suche gilt einer Psychologie, die *offen* ist für die Aufnahme seelsorgerlicher-theologischer-religiöser Fragestellungen.

Dies bedeutet, »daß die Pastoralpsychologie sich nicht irgendeiner beliebigen Psychologie, die zu ganz anderen Zwecken geschaffen wurde, bedienen kann, sondern daß der Pastoralpsychologe tatsächlich seine eigene Psychologie schaffen muß« (J. SCHARFENBERG/1985, S. 48). Das gilt auch gegenüber der Psychoanalyse, von der SCHARFENBERG bekanntlich selbst durch jahrzehntelange Arbeit geprägt ist. Als Kriterien einer solchen zu schaffenden (Pastoral-)Psychologie nennt SCHARFENBERG:

»1. Die Pastoralpsychologie muß eine hermeneutische Psychologie sein. Sie muß der prinzipiellen Zirkelstruktur der Verstehensvorgänge Rechnung tragen und das Verstehen von Menschen mit dem Verstehen von Texten verbinden.
2. Die Pastoralpsychologie muß eine dynamische Psychologie sein, das heißt, sie muß der innerpsychischen Dynamik der spezifisch menschlichen Kommunikationsvorgänge gerecht werden.
3. Die Pastoralpsychologie muß eine psychohistorische Orientierung aufweisen, um die Zusammenhänge zwischen individueller Biographie und geschichtlich-symbolischen Manifestationen zu erfassen.
4. Die Pastoralpsychologie muß eine Konfliktpsychologie sein, um den tragenden Einsichten religiöser Anthropologie gerecht zu werden.«
(J. SCHARFENBERG/1985, S. 49)

Mit dieser Umschreibung von (gewiß interpretationsbedürftigen) Kriterien ist die unauflösbare Kooperation von Psychologie und Theologie/Religion um der Komplexität menschlicher Existenz willen vorausgesetzt und zugleich gefordert. Die Frage nach Grenzziehungen und Verhältnisbestimmungen stellt sich nicht, weil erst in der Symbiose verschiedener Fragehorizonte die Realität der seelsorgerlichen Situation erreicht ist.

(4) Auch als Ausschnitt wäre das Bild unvollständig, wenn nicht abschließend ein Seitenblick auf völlig gegenläufige Tendenzen und Stimmen fiele. Ich rechne hierzu nicht H. TACKES (1975) Versuch, in modifizierter Weise der Position THURNEYSENS wieder Geltung zu verschaffen, wohl aber die aus evangelikalem Umkreis stammenden Arbeiten von J. E. ADAMS (1972; 1976). Sie bedürfen der Erwähnung, weil ihre Verbreitung, mithin auch ihr vermutbarer Einfluß, es gebieten.

ADAMS vertritt ein Seelsorgeverständnis – »nuthetische Seelsorge« –, das durch dreierlei charakterisiert ist:

☐ Der Mensch ist Sünder, und jedes Problem, in das der Seelsorger eingeschaltet wird, beruht auf nichts anderem als auf der Sündhaftigkeit des jeweiligen Gesprächspartners.
☐ Die einzige Quelle seelsorgerlichen Rates und die Grundorientierung in allen begegnenden Fragen ist die Bibel.
☐ Jede Psychologie ist vom Teufel und hat in der Seelsorge nichts zu suchen.

Auf diese drei Grundprinzipien läßt sich ADAMS' Seelsorgelehre zurückführen; in allen konkreten Entfaltungen, im Blick auch auf unterschiedlichste psychische Erkrankungen und deren Behandlung, kehren sie wieder. Dabei ist die Rigidität, mit der der Seelsorger dem Ratsuchenden seine Sündhaftigkeit zum Bewußtsein zu bringen versucht, die Primitivität, mit der er davon (z. B. durch Hausaufgaben) geheilt werden soll, und das Erfolgsbewußtsein, mit dem diese Lehre vorgetragen wird, gleichermaßen abstoßend.

Dem Urteil W. NEIDHARTS ist nichts hinzuzufügen:

»Ich halte seine Seelsorgelehre für eine ›terrible simplification‹. Er benützt, ohne daß er es merkt, die Theorie der Verhaltenstherapie mit ihren Anpassungszwängen und ihrer Tendenz, die Schwachen zu überfordern, und verschärft diese Fragwürdigkeiten durch einen totalen christlichen Moralismus. Auf diese Weise

## 3.2 Theorieansätze und Handlungsformen

leitet er den Berater an, gegenüber Menschen, in denen ich heutige Repräsentanten der ›Mühseligen und Beladenen‹ von Matth. 11 sehe, eine Haltung einzunehmen, in der Güte und Bemühung zum Verstehen fehlen. Das läßt sich u. a. in seinen Anweisungen zum Umgang mit dem Depressiven zeigen... Ich erschrecke, wenn ich mir das Los von Depressiven vorstelle, die einem solchen unmenschlich-moralischen Berater ausgeliefert sind.« (W. NEIDHART/1977, S. 322 ff.)

Wiederum als Rückblick auf kerygmatische, nachdialektische und evangelikale Seelsorgeverständnisse die Frage: Wie verhalten sie sich zu R. RIESS' Träumen von einer »Kirche der Seelsorge«?

ADAMS' menschenverachtende Position braucht man hier nicht weiter zu erörtern. Die Ergiebigkeit der Frage wird erst deutlich, wenn man noch einmal beide Seelsorgeverständnisse heranzieht, das dialektisch-kerygmatische (s. die Anfragen S. //) und das nachdialektisch-psychologische, weil die Aporie, in die wir jetzt geraten, dann erst zu greifen ist. Man muß ja beides sagen:

☐ Unsere oben angedeuteten Einwände schaffen nicht aus der Welt, daß THURNEYSEN selbst in seinem Seelsorgeverständnis RIESS' Träume erfüllt sähe.

☐ Und zugleich umgekehrt: Aufgrund derselben Einwände ist für mich RIESS' Traum viel eher ansatzweise in einem pastoralpsychologisch begriffenen Seelsorgekonzept erfüllt (und mit Sicherheit doch wohl auch für RIESS selbst!), dem aber THURNEYSEN ebenso widersprechen müßte wie ich ihm.

Besser als mit dieser Aporie kann HENNING LUTHERS These, daß in kontroversen Seelsorgeverständnissen im Grunde kontroverse Theologieverständnisse miteinander im Streit liegen, kaum bestätigt werden. Erst in LUTHERS Gegenüberstellung von Alltagssorge und Seelsorge und in seiner Kritik des Defizitmodells (dazu s. u. 3.4.3) scheint mir diese Aporie überwunden und der Traum von einer »Kirche der Seelsorge« im umfassenden Sinne –

zwar nicht erfüllt, *aber träumbar!* Dieselbe Intention findet sich in ALBRECHT GRÖZINGERS Gedanken, Seelsorge als »Rekonstruktion von Lebensgeschichte« (1986, S. 178) zu begreifen und in ihr daher eine »narrative Grundstruktur« (a.a.O. S. 186) als ein »unersetzliches Moment« (S. 187) anzusehen.

### 3.2.2 Beratung

Es könnte aufgrund der Überlegungen in 3.2.1 unlogisch erscheinen, nunmehr einen eigenen Abschnitt über Beratungsarbeit anzufügen, hatten wir doch eben versucht, jeder unsinnigen Trennung zwischen Seelsorge/Theologie einerseits und Therapie/Psychologie andererseits zu widerstehen. Dennoch macht der außerordentliche Ausbau kirchlicher Beratungsstellen (die sich auch primär als Beratungs- und nicht als Seelsorgeinstitutionen verstehen) eine eigene Erörterung nötig (s. 3.1.3; zu 3.2.2 vgl. D. RÖSSLER/1986, S. 151 ff.). Das ist ein pragmatischer Grund. Inhaltlich kommt hinzu, daß das »Beratungsgespräch« inzwischen als eigene Form in einem Maße reflektiert worden ist, daß dies nicht unbeachtet bleiben darf – auch deswegen nicht, weil darin ungenutzte Anregungspotentiale für seelsorgerliche Gespräche überhaupt liegen.

(1) Einen authentischen Einblick in die Inanspruchnahme und die Arbeitsweise einer größstädtischen Familienberatungsstelle gibt das Team der Evangelischen Familienberatung »Haus am weißen Stein«, Frankfurt. Weil es sich hier um eine typische Situation handeln dürfte, zitiere ich ausführlich:

»Beratungsstellen haben einen eigenständigen Platz im Gesundheitswesen zwischen Sozialstationen, psychotherapeutischen Privatpraxen, psychiatrischen Kliniken, Familiengerichten, Kindergärten, Schulen, Hausärzten, Seelsorgern, Psychiatern usw. Sie werden in Anspruch genommen von Menschen, die Hilfe suchen für Schwierigkeiten und Probleme, die in diesen Institutionen oft sichtbar werden, aber nicht gelöst werden können. So fühlen sich beispielsweise Pfarrer, Lehrer und Sozialarbeiter

## 3.2 Theorieansätze und Handlungsformen 161

trotz Zusatzausbildung häufig durch Beratungsgespräche überfordert. Ärzte sind schon aus rein zeitlichen Gründen nicht in der Lage, sich ausreichend ihren Patienten zu widmen, und privat niedergelassene Psychotherapeuten fordern von ihren Klienten zum Teil hohe Honorare.
Die Beratungsstellen sind innerhalb des Gesundheitssystems Einrichtungen mit einem mittleren Grad der Professionalisierung. Die Ratsuchenden brauchen keinen Krankenschein mitzubringen, es gibt keine Barrieren für Schlechterverdienende, und sie müssen nicht befürchten, daß ihre Akten weitergegeben werden, daß sie verwaltet oder als Objekte behandelt werden. Für viele Ratsuchende ist der Weg zu einer psychotherapeutischen Institution auch mit dem Gedanken an Krankheit verbunden; die Angst, als seelisch krank zu gelten, läßt sie oft den Weg zum Therapeuten scheuen.«

»Ratsuchende suchen die Beratungsstellen auf, um Verständnis und psychologische Hilfe in persönlichen Krisen und schwierigen Lebenssituationen zu finden. Sie kommen, weil sie sich beeinträchtigt oder verstört fühlen: Trennungskonflikte oder Selbstmordgedanken, Schulversagen oder Entwicklungsstörungen, Prüfungsangst oder Depression – um nur wenige exemplarische Problemsituationen zu nennen –, können Anlaß sein, sich zur Beratung anzumelden. Die Ratsuchenden – Alleinstehende und Paare, Eltern und Kinder, Jugendliche und Erwachsene – kommen aus allen sozioökonomischen Schichten der Bevölkerung, sie gehören allen Altersstufen und immer häufiger verschiedenen Nationalitäten an. Besonders häufig melden sich Ratsuchende, die gemeinsam mit ihrem Partner oder mit der ganzen Familie beraten sein möchten. So kommen Familien zu uns, die sich in einem Trennungs- oder Ablöseprozeß befinden, Scheidungs- und Stieffamilien, Familien mit Jugendlichen in schweren Identitätskrisen, Familien, in denen ein Mitglied arbeitslos geworden ist.
Die Komplexität und Vielschichtigkeit ihrer Probleme und die unterschiedliche soziale Situation und Herkunft der Ratsuchenden erfordert von den Beratern ein hohes Maß an Flexibilität, Verstehensbereitschaft und Kenntnissen. Wir arbeiten mit gesprächspsychotherapeutischen, psychoanalytischen und familientherapeutischen Konzepten, halten aber Beratungsarbeit für einen eigenständigen Ansatz, der sich durch seine Prägnanz und Konzentration von Psychotherapie abgrenzt.«

»Das psychische Elend des Einzelnen und die private Krise von Familien haben keine Lobby; sie entstehen im Verborgenen, und die Arbeit mit diesem Elend geschieht lautlos. Beratungsstellen sind in Zeiten ökonomischen Wohlstands aus liberalem Engagement und humanitärer Verantwortung gegründet worden, die Kirchen haben diese Aufgaben wahrgenommen, weil sie die zerstörerische Kraft persönlichen Leidens rechtzeitig verstanden haben.«
(Team der ev. Familienberatung, in: WzM 36. Jg./1984, S. 186 ff.)

(2) O. F. BOLLNOW (1977[5]) hat das Phänomen der Beratung, einschließlich seiner aufschlußreichen Wortgeschichte, gültig beschrieben, dabei manche Aspekte, die in der Beratungspsychologie erst später erörtert worden sind, vorwegnehmend:

»Von... Formen des einfachen Rates aber unterscheidet sich dann die eigentliche Beratung... Während der einfache Rat gegebenenfalls auch ohne Begründung dem Menschen ein bestimmtes Verhalten anempfiehlt, vermittelt die Beratung in einer grundsätzlicher angelegten Besinnung ihm die Einsicht, die er für seine Entschließungen bedarf.«
»Die Beratung entwickelt also aus besserer Sachkenntnis des Ratenden die erforderliche Einsicht in die Situation. Sie spricht sogar in der abschließenden Beurteilung dieser Situation eine Empfehlung aus. Aber sie fällt keine eigene Entscheidung. Diese muß vielmehr derjenige, der den Rat eingeholt hat, selber und aus eigener Verantwortung fällen.«
(O. F. BOLLNOW/1977[5], S. 80 f.)

(3) Aber die Beschreibung des Phänomens, sozusagen von außen, ist eins, ein anderes ist die Frage nach der Innenseite – die Frage danach, was im *Prozeß* der Beratung, die BOLLNOW objektivierend beschrieben hat, vor sich geht, also: was spielt sich da ab, was erschwert den Beratungsprozeß, was ermöglicht oder fördert ihn? So zu fragen ist notwendig, weil Beratung ein *kommunikativer Prozeß* ist.

Die heute in der Beratung verbreitetste (aber nicht die einzige) Weise, diesen kommunikativen Prozeß zwischen Berater und Ratsuchenden in Gang zu setzen, ist die Gesprächspsychothera-

## 3.2 Theorieansätze und Handlungsformen

pie, zurückgehend auf C. R. ROGERS' klientenzentrierte Therapie (amerikanisch 1951/deutsch 1972) und weiterentwickelt von R. TAUSCH (1968; 1973[5]). So variabel der Begriff Gesprächstherapie in den verschiedenen Beratungsstellen und bei unterschiedlich ausgebildeten oder geprägten Beratungspersonen verstanden werden mag, die ursprünglichen Grundsätze von ROGERS dürften mutatis mutandis heute überall gelten:

»– Klient und Behandelnder müssen einen psychischen Kontakt zueinander haben.
– Die eine Person, die wir Klient nennen, ist in einem Zustand der Disharmonie, Verletzbarkeit und Angst.
– Die andere Person, die wir den Behandelnden oder den Berater nennen, muß in dieser Beziehung (der Beratungssituation) flexibel, natürlich und ausgeglichen sein.
– Der Berater muß eine unbedingt positive Einstellung gegenüber dem Klienten haben, er muß ihn akzeptieren.
– Der Berater muß Einfühlungsvermögen in die psychische Situation des Klienten entwickeln, und er muß ihm dieses Verständnis auch mitteilen können.
– Das einfühlende Verständnis und die unbedingt positive Einstellung des Beraters müssen zu einem gewissen Grad vom Klienten erfahren werden können.«
(nach: H. JUNKER 1973/S. 29)

Das sind sehr allgemein gehaltene Gesichtspunkte, die gleichwohl helfen können, ein Grundverständnis für die Gesprächssituation zu entwickeln. Im konkreten Fall werden sich diese allgemeinen Hinweise zur Struktur der Gesprächssituation mit darüber hinausgehenden psychologischen Einsichten verbinden. Diese anderweitigen Einsichten müssen m. E. in Richtung der Tiefenpsychologie liegen, wenn mehr als Konditionierung des Ratsuchenden erreicht werden soll. Wenn der Rat und entsprechend die Veränderung für den Ratsuchenden nicht äußerlich bleiben sollen, dann kann die Konfrontation mit dem eigenen Selbst und der eigenen Lebensgeschichte nicht ausgespart bleiben. Damit ergibt sich die Notwendigkeit *ansatzweiser* tiefenpsychologischer Arbeit, ohne daß deswegen von der Psychoanalyse großen Stils die Rede sein könnte oder dürfte. Beratung bleibt gegenüber der Psychoanalyse eine selbständige Form der (meist Kurz-) Therapie. E. GUHR (1981) hat dies in der Dokumentation eines Beratungsfalles und anschließender theoretischer Erörterung deutlich gezeigt.

(4) Weil zu Form und Typus der Beratung im Unterschied zur großen Therapie oder Analyse die kurze Dauer gehört, liegt es nahe, »auf die Erfahrungen zurückzugreifen, die bei der Durchführung kurzfristiger therapeutischer Verfahren gewonnen wurden und die sich trotz der Unterschiede, die zwischen psychoanalytischer Fokaltherapie, psychoanalytischer Kurztherapie und einer ›Psychotherapie in 12 Stunden‹ bestehen, bei der Planung einer Fokalberatung verwerten lassen« (W. LÜDERS/1984, S. 201; dort Lit.). Fokalberatung, also auf den Kern der Schwierigkeiten konzentrierte Beratung, ist nicht Fokaltherapie, aber sie kann von ihr lernen. Fokalberatung kommt dann in Frage, wenn der Konflikt des Ratsuchenden von nicht zu großer Komplexität ist, wenn die Mitarbeit des Ratsuchenden ohne Verzögerung gelingt, d. h. der Kontakt zwischen Berater und Ratsuchenden relativ mühelos ist, so daß der Konflikt innerhalb ihrer Beziehung bearbeitbar erscheint. Um wiederum einen authentischen Einblick zu vermitteln, verweise ich auf die Fallschilderung einer Fokalberatung (W. LÜDERS 1984, S. 205 ff.). Der Fokus der 21 Sitzungen dauernden Beratung (also reichlich vier Monate) konnte nach der dritten Sitzung formuliert werden:

»Ich meine, wir sollten uns in der Beratung vor allem mit einem Thema befassen, nämlich mit Ihrer Angst, sich und anderen zu zeigen, daß Sie eigene Wünsche, eigene Ideen und eigene Ziele haben. Sie riskieren es nicht, sich und anderen zu zeigen, daß Sie einen eigenen Willen haben. Sie haben Angst davor, wirklich zu werden.«
(W. LÜDERS/1984, S. 213)

Dieser Fokusformulierung waren intensive Gespräche vorausgegangen, die den Berater zu dieser Einschätzung geführt hatten. Offenbar eine der Schlüsselszenen in den Beratungsgesprächen, in der auch über den »Fall« hinaus das Grundverständnis von Beratung sehr schön erkennbar wird, verlief folgendermaßen:

*Berater*: ›Sie finden es immer komisch, wenn Sie deutlich werden oder ich deutlich werde.‹
*Klientin*: ›Das stimmt. Wenn ich z. B. hierher komme, denke ich, warum tust du das eigentlich? Du könntest doch genauso gut zu Hause bleiben. Dann zwinge ich mich, an meine Kinder zu denken, um mir zu sagen, daß ich es ja ihretwegen und nicht meinetwegen tue. Und doch ist mir klar, daß ich es auch meinetwegen tue. Auch wenn ich mir vorstelle, daß Sie das hier Ihretwegen tun, vielleicht wegen Ihres Rufes oder aus Eitelkeit, weil Sie von mir bewundert werden möchten, verachte ich mich und Sie.‹
*Berater*: ›Ihnen wäre es am liebsten, wenn es hier bei einem reinen Gedankenaustausch bliebe, ohne Bedürfnisse, ohne Gefühle und ohne Ziele.‹
*Klientin*: ›Ich hatte das auch so verstanden, am Anfang der Beratung. Ich dachte, ich gehe hierher, erzähle Ihnen meine Probleme, und Sie sagen mir, wie sie zu lösen sind. So eine Art Unterricht in Psychologie. (Sie lacht). Übrigens hatte ich am Anfang der Beratung die Überzeugung, Sie würden genauso denken wie ich. Manchmal habe ich mich auch absolut verstanden gefühlt, und es kam mir unheimlich vor, wie gut Sie mich verstanden haben. Mitunter, ohne daß ich überhaupt etwas gesagt habe. Z. B. damals, als Sie zu mir sagten, wenn ich mich nicht gut fühlen würde, brauchte ich nichts zu sagen, und das, obwohl ich Ihnen gar nicht gesagt hatte, daß ich mich nicht gut fühlte. Und auch als Sie neulich zu mir sagten, wenn mir zum Weinen zu Mute sei, solle ich lieber weinen als mich anstrengen, haben Sie genau meine Stimmung getroffen und auch meine Vermutung bestätigt, wir hätten die gleiche Wellenlänge.‹
*Berater*: ›Sie haben mit mir aber auch andere Erfahrungen gemacht.‹
*Klientin:* ›Warum bestehen Sie denn darauf?!‹
*Berater:* ›Weil Sie nicht wahrhaben wollen, daß es Unterschiede gibt.‹
Es entsteht eine längere Pause, ein etwas gespanntes Schweigen.
*Berater*: ›Am liebsten möchten Sie jetzt nicht mehr mit mir sprechen.‹
*Klientin:* ›Nein, ich habe keine Lust mehr, und das ist genau so ein Augenblick, wo etwas mit Ihnen nicht stimmt, wo Sie mich auf etwas stoßen und mich zwingen wollen.‹

*Berater*: ›Zwingen tun Sie sich doch. Sie wollen doch, daß wir uns nicht unterscheiden, obwohl wir uns unterscheiden. Sie wollen hier wiederholen, was Sie immer taten. Und das Ergebnis ist, daß wir uns glänzend verstehen und Sie immer klüger werden, sich aber nichts ändert.‹
*Klientin*: ›Dadurch ändert sich ja auch nichts, daß Sie mich angreifen, davon können Sie sich ja auch nichts versprechen. Das einzige, was Sie dadurch ändern, ist, daß Sie mich verärgern, das ist das einzige.‹
Es entsteht eine längere Pause. Sie schaut angestrengt aus dem Fenster und fragt mich nach einer Weile, ob sie gehen könne.
Ich sage: ›Wenn Sie es wollen.‹
Darauf steht sie auf und geht grußlos fort.«
(W. LÜDERS/1984, S. 215)

## 3.3 Verknüpfungen

*(1) Dominierende Reflexionsperspektiven:*

- 1: Hermeneutik    (= Bd. 1, S.  85 ff.)
- 6: Kommunikation  (= Bd. 1, S. 199 ff.)
- 3: Didaktik       (= Bd. 1, S. 130 ff.)

| (2) hier erörterte *Handlungsfelder:* | in anderen Kapiteln erörterte *problemverwandte Handlungsfelder:* |
|---|---|
| Seelsorge | z. B.  4: *Helfen (2)* <br> bes. 4.2.2: Diakonie und Theologie |
| Beratung | z. B. 2: *Lernen (2)* <br> bes. 2.1.2: Horizont des Lernens <br> z. B. 4: *Helfen (2)* <br> bes. 4.4.1: Gemeindeberatung und Gemeinwesenarbeit |
| Telefonseelsorge | z. B. 4: *Helfen (2)* <br> bes. 4.4.2: Helfende Berufe |
| Behindertenarbeit | z. B. 4: *Helfen (2)* <br> bes. 4.4.3: Familienberatung |

(3) Nicht erörterte
*verwandte Praxiszusammenhänge:*
z. B.  außerkirchliche Lebensberatung
    Suchtkrankenberatung
    Krankenhausseelsorge

## 3.4 Ausblicke

### 3.4.1 Telefonseelsorge

Die Telefonseelsorge, Anfang der fünfziger Jahre in England und Amerika entstanden und sehr rasch danach auch in Deutschland beginnend (zuerst in Berlin 1956), spiegelt brennpunktartig eine ganze Reihe neuzeitlicher Seelsorgeprobleme, die zunehmend auch ins Bewußtsein geraten, nachdem die Phase der Institutionalisierung und der Konsolidierung der Arbeit weitgehend abgeschlossen ist. 1962 konnte im einschlägigen RGG-Artikel noch lapidar formuliert werden: »Die Telefonseelsorge ist Notbehelf. Ziel ist Beheimatung des Einsamen in der Ortsgemeinde« (Bd. 6/ 1962³, Sp. 673). Dieses Einbahnstraßenprinzip hat sich im Blick auf die Ratsuchenden längst als irrig erwiesen, und die in ihm liegende Funktionsbestimmung der Mitarbeiter der Telefonseelsorge ist ebenso falsch.

Folgende Problemkreise, die in der Telefonseelsorge in spezifischer Weise deutlich werden, aber zugleich für die Reflexion von Seelsorge und Beratung im weitesten Sinne relevant sind, lassen sich herausheben:

☐ K.-P. JÖRNS (1983) hat in einer Skizze gezeigt, »daß die Telephon-Seelsorge ein Phänomen unserer Kultur ist und viele Gebrochenheiten dieser Kultur spiegelt und mit vielen Grundproblemen unserer Gesellschaft verbunden ist« (S. 108). Damit werden Probleme der Telefonseelsorge zu Seismographen nicht nur für die Seelsorge, sondern für Kirche und Gesellschaft.

☐ In der Telefonseelsorge wird wie in keinem anderen Bereich die Aufgabe der Seelsorge vom Amtsverständnis des ordinierten Pfarrers gelöst. Ehrenamtliche Mitarbeiter/innen, die zwar eine entsprechende Ausbildung erhalten haben, aber keine kirchlichen Amtsträger im rechtlichen Sinne sind, bilden die Mehrzahl der Telefonseelsorger/innen. Es ist die Frage, welche Bedeutung die zunehmend erkannte spezifische Problematik von Laienseelsorgern über die Telefonseelsorge hinaus hat. Es scheint inzwischen erwiesen, »daß sich bei vielen Mitarbeitern eine ursprünglich diffuse ›Helfer‹-Motivation im Verlauf des Ausbildungszeitraums dahingehend verändert, daß die Beschäftigung mit eigenen psychischen oder Lebensproblemen zur Hauptmotivation der Telefonseelsorge-Mitarbeit wird« (H. STEINKAMP/1983, S. 300; vgl. auch Kap. 4.4.2). Und noch zugespitzter erscheint die These:

»Im Gruppen-Ich, im Clan-Gewissen und in der Identifikation mit der Rolle setzt die Telefonseelsorge bei ihren Mitarbeitern eine depressive Persönlichkeitsstruktur voraus. Entsprechend prägen depressive Beziehungsmuster die Arbeit der Telefonseelsorge.«
(W. WEIMER/1984, S. 306)

☐ Die Trennung zwischen Beratung und Seelsorge ist in der Telefonseelsorge von Anfang an faktisch überholt worden. Ausgangspunkt der Telefonseelsorge war in ihren Anfängen, für Suizidgefährdete »rund um die Uhr« als Ansprechpartner zur Verfügung zu stehen. Diese Zielgruppe ist längst nicht die einzige geblieben, wohl auch nie gewesen, aber schon hier erweist sich die Künstlichkeit einer Trennung zwischen konkretem Rat und seelsorgerlichem Trost.

☐ Die Bemühungen um ein »spezifischeres Gesprächsmodell in der Telefonseelsorge«, wie sie H. STAUSS (1987, S. 2 ff.) vorantreibt, scheinen mir keineswegs auf Telefongespräche beschränkt, sondern übertragbar auf andere Seelsorgegespräche.

*Lit.:*
K.-P. JÖRNS, Telefon-Seelsorge, in: WzM 35. Jg./1983, S. 99 ff.
H. SCHMIDT, Die Klientel der Telefonseelsorge (1985)
H. STAUSS, Großer Spielraum in engen Grenzen, in: WzM 39. Jg./1987, S. 2 ff.

H. STEINKAMP, Zwischen Service-Kirche und Samariter-Funktion: Religionssoziologische Anmerkungen zum Gestaltwandel von Telefonseelsorge, in: WzM 35. Jg./1983, S. 292 ff.
M. WEIMER, Erwägungen zur Telefonseelsorge als Institution, in: WzM 36. Jg./1984, S. 306 ff.
Themenheft: Telefonseelsorge, WzM 39. Jg./1987, Heft 1

## 3.4.2 Grenzsituation Tod

Grenzsituationen, zumal die des Todes, Sterbens und Trauerns, sind seit je bevorzugter Gegenstand seelsorgerlichen Interesses.
Als Hintergrund gegenwärtiger Überlegungen ist vom gewandelten Todesverständnis auszugehen:

»Im 19. Jahrhundert scheint der Tod überall präsent: Geleit bei Bestattungen, Trauerkleidung, die Vermehrung der Friedhöfe und die Ausdehnung ihrer Flächen, Besuche und Wallfahrten zu Gräbern, der Kult des Gedenkens – alles trägt seine Spuren. Aber verdeckt dieser Pomp nicht die Abschwächung der alten Vertrautheit, die als einzige wirklich tief verwurzelt war? Jedenfalls ist diese eloquente Ausschmückung des Todes in unseren Tagen ins Gegenteil umgeschlagen, und der Tod ist *unbenennbar* geworden. Alles verläuft so, wie wenn weder wir noch die, die uns lieb und teuer sind, sterblich wären. Technisch gesehen räumen wir ein, daß wir sterben können, schließen wir Lebensversicherungen ab, um unsere Angehörigen vor Notlagen zu schützen. In Wirklichkeit aber, in den Tiefen unseres Selbstbewußtseins, fühlen wir uns unsterblich.«
(P. ARIES/1981, S. 69 f.)

Wenn P. ARIES später formuliert, daß das Schweigen, mit dem sich der Tod heute umgibt, bedeutet, »daß er seine Ketten gebrochen hat und zur wilden und unfaßlichen Macht geworden ist« (a.a.O. S. 108), so ist dies kein Widerspruch, sondern erst beide Aussagen zusammen kennzeichnen das moderne Verhältnis zum Tod.

Angesichts dieser Lage gilt es, die Grenzsituationen des Sterbens und Trauerns in der Seelsorge gerade nicht als »Defiziterfahrun-

## 3.4 Ausblicke

gen« (H. LUTHER/1986) zu begreifen, in denen Nichtsterbende und Nichttrauernde als die »Stärkeren« aus ihrem Überfluß den »Schwächeren« helfen. Vielmehr ist in der seelsorgerlichen Beziehung die *Gegenseitigkeit* der Kommunikation zu realisieren – gerade in den Grenzsituationen, weil diese aussagekräftig für die weniger dramatischen »Normalsituationen« sind, in denen die Aufgabe der Seelsorge und die Situation des Seelsorgers keine andere ist. Also im speziellen Fall: Nicht nur der Seelsorger, als der Lebende, hat dem Sterbenden etwas zu vermitteln, sondern ebenso hat der Sterbende, als der in der Erfahrung des Sterbens dem Seelsorger Überlegene, dem Seelsorger etwas zu sagen.

Weil es darum geht, diese Gegenseitigkeit der Kommunikation als Grundmodell aller Seelsorge zu begreifen und sich im Ansatz aller einschlägigen Reflexionen daran zu orientieren, ist für die Theoriebildung der Erfahrungsschatz autobiographischer Literatur unverzichtbar. Denn in ihm sind die Stimmen der am unmittelbarsten Betroffenen, hier also die Stimmen der Sterbenden, als Lehre für die Lebenden aufbewahrt. MAXIE WANDERS (1980) und PETER NOLLS (1984) Texte sind nur zwei Beispiele für zahlreiche andere. Unmittelbar in unserem Zusammenhang gehörig, kehrt P. NOLLS Grundgedanke in vielen Variationen in seinen Diktaten wieder, und die hier zitierte Passage aus seiner selbstverfaßten Predigt klingt fast wie ein Kommentar zu den Worten von P. ARIES, ohne es doch zu sein:

»Seit dem 19. Dezember 1981 habe ich gewußt, daß ich Krebs habe. Die Operation, die mir angeraten wurde, habe ich abgelehnt, nicht aus Heroismus, sondern weil sie meinen Lebens- und Todesvorstellungen nicht entsprach. Ich hatte keine Alternative. Man hätte mir die Harnblase herausgenommen, mich bestrahlt, und bei der ganzen Prozedur hätte ich doch nur eine Chance von 35% gehabt zu überleben, befristet und zerschnitten. Sie alle werden sterben, einige von Ihnen sehr bald, andere viel später. Meine Erfahrung war die: Wir leben das Leben besser, wenn wir es so leben, wie es ist, nämlich befristet. Dann spielt auch die Dauer der Frist kaum eine Rolle, da alles sich an der Ewigkeit misst. Obwohl ich viel christliche Erbmasse habe, spreche ich

jetzt als Nichtchrist unter Berufung auf Nichtchristen. Nicht nur die Christen, sondern besonders die Nichtchristen... waren der Meinung, dass das Leben mehr Sinn habe, wenn man an den Tod denkt, als wenn man den Gedanken an ihn beiseite schiebt, verdrängt. Sie sagten auch, es sei leichter zu sterben, wenn man sich ein ganzes Leben lang mit dem Tod beschäftigt habe, als wenn man von ihm überrascht werde. Ich habe erfahren, dass das alles stimmt. Ich hatte Zeit, den Tod kennenzulernen. Das ist das Gute am Krebstod, den alle so fürchten.... Es gab viel Traurigkeit, auch echte Heiterkeit, keine Verzweiflung, erstaunlicherweise. Natürlich wissen wir alle, dass wir sterben müssen, und doch tun wir so, als hätte das Leben kein Ende, als würde die Situation des Todes immer nur andere betreffen, von denen wir hören, dass sie endlich im Spital gestorben sind, und an deren Beerdigung wir dann gehen. Aus Pietät, gemischt mit einer gewissen Abscheu.«
Zusammengefaßt:
»Ich kann Ihnen sagen, weil ich es in den letzten Monaten erlebt habe, dass der Gedanke an den Tod das Leben wertvoller macht.«
(P. NOLL/1984, S. 114 f. und 117)

*Lit.*:
P. ARIES, Studien zur Geschichte des Todes im Abendland (1981)
N. ELIAS, Über die Einsamkeit der Sterbenden (1982)
E. JÜNGEL, Tod (1971)
H. LUTHER, s. Literaturverzeichnis
P. NOLL, Diktate über Sterben und Tod (1984)
G. OTTO, Sprache im Angesicht des Todes, in: PTh 76. Jg./1987, S. 410 ff.
M. WANDER, Leben wär' eine prima Alternative (1980)


*3.4.3 Behindertenarbeit*

Kaum in einem anderen Bereich lassen sich zwei grundlegende Einsichten so mühelos konkretisieren wie in der Behindertenarbeit:

☐ Die Trennung zwischen diakonischer Hilfe und Seelsorge ist künstlich, denn: wo sollte die Grenze zwischen beiden sein?

## 3.4 Ausblicke

In der konkreten Hilfeleistung geht es um den ganzen Menschen, also ist sie ebenso Seelsorge, wie das zugesprochene Wort konkrete Hilfe bedeutet.

☐ HENNING LUTHER entwickelt, wie schon mehrfach angedeutet, aus der Kritik an der »Defizitperspektive« falsch verstandener Seelsorge die neue kommunikative Struktur der Solidarität *aller* Beteiligten und Betroffenen:

»Unter der Defizitperspektive verstehe ich jenen Ansatz, der die Adressaten der Seelsorge prinzipiell als mit einem Mangel/Defizit behaftet sieht, dem andere, die gleichsam defizitfrei sind, abzuhelfen suchen. Im Defizitmodell wird Seelsorge/Beratung in einer einlinigen, herablassenden Einstellung betrieben, in einem Oben-Unten-Gefälle, in dem Starke, Gesunde, Lebende ... sich helfend dem Schwachen, Kranken, Sterbenden ... zuwenden.«
»Seelsorge, die Krisen- und Grenzsituationen in einer Perspektive wahrnimmt, die zugleich zu einer kritischen Revision der Normal- und Alltagssituation führt, kennt nur Betroffene. Für sie ist keiner nicht betroffen.
Wenn wir aber alle betroffen sind, läßt sich die seelsorgerliche Beziehung prinzipiell nur in der Einstellung der Solidarität vollziehen.«
(H. LUTHER/1986, S. 13)

Daß dabei die Helfer nicht die Starken sind, sondern die Hilflosen zu »Lehrmeistern für die Starken, Gesunden, Lebenden« (ebd.) werden können, exemplifiziert H. LUTHER am Beispiel von Tod, Sterben und Trauer, aber mühelos läßt es sich auf den Umgang mit Behinderten übertragen (vgl. dazu die Stimmen Betroffener in: ThPr 15. Jg./1980, S. 249 ff.).

Dieses Verständnis solidarischen Umgangs zwischen Behinderten und sog. Nichtbehinderten steht gegen weiterhin in der Gesellschaft herrschende Tabus. Davon wissen nicht nur betroffene Beteiligte ein Lied zu singen, sondern das Tabu ist längst »offiziell« geworden. C. BÄUMLER macht darauf aufmerksam, daß man sich »beispielsweise nicht scheute, in der Neufassung von

§ 218 des Strafgesetzbuches die ›eugenische Indikation‹ als eine mögliche Ausnahme von der Strafverfolgung beim Schwangerschaftsabbruch einzuführen.« Wohlverstanden: Hier geht es jetzt nicht um das grundsätzliche Ja oder Nein zum Schwangerschaftsabbruch, wohl aber um die aufschlußreiche Argumentation in einer vorliegenden offiziellen Regelung, die das Parlament als Vertretung des Volkes verabschiedet hat.

Die hier im Anschluß an H. LUTHER formulierte Solidaritätsthese für die Behindertenarbeit darf nicht illusionär mißverstanden werden, etwa im Sinne von: Es geht eben *allen* schlecht, und *jeder* hat sein Päckchen zu tragen. Daß ein Leben für ein behindertes Kind auch eine Last ist, dies auszusprechen, hebt die Solidarität nicht auf, sondern macht sie wohl erst möglich. Und daß durch das Leben des Behinderten ein »Riß« geht, der ihm immer wieder bewußt macht, wie anders sein Lebensverlauf und seine Lebenserfahrung ist, ist durch nichts hinwegzureden, aber:

»Wenn meine Geschwister mir wenige Wochen nach meiner Erkrankung sagen: Deine Krankheit ist unsere Krankheit, dann ist der Riß nicht weg, aber diesseits des Risses stehe ich nicht allein. Da ist eine Gruppe, und der Riß geht jedenfalls nicht durch diese Gruppe.«
(U. BACH/1982, S. 374)

*Lit.*:
U. BACH, Boden unter den Füßen hat keiner (1980)
Ders., Der behinderte Mensch – ein Geschöpf Gottes, in: PTh 71. Jg./1982, S. 372 ff.
BLOTH-Hdb. Bd. 4 (1987), S. 382 ff. (diverse Artikel)
H. LUTHER, s. Literaturverzeichnis
W. THIMM, Soziologie Behinderter (1972)
Themenheft: Behinderte, ThPr 15. Jg./1980, S. 247 ff.
Themenheft: Behinderte Menschen in Kirche und Gesellschaft, Diakonia 12. Jg./1981, Beiheft 4

# 4 HANDLUNGSFELD: HELFEN (2)

– Sozialgesetzgebung/Diakonie/Entwicklungshilfe

*Motto*

»Der Horizont der Politischen Diakonie ist mit dem Begriff ›Schalom‹ angezeigt: Inbegriff des Friedens und der Gerechtigkeit, eines umfassenden Wohlergehens, der Gemeinschaft, der Versöhnung und der Wahrheit. Die (wenn auch notwendigerweise bruchstückhafte) Antizipation des erhofften zukünftigen ›Schalom‹ ermöglicht eine zugleich zukunftsorientierte wie gegenwartsbezogene Formulierung von Zielvorstellungen eines christlichen weltbezogenen Handelns. Die politische Dimension zentraler Inhalte der biblisch-christlichen Botschaft (Heil, Friede, Versöhnung usw.) schließt... eine Beschränkung dieser Inhalte auf den Bereich des Innerlichen und Privaten aus.«

HEINRICH MISSALLA/1974

## Thesen zur Orientierung

☐ Diakonie und Seelsorge sind in ihrer Zusammengehörigkeit zu begreifen.

☐ Das Verhältnis zwischen diakonischem Handeln der Kirche und dem auf der Fürsorgepflicht beruhenden sozialen Handeln des Staates ist in seiner Komplexität auszugestalten, nicht aber im Sinne schiedlich-friedlicher Abgrenzungen.

☐ Diakonie ist eine Aufgabe gegenüber allen Menschen, ungeachtet ihrer Hautfarbe, Nationalität, Religion oder Konfession. Insofern ist Diakonie grenzüberschreitend.

## 4.0 Literatur

| | |
|---|---|
| R. Christiansen | Einige Grundfragen entwicklungsbezogener Didaktik<br>in: WPKG 67. Jg./1978, S. 447 ff. |
| R. C. Cohn | Von der Psychoanalyse zur themenzentrierten Interaktion (1975) |
| P. Cornehl | Der ökumenische Horizont<br>in: WPKG 67. Jg./1978, S. 450 ff. |
| J. Degen | Diakonie und Restauration (1975) |
| D. Deneke | Forderungen und Erwartungen eines Politikers an die Diakonie<br>in: S. Meurer (1973), *siehe dort* |
| Diakonia | Themenheft: Arbeit und Arbeitslosigkeit, 18. Jg./1987, Heft 6 |
| Diakonisches Werk (Hg.) | Diakonie 80/81. Jahrbuch des Diakonischen Werkes der EKD (1981) |
| Dienste in Übersee (Hg.) | Weltweite Partnerschaft. Texte 19 (1979) |
| O. Fichtner | Zur Arbeitsteilung und Flurbereinigung von freier und öffentlicher Fürsorge<br>in: S. Meurer (1973), *siehe dort* |
| P. Freire | Pädagogik der Unterdrückten (1973) |
| U. Heidenreich | Rettende Liebe als gestaltendes Element im Werke J. H. Wicherns<br>in: Diakonisches Werk (1981), *siehe dort* |
| H. G. Heimbrock | Erfahrung des Leidens – Schule des Glaubens<br>in: PTh 76. Jg./1987, S. 171 ff. |
| A. Hollweg | Trendwende in der Diakonie<br>in: PTh 73. Jg./1984, S. 196 ff. |
| Kirchenkanzlei der EKD (Hg.) | Solidargemeinschaft von Arbeitenden und Arbeitslosen (1982) |
| H. Krimm | Das diakonische Amt der Kirche (1953) |
| M. Kroeger | Themenzentrierte Seelsorge (1973) |
| E. Lange | Sprachschule für die Freiheit (1980) |

| | |
|---|---|
| K. Lefringhausen | Diakonie als weltpolitischer Faktor<br>in: S. Meurer (1973), *siehe dort* |
| Ders. | Ökumenische Diakonie und Entwicklungspolitik<br>in: Bloth-HdB Bd. 3 (1983) |
| R. Leudesdorff | Artikel: Diakonie<br>in: Otto-HdB (1975²) |
| H. Luther | Alltagssorge und Seelsorge<br>in: WzM 38. Jg./1986, S. 2 ff. |
| S. Meurer (Hg.) | Diakonie und gesellschaftliche Veränderung (1973) |
| Ders. | Motivation der Diakonie<br>in: S. Meurer (1973), *siehe dort* |
| H. Missalla | Politische Diakonie<br>in: F. Klostermann/R. Zerfass (Hg.), Praktische Theologie heute (1974), S. 512 ff. |
| Pastoraltheologie | Themenheft: Diakonie und Theologie<br>72. Jg./1983, Heft 4 |
| P. Philippi | Diakonika (1984) |
| Ders. | Christozentrische Diakonie (1975²) |
| H. Renn | Sozialrecht im Dienste konzeptionsloser Sozialpolitik<br>in: M. Schick (1986), *siehe dort* |
| C. Rumpeltes | Arbeitslos. Betroffene erzählen (1982) |
| Dies. | Erfahrungen Betroffener<br>in: ThPr 19. Jg./1984, S. 75 ff. |
| M. Schick u. a. (Hg.) | Diakonie und Sozialstaat (1986) |
| H. Seibert | Diakonie – Hilfehandeln Jesu und soziale Arbeit des Diakonischen Werkes (1983) |
| H. Steinkamp | Diakonie. Kennzeichen der Gemeinde (1985) |
| F.-J. Steinmeyer | Sozialpolitik nach 1945<br>in: M. Schick (1986), *siehe dort* |
| T. Strohm | Arbeitslosigkeit – Angriff auf die Menschenwürde |

| | |
|---|---|
| | in: ThPr 17. Jg./1982, Heft 1–2, S. 18 ff. |
| THEOLOGIA PRACTICA | Themenheft: Arbeitslosigkeit als Herausforderung an die Kirche |
| | 19. Jg./1984, Heft 2 |
| H.-H. ULRICH (Hg.) | Diakonie in den Spannungsfeldern der Gegenwart (1979[2]) |
| WEGE ZUM MENSCHEN | Themenheft: Diakonie in der Kirche |
| | 37. Jg./1985, Heft 4 |
| R. WETH | Artikel: Diakonie |
| | in: BÄUMLER/METTE (1987), *siehe dort* |
| J. H. WICHERN | Die innere Mission der deutschen evangelischen Kirche (1849) |
| | vgl. in: K. JANSSEN/R. SIEVERTS (Hg.), J. H. WICHERN. Ausgewählte Schriften, Bd. 3 (1979), S. 135 ff. |
| F. WINTZER (Hg.) | Seelsorge. Texte zum gewandelten Verständnis und zur Praxis der Seelsorge in der Neuzeit (1978) |
| WISSENSCHAFT UND PRAXIS IN KIRCHE UND GESELLSCHAFT | Themenheft: Die Dritte Welt als Thema der Gemeinde |
| | 67. Jg./1978, Heft 10 |
| T. WULFHORST | Sozialhilfe und freie Wohlfahrtspflege im Spannungsverhältnis von Staat und Gesellschaft |
| | in: S. MEURER (1973), *siehe dort* |

## 4.1 Kommentierte Zugänge: Beispiele

### 4.1.1 *Eine historische Stimme*

»Als innere Mission gilt uns nicht diese oder jene einzelne, sondern die gesammte Arbeit der aus dem Glauben an Christum geborenen Liebe, welche diejenigen Massen in der Christenheit innerlich und äußerlich erneuern will, die der Macht und Herr-

schaft des aus der Sünde direct oder indirect entspringenden äußern und innern Verderbens anheimgefallen sind, ohne daß sie, so wie es zu ihrer christlichen Erneuerung nöthig wäre, von den jedesmaligen geordneten christlichen Ämtern erreicht werden.«
(J. H. WICHERN/1849, S. 4)

In den Jahren 1848/49 formuliert JOHANN HINRICH WICHERN seinen großen Aufruf »Die innere Mission der deutschen evangelischen Kirche« als eine »Denkschrift an die deutsche Nation.« Und: Im Jahre 1848 wird das Kommunistische Manifest veröffentlicht. Zwei Dokumente, jedes auf seine Weise der geplagten Kreatur im aufkommenden Industriezeitalter gewidmet – aber die Tragik liegt darin, daß WICHERN nie an einen Dialog mit dem Sozialismus hat denken können, die neuen Zukunftsperspektiven des Sozialismus und dessen Kritik an der bestehenden Gesellschaft nie hat vorbehaltlos wahrnehmen können. Man kann nachdenklich fragen, wie wohl die Geschichte der Kirche seit der Mitte des vorigen Jahrhunderts ausgesehen hätte, wenn es, mit WICHERNS großem Impuls beginnend, zwischen Diakonie und Sozialismus eine kritische, vorbehaltlose gegenseitige Offenheit gegeben hätte.

WICHERNS Erklärung der Ursachen für die Verelendung der Massen ist ausschließlich theologisch, sie liegt jenseits politischer Argumentation: »Die Entfremdung vom Evangelium führt zur Auflösung der göttlichen Grundordnungen Familie, Staat und Kirche und damit auch zur Zerrüttung heiliger Ordnungen im Bereich von Besitz und Arbeit. So sind die kirchlichen Notstände für ihn Grund für die gesellschaftlichen Notstände« (U. HEIDENREICH/1981, S. 25).

*4.1.2 Gerechtigkeit und Barmherzigkeit*

»Soziale Gerechtigkeit ist oberstes Gebot politischen Handelns, aber sie ist einfach unvollkommen, wenn sie nicht, und zwar in gleichem Umfang, von sozialer Barmherzigkeit begleitet wird.

Gerechtigkeit kann nur rational geübt werden, sie ist auf das Zusammenleben der Menschen, auf die Gesellschaft hin orientiert; Barmherzigkeit dagegen darf sich von Gefühlen leiten lassen. Barmherzigkeit kann sich ganz auf den einzelnen Menschen, auf das Individuum konzentrieren.«
(D. DENEKE/1973, S. 140)

Die obenstehenden Sätze sind die Antwort auf eine Frage, die ihr Autor, Politiker und engagierter Christ, sich stellt:

»Wie sehen überhaupt die Chancen der Diakonie aus in einem Staat, der als Sozialstaat die verfassungsmäßig verankerte Verpflichtung übernommen hat, auf einen Ausgleich sozialer Gegensätze hinzuwirken und für eine gerechte Sozialordnung zu sorgen? Wie sehen die Chancen der Diakonie aus in einem Staat, der aus diesem Verfassungsauftrag heraus eine ganze Reihe von ursprünglich diakonischen Aufgaben auf die eine oder andere Weise, ganz oder zum Teil an sich gezogen hat?«
(D. DENEKE/1973, S. 139 f.)

Die Fragestellung ist plausibel, die Antwort nicht. Denn hier wird mit einer doppelten Gegenüberstellung argumentiert, die in die Irre führt: Gerechtigkeit – Barmherzigkeit einerseits, rational – emotional andererseits. Sowohl das Verständnis von Gerechtigkeit wie das von Barmherzigkeit werden dabei verzerrt, und Diakonie gerät überdies in eine Perspektive, in der die Weichheit des Gefühls die Härte der Realität verdeckt. Die programmatische Konzentration auf den einzelnen steigert diese Tendenz nur. Aus anderer Perspektive kann man zusammenfassend formulieren: Das Barmherzigkeitsverständnis, das hier die Diakonie bestimmen soll, ist vorpolitisch und darin zugleich außerhalb jeder sozialen Perspektive.

Daß DENEKES Argumentation kaum mehr als ein Klischee ist, möglicherweise nahegelegt aus kirchlicher Tradition und Sprache, möglicherweise nichts anderes als die pervertierte Fortsetzung der WICHERN-Tradition unter anderen Bedingungen, zeigt sich an einer Beobachtung, die man bei einschlägigen Äußerungen auch anderwärts machen kann. Nach der eben erörterten Überlegung zur Barmherzigkeit folgt eine durchaus andere Argumentation:

»Die Diakonie sollte sich dort als Avantgarde engagieren, wo die staatlichen Räder der Nächstenliebe nicht oder noch nicht greifen. Sie sollte dabei die Chance nutzen, daß sie sich freimachen kann von einer gesellschaftlichen Bewertung oder gar Klassifizierung von Notfällen, wie sie im politischen Raum wohl nie ganz vermeidbar sein wird.«
(D. DENEKE/1973, S. 145)

Und solche »Avantgarde« sollte sich in Gefühlen erschöpfen können? Sie sollte nicht rationaler Durchdringung der Lage bedürfen, nicht des Arguments gegen widersprechende Tendenzen in Staat oder Gesellschaft? Solche Rückfragen erweisen die Richtigkeit einer Position, die den Gegensatz zu DENEKES Verständnis von Gerechtigkeit und Barmherzigkeit darstellt: »Die Begriffe Barmherzigkeit und Gerechtigkeit sind in ihrer Dialektik neu zu interpretieren und zu vermitteln (R. LEUDESDORFF/1975[2], S. 123).

### 4.1.3 Arbeitslosigkeit

»In der praktischen Arbeit zeigte sich, daß ›die Arbeitslosen‹ kein Ziel diakonischen Handelns sind, denn ›die Arbeitslosen‹ gibt es nicht. Vielmehr stellte sich heraus, daß wir mit Menschen in Berührung kamen, die durch Arbeitslosigkeit in große persönliche und materielle Not geraten sind. Vom Arbeitsmarkt her gehören die Menschen zumeist zu den ›Schwervermittelbaren‹ und unter dem Aspekt der Sozialhilfe treten sie vielfach unter anderen Bezeichnungen in anderen Handlungsfeldern der Diakonie auf: als ›Nichtseßhafte‹, ›Gefährdete‹, ›Behinderte‹, ›psychisch Kranke‹, ›Drogenabhängige‹ usw.«
(DIAKONISCHES WERK/1981, S. 118)

Mit der Arbeitslosigkeit in der Bundesrepublik ist für die Diakonie ein Problemfeld in den Blick gekommen, an dem die Komplexität diakonischen Handelns wie in einem Brennspiegel erkennbar wird:

☐ Arbeitslosigkeit ist nicht individuell verschuldet, sondern wirtschaftspolitisch-systembedingt. Damit ist diakonisches Handeln in diesem Zusammenhang, wie immer es im Einzelfall beschaffen sein mag, im Prinzip nicht mehr am Einzelfall orientiert. Die »Arbeitsmarktbilanz 1965 bis 2000« zeigt dies deutlich:

»*Bedarf an Arbeitskräften*: Der künftige Bedarf an Arbeitskräften hängt primär vom Wirtschaftswachstum ab. Bei einem Wirtschaftswachstum von durchschnittlich jährlich
3–3,5% bleibt die Gesamtzahl der Arbeitsplätze weitgehend konstant,
2–2,5% verringert sich die Gesamtzahl der Arbeitsplätze im Zeitraum 1980/1990 um rd. 1,1 Mio.,
1990/2000 um rd. 0,6 Mio.,
4–4,5% steigt die Gesamtzahl der Arbeitsplätze im Zeitraum 1980/1990 um rd. 1,1 Mio.,
1990/2000 um rd. 1,3 Mio.
Eine kräftige Erhöhung des Arbeitsplatzangebots wäre also erst bei einem Wirtschaftswachstum von merklich mehr als 3,5% pro Jahr zu erwarten.«
(KIRCHENKANZLEI DER EKD/1982, S. 105)

Zeichnet man in diese Situationsbeschreibung ein, wie fragwürdig jede allein am Wirtschaftswachstum orientierte Argumentation ist, so zeigt sich erst das ganze Ausmaß der Problematik.

☐ Diese gesamtpolitische Sicht hebt nicht auf, sich immer wieder den Erfahrungen Betroffener, die in ihrer Konkretheit durch keine Statistik zum Ausdruck kommen, zu stellen; sie müssen, verbunden mit der Thematisierung von übergreifenden Strukturfragen, die diakonische Zuwendung nicht minder bestimmen:

»›Andere arbeiten von 9 bis 18 Uhr, und ich hänge durch. Man fühlt sich so minderwertig. Auch habe ich, seit ich arbeitslos bin, weniger Kontakte. Ich kapsele mich etwas ab... Freunde und Bekannte, die stellen immer Ansprüche. Da kann ich nicht mithalten.‹

(Susanne M., 20 Jahre)

›Ach, man kommt sich so überflüssig vor... Morgens wachst du auf, weißt, daß du nichts bist, daß du nicht gebraucht wirst. Man kann sich mit niemandem richtig darüber unterhalten, zu Hause hörst du einen Vorwurf nach dem anderen, dann machst du dir diese Vorwürfe schließlich selbst. Dann macht man sich selbst mies und fällt von einem Schuldbewußtsein ins andere. Du trinkst, weil du dich schuldig fühlst, weil du dich als Versager fühlst, und mit dem Trinken nehmen die Schuldgefühle zu. Das ist ein elender Kreislauf.‹

(Kurt M., 29 Jahre)

›Ich fühle mich oft so, als ob ich tot wäre, man ist völlig überflüssig eigentlich.‹

(Ilse S., 23 Jahre)«

(C. RUMPELTES/1982, zitiert nach: Dies./1984, S. 76; vgl. T. STROHM/1982; ThPr/1984, Heft 2 (Themenheft); DIAKONIA/ 1987, Heft 6 (Themenheft)

Daß strukturbedingte Arbeitslosigkeit einerseits und das vernichtende Selbstgefühl des Arbeitslosen andererseits in ihrer Widersprüchlichkeit zusammengehören, macht die Komplexität der Situation aus, mit der es in diesem Fall diakonische Arbeit zu tun hat (und nicht nur in diesem Fall!). Diakonie, die gegen Strukturprobleme Denkschriften verfaßt, ohne individuelle Schicksale mitzubedenken, wäre hart; Diakonie, die individuelle Hilfe leisten wollte, ohne Strukturprobleme mitzureflektieren, wäre illusionär. Das ist die Spannung diakonischer Arbeit insgesamt.

## 4.2 Theorieansätze und Handlungsformen

### 4.2.1 Diakonie im Sozialstaat

Diakonische Hilfe findet nicht im rechtsfreien Raum statt, sondern im Rahmen und unter den Bedingungen eines gesetzlich geordneten Staatswesens. Um die gegenwärtige Ausgestaltung diakonischer Arbeit und auch viele ihrer grundlegenden Probleme zu begreifen, ist deshalb zunächst ein Blick auf die Sozialgesetzgebung in der Bundesrepublik nötig.

(1) In der Weimarer Republik war die Sozialhilfe des Staates durch eine Reichsfürsorgeordnung und durch die Reichsgrundsätze über Voraussetzung, Art und Maß der öffentlichen Fürsorge (1924) geregelt, die beide im Prinzip bis 1945 galten. Das im Jahre 1961 verabschiedete *Bundessozialhilfegesetz* hebt diese alten Regelungen auf und formuliert Ziele und Aufgaben der staatlichen Sozialhilfe unter den Bedingungen des Grundgesetzes.

»Der Sozialstaatsverpflichtung aus dem Grundgesetz gemäß, gewährt das Bundessozialhilfegesetz einen Anspruch auf Hilfe in allen Lebenslagen, die ein Bürger aus eigener Kraft nicht bewältigen kann, unabhängig von vorgeleisteten Versicherungsbeiträgen. Seither wird die ›Sozialhilfe‹ verschiedentlich als ›letztes sozialpolitisches Netz‹ bezeichnet. Diese Bezeichnung trifft jedoch nur bedingt zu, da Intentionen und Inhalt des Gesetzes vorrangig auf behinderte Menschen und Menschen in besonderen sozialen Schwierigkeiten ausgerichtet sind...«
»...das ›System der sozialen Sicherung‹ (ist) wesentlich *nicht* darauf gerichtet..., die Lebenslage sozial schwacher Bevölkerungsgruppen zu verbessern. Vielmehr steht die Absicherung der Lebensrisiken breiter Gesellschaftsschichten im Vordergrund.«
(F.-J. STEINMEYER/1986, S. 159 f.)

Im Bundessozialhilfegesetz wird ansatzweise auch geklärt, wie sich die *öffentliche Sozialhilfe* durch Kommunen und staatliche Organe einerseits und die *Sozialhilfe durch freie Träger* andererseits, also z. B. durch die Kirchen und ihre diakonischen Einrichtungen, durch die Arbeiterwohlfahrt, das Rote Kreuz und andere vergleichbare Institutionen zueinander verhalten. Den Ansätzen des Bundessozialhilfegesetzes entsprechen die einschlägigen Regelungen für Abgrenzung und Kooperation im Jugendwohlfahrtsgesetz (vgl. Kap. 1.2.2). Das Bundesverfassungsgericht hat in seinem Urteil vom 18. 7. 1967 diese Bestimmungen des Bundessozialhilfegesetzes für vereinbar mit dem Grundgesetz erklärt.

»Das Gericht hat der (freien) Wohlfahrtspflege, deren Hilfe sich der Staat bei der Verwirklichung des Sozialstaatsprinzips bedienen dürfe, keinen unbedingten Vorrang zugestanden, sondern einen gewissen ›Funktionsvorbehalt‹ zu ihren Gunsten als Legalisierung der längst praktisch üblichen und bewährten Zusammenarbeit bewertet.
Jene Gesetzesvorschriften und diese bestätigende Gerichtsentscheidung ordnen die *Arbeitsteilung* nicht erschöpfend. Für viele mögliche Konflikte zwischen Hilfesuchenden, ›behördlichen‹ und ›freien‹ Trägern regeln sie nicht vollständig, eindeutig und der Rechtssicherheit genügend das materielle Recht und das Verfahren. Sie haben auch die Grundsatzfragen... nicht geklärt. Ohne klare Vorstellungen über die grundlegenden Unterschiede zwischen ›behördlicher‹ und ›freier‹ Sozialarbeit lassen sich in Zukunft die Aufgaben nicht befriedigend zuordnen.«
(T. WULFHORST/1973, S. 11 f.)

Diese Rechtslage in einem Staatswesen, das sich nach seinem Grundgesetz selbst als sozialen Rechtsstaat begreift, in dem Menschenwürde, Gerechtigkeit und Freiheit programmatische Normen sind und mithin auch die Sozialpolitik bestimmen müssen, ist der Bedingungsrahmen, innerhalb dessen diakonische Arbeit stattfindet.

(2) Die Rechtslage ist nunmehr auf ihre konkrete Ausgestaltung hin zu befragen, und zwar immer in Richtung *beider* Träger der Sozialhilfe: öffentliche und »freie Träger«, wobei wir bei letzteren das Hauptinteresse auf die Diakonie und ihre Einrichtungen legen (s. u. (3)).

Der entscheidende Unterschied zwischen der Fürsorge, wie sie die Reichsfürsorgeordnung von 1924 vorsah, und der Sozialhilfe nach dem Bundessozialhilfegesetz besteht darin, daß Hilfe nicht mehr um der Aufrechterhaltung der öffentlichen Ordnung willen und ohne Rechtsanspruch geleistet wird – so das Gesetz von

1924 –, sondern heute besteht ein *Rechtsanspruch* auf Sozialhilfe, um bei der Führung eines menschenwürdigen Lebens unterstützt zu werden, sofern das aus eigener Kraft und eigenen Mitteln nicht mehr gewährleistet ist (Art. 1 Grundgesetz; § 1 Bundessozialhilfegesetz).

Die Sozialhilfe »hat sich daher an den individuellen Verhältnissen auszurichten – im Unterschied zu typischen, allgemeingültig anerkannten Bedarfslagen, die als ›Vorleistungen‹ Ansprüche auf Versorgung (z. B. Kriegsopferversorgung, Kindergeld) aus einem anderen Bereich des Sozialstaats begründen. Andererseits ist der *Gleichheitsgrundsatz* (Art. 3 GG) zu beachten, der gebietet, Gleiches gleich zu behandeln. Da sozialstaatliche Leistungen und Maßnahmen möglichst gleich günstige Chancen für alle schaffen und als untragbar bewertete Unterschiede ausgleichen sollen, muß das Wohl des Hilfesuchenden, dem die Sozialhilfe dienen soll (§ 10 Abs. 3 Satz 1 Bundessozialhilfegesetz), nach dem allgemeinen kulturellen und materiellen Standard bemessen werden. Alle diese Maßstäbe des Grundgesetzes und die breit gefächerten Leistungen ... gewährleisten eine ›öffentliche‹ Hilfe in vielen Fällen, in denen früher die ›freie Liebestätigkeit‹ wegen des Versagens der ›öffentlichen Hand‹ Notdienste leisten mußte.«
(T. WULFHORST/1973, S. 13)

Diese Umschreibung der rechtlichen Situation akzentuiert allgemeine Tendenzen, die sich verändern, wenn durch neue (wirtschafts-)politische und soziale Rahmenbedingungen die Akzente anders gesetzt werden. Dieser Prozeß begann in der Bundesrepublik mit der Rezession und ihren Folgen in den Jahren 1974/75. Er wurde in den folgenden Jahren immer deutlicher. Er führte schließlich in den achtziger Jahren zu handfesten Auswirkungen genau auf diejenigen, deren Schutz das Ziel der Sozialgesetzgebung ist. Die sogenannten Sparmaßnahmen der achtziger Jahre (CDU-/FDP-Regierung) zeigen dies eindeutig.

»Der größte Anteil an den Sparmaßnahmen wird den sozial Schwächeren aufgebürdet. Bei den Sozialhilfeempfängern wurde und wird offensichtlich am meisten gespart, die Eingriffe in das soziale Netz Sozialhilfe sind gravierend.

## 4.2 Theorieansätze und Handlungsformen 187

So wird z. B. bei der Berechnung der Sozialhilferegelsätze nach § 22 Bundessozialhilfegesetz endgültig vom Bedarfsdeckungsprinzip abgewichen. ... es bleibt auch die Tatsache unberücksichtigt, daß der Warenkorb (Basis für die Berechnung der Regelsätze) seit Anfang der 60er Jahre unverändert und völlig unzeitgemäß ist.«
(H. RENN/1986, S. 383)

Diesen Worten eines Juristen ist nichts hinzuzufügen. Sie dokumentieren die *faktischen* Rahmenbedingungen, innerhalb derer sich diakonische Arbeit als Mitarbeit innerhalb des sozialen Systems abspielt.

(3) In der Durchführung der Sozialhilfe spielen die »freien Träger«, oft auch unter dem Begriff »freie Wohlfahrtspflege« zusammengefaßt, eine entscheidende Rolle (s. o. Abs. 1). Es ist von ihnen jetzt noch einmal insofern zu reden, als sie Leistungen der gesetzlichen Sozialhilfe erbringen; ihre jeweiligen anderen eigenständigen Tätigkeiten stehen hier nicht zur Debatte.

Der Staat bedient sich zur Durchführung der Sozialhilfe freier Träger. Er ist auf sie angewiesen, nicht nur aus pragmatischen Gründen, sondern auch unter einem systematischen Gesichtspunkt: die weltanschauliche Vielfalt der freien Träger, verbunden mit den vom Staat selbst getragenen Einrichtungen, ist zugleich ein Ausdruck des pluralistischen Verständnisses von Staat und Gesellschaft. In den Beziehungen zwischen dem Staat und den freien Trägern stecken jedoch eine Fülle schwieriger Rechtsfragen. Die freien Träger nehmen öffentliche Aufgaben wahr und erhalten dafür finanzielle Zuwendungen seitens des Auftraggebers, also des Staates. Sie bleiben jedoch dem Prinzip nach trotz der staatlichen Finanzierung frei in Verständnis und Durchführung der jeweiligen Aufgaben. Damit stellt sich die Frage nach dem Modus der Aufsicht und Kontrolle.

»Die Behörden können nicht einmal durch Zwangsmittel der Staatsaufsicht verhindern, daß die Treuhänder (scil. die freien Träger) die Zuwendungen, durch die sie unterstützt werden sol-

len, ... nach anderen Maßstäben als denen der gesetzlichen Sozialhilfe verwenden. Eigentlich müßte jedoch nach einem allgemeinen Grundsatz die ›öffentliche Hand‹ Leistungen, die sie durch andere erbringen läßt, die sie weitgehend selbst finanziert und für die sie verantwortlich bleibt, auch umfassend kontrollieren können.«
(T. WULFHORST/1973, S. 18)

Dies gilt ebenso für die Beteiligung von Kirche und Diakonie an der Sozialarbeit. Aus der Sicht des Staates gibt es zwischen den verschiedenen freien Trägern und deren Beteiligung an Aufgaben der Sozialhilfe keinen Unterschied, der für den Staat von Belang wäre (was nicht ausschließt, daß es darüberhinaus entscheidende Unterschiede geben kann, z. B. hinsichtlich der Motivation zur sozialen Arbeit oder hinsichtlich der Einbeziehung der Verkündigung in die Betreuung der Menschen). Die Praxis läuft darauf hinaus, daß im konkreten Fall der Betroffene an der Entscheidung beteiligt ist, ob er z. B. in ein kommunales oder ein kirchliches Altenheim geht – oder die Frage entscheidet sich faktisch unter dem Gesichtspunkt: wo ist ein Platz frei?

Die Rechtsfigur, mit der wir es hier zu tun haben, ist das *Subsidiaritätsprinzip*. Der Begriff stammt aus der katholischen Soziallehre. In der Enzyklika »Quadragesimo anno« (1931) wird argumentiert, daß es gegen das Prinzip der Gerechtigkeit verstoßen würde, »das, was die kleineren und untergeordneten Gemeinschaften leisten und zum guten Ende führen können, für die weitere und übergeordnete Gemeinschaft in Anspruch zu nehmen; zugleich ist es überaus nachteilig und verwirrt die ganze Gesellschaftsordnung. Jedwede Gesellschaftstätigkeit ist ja ihrem Wesen und Begriff nach subsidiär; sie soll die Glieder des Sozialkörpers unterstützen, darf sie aber niemals zerschlagen oder aufsaugen« (Abs. 79). Ungeachtet der katholisch-theologischen Voraussetzungen, von denen die Argumentation in Quadragesimo anno getragen ist, haben sich öffentliche und freie Träger gegenwärtig auf das Subsidiaritätsprinzip geeinigt (vgl. P. PHILIPPI/1984, S. 162 ff.).

(4) Die komplizierte rechtliche Problematik hat es mit sich gebracht, daß bisher ausschließlich von einem bestimmten Ausschnitt diakonischer Tätigkeit die Rede war: von jenen Aktivitäten, die in Zusammenhang mit der staatlichen Sozialhilfe stehen. Hier leistet die Diakonie »stellvertretende Hilfe« für den Staat, finanziert durch den Staat. Ohne die Wichtigkeit dieser Hilfeleistung zu schmälern, kann man mit Recht fragen: Wären möglicherweise in vielen Fällen »ergänzende Hilfen der ›freien Wohlfahrtspflege‹, die die ›öffentliche Hand‹ nicht zu leisten vermag und die deshalb der Hilfesuchende ihr gegenüber nicht rechtlich durchsetzen könnte« für die betroffenen Menschen noch wichtiger? (T. WULFHORST/1973, S. 22)

Diese Frage berührt nicht nur das Problem der Finanzierung, sondern darüberhinaus Überlegungen bezüglich einer Neustrukturierung des Verhältnisses zwischen Diakonie und staatlicher Fürsorge, aber insbesondere ist damit die Frage nach dem Selbstverständnis der Diakonie gestellt (vgl. O. FICHTNER/1973, S. 23 ff.).

### 4.2.2 Diakonie und Theologie

Die Präambel des Diakonischen Werkes der EKD (1976) lautet folgendermaßen:

»Die Kirche hat den Auftrag, Gottes Liebe zur Welt in Jesus Christus allen Menschen zu bezeugen. Diakonie ist eine Gestalt dieses Zeugnisses und nimmt sich besonders der Menschen in leiblicher Not, in seelischer Bedrängnis und in sozial ungerechten Verhältnissen an. Sie sucht auch die Ursachen dieser Nöte zu beheben. Sie richtet sich in ökumenischer Weite an einzelne und Gruppen, an Nahe und Ferne, an Christen und Nichtchristen. Da die Entfremdung von Gott die tiefste Not des Menschen ist und sein Heil und Wohl untrennbar zusammengehören, vollzieht sich Diakonie in Wort und Tat als ganzheitlicher Dienst am Menschen.«
(zitiert nach R. WETH/1987, S. 116)

(1) Notwendige Fragen einer kritischen Theoriebildung diakonischen Handelns geraten leicht an den Rand. Die Fülle diakonischer Aktivitäten hat im Sinne einer Kraft des Faktischen die Tendenz, grundlegende Fragestellungen unter Verweis auf die *jetzt* zu lösenden praktischen Aufgaben zurückzudrängen (oder gar die einen gegen die anderen auszuspielen). Blickt man auf die Vielfalt diakonischer Arbeitsfelder (vgl. H.-H. ULRICH/1979[2]; Diakonie IV, in: TRE Bd. 8; BLOTH-HdB, Bd. 4/1987, S. 349 ff.), so ist diese Tendenz auch dann verständlich, wenn man ihr energisch widerstehen muß. Dabei schließt die Auseinandersetzung mit Grundfragen notwendig immer auch die Hinwendung zur Geschichte der Diakonie, besonders der Nachkriegsgeschichte ein (vgl. R. LEUDESDORFF/1975[2]; J. DEGEN/1975; Diakonie I, in: TRE Bd. 8). Fraglich ist allerdings, ob die oft bemühte Methode, die Klärung von Gegenwartsfragen mehr oder minder unmittelbar aus der Exegese einschlägiger neutestamentlicher Stellen zu deduzieren, sonderlich ergiebig ist. Wenn zum Beispiel H. SEIBERT die »Diakonie Jesu« aus dem neutestamentlichen Befund erhebt (1983, S. 29 ff.) oder R. WETH die »Diakonie Jesu Christi« aus Matth. 20,25 ff. ableitet (1987, S. 117 ff.), so zeigt sich bei beiden, daß der Übergang von neutestamentlichen Aussagen zur Gegenwartsproblematik *methodisch* schwierig ist und darum auch meist nur holprig gelingt.

(2) ARNDT HOLLWEG setzt anders ein, nämlich systematisch-kritisch, wenn er die Notwendigkeit einer grundsätzlichen Trendwende in der Diakonie unmißverständlich fordert:

»Die Diakonie bewegt sich in eine Sackgasse hinein. Ihre äußeren Symptome kann ich durch folgende Trends charakterisieren: Die Zentralisierung in der Verwaltung hat gleichzeitig eine Bürokratisierung des diakonischen Prozesses im Gefolge. Ihr entspricht eine Atomisierung durch die zunehmende Spezialisierung in der Ausbildung. Ferner ... eine Funktionalisierung, wie sie sich in der Fachverbandsstruktur der Diakonie niederschlägt. Dieselbe bringt eine Orientierung an Funktionen mit sich. Die ›Apparatisierung‹ der Diakonie zeigt sich in der Verkümmerung des sozia-

len Charakters ihrer institutionellen Strukturen, welche die Kommunikation in denselben behindert und Machtverhältnisse begünstigt.«
(A. HOLLWEG/1984, S. 202)

Die Folge solcher Entwicklung ist es, daß das Leiden der Menschen organisatorisch beantwortet wird: »durch den Aufbau effektiver diakonischer Organisation« (S. 20). Instrumentale Vernunft, die über die Wirklichkeit verfügt, auch über die Wirklichkeit des Leidens, herrscht. Dabei wird die Diakonie zur »Hilfeapparatur«, aber dem »Menschen wird dadurch nicht geholfen« (S. 20). Um dieser Entwicklung gewahr zu werden, ist »die Einbeziehung des Horizontes der Gesellschaft und damit des sozialwissenschaftlichen Aspektes und das Ernstnehmen desselben in der diakonischen Theorie und Praxis erforderlich« (S. 20). Andernfalls bleiben die Zusammenhänge dunkel.

»Die Verstrickungen und Grenzen« instrumentalen Denkens werden heute in den Natur- und Humanwissenschaften längst kritisch diskutiert, wie z. B. in der Ökologie, in der Sozialpsychiatrie, in der Biologie, Medizin, wenn auch m. E. unzureichend. Es gibt jedoch hier Zeichen des Suchens nach neuen Wegen und Grundlagen, wie sie im Bereich diakonischer Praxis und Theorie fehlen. So stellt sich die Struktur diakonischer Arbeit weithin als Produkt gesellschaftlicher Vorgänge dar, die kaum kritisch bewußt gemacht werden.«
(A. HOLLWEG/1984, S. 20)

HOLLWEGS Reflexionen zeigen auf ihre Weise, daß eine theologische Fundierung diakonischen Handelns in der gegenwärtigen Situation nicht linear aus der Erhebung neutestamentlicher Befunde zu gewinnen ist, sondern nur im Versuch, biblische Impulse und Grundorientierungen mit systemkritischen sozialwissenschaftlichen Einsichten zu verbinden; von ähnlichen Intentionen ist H. STEINKAMPS (1985) Entwurf bestimmt. Logischerweise folgt daraus, daß die Praxis der Diakonie sich dann nicht mehr ohne weiteres in das soziale Handeln des Staates einpassen lassen kann, wenn sie ihrem Fundament nicht untreu werden will. Vielmehr heißt die Aufgabe der Diakonie: »Sie muß aufzubauen versuchen, was das instrumentell-technische Denken in der Gesellschaft zerstört hat, nämlich die sozialen Lebensbezüge in ihr.« (A. HOLLWEG/1984, S. 20)

(3) Unter den diversen Begründungsversuchen diakonischen Handelns (vgl. P. PHILIPPI/1975[2]; H. KRIMM/1953; R. LEUDESDORFF/1975[2]) kommt SIEGFRIED MEURER den Intentionen HOLLWEGS nahe, wenn auch bei ihm die sozialwissenschaftliche Komponente hinter der theologischen Argumentation zurücktritt. Aber für seine Thesen ist charakteristisch, daß die theologische und die gesellschaftspolitische Seite der Problematik stets ineinander gesehen werden. MEURERS Ausgangspunkt lautet: »Diakonie lebt von der Vision der kommenden Gottesherrschaft und setzt durch ihr Tun Zeichen jenes Reiches auf dieser Erde« (1973, S. 66). Damit entfallen andere Zielbestimmungen (wie Erhaltung der Kirche oder Verstärkung der diakonischen Einrichtungen). Im Handeln selbst stellt sich dann auch die Frage nach seiner Begründung:

»Wo die Kirche so handelt und also für die Gerechtigkeit aller derjenigen eintritt, die ›im Dunkeln leben‹ (Brecht), die ›zu kurz kommen‹ (Nietzsche), die von der Gesellschaft auf brutale oder auch vornehme Weise abgeschoben werden (die Alten, die psychisch Kranken, die geistig und körperlich Behinderten etc.), da soll und muß sie sich selbst und der Öffentlichkeit über ihre Motive Rechenschaft ablegen. Sie muß auf das kommende Reich, auf die neue Welt hinweisen, Menschen inspirieren und für Mitarbeit motivieren.«
(S. MEURER/1973, S. 67 f.; vgl. J. DEGEN/1975, S. 194 f.)

Orientiert sich die Diakonie an dieser »Vision«, dann sollte es ihr auch gelingen, der eigenen Aufgabe nicht durch Verbandsegoismus oder falsches Festhalten an überkommenen Formen im Wege zu stehen.

(4) Die Vision einer neuen Welt, wie sie für MEURERS Diakonieverständnis charakteristisch ist, führt notwendig auch zu einem

neuen Verständnis des Leidens. Die Tradition, Leiden allzu glatt theologisch positiv zu interpretieren, muß durchbrochen werden. Auf diesen Aspekt hat JOHANNES DEGEN nachdrücklich hingewiesen. Auch dies ist ein Beispiel für die Verschränkung gesellschaftskritischer mit theologischen Überlegungen, weil die einen die anderen fordern:

»In ... diakonischen Kommentaren zum Leidensproblem wird offenkundig verdeckt, daß die Diakonie für die bürgerlich-kapitalistische Gesellschaft eine konservierende Funktion erfüllt, die sie zwar nicht beabsichtigt, die ihr aber dennoch zugeschoben wird. Denn die Leistung des kirchlichen Christentums, den Einzelnen mit seinem Leiden zu versöhnen, das Glück für alle aber hintanzustellen, kann einer Gesellschaft nur willkommen sein, die sich auf allen ihren Ebenen gegen eine strukturelle Therapie immun macht.«
(J. DEGEN/1975, S. 198)

In der positiven Zuspitzung seines Gedankens berührt sich DEGEN sowohl mit HOLLWEGS wie mit MEURERS Überlegungen, und daß alle drei unterschiedliche Reflexionswege gehen, ist eher ein Vorteil als ein Nachteil:

»... Protest gegen das Leiden, nicht bloß gegen das offensichtlich unschuldige Leiden, muß heute noch viel stärker und eindeutiger ausfallen, wo die Ursachen des Leidens mehr und mehr einsehbar werden. Jenes von Bloch erfragte ›Korrelat im Weltkern‹, das theologisch von der vorausgesetzten, geschichtlich sich vermittelnden und zu erwartenden Versöhnung her benennbar wird, könnte die stärkste Kraft im Protest gegen die unterstellte Positivität des Leidens sein.«
(J. DEGEN/1975, S. 200)

Solche Korrektur traditionell christlichen Leidensverständnisses wäre dann mißverstanden, wenn dabei der andere, bleibend notwendige, gegen allen flachen Optimismus ins Feld zu führende Aspekt verloren ginge, daß zur Erfahrung von Wirklichkeit immer auch das Leiden an der Wirklichkeit gehört. Aber eben dieser Aspekt gehört sowohl bei MEURER wie bei DEGEN in den

Ansatz ihrer Überlegungen, denn die Erfahrung der Differenz zwischen Reich Gottes und gegenwärtiger gesellschaftlicher Wirklichkeit ist eine Leidenserfahrung. In diesem Zusammenhang ist H.-G. HEIMBROCKs (1987) Plädoyer für ein »pathisches Lernverständnis« wichtig, das keineswegs auf den pädagogischen Bereich im engeren Sinne allein bezogen werden darf.

### 4.2.3 Entwicklungshilfe als ökumenische Diakonie

Gemeinhin verbinden wir mit dem Wort Diakonie eher intim-individuelle Assoziationen: Hilfe im Fall persönlicher Not, Hilfe für einzelne, Kranke, in Not geratene. So unbestreitbar in dieser Perspektive Richtiges und Wichtiges liegt, so falsch ist es, ja so unverantwortlich, sich auf diese Perspektive zu beschränken (vgl. Diakonie IV, in TRE Bd. 8).

(1) Nur wenn der Provinzialismus unseres herkömmlichen Diakonieverständnisses überwunden wird, wenn also Diakonie ökumenisch verstanden wird, ist erreicht, was in diesem Begriff ursprünglich angelegt ist (vgl. H. SEIBERT/183, S. 13 ff.; 38 ff.). Auf zwei Ebenen gibt es Ansätze dafür. Einerseits:

»Die großen ökumenischen Weltkonferenzen führten immer wieder zu der Einsicht, daß das Bekenntnis: ›Ich glaube an Gott, den Schöpfer Himmels und der Erden‹ nicht mehr gilt, wenn Gott regionalisiert, provinzialisiert und privatisiert, wenn also der Schöpfer Himmels und der Erden zu einem Wohlstandsgott der Industrienationen reduziert wird.«
(K. LEFRINGHAUSEN/1983, S. 513)

Andererseits: Es gibt eine Vielfalt engagierter Gruppen und einzelner Initiativen, innerhalb und außerhalb christlicher Gemeinden, auch ungezählte einzelne, die Verantwortungsbewußtsein und opferbereite Hilfsbereitschaft für die Not der Entwicklungsländer, für die Menschen, die man die »fernen Nächsten« zu nennen sich angewöhnt hat, zeigen. Aber ohne dies alles geringachten zu wollen, muß man zugleich feststellen: Hinter dieser

## 4.2 Theorieansätze und Handlungsformen

gelebten Verantwortung in Gruppen und bei einzelnen bleibt das Verantwortungsbewußtein in der Breite der Bevölkerung zurück, wiederum sowohl innerhalb wie außerhalb der Kirchen. Es kommt komplizierend hinzu, daß die Neigung, sich durch Spenden von Verantwortung und Nachdenkens zu dispensieren, sicher noch lange nicht überwunden ist.

»Eine Hilfsbereitschaft jedoch, die auf politische Reflexion verzichtet, ist ... nicht der Herausforderung der Weltarmut gewachsen. Man kann nicht aus Nächstenliebe geben, was dem anderen bereits aus Gründen der Gerechtigkeit zusteht. Auf den oft fließenden Grenzen zwischen Nächstenliebe und Gerechtigkeit bewegt sich weitgehend der Beitrag der Kirchen zur Entwicklungspolitik.
Wer glaubt, die Herausforderung der Weltarmut sei mit Geld zu beantworten, Gerechtigkeit sei lediglich die Abwesenheit von Hunger und Entwicklung sei ein Fall internationaler Armenpflege, der reichert den emotionalen weltpolitischen Sprengstoff gefährlich an.«
(K. LEFRINGHAUSEN/1983, S. 513)

(2) Auch in diesem Bereich zeigt sich, wie problematisch das uns oft so naheliegende »Defizitmodell« (H. LUTHER/s. o.) ist. Wir müssen in vielen Fällen von denen lernen, was Hilfe ist und wie sie möglich ist, denen wir uns als die »Habenden« so leicht überlegen fühlen. Solche Lehren hat z. B. P. MAPANAO (Philippinen) auf einer Arbeitstagung anläßlich des zehnjährigen Bestehens des Kirchlichen Entwicklungsdienstes 1978 formuliert. Ich gebe sie wegen ihres paradigmatischen Charakters ausführlich wieder:

»Wir sind der Ansicht, daß Teilen (sharing) aus dem Verständnis der Haushalterschaft etwas völlig anderes ist als ein Abgeben vom Überfluß. Das erste adelt und erbaut beide, den, der teilt, und den, der empfängt; das zweite ist degradierend und entmenschlichend.

1. Könnte es nicht sein, daß noch immer ein paar Überbleibsel von Imperialismus, geistiger oder praktischer Art, hinter der Hilfe stecken, die erteilt oder erhalten wird? Geld bedeutet Macht und bringt Macht. Oft manifestieren Abmachungen zwi-

schen Partnern bestimmte Arten von Herrschaft und Gegen-Herrschaft in Angelegenheiten wie Budget-Vereinbarungen, Zurverfügungstellung von Geldern, Finanzberichten, die Handhabung von Wechselverlusten und -gewinnen und von Zinsen usw. Und wenn man am Empfängerende sitzt und keine Antwort auf seine Briefe erhält, fängt man manchmal an, das sehr akute Gefühl zu bekommen, daß Geldmacht über einen ausgeübt wird. Könnte dieser Aspekt humanisiert werden?

2. Wie kann Partnerschaft so zum Ausdruck gebracht werden, daß sich beide Partner als Gleichberechtigte fühlen? Oder wird diese Partnerschaft immer so aussehen, daß einer der Partner dem anderen quantitativ unterlegen ist, obwohl er qualitativ gleichgestellt ist? Wenn ein Vertreter einer Geberorganisation auf Besuch kommt, dann entsteht oft bei uns das Gefühl, daß der, der kommt, nicht kommt, um zu lernen oder um die Gaben des Geistes zu bringen, sondern als einer, den man zufriedenstellen muß. Wir versuchen dann, irgendwie seine ›Psychologie‹ zu verstehen, seine Spielregeln zu erfassen, wir spielen dann das Spiel nach seinen Regeln mit, denn auf diese Weise ist sein Einverständnis am sichersten und schnellsten zu gewinnen. Ist diese unsere Haltung einfach das Ergebnis einer Kolonialmentalität, die wir noch nicht überwunden haben, oder werden wir einfach dazu gezwungen? Anders ausgedrückt, wie können wir wirklich menschlich miteinander umgehen, ohne daß einer der Partner sich ausgenutzt oder verletzt fühlt? . . .

4. Erziehung zur Entwicklungsverantwortung ist ein langer und schwieriger Prozeß . . .
Geberorganisationen scheinen lieber große Programme zu unterstützen, bei denen es sich um wirtschaftliche Produktion handelt. Obwohl wirtschaftliche Unabhängigkeit wichtig und wünschenswert sein mag, sollte man nicht trotzdem der Entwicklung eines kritisch-bewußten, politisch-aufgeschlossenen und seinen Verhältnissen gegenüber aufgeklärten Volkes den Vorrang geben? Und wenn ja, wie kann man dies zu einer Priorität machen?

5. Die Frage der Prioritäten scheint für uns alle ein Problem zu sein. Wessen Priorität ist die Priorität? . . .
Wir haben harte Fragen gestellt, und obwohl wir vielleicht einige Ideen zur Beantwortung dieser Fragen haben, können sie doch nicht von einem Partner allein beantwortet werden. Wir glauben

aber, daß, wenn wir uns ihnen ehrlich und tapfer stellen, unsere Bemühungen in der Entwicklungsarbeit immer noch zu einem wahrhaftig humanisierenden Prozeß für beide Partner werden können und, mit den Worten eines englischen Autors, Entwicklung wirklich noch ›zu einem Segen für den, der gibt, und den, der nimmt, werden kann‹.«
(DIENSTE IN ÜBERSEE/1979, S. 133 bis 136)

Dieser Text ist, mehr noch in seiner vollständigen Fassung, über die Problematik ökumenischer Entwicklungshilfe hinaus ein geradezu klassisches Dokument für die Problematik von Beziehungen auf der Basis von *Gegenseitigkeit* – und also dafür, daß es *Beziehungen* nur gibt, wo Gegenseitigkeit regiert.

(3) Bis diese Einsicht in Kirche und Gesellschaft Allgemeingut geworden ist, werden wir noch einen langen Lern-Weg zurücklegen müssen. Das Verständnis für ökumenische Diakonie macht *didaktische Anstrengungen* nötig (E. LANGE [1972]/1980). Voraussetzung solcher Bemühungen, z. B. auf der Ebene von Kirchengemeinden (vgl. P. CORNEHL/1978), muß sein, die Widerstände zu analysieren, die entsprechenden Lernprozessen begegnen. Beobachtet man die verbreitete Abwehr, sich ernsthaft auf Probleme der Dritten Welt einzulassen, wird man sich über die Widerstände keine Illusionen machen. ROLF CHRISTIANSEN hat diese Widerstände einleuchtend als Lähmungen interpretiert. Er diagnostiziert drei Lähmungen:

☐ *»Die Überforderung des Gefühls«*
Die emotionale Kraft vieler Menschen reicht nicht aus, der Realität unermeßlichen Elends dauerhaft standzuhalten. Die Folge kann dann ebenso Resignation wie auch blinder Aktionismus sein.

☐ *»Die moralische Überforderung«*
Wer sich ausreichend informiert, kommt kaum an dem Gedanken vorbei, daß er selbst in das Elend der Dritten Welt schuldhaft verstrickt ist: durch die Tatsache, daß er Teilnehmer und auch Teilhaber eines Wirtschaftssystems ist, das zu den Bedingungen

der Ungerechtigkeit zwischen Nord und Süd konstitutiv dazugehört. Es liegt nahe, sich gegen solche Schuldgefühle zu wehren. Damit wird aber die Abwehr eigener Schuld unversehens wichtiger als das unverschuldete Elend anderer.

☐ *»Die kognitive Überforderung«*
Die Informationen über räumlich weit entfernte und oftmals irritierend fremdartig anmutende Lebensverhältnisse, gemessen am eigenen Erfahrungshorizont, sind einerseits sehr oft zu schmal, um wirkliches Verstehen zu ermöglichen, und sie sind andererseits zugleich oft so verwirrend widersprüchlich, mindestens uneinheitlich, daß es nicht gelingt, sie zu einem Bild zusammenzufügen. So versanden Handlungsperspektiven, und Appelle, sich zu engagieren, laufen ins Leere (nach R. CHRISTIANSEN/1978, S. 449).

R. CHRISTIANSEN zieht aus dieser didaktischen Lagebeschreibung folgende Konsequenzen:

»Den beschriebenen Lähmungen läßt sich mit Bildungsmaßnahmen auf der kognitiven Ebene allein, mit Informationen, Analysen, Diskussionen nicht begegnen. Ebenso führen die moralischen Appelle nicht weiter. Gesucht wird eine Didaktik, die die Widerstände nicht ignoriert oder einfach zu überrennen versucht, sondern sie aufnimmt und das heißt auch ernst nimmt ... Das erfordert eine Didaktik, die zwei Dinge miteinander verknüpft, die uns immer noch auseinanderfallen bis zur gegenseitigen Beargwöhnung: Seelsorge und Politik. Auszumachen ist, wo dies beides aufeinandertrifft, so daß es zu einem ganzheitlichen Lernprozeß kommen kann, der dann wesentlich ein Erfahrungslernen sein wird.«
(R. CHRISTIANSEN/1978, S. 450)

Im Anschluß an R. CHRISTIANSENs Problembeschreibung fragt PETER CORNEHL: »Wie kann die Alltagswelt unserer Kirchen und Gemeinden, unseres eigenen Lebens für den ökumenischen Horizont geöffnet werden?« (1978, S. 451). Im Kern seiner Antwort steht die These, Regeln der Themenzentrierten Interaktion (R. C. COHN/1975; M. KROEGER/1973) zu kombinieren »mit der

Methode konfliktorientierter Bewußtseinsbildung, wie sie Paulo Freire entwickelt hat, in der es darum geht, die ›generativen Themen‹ und Schlüsselwörter zu finden, in denen sich Grunderfahrungen verdichten« (P. Cornehl/1978, S. 453 f.; vgl. P. Freire/1973).

## 4.3 Verknüpfungen

*(1) Dominierende Reflexionsperspektiven:*
- 4: Recht (= Bd. 1, S. 160 ff.)
- 5: Ideologiekritik (= Bd. 1, S. 180 ff.)
- 6: Kommunikation (= Bd. 1, S. 199 ff.)

| (2) hier erörterte Handlungsfelder: | *in anderen Kapiteln erörterte problemverwandte Handlungsfelder:* |
|---|---|
| Diakonie | z. B. 9: *Kooperieren* <br> bes. 9.2.1: Kommunikative Praxis <br> 9.2.2: Die Laien als Subjekte <br> z. B. 3: *Helfen (1)* <br> bes. 3.4.3: Behindertenarbeit |
| Entwicklungshilfe | z. B. 5: *Verständigen* <br> bes. 5.2.2: »Ökumenischer« Dialog |
| Gemeinwesenarbeit und Gemeindeberatung | z. B. 3: *Helfen (1)* <br> bes. 3.2.2: Beratung <br> z. B. 9.: *Kooperieren* <br> bes. 9.2.1: Kommunikative Praxis |
| Familienhilfe und -beratung | z. B. 5: *Verständigen* <br> bes. 5.2.1: Dialog zwischen den Generationen |

(3) Nicht erörterte
*verwandte Praxiszusammenhänge:*
z. B. Nichtseßhaftenarbeit
   Hilfe und Abhängigkeit
   Basisgruppen

## 4.4 Ausblicke

### 4.4.1 Gemeinwesenarbeit und Gemeindeberatung

Gemeinwesenarbeit als »Verbundsystem sozialer Arbeit im Wohnbereich« (so BERGS/V. KIETZELL im Untertitel) ist – gerade weil die Begriffsbestimmungen mehrdeutig sind (vgl. T. STROHM/1987, S. 197 ff.) – geeignet, am Beispiel eines Arbeitsfeldes den Blick für die Aufhebung lange wirksam gewesener Trennungen zu schärfen: hier wird Seelsorge nicht spiritualisiert, sondern als diakonische Praxis begriffen, und Diakonie ist nicht zu trennen von sozialem Engagement und (kommunal-)politischem Wollen. Damit wird der noch immer vorwiegend im Privaten und Individuellen verbleibende Horizont von »Nachbarschaftshilfe«, wie sie in Kirchengemeinden eine reiche Tradition hat, durchbrochen:

»Zu den klassischen Nachbarschaftshilfen gehören immer noch die durch Jugendgruppen organisierten Einkaufsgänge und Hilfen speziell für alte und kranke Menschen.«
(K.-B. HASSELMANN/1981, S. 323)

Niemand wird solche Hilfen abwerten wollen, aber ebenso gilt, daß sie an inhumanen, unkommunikativen Strukturen der Wohn- und Lebenswelt nichts ändern können. Hier setzt die jeweils auf überschaubare Regionen bezogene, auch individuelle »Fälle« und Perspektiven berücksichtigende, sie aber nicht isolierende, Gemeinwesenarbeit an. Weiter gehört in den Ansatz das Interesse, verschiedene Träger sozialer (und kultureller) Arbeit, verschiedene Institutionen, ihre Möglichkeiten und ihre Interessen zu gemeinsamen Initiativen zusammenzuführen, um Zersplitterung in Einzelaktivitäten, »Konkurrenzverhalten und Abkapselung der Träger« (BERGS/V. KIETZELL/1982, S. 120) zu verhindern.

Gemeinwesenarbeit – z. B. in neu entstehenden Wohnvierteln ohne gewachsene Strukturen, in Regionen mit überdurchschnittlich vielen ausländischen Mitbürgern, in durch Sanierungsmaßnahmen zerstörten Wohnbereichen usw. – setzt ein (in Anlehnung an amerikanische Vorbilder der community organization, vgl. C. MÖLLER/1987, S. 36 f.) mit der Analyse des Istzustandes. A. SEIPPEL hat dafür wie auch umgekehrt für die Analyse von Projektberichten einen umfänglichen Fragebogen entwickelt, der die verschiedenen Aspekte und Bedingungen der Arbeit erfahrbar machen hilft (vgl. A. SEIPPEL in: BAHR u. GRONEMEYER/ 1974, S. 246 ff.).

Für die Beteiligung von Kirchengemeinden an Projekten der Gemeinwesenarbeit ist entscheidend – und dies auch für das Grundverständnis von Diakonie, ja für die Kirche in der Gesellschaft überhaupt! –, daß sie sich als *Partner* in der *Kooperation mit anderen* verstehen und also auf die Dynamik und auf *diverse* Zielsetzungen in einem komplexen Prozeß einlassen. Wo eine Kirchengemeinde Gemeinwesenarbeit nur im Horizont ihres Eigeninteresses an Gemeindeaufbau (in welchem Sinne auch immer verstanden) begreift, da instrumentalisiert sie das Konzept und verfälscht es gegen seine Intentionen, ganz abgesehen davon, daß die anderen Beteiligten sich mißbraucht fühlen müssen (vgl. BERGS/V. KIETZELL).

Wiewohl sich in manchen Punkten mit Grundgedanken der Gemeinwesenarbeit überschneidend, ist *Gemeindeberatung* als eigene Fragestellung anzusehen (vgl. ADAM/SCHMIDT/1977). In den USA als organization development methodisch entwickelt, an Grundeinsichten der Organisationssoziologie orientiert, steht hier die Arbeit (und ggf. die Problematik) der einzelnen Kirchengemeinde stärker zur Debatte als die Situation des Gemeinwesens, was vom Ansatz her voll berechtigt ist:

»Gemeindeberatung ist der Versuch, mit Hilfe eines oder mehrerer von außen Kommender der Gemeinde zu helfen, ihre Probleme und Aufgaben in ihrem gesellschaftlichen Umfeld möglichst klar zu erkennen und ihre eigenen Möglichkeiten zu entdecken. Die Hauptaufgabe der Gemeindeberatung ist es, der Ge-

meinde zu helfen, sich selber zu sehen, ihre eigenen Ziele und Methoden zu finden, und schließlich, ihr dabei zu helfen, diese Ziele zu erreichen.«
(I. ADAM u. E. R. SCHMIDT/1977, S. 50)

Solche Beratung – aufgrund des dahinterstehenden Organisationsverständnisses theologisch nicht unumstritten (vgl. H. STEINKAMP/1987, S. 180 ff.) – erfolgt in fünf Schritten:

1 Eingangsphase/Vertragsabschluß
2 Datensammlung/Diagnose
3 Intervention
4 Institutionalisierung
5 Auflösung des Vertrags
(vgl. C. MÖLLER/1987, S. 42; H. STEINKAMP/1987)

*Lit.:*
I. ADAM/E. R. SCHMIDT, Gemeindeberatung (1977)
H.-E. BAHR/M. GRONEMEYER (Hg.), Konfliktorientierte Gemeinwesenarbeit (1974)
M. BERGS/D. v. KIETZELL, Gemeinwesenarbeit und Kirchengemeinde, in: PTh 71. Jg./1982, S. 119 ff.
K.-B. HASSELMANN, Nachbarschaft/Nachbarschaftshilfe, in: BLOTH-HdB Bd. 2 (1981), S. 315 ff.
C. MÖLLER, Lehre vom Gemeindeaufbau, Bd. 1 (1987)
A. v. OETTINGEN, Kirchliche Gemeinwesenarbeit – Konflikt und gesellschaftliche Strukturbildung (1979)
A. SEIPPEL, Handbuch aktivierende Gemeinwesenarbeit (1976)
H. STEINKAMP, Gemeindeberatung, in: BÄUMLER/METTE (1987)
T. STROHM, Gemeinwesenarbeit, in: BÄUMLER/METTE (1987)

## 4.4.2 Helfende Berufe

Unter dem Begriff »Helfende Berufe« kann man sowohl die Pfarrerinnen und Pfarrer wie die zahllosen haupt- und nebenamtlichen Mitarbeiter/innen in den diversen Arbeitsfeldern der Diakonie wie auch in den vielfältigen Beratungsstellen subsumieren. Es war schon davon die Rede (vgl. Kap. 3.4.1.), daß bei Mitarbeitern der Telefonseelsorge eine spezifische psychische Disposition nicht ausgeschlossen werden kann. Aber mit solchen

Hypothesen ist das Problem derer, die in helfenden Berufen tätig sind, mit oder ohne religiöse Motivation, sicher noch nicht ausreichend erfaßt.

Nimmt man einmal die Mitarbeiter/innen der psychologischen Beratungsdienste und wenige speziell therapeutisch arbeitende Pfarrer (mit entsprechender Qualifikation) aus, so darf man vermuten, daß für alle anderen, die Pfarrer eingeschlossen, kaum irgendwo und kaum einmal *Supervision* erfolgt. Damit bleiben die betroffenen Mitarbeiter/innen nicht nur mit den in der Sache und in der Aufgabe liegenden Schwierigkeiten allein, sondern auch mit den Problemen, die sich aus ihrer eigenen Person ergeben – mehr noch: sie haben gar nicht die Chance zu entdecken, daß es Schwierigkeiten und Belastungen gibt, die gar nicht in der »Sache« liegen, wie sie in der Regel vermuten, sondern in ihnen selbst. Dieses Problem gilt ausdrücklich nicht nur für die vielen Mitarbeiter der Diakonie im engeren Sinn, sondern ebenso für die Pfarrer und die ganze Bandbreite ihrer Tätigkeiten. Und die fehlende Supervision für alle wiegt um so schwerer, weil einiges für die Vermutung spricht, daß religiöse oder religiös bedingte Motivationen die generelle Problematik, der alle helfenden Berufe ausgesetzt sind, *nicht* verringern.

Psychologische Arbeiten – die übrigens auf weite Strecken mühelos auf die Problematik der Lehrberufe übertragbar erscheinen – zeigen, daß es »typische« Schwierigkeiten gibt, die in der Persönlichkeitsstruktur des Helfenden liegen und sich auf die Arbeits- und Beziehungssituation auswirken. U. RAUCHFLEISCH hat besonders den Komplex der Omnipotenz- und Größenvorstellungen hervorgehoben (1983/S. 79 f.). Es entstehen in aller Regel Konflikte, »wenn eine große Diskrepanz zwischen dem Ich und seinen realen Möglichkeiten einerseits und dem Ich-Ideal und seinen Erwartungen und Forderungen an die eigene Person andererseits besteht« (S. 79). Diese Diskrepanz erschüttert das Selbstwertgefühl, und um so wichtiger wird es, die hochgesteckten Ziele zu erreichen:

»Betrachtet man unter diesem Aspekt die Tätigkeit von Menschen in sozialen Berufen, so stellt sich die Frage, inwieweit der Wunsch, anderen Menschen zu helfen, aus narzißtischen Quellen stammt und im Grunde eine Grandiositätsvorstellung darstellt. Für Persönlichkeiten, die unter großen Selbstunwertgefühlen leiden und kompensatorisch Omnipotenz- und Größenvorstellungen aufbauen, kann das Helfen eine außerordentlich wichtige Rolle spielen ... Solche Menschen sind verständlicherweise oft geradezu in süchtiger Weise abhängig von der Anerkennung durch die Umwelt ... Es ist auch ein charakteristisches Merkmal solcher Menschen, daß sie von der Dankbarkeit ihrer Partner oft in extremem Maße abhängig sind. Derjenige, dem Hilfe entgegengebracht wird, muß ihnen durch seine Dankbarkeit stets von neuem vor Augen führen, daß sie mächtig sind und der andere ihrer dringend bedarf.«
(U. RAUCHFLEISCH/1983, S. 79)

Das ist unter den problematischen Aspekten nur einer, aber, in vielen Variationen und Konkretionen mehr oder minder deutlich ausgeprägt auftretend, sicher einer der häufigsten. Unter dem Stichwort »Helfer-Syndrom« bietet W. SCHMIDBAUER (1977) dazu zahlreiche Fallbeispiele, die auch dann aufschlußreich bleiben, wenn man Vorbehalte gegenüber dem Buch hat. Supervision für *alle* helfenden Berufe hätte die Aufgabe, dem Helfer solche Zusammenhänge durchschaubar zu machen, damit er ihnen nicht lebenslang erliegen muß – also zum eigenen Nutzen, der zugleich der Vorteil derer ist, die auf den Helfer angewiesen sind.

*Lit.:*
A. W. COMBS u. a., Die helfenden Berufe (1975)
U. RAUCHFLEISCH, Helfende Berufe, in: WzM 35. Jg./1983, S. 77 ff.
W. SCHMIDBAUER, Die hilflosen Helfer (1977)
K. WINKLER, Seelsorge an Seelsorgern, in: BLOTH-HdB, Bd. 3 (1983), S. 521 ff.

*4.4.3 Familienhilfe und -beratung*

»Verlangt schon der normale Lebenszyklus eine große Flexibilität und eine kontinuierliche Veränderung von der Familie, so

spiegeln sich gesellschaftliche Krisen in ihr besonders deutlich wider. Existentielle Probleme, Arbeitslosigkeit oder Angst vor Verlust des Arbeitsplatzes, unzureichender Wohnraum, schlechte Ausbildungschancen für die heranwachsenden Kinder und großer Druck zur gesellschaftlichen Anpassung sowie das Erleben der eigenen Ohnmacht bei politischen Entscheidungen (Beispiele: ›Startbahn West‹, Umweltprobleme) und eigene Angst vor der ständigen atomaren Bedrohung lassen die Familien nicht unberührt.«
(W. KINZINGER in: M. SCHICK u. a. (Hg.)/1986, S. 268)

Nimmt man W. KINZINGERS Sätze als Beschreibung der Vielfalt *gegenwärtiger* Belastungen, denen sich Familien aussetzen müssen, so ist sofort eine zweite Perspektive hinzuzufügen: *historisch* gesehen, gibt es »die« Familie nicht, sondern sie ist dem gesellschaftlichen Wandel unterworfen. Dies gilt nicht nur allgemein, sondern zusätzlich noch in einer sehr speziellen Ausformung. Denn die Familie spiegelt eben nicht einfach die jeweiligen Gesellschaftsstrukturen – dies zu Teilen sicher auch –, sondern seit dem Übergang von der traditionsbestimmten zur »modernen« Familie im 18. und 19. Jahrhundert wird die Familie zum Ort, an dem *gleichzeitig* neue Orientierungen verarbeitet werden müssen und alte Lebensmuster aufrechterhalten werden sollen. Diese Spannung hat sich bis heute aufrechterhalten:

»Die moderne Familie existiert in einem höchst widersprüchlichen gesellschaftlichen Verhältnis: Während sich in der Gesamtgesellschaft sachliche Abhängigkeit, Rationalität, freier Tausch und Konkurrenz durchsetzen, sollen in der Familie persönliche Abhängigkeit, konkret-unmittelbare Beziehungen zwischen ganzen und unverwechselbaren Menschen, Vertrauen und Solidarität die Verhältnisse tragen. Ein ›für wen‹ und ›wozu‹ sollen prinzipiell greifbar sein. Im Grunde genommen handelt es sich um anachronistische Prinzipien, die aber die neue Gesellschaft zur Fortentwicklung unverzichtbar benötigt.«
(W. SCHRÖDTER/1986, S. 60)

Dies ist ein Widerspruch, der zu unterschiedlichen Deutungen und Konsequenzen geradezu einlädt (vgl. W. SCHRÖDTER/1986, S. 61 ff.). Aber wie immer man deutet, dieser Widerspruch ist der

Ausgangspunkt mannigfacher Krisen und Konflikte in Familien, die aus eigener Kraft der Beteiligten oft nicht lösbar sind. Aus diesem Grunde wurde Familienberatung eingerichtet – beginnend im 19. Jahrhundert! Wenn heute Familienberatung mit anderen Methoden und Konzepten arbeitet als damals, wird sie sich dennoch dieses historischen Ursprungs bewußt bleiben, weil hier die historische Erinnerung die Sensibilität für den tiefsitzenden Widerspruch zwischen Gesellschaft und Familie wachhalten kann. Das ist ein Widerspruch, durch den Beratungsarbeit herausgefordert wird, den aber Beratungsarbeit nie auflösen kann. Im übrigen ist es bezeichnend, daß dieser Widerspruch auch durch neue Lebensformen nicht einfach aus der Welt geschaffen wird; er kehrt wieder auch in Wohngemeinschaften und ihren Problemen oder in Paarbeziehungen ohne Trauschein (vgl. W. SCHRÖDTER/1986, S. 64 f.). Der Ausweg liegt in der Utopie einer neuen Gesellschaft:

»Die heutige gesellschaftliche Form des Widerspruchs Familie – Gesellschaft ... ist nur praktisch aufhebbar innerhalb einer Gesellschaft, in der Vertrauen, Solidarität und den Lebenszyklus der Menschen tragende Sicherheit an Stelle von ängstlichem Rückzug, Konkurrenz und dem Ausgeliefertsein an die undurchschaubaren Gesetze eines anonymen Marktes existieren. In der Art, wie wir die Gespräche mit Klienten führen und zu gestalten bestrebt sind, verwirklichen wir immer etwas von solchen humanen Prinzipien. Wir wissen, wie leicht wir damit auch scheitern können.«
(W. SCHRÖDTER/1986 S. 68 f.)

*Lit.:*
H. EXNER u. a. (Hg.), Eltern- und Familienbildung in evangelischer Trägerschaft (1979)
W. KINZINGER, Bedeutung und Situation der Familienberatung, in: M. SCHICK u. a. (Hg.), Diakonie und Sozialstaat (1986), S. 257 ff.
S. KEIL, Artikel: Familie, in: TRE Bd. 11 (1983). S. 1 ff.
H. E. RICHTER u. a. (Hg.), Familie und seelische Krankheit (1976)
H. ROSENBAUM (Hg.), Familie und Gesellschaftsstruktur (1978)
W. SCHRÖDTER, Familie und Beratungsarbeit, in: WzM 38. Jg./ 1986, S. 50 ff.

# ZWISCHENÜBERLEGUNG

In der Grundlegung der Praktischen Theologie (Band 1) sind die drei ersten Reflexionsperspektiven von den folgenden leicht abgesetzt worden. Dies war im umfassenden Charakter von Hermeneutik, Rhetorik und Didaktik (vgl. Bd. 1, S. 85 ff.) begründet. Vor deren Problemhorizont waren alle anderen Reflexionsperspektiven zu erörtern.

Wenn jetzt in vier Kapiteln die beiden Handlungsfelder »Lernen« und »Helfen« am Anfang stehen und nach ihnen ein Einschnitt markiert wird, so gilt Entsprechendes auf anderer Ebene. Diese andere Ebene ist nicht durch Deduktionen aus den Reflexionsperspektiven erreicht worden, sondern durch die Hinwendung zu konkreten Handlungszusammenhängen. Dann aber drängt es sich auf, die Aspekte des *Lernens* und des *Helfens* an den Anfang zu stellen. Denn für diese beiden Aspekte dürfte gelten, daß sie *allen* Konkretionen, die in der Praktischen Theologie zu reflektieren sind, innewohnen – nicht nur dort, wo sie explizit thematisch sind, im Religionsunterricht oder in der Diakonie, sondern ebenso dort, wo sie implizit zu entdecken sind. Wir sind es vielleicht nicht gewöhnt, beim Ritus der Bestattung oder bei der Predigtproblematik, bei Fragen des Verhältnisses zwischen Frauen und Männern oder bei der Suche nach Zugängen zu kommunikativer Praxis sofort daran zu denken, daß hier *überall* neben der speziellen Thematik stets auch Anteile von Lernen und Helfen involviert sind. Aber das Material zeigt es deutlich genug, und es zeigt auch durchgängig, daß Lernen und Helfen keine einseitigen Prozesse sind, in denen die einen lehren oder helfen und die anderen lernen oder Hilfe empfangen. Lernen und Helfen sind Prozesse *gegenseitiger* Beziehung, weil jeder lernbedürftig und auf Hilfe durch andere angewiesen ist. Insofern verweisen die Erörterungen in den beiden ersten Handlungsfeldern des 2. Bandes über die in ihnen dargestellten Konkretionen hinaus auf einen Untergrund, der überall durchscheint: leben können, auch überleben können, setzt Fähigkeit und Möglichkeit zum Lernen voraus – und zugleich: anderen zu helfen ebenso wie sich selbst helfen zu lassen, ist Bedingung des Lebens.

Lernen und Helfen markieren durchgängig das Profil jener Praxis, die in der Praktischen Theologie zur Debatte steht.

Damit bestätigt sich die Gewichtung der Reflexionsperspektiven im ersten Band unter verändertem Blickwinkel. Für die *didaktische* Perspektive liegt dies ohnehin auf der Hand, aber der Prolembestand zeigt auch, daß Lernen und Helfen ohne grundlegende *hermeneutisch-rhetorische* Reflexionen weder analysierbar noch projektierbar sind.

## 5 HANDLUNGSFELD: VERSTÄNDIGEN
### – Generationen/Ökumene/Männer und Frauen

*Motto*

... die »Erfahrung der Gegenseite« machen.

MARTIN BUBER/1956

## Thesen zur Orientierung

☐ Die Notwendigkeit, nach Möglichkeiten der Verständigung miteinander zu fragen – zwischen Religionen und Konfessionen, zwischen Männern und Frauen, zwischen konkurrierenden politischen Auffassungen, zwischen Alten und Jungen – folgt aus dem Interesse, voneinander zu lernen und einander zu helfen.

☐ Jedem ist die subjektive Überzeugtheit vom je eigenen Weg zuzugestehen, was aber die Lernbereitschaft gegenüber dem Weg und der Erfahrung des anderen einschließen muß. Daher darf es keine Absolutheitsansprüche geben.

☐ Von der Lernfähigkeit der Männer wird es abhängen, ob wir eine humane Gesellschaft, mithin auch eine humane Kirche für gleichberechtigte Männer und Frauen werden.

## 5.0 Literatur

| | |
|---|---|
| M. Affolderbach/ H.-U. Kirchhoff (Hg.) | Miteinander leben lernen (1985) |
| C. Bäumler/ P. Krusche | Zum Generationenvertrag in der Kirche in: Affolderbach u. Kirchhoff (1985), *siehe dort* |
| H.-E. Bahr (Hg.) | Wissen wofür man lebt (1982 |
| W. Bassmann (Hg.) | Menschenrechte in Südafrika (1978) |
| K. Blaser | Bemühungen um den interreligiösen Dialog in: ThPr 15. Jg./1980, S. 48 ff. |
| M. Buber | Reden über Erziehung (1956) |
| L. C. Dunn | Rasse und Biologie (1953) |
| K. Engelhardt | Wie findet die Jugendarbeit zur geistlichen Dimension ihrer Arbeit? in: Affolderbach u. Kirchhoff (1985), *siehe dort* |
| U. Gerber | Die feministische Eroberung der Theologie (1987) |
| C. J. M. Halkes | Suchen, was verloren ging (1985) |
| Dies. | Gott hat nicht nur starke Söhne (1985[4]) |
| Dies. | Über die feministische Theologie zu einem neue Menschenbild in: E. Moltmann-Wendel (1986[4]), *siehe dort* |
| M. Hellinger (Hg.) | Sprachwandel und feministische Sprachpolitik (1985) |
| V. Hochgrebe/ M. Pilters (Hg.) | Geteilter Schmerz der Unterdrückung (1984) |
| M. Josuttis | Der Kampf des Glaubens im Zeitalter der Lebensgefahr (1987) |
| A. Juhre (Hg.) | Für ökumenische Solidarität (1976) |
| Kirchenamt der EKD (Hg.) | Ökumenisches Lernen (1985) |

| | |
|---|---|
| KIRCHENKANZLEI DER EKD (Hg.) | Die Frau in Kirche und Gesellschaft (1979) |
| H. KÖHLER | Frauengerechte Sprache ist menschengerechte Sprache<br>in: ThPr 22. Jg./1987, S. 151 ff. |
| J. KOENIG | Zärtlichkeit und Zorn<br>in: ThPr 16. Jg./1981, Heft 3–4, S. 67 ff. |
| H. J. LOTH u. a. (Hg.) | Christentum im Spiegel der Weltreligionen (1978) |
| M. A. LÜCKER | Religion, Frieden, Menschenrechte (1971) |
| Ders. | Neue Perspektiven des Friedens (1975) |
| H. J. MARGULL | Verwundbarkeit. Bemerkungen zum Dialog<br>in: EvTh 34. Jg./1974, S. 410 ff. |
| Ders. | Zu einem christlichen Verständnis des Dialogs zwischen Menschen verschiedener religiöser Traditionen<br>in: EvTh 39. Jg./1979, S. 195 ff. |
| Ders. | Der »Absolutheitsanspruch« des Christentums im Zeitalter des Dialogs<br>in: ThPr 15. Jg./1980, S. 67 ff. |
| Ders./S. J. SAMARTHA (Hg.) | Dialog mit anderen Religionen (1972) |
| M.-L. MARTIN | Unabhängige Kirchen<br>in: ThPr 15. Jg./1980, S. 37 ff. |
| M. MILDENBERGER | Denkpause im Dialog (1978) |
| Ev. MISSIONSWERK (Hg.) | Südafrika heute (1986) |
| Dass. | Christliches Bekenntnis in Südafrika (1987 = Weltmission heute 1) |
| V. MOLLENKOTT | Gott eine Frau? (1985) |
| E. u. J. MOLTMANN | Menschwerden in einer neuen Gemeinschaft von Frauen und Männern<br>in: EvTh 42. Jg./1982, S. 80 ff |
| J. MOLTMANN | Kirche in der Kraft des Geistes (1975) |

| | |
|---|---|
| Ders. | Bemerkungen zum Antirassismusprogramm |
| | in: A. JUHRE (1976), *siehe dort* |
| E. MOLTMANN-WENDEL (Hg.) | Frauenbefreiung (1986⁴) |
| Dies. | Das Land, wo Milch und Honig fließt (1987²) |
| NEW INTERNATIONALIST (Hg.) | Frauen – Ein Weltbericht (1986) |
| C. PINL u. a. | Frauen auf neuen Wegen (1978) |
| L. F. PUSCH (Hg.) | Feminismus. Inspektion der Herrenkultur (1983) |
| Dies. | Das Deutsche als Männersprache (1984) |
| G. ROSENKRANZ | Die christliche Mission (1977) |
| R. R. RUETHER | Sexismus und die Rede von Gott (1985) |
| H. SCARBARTH | Was heißt Jugendliche heute verstehen? |
| | in: AFFOLDERBACH u. KIRCHHOFF (1985), *siehe dort* |
| G. SCHARFFENORTH | Artikel: Frauenbewegung |
| | in: TRE Bd. 11/1983, S. 471 ff. |
| Dies. | Sprache und Lebenszusammenhang |
| | in: ThPr 22. Jg./1987, S. 150 f. |
| C. SCHAUMBERGER/ M. MAASSEN (Hg.) | Handbuch Feministische Theologie (1986) |
| H. SCHENK | Die feministische Herausforderung (1983³) |
| L. SCHOTTROFF | Frauen in der Nachfolge Jesu in neutestamentlicher Zeit |
| | in: W. SCHOTTROFF u. W. STEGEMANN (1980), *siehe dort* |
| Dies. | Die Frauen und die Parteilichkeit Gottes im Neuen Testament |
| | in: HOCHGREBE u. PILTERS (1984), *siehe dort* |
| Dies./L. SIEGELE-WENSCHKEWITZ | Artikel: Feministische Theologie |
| | in: Ev. Kirchenlexikon, Bd. 1 (1986³), Sp. 284 ff. |

| | |
|---|---|
| W. Schottroff/ W. Stegemann (Hg.) | Traditionen der Befreiung, Bd. 1 und 2 (1980) |
| D. Sölle | Gott und ihre Freunde in: L. F. Pusch (1983), *siehe dort* |
| H.-G. Stobbe | Artikel: Ökumene in: Bäumler/Mette (1987), *siehe dort* |
| T. Strohm | Der Aufbruch der Frauen – wohin? in: ThPr 22. Jg./1987, S. 163 ff. |
| Theologia Practica | Themenheft: Frauen in der Kirche – ein Aufbruch nimmt Gestalt an 22. Jg./1987, Heft 2 |
| S. Trömel-Plötz | Frauensprache – Sprache der Veränderung (1982) |
| Dies. (Hg.) | Gewalt durch Sprache (1987) |
| N. P. Zunhammer | Feministische Hermeneutik in: Schaumberger u. Maassen (1986), *siehe dort* |

## 5.1 Kommentierte Zugänge: Beispiele

### 5.1.1 *Absolutheitsansprüche*

»Die christliche Mission ist mit dem für sie weitgehend geltenden Ziel, den ›Absolutheitsanspruch‹ des Christentums zu verifizieren, in und an der Geschichte gescheitert. ... Die Religionen stehen uns nicht zur Verfügung und können christlicher Wahrheit nicht dienstbar gemacht werden. Ihnen theologisch den Garaus machen zu wollen, ist eine würdelose Spiegelfechterei. ...
Eine andere Religion kann man nur im Ernstnehmen ihres ›Absolutheitsanspruchs‹ zu verstehen beginnen.
Glauben gibt es auch anderswo.
Das Christentum ist und bleibt eine partikulare Religion.«
(J. Margull/1980, S. 73)

## 5.1 Kommentierte Zugänge: Beispiele 215

Konkrete Dialogerfahrungen der vergangenen Jahrzehnte haben dazu geführt, das Problem der Absolutheitsansprüche differenzierter als früher zu sehen. Aus dem Umkreis der komplexen Problematik ist hier eingangs zweierlei hervorzuheben:

☐ Vom dogmatisch oder ideologisch ausformulierten Absolutheitsanspruch einer Religion gegenüber allen anderen ist die Ebene der *subjektiven Gewißheit* zu unterscheiden. Die persönliche Gewißheit des einzelnen, die subjektive Überzeugtheit von der Wahrheit je seiner Religion, geht in den Dialog ein – und zwar in ihrer vielfachen Gestalt, vertreten durch die unterschiedlichen Dialogpartner.

☐ Etwas anderes ist die »spezifische Begriffsbildung des ›Absolutheitsanspruchs‹ des Christentums« und seine Wirkungsgeschichte (J. MARGULL/1980, S. 71). Seine neuzeitliche, auf HEGEL rückführbare Ausformulierung hat in anderen religiösen Traditionen keine Parallele. Es kann kaum überraschen, daß eine derartige Vorstellung für Anhänger anderer Religionen abschreckend und verletzend ist, zumal der Verweis auf die Wirkungsgeschichte (Kreuzzüge, Antisemitismus, Rassismus) unausbleiblich ist. Religiöser Absolutheitsanspruch hat sich als politisch-ideologischer Herrschaftsanspruch dauerhaft abschreckend ausgewirkt.

MANFRED JOSUTTIS hat zu Recht mit Nachdruck gefordert, nach dem Verhältnis der Kirche zu anderen religiösen Gruppen und Kulturen zu fragen:

»Daß diese Frage in der Praktischen Theologie bisher faktisch ausgeblieben ist, zeigt, wie tief das Postulat der Einzigartigkeit und Überlegenheit des christlichen Glaubens das theologische Denken bis heute bestimmt. Dabei ist dieses Postulat, wie es in theologischen Publikationen, aber auch in Predigten und Gesprächen immer wieder begegnet, häufig in nichts anderem begründet als in der Unkenntnis oder in der einseitigen Auswertung des religionsgeschichtlichen Vergleichsmaterials. Die theo-

logische Identität ist demgemäß ... illusionär, weil sie sich die Auseinandersetzung mit den geschichtlichen und gegenwärtigen Realitäten erspart.«
(M. JOSUTTIS/1987, S. 122 f.)

### 5.1.2 Lerngemeinschaft zwischen den Generationen

»Auf der EKD-Synode 1984 ... gab es einen unerwarteten Höhepunkt: Aufgrund der Äußerungen eines Synodalen bezogen Kirchenpräsident D. Hild und noch andere Synodale sehr bewegt Stellung zu ihrer Rolle als Soldaten und als junge Offiziere im letzten Krieg. Sie sprachen von ihrer Schuld damals. Nach dieser Diskussion meldete sich ein Jugendvertreter zu Wort ... und bedankte sich für diese Diskussion. Er habe zum ersten Mal erlebt, daß Betroffene über ihre eigenen Gefühle und auch über die Schuld im Blick auf den letzten Krieg gesprochen hätten, ohne es mit unglaubwürdigen großen Worten zu tun. Bei seinen Eltern oder Großeltern hätte er das so noch nie erlebt.«
(K. ENGELHARDT/1985, S. 114)

Was sich in dieser offenbar für alle Beteiligten bewegenden Szene abgespielt hat, kann man den Anfang einer »Lerngemeinschaft zwischen den Generationen« nennen (ebda.). In einer derartigen Lerngemeinschaft wird überwunden, was entsprechende Lern- und Dialogsituationen oft erschwert, wenn nicht gar zerstört: die hierarchische Einbahnbeziehung, in der immer schon vorher feststeht, wer der Lehrende und wer der Lernende, wer der Gebende und wer der Nehmende ist – und die Asymmetrie besteht darin, daß stillschweigend vorausgesetzt wird: im Regelfall lehren Erwachsene, und Jugendliche lernen. Nun könnte man fragen, ob dies denn in der geschilderten Situation auf der Synode wirklich schon überwunden ist, weil ja auch hier der Ältere (Hild und andere) der Mitteilende ist und der Jüngere der Empfangende. Aber bei genauerem Zusehen zeigt sich, daß es nicht reicht, die *formalen* Abläufe zu betrachten und ggf. umzukehren, entscheidend ist vielmehr, ob die Asymmetrie *inhaltlich* überwunden wird. Dies aber ist hier der Fall, weil Ältere nicht ein Fertigprodukt mitteilen, als etwas von den Jüngeren zu Lernendes, sondern weil sie deutlich machen, wo sie selbst aus Schuld gelernt haben. Darauf reagiert der Jugendvertreter mit Respekt; wenn man so will: daraus etwas zu lernen, ist möglich, weil sich beide, Ältere wie Jüngere, gleichermaßen als Lernende gegenüberstehen.

### 5.1.3 Antirassismus

»Das Antirassismusprogramm darf nicht dazu dienen, die Republik Südafrika zu isolieren und zu einem ›Sonderfall‹ zu machen. Europäische Kirchen und Christen haben in den letzten Jahren gelegentlich die Republik Südafrika als ›Prügelknaben‹ betrachtet, um von der eigenen strukturellen Mitschuld abzusehen oder abzulenken.«
(J. MOLTMANN/1976, S. 99)

Dies ist vermutlich immer die Gefahr, die mit der berechtigten Anklage der Verhältnisse in weit entfernten Ländern einhergeht. Die Mißstände im fremden Land erhalten dann eine »Alibifunktion für die Unterdrückung, die von den eigenen Ländern ausgeht und mit der Unterdrückung in der Republik Südafrika eng verbunden ist« (J. MOLTMANN/1976, S. 99).

Bei der Anklage anderer kommt es für die weißen Europäer darauf an, sich bewußt zu machen: Die Angeklagten sind wir. Was in anderen Ländern geschieht, ist paradigmatisch für unser eigenes Verhalten: als Reiche sind wir immer in der Gefahr, weniger die Gegenseite zu sehen als den eigenen Vorteil. Aber erst wenn wir dies durchschauen, wäre die Hoffnung auf Veränderung berechtigt:

»Rassismus ist doch wohl nur ein Epiphänomen von Vorherrschaft der einen über die anderen und von Privilegien der einen vor den anderen. Ohne den gleichzeitigen Kampf gegen *Kapitalismus* und *Diktatur* greift das Antirassismusprogramm zu kurz. Ja, es lenkt manche sogar von diesen schwereren Aufgaben ab.«
(J. MOLTMANN/1976, S. 100)

Diese Gefahr, unsere Verstrickung in das, was wir anklagen, zu übersehen, sollte man nicht gering schätzen. Es ist unsere europäische Gefahr. Es ist die Gefahr der Kirchen und derer, die zu ihnen gehören, in unserer Gesellschaft.

## 5.2 Theorieansätze und Handlungsformen

Es geht in diesem Kapitel, mehr noch als auch in allen anderen, um die Aufdeckung einer *Dimension*, die offen oder verdeckt in *allen* Handlungsfeldern von Bedeutung ist. Denn ohne daß es Menschen gelingt, sich miteinander zu verständigen, können sie nichts tun. Um dies eindrücklicher zu machen, wähle ich hier absichtlich weit auseinanderliegende Beispiele für Theorieansätze und Handlungsformen.

Die Dimension, um die es geht, ist die dialogische. Ich übernehme den Begriff des Dialogischen von MARTIN BUBER. Er hat ihn in seiner Rede »Über das Erzieherische« (1956) für das Verhältnis zwischen Erzieher und Zögling konkretisiert. Ich löse ihn von der Erziehungsproblematik ab und verwende ihn im Blick auf Beziehungssituationen und -verhältnisse unterschiedlichster Gestalt und Problematik.

Was ist das »dialogische Verhältnis«?
Es basiert auf dem, was BUBER »Umfassung« nennt, aber Umfassung ist etwas anderes, als das uns geläufigere Wort »Einfühlung« meint. Einfühlung ist Ineinanderaufgehen:

»Sie bedeutet somit Ausschaltung der eigenen Konkretheit, Verlöschen der gelebten Situation, Aufgehen der Wirklichkeit, an der man teilhat, in purer Ästhetik.«
(M. BUBER/1956, S. 37)

Umfassung ist dagegen nicht Ineinanderaufgehen, sondern »Erweiterung der eigenen Konkretheit« (ebda.), so daß jeweils die

»eine Person den gemeinsamen Vorgang, ohne irgend etwas von der gefühlten Realität ihres eigenen Tätigseins einzubüßen, zugleich von der anderen aus erlebt« (ebda.). Umfassung im Sinne BUBERS löst nicht die Eigenerfahrung auf, sondern verdoppelt sie. Ein Verhältnis zwischen zwei Personen oder, BUBER erweiternd, zwischen Menschengruppen unterschiedlicher Prägung, »das in geringerem oder höherem Maße von dem Element der Umfassung bestimmt ist, mögen wir ein dialogisches nennen« (ebda.):

Es »zieht alles Gespräch seine Echtheit nur aus dem Berührtsein von dem Element der Umfassung ... als ›Anerkennung‹ des So-Seins des Gesprächspartners – welche real, wirksam nur dann sein kann, wenn sie einer Umfassungserfahrung, einer Erfahrung der Gegenseite entsprungen ist.
Die Umkehr des Machtwillens und die des Eros bedeuten die Dialogisierung der von ihnen bestimmten Verhältnisse; eben deshalb bedeuten sie den Eingang des Triebs in die Verbundenheit mit dem Mitmenschen und in die Verantwortung für ihn als für einen zugeteilten und anvertrauten Lebensbereich.«
(M. BUBER/1956, S. 38)

Gerade diese letzten Sätze lassen es erlaubt erscheinen, BUBERS Sichtweise des Dialogischen, die sicher stärker individuell orientiert ist, auszuweiten auf Beziehungs- und Existenzprobleme unterschiedlicher Gruppen.

*5.2.1 Dialog zwischen den Generationen*

(1) Nostalgischer Vergangenheitsbetrachtung scheint es so, als ob die Welt und in ihr insbesondere der Übergang von einer Generation zur anderen früher in Ordnung gewesen wäre. Und »früher« heißt in dieser Sehnsucht: noch vor wenigen Jahren. Da umfaßte eine Generation eine »Gruppe in der Zeitgenossenschaft«, nämlich »die innerhalb eines Zeitraums von 15 bis 25 Jahren Geborenen« (so noch der Neue Brockhaus von 1974), und diese Gruppe übernahm heranwachsend die wesentlichen Lebensmuster der Älteren.

Die Sehnsucht trügt. So problemlos dürfte es nie gewesen sein, auch wenn sicher die traditionalen Bindungen zwischen den Generationen sehr viel stärker, weil selbstverständlicher waren als heute. Aber, was heute das Bild bestimmt, setzt schon Jahrzehnte vor unserer Gegenwart ein. Das ist in wissenschaftlicher Literatur weniger erkennbar als in autobiographischer und in Reden wacher Zeitgenossen. Sich dies zu vergegenwärtigen, ist wichtig, weil erst dadurch die historische Dimension, die Tiefenschärfe jener Verhaltensweisen erkennbar wird, die den Dialog zwischen Jüngeren und Älteren *heute* oft an den Rand des Scheiterns bringen oder von Beginn an blockieren: die Verzweiflung der Jüngeren am Sinn- und Wertsystem der Älteren und die Unfähigkeit der Älteren, sich auf diese Verzweiflung verstehend einzulassen.

Der französische Schriftsteller André Breton hat 1942, also vor bald fünfzig Jahren, vor französischen Studenten der Universität Yale eine Rede gehalten:

»Ich weiß, daß viele von Ihnen an der Gabelung Ihres Lebensweges stehen.
... Nicht mehr das Leben, wie man es am Ende der Schulzeit erwartet, das leuchtende, von Chancen explodierende Leben, sondern das Leben, das, ungeachtet dessen, was es individuell kostbar macht, sich von einem Tag zum anderen aufs Spiel setzen ... muß, das nicht bloß bedrohte, sondern von vornherein in die Anonymität eingeschmolzene Leben, das von dem abstrahiert, was es an Einzigartigkeit besitzt, um zum Element eines Ganzen zu werden, das aus ideologischen ... Gründen über ein anderes Ganzes den Sieg davontragen soll: Dies erwartet Sie ...
Nein, weder die Alten noch die orakelnden Vierzig- und Fünfzigjährigen können irgendwelche Rechte über Sie, die Jungen, geltend machen. Ich gehe sogar so weit zu behaupten, daß es Ihre Aufgabe ist, sie in Schach zu halten und sie zur Ordnung zu rufen, wenn sie sich anheischig machen sollten, Sie zu erleuchten. Wie auch sollten Sie ihnen gegenüber nicht das heftigste Mißtrauen hegen?«
(zitiert nach H.-E. Bahr/1982, S. 110)

Die damaligen Aussagen Bretons, *vor* Hiroshima, *vor* dem allgemeinen Bekanntwerden der Schreckensgeschichte des Holocaust,

## 5.2 Theorieansätze und Handlungsformen

*vor* dem heute erreichten Rüstungspotential, *vor* dem heutigen Stand der Umweltzerstörung – müssen sie nicht aufgrund inzwischen gewonnener historischer Erfahrung noch vielfach verschärft das Lebensgefühl junger Menschen bestimmen?

Wenn dies der Hintergrund ist, vor dem man zu verstehen versuchen muß, was sich in der Studentenbewegung oder in Jugendprotesten, in der Friedensbewegung oder in Demonstrationen unterschiedlichster Anlässe artikuliert, was aber auch Lebenshaltung und Lebensgefühl vieler Jugendlicher im individuellen Bereich bestimmt, dann muß man in die Charakteristik der Ausgangslage des Dialogs zwischen den Generationen nun noch zwei ganz unterschiedliche Momente einzeichnen:

☐ Man muß sich klarmachen, wie belastet, wenn auch aus ganz anderem Grund, die psychische Lage vieler *Älterer* im Dialog mit denen, die sie in Frage stellen, ist:

»Was die Jüngeren oft nicht sehen, wenn sie den Lebensentwurf der Älteren brüsk zurückweisen: Die Ängste vieler Menschen der mittleren und älteren Generation, daß damit auch sie selber, in ihrem innersten Ich, verworfen werden. Wenn die Nachfolgenden den Lebensstil der Eltern so heftig wie heute revozieren, wird ja auch die Selbstgewißheit der Älteren elementar erschüttert, ihr Anspruch, subjektiv wenigstens ›richtig‹ zu leben.
Die Angst davor, daß auch das ureigenste Lebenskonzept gefährdet wird, wenn die Jüngeren die Kontinuität radikal abbrechen, es ist zudem auch die Angst davor, daß man nun ungeschützt der durchgehenden Ersetzbarkeit ausgesetzt wird, der Todeserfahrung schon jetzt, mitten im noch vollen Leben. Eine Angst, die um so größer ist, je mehr man als Älterer zu ahnen beginnt, wie dürftig nur substantielle Ziele im eigenen Leben erreicht werden können.«
(H.-E. BAHR/1982, S. 9)

☐ Für die Struktur des Dialogs zwischen den Generationen ist sicher zunehmend wichtig, daß das Gegenüber der Generationen und der Grundauffassungen heute weniger eindeutig ist als früher. In vielen Fragebereichen, zum Beispiel in der Friedensbewegung, und besonders angesichts aktueller Herausforderung, die zu gemeinsamen Aktionen führen, ist zu beobachten, daß sich Ältere und Jüngere miteinander solidarisieren.

(2) Man braucht nicht weiter zu begründen, daß der Dialog zwischen den Generationen eine gesellschaftliche Notwendigkeit darstellt. Natürlich ist er nicht auf die Kirche beschränkt, aber die Kirche könnte ein Ort sein, wo er für alle auch stattfindet. Dies kann allerdings nur gelingen, wenn dabei seitens der Kirche der Dialog nicht etwa auf kirchliche Jugendkreise beschränkt wird. Ansatzpunkte, die darüber hinausweisen, zeigt ein von der Jugendkammer der EKD 1985 verabschiedeter Text »Gesichtspunkte zum Gespräch zwischen den Generationen in Kirche und Gesellschaft« und besonders seine Kommentierung durch einzelne Mitglieder der Jugendkammer (H. SCARBARTH, C. BÄUMLER, P. KRUSCHE in: M. AFFOLDERBACH u. H.-U. KIRCHHOFF (Hg.)/1985, S. 71 ff. und 83 ff.). Dabei ist bemerkenswert, daß sich die Autoren mit einem *eigenen* Text von 1963 selbst kritisch auseinandersetzen und ihre Position differenzieren.

Einen Dialog führen setzt voraus, daß beide Seiten etwas einzubringen haben, was für den jeweils anderen vorurteilsfreier Erwägung wert ist. Wo diese gegenseitige Erwartungshaltung nicht beide Seiten bestimmt, kann es keinen Dialog geben. Dies führt nicht nur zur Einsicht in die Wechselseitigkeit des Dialogs, sondern des Generationenverhältnisses überhaupt:

Es kommt »darauf an, die Wechselseitigkeit des Generationenverhältnisses wieder zu entdecken, gewissermaßen einen neuen Generationenvertrag in der Kirche auszuhandeln. Über das Frage-Antwort-Modell von 1963 müssen wir insofern hinausgehen, als deutlich wurde: ›Frage‹ und ›Antwort‹ sind nicht je für Junge oder Erwachsene monopolisierbar. Wenn sich die Volkskirche als ›Institution der Freiheit‹, das heißt als offenes, kritisches und lernfähiges Beziehungssystem begreifen will, heißt dies

unter anderem: daß auch Erwachsene von den Jungen lernen können, nicht nur umgekehrt.
Auch die Metapher von der ›Begleitung‹ war offenkundig zu einseitig auf die Vorstellung vom suchenden Jugendlichen fixiert, der durch Erwachsene auf den richtigen Weg geführt wird. Für statische Gesellschaften mochte das zutreffen; in einer Gesellschaft im Wandel, dem sich auch die Institution Kirche nicht entziehen kann, ist der richtige Weg nur im gemeinsamen Hören und Handeln auszumachen.
Ein neuer Generationenvertrag in der Kirche scheint uns in der gegenwärtigen volkskirchlichen Situation nicht nur wünschbar, er ist auch denkbar. Allerdings wären dafür wenigstens die folgenden Voraussetzungen notwendig: Gemeinde als Raum religiöser Erfahrung, Menschen mit befreiender Autorität und Kirche als Anwalt der Diskriminierten.«
(C. BÄUMLER u. P. KRUSCHE/1985, S. 86).

Will man Impulse und Aspekte benennen, die Jugendliche in den Dialog einbringen können, so ist zum Beispiel zu denken an:

☐ einen ausgeprägten Sinn für die Diskriminierung von einzelnen und Gruppen in unserer Gesellschaft;
☐ eine geringere Institutionengläubigkeit, die zu kritischem Verhalten befähigt (wenn sie nicht zur Institutionenfeindschaft umschlägt);
☐ Sensibilität für Not, Hunger und politische Unterdrückung wo immer in der Welt;
☐ neue Lebensformen und Lebensstile, die (oft) in berechtigte Konkurrenz zu tradierten Lebensformen treten können, und insgesamt ist es wichtig, sich klarzumachen, daß solche Impulse sehr oft *innerhalb* der konfrontativen Themen verborgen sind (vgl. J. KOENIG/1981, S. 67 ff., bes. S. 73 ff.).

*5.2.2 »Ökumenischer« Dialog*

Im alltäglichen Sprachgebrauch – »ökumenischer Gottesdienst«, »ökumenische Trauung« – signalisiert bei uns das Wort ökumenisch: partielle Gemeinsamkeit mit der katholischen Kirche. Dies ist wahrlich nicht viel, so begrüßenswert es ist, aber es käme gegenüber solchem kleinen, fast provinziell anmutenden Ausschnitt darauf an, die Grundbedeutung des Wortes Ökumene wieder bewußt zu machen (vgl. H.-G. STOBBE/1987). Ökumene heißt ursprünglich: der bewohnte Erdkreis. Wenn aber fremde Religionen und Kulturen, fremde Rassen und Völker nicht nur für uns erreichbar geworden sind, sondern unser Leben im eigenen Land teilen, dann fragt es sich, mit welchem Recht wir den ökumenischen Dialog mehr oder weniger ausschließlich mit der katholischen Kirche führen (vgl. auch KIRCHENAMT DER EKD/ 1985). Ökumene müßte heute heißen, sich auf einen umfassenden interreligiösen und damit immer zugleich interkulturellen Dialog einzustellen. Dazu würde auch gehören, den jüdisch-christlichen Dialog endlich als Teil des ökumenischen Dialogs zu begreifen und ihn nicht weiterhin auf einem eigentümlichen Sondergleis zu führen.

Ohne das, was hier jetzt nicht erörtert wird, gering zu achten, wähle ich für unseren Zusammenhang drei exemplarische Problemkreise aus, weil sie mir für den Kontext *praktisch-theologischer* Reflexion besonders wichtig scheinen. Für alle drei gilt, daß die Verständigungsproblematik sich mit besonderer Intensität stellt: es geht nicht nur darum, Fremdes zu verstehen, sondern darin zugleich um die Herausforderung, uns selbst besser oder kritischer oder hellsichtiger oder *anders* zu verstehen als zuvor. Diese Struktur des Verständigungsprozesses gilt für das Generationenproblem (s. o.) ebenso wie für den Feminismus (s. u.) und für den ökumenischen Dialog.

(1) Unsere Denkgewohnheiten sind nur zu oft eingespurt auf das, was wir kennen und daher für selbstverständlich halten. Christliche Kirchen sind entweder evangelisch oder katholisch, und wer touristisch etwas erfahrener ist, mag auch noch denken: orthodox. Jedenfalls sind es Konfessionskirchen, zu denen wir dann auch noch die englische High Church rechnen. Wir machen uns nicht klar, daß dies eine verengte westeuropäische Perspek-

tive ist, die außer acht läßt, was anderswo in der Welt sich *christliche Kirche* nennt, zum Beispiel im afrikanischen Kontext:

Fachleute schätzen die Zahl der konfessionsunabhängigen christlichen »Kirchen, Gruppen und Bewegungen heute insgesamt auf 6000, mit einer Anhängerschaft von ca. 15 Millionen Christen. In Kirchenstatistiken sind diese 15 Millionen nur selten angegeben. Zählt man diese Leute zu den Katholiken oder Protestanten – viele der ersten Generation sind ehemalige Katholiken bzw. Protestanten – oder betrachtet man sie gar als Nichtchristen? Wenn wir mit Sachkunde über die geschichtliche Lage der Kirche in Afrika urteilen wollen, muß dieser Frage Beachtung geschenkt werden, denn immerhin ein Zehntel aller afrikanischen Christen gehört einer der unabhängigen Kirchen an.«
(M.-L. MARTIN/1980, S. 37)

Diese 15 Millionen Christen, zersplittert in eine unübersehbare Zahl von Kirchen, Gruppen und Bewegungen unterschiedlichster institutioneller Gestalt haben gemeinsame Merkmale:

☐ Die Bibel, vorzugsweise das Alte Testament, ist ihr Fundament.

☐ Der Aspekt des Heiligen Geistes, der 3. Glaubensartikel, dominiert.

☐ Diese Kirchen und Gruppen haben sich von der Mission und ihrer Vormundschaft losgelöst, oder sie sind von den Missionskirchen exkommuniziert worden. »Sie organisierten sich entsprechend ihren eigenen afrikanischen Strukturen und gaben dem gottesdienstlichen Leben eine ihren eigenen religiösen Ausdrucksformen gemäße Gestalt« (aaO. S. 38).

☐ Ihr Hauptmerkmal war, nach einer »eigenen, afrikanisch geprägten Identität zu suchen« (aaO. S. 38).

☐ Alle diese unabhängigen afrikanischen Kirchen befinden sich südlich der Sahara. Ihre Bildung ist durch die Übersetzung der Bibel in ihre Sprache möglich geworden.

Was sich in Afrika ereignet hat, ist lebendiger als alles, was wir in europäischen Kirchen kennen. Es ist intensiver auf den Lebenskontext der Menschen bezogen, als es europäische Kirchen bis heute auszusprechen gewagt haben:

»Wenn ich jeweils für kurze Zeit Afrika verlasse und in die Schweiz, nach Deutschland oder in die USA komme, dann empfinde ich in der Kirche stets eine große Leere. Es ist alles feierlich-eintönig und manchmal geradezu langweilig. Es fehlt einfach die Freude, die echte Gemeinschaft, das gegenseitige tiefere Kennenlernen. Es fehlt die unbefristete Zeit für die Gottesdienstfeier. Die Predigt muß kurz sein, dann verläßt man die Kirche, und das Sakrale bleibt dahinten. Von der reichen Geistesfülle, die wir in Afrika gewöhnt sind, ist oft wenig zu spüren. Das Profane wird nicht vom Sakralen durchdrungen. Gottesdienst und Alltag bleiben unerträglich geschieden. Was Europäer den Afrikanern noch zu geben vermögen, sind theologische Hintergrund-Kenntnisse, welche die Bibel besser zum Verstehen bringen. Dieser Dienst ist vorläufig noch wichtig, vorausgesetzt, er geschieht in aller Bescheidenheit und Demut und nicht aus europäischem Kulturdünkel heraus.«
(M.-L. Martin/1980, S. 46 f.)

Die Frage ist: Was lernen zum Beispiel deutsche Kirchen aus solchen Beispielen, wenn sie sie nicht nur als »exotisch« abwerten? Was sagt uns die Tatsache, daß die konfessionelle Prägung von Kirchen weder das erste noch das letzte für die Lebendigkeit von Kirchen ist? Was sagt uns in Deutschland, zum Beispiel für die Situation der evangelischen Kirche in absehbarer Zukunft, diese Realität von Kirche – nicht: dieses Kirchenverständnis! – in einem anderen kulturellen Kontext?

(2) Das Thema »*Rassismus*« ist bei uns emotional hochbesetzt. Das erschwert die Verständigung über Solidarität gegen rassistische Gewalt. Die eigene Geschichte, zu der rassistische Todesherrschaft unvorstellbaren Ausmaßes gehört, macht befangen, gegenwärtigen Rassismus bei sich selbst und den Rassismus anderer zu verurteilen. Aus dieser Befangenheit erklärt sich mindestens zum Teil, warum zum Beispiel die Verständigung über den

Antirassismus-Fond des Ökumenischen Rates in deutschen Kirchen so schwierig war. Und die Schwierigkeiten steigern sich, wenn die Beteiligten die Gründe nicht durchschauen. Dann werden nicht nur theologische mit politischen Argumenten verwechselt, sondern lebensgeschichtlich bedingte Positionen werden als Sachinformationen ausgegeben.

Aber auch wessen Geschichte frei ist von eigener Beteiligung an der rassistischen Gewaltherrschaft des Nationalsozialismus, muß sich mit seinen Befangenheiten auseinandersetzen. Ein Dokument dafür ist der Brief der Niederländischen Reformierten Kirche an den Ökumenischen Rat aus dem Jahre 1975:

»Das Programm zur Bekämpfung des Rassismus hat uns eine große Anzahl von Kontakten zu Gruppen geschaffen, mit denen die Kirche in der Vergangenheit wenig oder nichts zu tun hatte. Wir stimmen diesen Kontakten von Herzen zu, besonders, wenn sie sich auf Organisationen beziehen, die von den Opfern der Diskriminierung gebildet werden. Trotz der Tatsache, daß diese Politik auch Unruhe in unsere Gemeinden gebracht hat, sind wir der Meinung, daß das Programm zur Bekämpfung des Rassismus uns einen Dienst erwiesen hat, indem es uns die Einsichten vermittelte, die aus diesen Kontakten hervorgingen ...
Wir müssen vor allem jenen Unterdrückten unsere Schuld bekennen, die an uns nur träge und wenig wirksame Partner gefunden haben. ›Aber auch denen‹, so fügen die niederländischen Synodalen hinzu, ›die den Mut zu gewaltlosem Widerstand aufbrachten, weil wir sie so oft gelobt –, aber unseren eigenen Anteil an der Gewalt zuzugeben uns geweigert haben‹. Auch denen müssen wir unsere Schuld bekennen, die in äußerster Verzweiflung zu den Waffen gegriffen haben, während wir schnell bei der Hand waren, sie dieser Entscheidung wegen zu verdammen, obwohl wir in beinah jedem vergleichbaren Konflikt, der uns betraf, selbst so entschieden haben; aber auch an denen sind wir schuldig geworden, die nicht den Mut aufbringen konnten, ihre Mitmenschen an ihrer Macht und an ihren Privilegien teilhaben zu lassen, weil auch wir aus unserer Macht und unseren Privilegien Nutzen gezogen haben.«
(zitiert nach: A. JUHRE/1976, S. 8 f.)

Um folgenreiche Mißverständnisse und Verworrenheiten im Sprachgebrauch auszuschalten, ist es immer wieder notwendig, darauf hinzuweisen, daß der Begriff »Rasse« ausschließlich *biologisch* bestimmt ist. Es ist ein Begriff, mit dem *klassifiziert*, aber nicht *gewertet* werden kann. In der Wissenschaft wird unterschieden zwischen drei großen Rassen, in die die Menschheit eingeteilt wird: Europiden, Negriden, Mongoliden, wobei keine dieser Rassen in reiner Gestalt auftritt. Im biologischen Verständnis ist eine Rasse »das Ergebnis des Anpassungsprozesses einer Population an ihre Umwelt« (L. C. DUNN/1953).

Schon diese wenigen Hinweise genügen, um zu zeigen, welche Perversion es ist, Rassen in höher- und minderwertige einzuteilen, um daraus den eigenen Herrschaftsanspruch abzuleiten. Diese Perversion ist Folge von Vorurteilen; sie entspringt dem Bedürfnis, das Selbstwertgefühl zu erhöhen und durch Feindbilder Unterdrückung zu rechtfertigen. Eben dies bezeichnet der Begriff *Rassismus*.

Die südafrikanischen Apartheidsgesetze stellen einen klassischen Fall von Rassismus dar (vgl. W. BASSMANN/1978). Nach der Verfassungsreform von 1984, die faktisch keinerlei Verbesserung brachte, ist die krisenhafte Lage der schwarzen Bevölkerung in dreifacher Hinsicht besonders eindringlich erkennbar*:

☐ Durch die verfassungsrechtliche Verankerung des ›National States Citizenship‹-Gesetzes wird die Zwangsausbürgerung der schwarzen Südafrikaner legalisiert. Bis heute sind von dieser Maßnahme bereits achteinhalb Millionen Schwarze betroffen, die zu Bürgern eines der vier Homelands gemacht wurden. Fälschlicherweise werden diese Homelands als ›unabhängig‹ bezeichnet; in Wirklichkeit haben ihre Bewohner die südafrikanische Bürgerschaft verloren und sind nun Angehörige eines Landes, das von keinem außer dem südafrikanischen Staat anerkannt ist.

☐ Ebenfalls verfassungsrechtlich verankert ist nunmehr das Prinzip der Apartheid, da das neue parlamentarische System

---

* Der nächste Abschnitt folgt einem Thesenpapier des Amtes für Mission und Ökumene der Ev. Kirche in Hessen und Nassau aus dem Jahre 1986.

mit seinen getrennten Kammern für Weiße, ›Mischlinge‹ und Südafrikaner indischen Ursprungs im Verhältnis 4:2:1 auf dieser Trennung beruht. Die Schwarzafrikaner, überwältigende Bevölkerungsmehrheit, sind in diesem System überhaupt nicht vertreten.

☐ Die Position des Exekutiv-Präsidenten mit nahezu uneingeschränkten Vollmachten in der neuen Verfassung setzt die letzten Ansätze eines demokratischen Entscheidungsvollzugs außer Kraft.

Kirchen und Christen, die im Südafrikanischen Kirchenrat zusammenarbeiten, beschreiben die Aufgabe der Kirche unter den herrschenden Bedingungen der Apartheid folgendermaßen:

☐ Die Kirche hat gegen die Menschen verachtende Politik der Apartheid die christliche Botschaft der Hoffnung zu bezeugen.
☐ Die Kirche nimmt teil am Kampf der Menschen für die Überwindung der Apartheid. Sie beteiligt sich daran, staatliche und wirtschaftliche Strukturen zu schaffen, die allen Beteiligten Mitspracherecht an der Gestaltung ihres Lebens gewähren und die Unbemittelten vor Ausbeutung und Unterdrückung schützen.
☐ Der prophetische Auftrag der Kirche führt zu praktischen Konsequenzen im Verhalten der Kirche zum Staat:
  – die Kirche hat die gesellschaftliche Ordnung kritisch zu überprüfen;
  – die Kirche ist verpflichtet zur Konfrontation mit dem Staat, der Ungerechtigkeiten stützt;
  – die Kirche muß Widerstand leisten gegen herrschende Ungerechtigkeit, Gehorsam verweigern gegenüber ungerechten Gesetzen, durch Aktionen zivilen Ungehorsams Druck ausüben auf die Regierung.
☐ Die Kirchen Südafrikas bitten Kirchen in aller Welt um Zeichen der Solidarität und um Zusammenarbeit im gewaltfreien Widerstand gegen die Sünde der Apartheid.
(Vgl. dazu insgesamt das KAIROS-Dokument)

(3) Überblickt man die vielfältigen Bemühungen um den *interreligiösen Dialog,* so fällt auf, daß sie mehr oder weniger auf der Ebene von Konferenzen und hoch angesiedelten ökumenischen

Veranstaltungen stattfinden. Interreligiösen Dialog mit Einzelkirchen oder gar auf der Ebene von Kirchengemeinden gibt es nur vereinzelt. Angesichts der multireligiösen Lage in der Bundesrepublik ist dies ein Mangel, den man deutlich benennen muß.

K. BLASER (1980) unterscheidet drei verschiedene Dialogebenen: Interreligiöse Bewegungen, römisch-katholische Bemühungen und das Dialogprogramm in der ökumenischen Bewegung.

Interreligiöse Weltkonferenzen, die nicht von katholischer oder ökumenischer Seite inszeniert worden sind, gibt es seit den sechziger Jahren. Nach Veranstaltungen in Washington und Kalkutta fand 1970 die erste Weltkonferenz der Religionen für den Frieden in Kyoto statt. Ihr schloß sich 1974 die zweite in Löwen an (vgl. M. A. LÜCKER/1971; ders./1975). An allen Konferenzen waren auch Christen beteiligt. Das erkennbar werdende Interesse in Themen und Resolutionen richtet sich auf Frieden, Menschenrechte und ökologische Fragen.

Das Zweite Vatikanische Konzil hat eine Neubestimmung des Verhältnisses zwischen katholischer Kirche und Theologie und den Religionen in der Welt eingeleitet (vgl. G. ROSENKRANZ/ 1977, S. 416 ff.). Die entscheidenden Texte sind das Missionsdekret »Ad Gentes«, die Erklärung »Nostra Aetate«, aber auch andere Texte, zum Beispiel das Ökumenismusdekret und die Erklärung zur Religionsfreiheit, gehen auf das Thema ein.

Das Verhältnis zu anderen Religionen hat auf evangelischer Seite auf den Konferenzen des Internationalen Missionsrates und des Ökumenischen Rates der Kirchen immer wieder eine Rolle gespielt (vgl. G. ROSENKRANZ/1977, S. 250 ff.; 371 ff.), beginnend auf der Edinburger Konferenz 1910. Aus innertheologischen Gründen war es hier jedoch viel schwieriger als auf katholischer Seite, in diesem Dialog voranzukommen, so vielfältig er sich inzwischen auch entwickelt hat (vgl. H. J. MARGULL u. S. J. SAMARTHA/1972). Aber die gewonnenen Einsichten lassen sich nicht vergleichbar klar ordnen, wie dies im Zweiten Vatikanischen Konzil geschah, weil die Dialogversuche und -ansätze ständig durch Problematisierungen des Dialogs begleitet werden (vgl. M. MILDENBERGER/1978; H.-J. LOTH u. a./1978). Von besonderer Bedeutung sind H. J. MARGULLS Arbeiten zum Verständnis des Dialogs (1974; 1979).

Frühere Berührungsängste überwindend, formuliert JÜRGEN MOLTMANN einen Katalog von Einsichten, die andere Religionen vermitteln. Dabei geht er davon aus, daß »die Formulierung der ersten Schritte ... wichtiger (ist) als die Festlegung des umfassenden Ziels« (J. MOLTMANN/1975, S. 181). Schrittweise kann aus ersten Schritten »jene spannungsvolle *Weltgemeinschaft der Religionen* für eine Weltgesellschaft entstehen, von der noch keiner weiß, wie sie aussehen wird« (ebda.). So sind auch die ersten Dialogerfahrungen einzuordnen:

»Die Einzigartigkeit des Rufes ›Laßt Gott Gott sein‹ aus dem *Islam,* die totale Anerkennung der göttlichen Herrschaft über das ganze Leben und seine Kritik an altem und modernem Götzendienst, ist für Christen beeindruckend und ruft zur Selbstprüfung auf. Die meditative Kraft des *Buddhismus,* seine Einsicht in das Selbst und die innere Freiheit des Menschen, bringt verdrängte mystische Elemente des christlichen Glaubens wieder zum Vorschein und kann Christen zur Überprüfung ihres modernen Aktivismus führen. Die Erkenntnis der komplizierten Gleichgewichtssysteme, die den Einzelnen, seine Gemeinschaft, die natürliche Umwelt, die Ahnen und die Götter miteinander verbinden, läßt das Vorurteil der ›Primitivität‹ im Blick auf die *animistischen Religionen* Afrikas und Asiens nicht mehr aufkommen. Vermutlich ist in ihnen ökologisches und genetisches Wissen aufbewahrt, das dem modernen Christentum längst verlorengegangen ist.«
(J. MOLTMANN/1975, S. 182)

*5.2.3 Dialog zwischen Männern und Frauen*

Wenn man sich mit Problemen des Feminismus und der feministischen Theologie beschäftigen will, weil hier möglicherweise eines der gegenwärtigen markantesten Verständigungsprobleme liegt, ist es unabweisbar, sich eingangs mit der realen Situation von Frauen in unserer Gesellschaft zu befassen. Dazu müssen hier wenige Zahlen genügen:

☐ Hausarbeit einer verheirateten, *erwerbstätigen* Ehefrau (ohne Kinderbetreuung) wöchentlich ca. 39,5 Stunden; Hausarbeit einer verheirateten, *nichterwerbstätigen* Ehefrau (ohne Kinderbetreuung) wöchentlich ca. 50,5 Stunden. Der Unterschied erklärt sich daraus, daß die Haushalte der erwerbstätigen Ehefrauen in der Regel kleiner bzw. die Kinder älter sind als bei den Nichterwerbstätigen. Der geschätzte wöchentliche Zeitaufwand für Kinderbetreuung liegt zwischen 14 und 21 Stunden zusätzlich (nach: C. PINL u. a./1978, S. 8 f.).

☐ Der Grundsatz »gleicher Lohn für gleiche Arbeit« ist bis heute noch nicht überall realisiert.

☐ Den unterschiedlichen Anteil von bezahlter und unbezahlter Arbeit bei Männern und Frauen zeigt folgendes Schaubild:

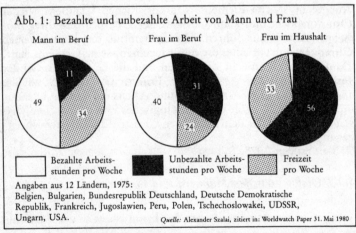

(aus: NEW INTERNATIONALIST/1986, S. 14)

☐ Der prozentuale Anteil von Männern und Frauen in akademischen Berufen und im öffentlichen Dienst, bezogen auf die Gesamtbevölkerung von 1980, ist in der Bundesrepublik bei Männern doppelt so hoch wie bei Frauen:

|  | männ. | weibl. |
|---|---|---|
| Bundesrepublik Deutschland | 10 | 5 |
| Kanada | 12 | 9 |
| Indonesien | 1 | 1 |
| Israel | 9 | 8 |
| Niederlande | 10 | 5 |
| Norwegen | 13 | 10 |
| Panama | 5 | 4 |
| Portugal | 3 | 3 |
| Schweden | 15 | 15 |
| USA | 16 | 9 |
| Venezuela | 5 | 4 |

(aus: NEW INTERNATIONALIST/1986, S. 363, in Auswahl)

☐ Bei der Mitgliedschaft in gesetzgebenden Körperschaften zeigt sich 1980, daß Frauen *überall* unter der Marke von 50% bleiben, meist weit darunter. Einige Beispiele:

| Land | m | w | Land | m | w |
|---|---|---|---|---|---|
| Australien | 170 | 19 | DDR | 338 | 162 |
| Österreich | 206 | 30 | Bundesrepublik | 469 | 51 |
| Belgien | 360 | 34 | Italien | 886 | 66 |
| China | 2346 | 632 | Niederlande | 182 | 43 |
| Dänemark | 137 | 42 | Polen | 346 | 114 |
| Frankreich | 770 | 38 | UdSSR | 1008 | 492 |
| Ungarn | 243 | 109 | Finnland | 138 | 62 |

(aus: NEW INTERNATIONALIST/1986, S. 377 f., in Auswahl)

Das ist lediglich eine kleine Auswahl beispielhafter Zahlen und Relationen. Die erkennbare Tendenz ist eindeutig: Frauen sind in unserer Gesellschaft zahlenmäßig unterrepräsentiert und benachteiligt. Diesen Sachverhalt muß man sich bewußt machen, wenn man vom notwendigen Dialog zwischen Männern und Frauen redet – einem Dialog, der über Gleichberechtigung im

Sinne *zahlenmäßiger* Gleichstellung von Männern und Frauen inhaltlich weit hinausführen muß.

(1) Was ist mit dem Begriff »Feminismus« gemeint, und in welchem Verhältnis stehen Feminismus und Frauenbewegung zueinander? Zieht man Lexika und Wörterbücher zu Rate, so erfährt man bis Mitte der siebziger Jahre: Feminismus ist »das Vorhandensein oder die Ausbildung weiblicher Geschlechtsmerkmale beim Mann oder bei männlichen Tieren«, so noch im Duden-Fremdwörterbuch von 1974. Innerhalb weniger Jahre hat der ursprünglich medizinische Begriff eine gesellschaftspolitische Umprägung erfahren, die erst in den neuesten Auflagen der Wörterbücher registriert wird (zum Beispiel Duden/1986[19]). Wer heute vom Feminismus spricht, hat nicht mehr Medizinisches im Sinne, sondern bestimmte Tendenzen der Auseinandersetzung von Frauen mit der Dominanz männlicher Einflüsse in Gesellschaft, Wissenschaft, Kultur und Lebensform.

Eine Differenzierung dieser allgemeinen Umschreibung ist am ehesten erreichbar, wenn man sich den Zusammenhang und den Unterschied zwischen *Feminismus* einerseits und dem herkömmlichen Begriff der *Frauenbewegung* klarmacht.

Man unterscheidet in der Frauenbewegung allgemein zwischen einer ersten und einer zweiten Phase, zwischen denen der Zeitraum von 1933 bis zur ersten Nachkriegszeit liegt (ein Zeitraum, indem die Vorherrschaft des Männlichen nahezu ungebrochen war). Die *erste Phase* reicht von 1848 bis 1933. Sie ist gekennzeichnet durch bürgerliche und sozialistische Strömungen verschiedener Art, in denen Frauen initiativ werden und um ihre Rechte, um ihre Beteiligung am gesellschaftlichen Leben, um konkrete Reformen (zum Beispiel Mädchenschulwesen, Zulassung zum Universitätsstudium) kämpfen. Es ist eine überwiegend praxisorientierte Bewegung in vielen Gruppen (vgl. G. SCHARFFENORTH/1983). Die Auswirkungen des Ersten Weltkriegs, erst recht der Männlichkeitswahn der faschistischen Diktatur haben alle diese Initiativen beendet. In den gesellschaftlichen Umbrüchen der späten sechziger Jahre beginnt dann die *zweite Phase* der Frauenbewegung.

Deren Charakteristikum ist von Anfang an die starke theoretische Durchdringung und Reflexion der Frauenfrage:

»Theoriebildung also als Spezifikum und Schwerpunkt der Neuen Frauenbewegung. Und die Theorie, die sie allmählich herausbildet, durchaus unter ständigem Rückgriff auf Ideen, Programme, Theoriefragmente der ersten Frauenbewegung, ist der Feminismus.«
(L. F. PUSCH/1983, S. 13)

Wie lassen sich die bisher erkennbar gewordenen Schwerpunkte des Feminismus kennzeichnen?

Die allgemeinste Zielvorstellung ist die Abschaffung der Frauenunterdrückung. Dies bedeutet nicht nur Gleichberechtigung, sondern auch »eine Veränderung der Gesellschaft im Sinne der Mitherrschaft ›weiblicher‹ Normen« (H. SCHENK 1983³, S. 190). Frauenunterdrückung hat ihren entscheidenden Grund in der *Geschlechtsrollendifferenzierung*. Sie muß überwunden werden und mit ihr die *geschlechtsspezifische Arbeitsteilung*. Das ist der Argumentationskern, von dem sich alle entscheidenden Thesen und Forderungen des Feminismus ableiten lassen. Dabei ist es wichtig, die Logik der Argumentation genau zu beachten: Es geht bei der Überwindung der Geschlechtsrollendifferenzierung nicht nur um die Aufhebung der Benachteiligung von Frauen, sondern darum, durch diese Überwindung die normative Geltung männlichen Verhaltens in Familie und Kultur, in Wissenschaft und Wirtschaft und Politik außer Kraft zu setzen (vgl. H. SCHENK/1983³, S. 197).

Konkret bedeutet dies:

☐ Halbierung der Hausarbeit, soziale Elternschaft;

☐ »Sozialisation von Kindern auf das Ideal der androgynen Persönlichkeit hin. Die androgyne Persönlichkeit vereint in sich positiv bewertete ›weibliche‹ Züge ... und positiv bewertete ›männliche‹ Züge ... Die Spannung zwischen den kulturell dualistisch gedachten Polen ›männlicher‹ und ›weiblicher‹ Eigenschaften besteht nurmehr in der Person, nicht mehr zwischen Gruppen.«
☐ »Feminisierung des gesamtgesellschaftlichen Normen- und Wertsystems.«
(H. Schenk/1983³, vgl. S. 204 ff., Zitate S. 205)

Ehe wir weiterverfolgen, wie sich dieser Ansatz im Kontext von Theologie und Kirche konkretisiert, möchte ich eine kurze Zwischenüberlegung einschalten. Zwei Aspekte scheinen mir wichtig:

☐ *Männer und Frauen* werden begreifen lernen müssen, daß sehr vieles in ihrem jeweils eigenen Selbstverständnis und im Verständnis des jeweils anderen Geschlechts nicht, wie wir *alle* überwiegend meinen, *naturhaft angelegt,* sondern *sozial erworben* ist. Das ist ein Lernprozeß, der vermutlich nur gelingen kann, wenn Männer und Frauen sich ihm gemeinsam unterziehen.

☐ Dieser Lernprozeß ist schwierig, weil es in ihm nicht einfach darum geht, sich eine neue Einsicht zu eigen zu machen, sondern es geht um Veränderungen alter Bewußtseinsstrukturen, die tief eingeschliffen sind. Wenn in ihnen menschliches Zusammenleben in andere Formen überführt werden soll, dann wird auch dies nur gelingen, wenn Männer und Frauen sich gemeinsam an solchen Bewußtseinsveränderungen abarbeiten. Denn die Zielvorstellung ist ja die positive Veränderung *gemeinsamen* Lebens und eben nicht nur die Verbesserung der Situationen von Frauen in gleichbleibenden gesellschaftlichen Strukturen.

Diese beiden Aspekte sind es, die mich veranlassen, das Thema Feminismus im Zusammenhang der »Verständigungs«-Proble-

## 5.2 Theorieansätze und Handlungsformen

matik zu erörtern. Es ist ein prägnantes Beispiel dafür, daß die *Bedingung von Veränderungen* beim einzelnen, in der Gesellschaft und in der Kirche *Verständigung* der Beteiligten und Betroffenen heißt. Oder auch: Veränderung hängt von kommunikativen Prozessen ab.

(2) Auf diesem Hintergrund ist zu fragen: Was ist feministische Theologie? Es ist eine inzwischen längst international gewordene neue theologische Fragerichtung, die freilich an deutschen Hochschulen nicht etabliert wird und in deutschen Kirchen allenfalls am Rande, wenn nicht verzerrt (vgl. die Stellungnahme der nordelbischen Bischöfe) zur Kenntnis genommen wird.

Inzwischen liegen eine Reihe zusammenfassender und einführender Darstellungen vor (C. HALKES/1985[4]; E. MOLTMANN-WENDEL/1987[2]; C. HALKES/1985; R. RUETHER/1985; L. SCHOTTROFF u. L. SIEGELE-WENSCHKEWITZ/1986[3]; U. GERBER/1987), so daß hier wenige Hinweise genügen müssen. Ich hebe dreierlei hervor, um den Denk- und Lebenszusammenhang und entscheidende Akzentuierungen wenigstens anzudeuten.

Feministische Theologie gehört in den Zusammenhang der Ende der sechziger, Anfang der siebziger Jahre entstehenden Befreiungstheologien (vgl. C. HALKES/1985[4], S. 32 ff.; E. MOLTMANN-WENDEL/1987, S. 71 ff.). Die Tatsache, daß diese Befreiungstheologien stets auf bestimmte historische *Kontexte* bezogen sind, gilt ebenso für die feministische Theologie. ELISABETH MOLTMANN-WENDEL nennt drei Grundsätze, die für die Schwarze wie für die feministische Theologie bezeichnend sind:

»1. Der Ausgangspunkt theologischen Denkens und Handelns ist die Erfahrung gesellschaftlicher Unterdrückung.
2. Das Ziel der Theologie ist die Würde des Menschen, sein Personsein in einer gerechten Gesellschaftsordnung.
3. Theologie ist Praxis. Im richtigen Handeln und Kampf für eine neue Gesellschaft findet Theologie statt.«
(E. MOLTMANN-WENDEL/1987[2], S. 74 f.)

Diese drei Grundsätze werden durch eine ausgeprägt subjektorientierte Perspektive zusammengehalten. Dies zeigt sich naturgemäß besonders deutlich in Arbeiten zur Hermeneutik (vgl. N. ZUNHAMMER, in: C. SCHAUMBERGER u. M. MAASSEN/1986, S. 256 ff.) und zur Auslegung biblischer Texte (vgl. L. SCHOTTROFF/1980; 1984).

Ziel dieser Hermeneutik ist ein neues Paradigma in Theologie und Kirche (und immer zugleich: Gesellschaft). THEODOR STROHM folgert daraus:

»Theologisch ließe sich diese Zielsetzung an LUTHERS ›Disputatio de homine‹ anknüpfen (von 1536, WA 39 I, 175 ff.). Der Mensch dieses Lebens – Mann und Frau – ist Stoff für Gott zum Leben seiner künftigen Gestalt mit dem ›Ziel‹ der reformierten, wiederhergestellten und vollendeten Gottebenbildlichkeit. Ziel dieses irdischen Lebens ist die reformata imago Dei. Ihre Vollendung ist verheißen und Grund der Hoffnung.«
(T. STROHM/1987, S. 164)

Vielleicht am differenziertesten und ausführlichsten ist bisher über neue Weisen, von Gott zu reden, gearbeitet worden. Hier erscheint die patriarchalische Thematik und Problematik theologisch auf die Spitze getrieben (und nicht zufällig wird auch gerade hier die unterschiedliche Radikalität der verschiedenen feministisch-theologischen Ansätze erkennbar). Zwei zueinander gehörige Argumentationsebenen kann man voneinander unterscheiden: Einerseits wird gezeigt, daß es entgegen männlicher theologischer Sprachgewohnheit in der Bibel keineswegs nur das männliche Gottesbild gibt, sondern durchaus auch weibliche Züge (vgl. R. RUETHER/1985, S. 88 ff.); andererseits, und hier scheint mir das größere Gewicht zu liegen, wird argumentiert, daß das männliche Gottesbild in der Geschichte derart zur Stützung männlicher Herrschaftsstrukturen und also zur Unterdrückung von Frauen mißbraucht worden ist, daß es heute nicht mehr, mindestens nicht mehr als einziges, brauchbar erscheint (vgl. außer den schon genannten Titeln, die alle auf das Problem

## 5.2 Theorieansätze und Handlungsformen

eingehen: V. MOLLENKOTT/1985; D. SÖLLE in: L. PUSCH/1983, S. 196 ff.; E. MOLTMANN-WENDEL/1986[4], dort besonders C. HALKES, S. 179 ff.).

Diese Fragestellung führt nicht nur unmittelbar in praktisch-theologische Horizonte wie Sprache der Predigt, Sprache der Liturgie und Übersetzungsprobleme der alt- und neutestamentlichen Texte, sondern macht auch noch einmal deutlich, wie eng der Zusammenhang zwischen allgemeiner feministischer Forschung und feministischer Theologie ist. Denn in der Frage, wie von Gott zu reden sei, steht das Problem der Sprache zur Debatte – einer Sprache, die überwiegend Männersprache ist und das Welt- und Menschenverständnis von Frauen nicht zur Geltung kommen läßt. Daher ist es nicht zufällig, daß die Sprachproblematik in der feministischen Forschung eine entscheidende Rolle spielt (vgl. L. F. PUSCH/1984; S. TRÖMEL-PLÖTZ (Hg.)/1987; S. TRÖMEL-PLÖTZ/1982; M. HELLINGER (Hg.)/1985; G. SCHARFFENORTH/1987; H. KÖHLER/1987).

Wenn die produktiven Anregungen und Anstöße feministischer Theologie (und des Feminismus überhaupt) in den praktisch-theologischen Diskurs eingehen sollen, und mir scheint, daß *alles* dafür spricht, dies zu wünschen, dann ist es wichtig, daß Männer *widerstehen*, die ihnen naheliegenden Fragen vorschnell zu stellen: Entspricht hier alles *unseren* methodischen Anforderungen? Ist das Theorie-Praxis-Verhältnis schon genug durchdacht? Ist die hermeneutische Reflexion weit genug vorangetrieben? Gewiß, von tradierten methodischen Maßstäben her mögen diese Fragen ihr Recht haben. Aber es könnte ja sein, daß diese tradierten Kriterien uns manches nicht sehen lassen, was zu sehen notwendig ist. Also: es könnte ergiebig sein für *alle*, sich auf ungewohnt formulierte Fragen und Thesen einzulassen.

Damit sind wir wieder bei der Notwendigkeit angelangt, daß Männer und Frauen sich über neue Fragestellungen verständigen müssen – vielleicht genauer: daß Frauen Männer für ihnen neue Fragestellungen gewinnen müssen:

»Männer, die das Leben für sich selbst und dann in der Gemeinschaft mit Frauen entdecken wollen, müssen den Zwang des Patriarchats wie einen Alptraum abschütteln und diese Verdrängung des wahren Lebens aufheben, um ganze Menschen zu werden. Es geht uns dabei wohl so ähnlich wie den Jüngern, die die Osterbotschaft der Frauen hören und sich dann gläubig/ungläubig aufmachen, den Lebendigen selbst zu finden, den sie vor seinem Tod am Kreuz verlassen hatten. In der gemeinsamen *Auferstehungsbewegung* könnten wir Männer ›die neue Gemeinschaft von Frauen und Männern‹ entdecken, die uns von patriarchalischen Deformationen erlöst und uns für das ganze menschliche Leben öffnet.«
(J. MOLTMANN, in: E. u. J. MOLTMANN/1982, S. 84 f.)

## 5.3 Verknüpfungen

*(1) Dominierende Reflexionsperspektiven:*
- 1: Hermeneutik (= Bd. 1, S. 85 ff.)
- 5: Ideologiekritik (= Bd. 1, S. 180 ff.)
- 2: Rhetorik (= Bd. 1, S. 109 ff.)

| (2) hier erörterte *Handlungsfelder:* | in anderen Kapiteln erörterte *problemverwandte Handlungsfelder:* |
|---|---|
| Dialog zwischen den Generationen | z. B. 2: *Lernen (2)*<br>bes. 2.1.3: Religion und Biographie |
| »Ökumenischer« Dialog | z. B. 4: *Helfen (2)*<br>bes. 4.2.3: Entwicklungshilfe |
| Dialog zwischen Männern und Frauen | z. B. 9: *Kooperieren*<br>bes. 9.2.1: Kommunikative Praxis |
| Politische Predigt | z. B. 6: *Reden und Schreiben*<br>bes. 6.1: Beispiele<br>6.2.3: Die Predigt als Rede/Handlung |

(3) Nicht erörterte
*verwandte Praxiszusammenhänge:*
z. B. Verständigung zwischen Ideologien
Interkonfessioneller Dialog
Kirchentag

## 5.4 Ausblicke

### 5.4.1 Frauen in der Kirche

»Pfarrer im Sinne der Grundordnung ist auch die Pfarrerin.« Dieser Satz aus der Grundordnung der Badischen Landeskirche (§ 50,2) zeigt, daß die Kirchen aufgrund ihrer historischen Prägungen bis heute *Männerkirchen* sind. Man wird sich klarmachen müssen, wenn man die gegenwärtige Situation und die notwendigen künftigen Veränderungsprozesse realistisch einschätzen will, daß auch die rechtliche Gleichstellung von Pfarrerinnen und Pfarrern – immerhin in allen deutschen Landeskirchen seit Ende der siebziger Jahre erreicht – die Männerkirchen nicht automatisch verändert hat. Dafür ist die Tatsache, daß Frauen in Leitungsaufgaben der Kirchen sowohl im Blick auf den prozentualen Anteil von Pfarrerinnen wie erst recht im Blick auf den Anteil von Frauen unter den Kirchenmitgliedern nach wie vor unterrepräsentiert sind, nur *ein* Indiz. Schwerer als die Vernachlässigung eines angemessenen Proporzes wiegt sicher noch, daß sich auf diese Weise die »Pathologie der Männerkirche« fortsetzt:

»Unsere Ideen über Gott und die Beziehung Gottes zur Welt beschränkten sich auf eine Männerkirche in einer Männerwelt. Die Menschen, die sich zur Beratung über die Weltprobleme versammeln und über Entscheidungsmacht verfügen, repräsentieren nicht die historischen Gruppen, deren Entwicklung von denen zugelassen wurde, die die Macht hatten und haben, solche Entscheide zu treffen. Um pathologische Machtmißbräuche auszuschließen, die zur Unterdrückung des Menschen geführt haben, müssen die Menschen, die zur Beratung zusammenkommen, sämtliche Menschen repräsentieren. Bevor dies der Fall sein kann, muß die Kirche anerkennen, daß alle ihre Glieder nach Gottes Bild geschaffen und zu Gottes Willen berufen sind. Die Kirche muß anerkennen, daß die Form ihres Gottesdienstes die Form der Welt ist, welche ihre Form im Sinnbild und im Ritus prägt. Wenn der Zutritt zu Gott durch die Form eingeschränkt wird, ist die Form pathologisch.«
(M.-A. NEAL/1983, S. 132)

## 5.4 Ausblicke

MARIE-AUGUSTA NEAL ist katholische Ordensschwester und Soziologin. Daß sie sich mit dem Bild der Männerkirche katholischer Prägung auseinandersetzt, wo die Probleme durch Zölibat und Nichtzulassung von Frauen zum Priesteramt noch verschärft sind, bedeutet keine Beschränkung auf die katholische Kirche, weil die Männerkirche, jenseits konfessioneller Spaltungen, ein *Abbild der Männergesellschaft* ist.

Dies ist das Kernproblem, auf das sich alle Einzelfragen beziehen – aber auch bezogen werden müssen, wenn Veränderungen nicht äußerlich bleiben sollen, also ohne strukturverändernde Folgen, ohne inhaltliche Folgen. Daher darf es *nicht nur* darum gehen, wieviele Frauen welche kirchlichen Funktionen von Männern übernehmen, sondern die tieferliegenden Fragen und Probleme müssen zum Thema gemacht werden. Zum Beispiel:

☐ Welche Veränderungen im Verständnis von *Kirche* werden durch vermehrte verantwortliche Mitarbeit von Frauen erkennbar? Und wie verändert sich faktisch das *Pfarrer*bild durch die zunehmende Zahl von Pfarrerinnen im Amt?

☐ Welche inhaltlich-theologischen Veränderungen lassen sich an *Predigten* von Frauen beobachten? Wie sind sie weiter zu reflektieren in Richtung eines *Glaubensverständnisses,* in dem sich männliche und weibliche Züge miteinander verbinden?

☐ Wie muß sich unsere *Hermeneutik* verändern, wenn in ihr Erfahrungen von Frauen im Prozeß des Auslegens und Verstehens dieselbe Rolle spielen wie die (oft vorbewußten) Erfahrungen von Männern?

Die Institutionen der Kirchen haben aufgrund ihrer besseren Übersichtlichkeit, ihrer rechtlichen Selbständigkeit und des zur Verfügung stehenden »Apparates« bessere Möglichkeiten als die Gesamtgesellschaft, neue gemeinsame Wege für Männer und Frauen zu eröffnen. Nehmen sie sie wahr?

Lit.:
ARBEITSSTELLE FÜR ERWACHSENENBILDUNG DER EKHN (Hg.), Frauenanhörung in der Ev. Kirche in Hessen und Nassau (o. J. = 1986)
B. BROOTEN/N. GREINACHER (Hg.), Frauen in der Männerkirche (1982)
V. HOCHGREBE/M. PILTERS (Hg.), Geteilter Schmerz der Unterdrückung (1984)
KIRCHENKANZLEI DER EKD (Hg.), Die Frau in Familie, Kirche und Gesellschaft (1979)
M.-A. NEAL, Pathologie der Männerkirche, in: E. MOLTMANN-WENDEL (Hg.), Frau und Religion (1983)
C. PINL u. a., Frauen auf neuen Wegen (1978)
THEOLOGIA PRACTICA, Themenheft: Frauen in der Kirche, ThPr 22. Jg./1987, Heft 2
C. WOLF (Hg.), Macht und Ohnmacht der Frauen in der Kirche (1983)

### 5.4.2 Zur Asylproblematik

Das Bemühen, sich mit anderen zu verständigen, wird komplizierter, wenn diese »anderen« Menschen aus fremden Kulturen und Religionen, aus fremden politischen und wirtschaftlichen Rahmenbedingungen sind, die als Flüchtlinge Aufnahme und Hilfe suchen. Geschieht dies in ungewohnt großer Zahl, so ergeben sich, wie sich gezeigt hat, politische und sozialpsychologische Probleme, auf die nicht ohne weiteres im Rückgriff auf die christliche Asyltradition zu antworten möglich ist (vgl. das Gutachten der Theologischen Fakultät Zürich/1981). Hier sind vielmehr Argumente aufgrund sorgfältiger Analyse der Situation und der unterschiedlichen Reaktionen auf die Situation auf verschiedenen Seiten (Bevölkerung, Regierung, politische Parteien) gefragt. Dabei geht es (mindestens) um einen zweifachen Verständigungsvorgang: einmal über die Lage der Betroffenen und mit ihnen selbst, zum anderen über die Möglichkeiten, auf diese Lage zu reagieren.

Angesichts dieser Lage hat die Kommission für Ausländerfragen der EKD eine Handreichung »Flüchtlinge und Asylsuchende in

## 5.4 Ausblicke

unserem Land« formuliert, die der Rat der EKD 1986 veröffentlicht hat. Drei charakteristische Grundgedanken dieses Textes sind:

☐ In deutschen Kirchen gibt es, im Unterschied zu nordamerikanischen Kirchen, keine Tradition der Aufnahme von Flüchtlingen. Das erschwert die Lage und weckt nicht selten falsche Ängste. Hier kann nur bessere Auflärung helfen.

☐ Nach Statistiken der UN gibt es in der Welt ca. 10 bis 15 Millionen Flüchtlinge, die meisten davon in der Dritten Welt. Die Bundesrepublik hatte bis Ende 1985 etwa 125 000 Flüchtlinge aufgenommen, das sind 0,2 Prozent der Bevölkerung. Angesichts dieser Relation davon zu sprechen, daß die »Belastungsgrenze« überschritten werde, widerlegt sich auch deshalb selbst, weil für eine solche Grenze keine objektiven Kriterien gelten, sondern allein die Bereitschaft der Bevölkerung zur Aufnahme und Akzeptanz von Flüchtlingen entscheidend ist:

»Wenn immer wieder, auch durch politische Mandatsträger, von massenhaftem ›Asylmißbrauch‹ geredet wird, wenn bedrohliche Vergleiche – ›Die Flut steigt‹ und ›Das Boot ist voll‹ – benutzt werden und das ganze Thema in einer Darstellung erscheint, die geprägt ist von Abwehr und Ablehnung, dann muß sich das auf die Aufnahmebereitschaft negativ auswirken. Umgekehrt besteht ebenso die Möglichkeit, Hilfsbereitschaft und Verantwortungsgefühl für die Menschen, die bei uns Schutz suchen, zu wecken und zu stärken.«
(KIRCHENAMT DER EKD, Hg./1986)

☐ Eine Einschränkung des Grundrechts auf Asyl ist abzulehnen.

Es stimmt nachdenklich, wenn ein christlicher Politiker gegenüber dem bemerkenswert zurückhaltenden Text der »Handreichung« eine Reihe von »Fragen« aufwirft, in denen seine Gegenposition nur zu deutlich wird. Es geht u. a. einmal um die Vorstellung, Flüchtlinge aufgrund wirtschaftlicher Not nicht mit anderen politischen Flüchtlingen gleichzustellen, zum anderen um die Abwehr des Gedankens, heute Konflikte in der Dritten Welt als »teilweise noch durch den Kolonialismus mit verursacht zu sehen« (Handreichung, S. 24). Beide Anfragen beginnen mit der bezeichnenden Formulierung: »Ist es wirklich sachgemäß ...«, und das Füllsel »Wirklich« läßt die Intention erkennen. Die Intention ersetzt weitgehend die Argumentation. Symptomatisch ist dafür der Satz: »Es hilft nicht weiter, wenn das Erkennen und Anerkennen der Schuld des eigenen Volkes oder, wie in diesem Falle, ganz Europas ... zum Instrument politischer und sei es auch entwicklungspolitischer Forderungen wird« (A. MARTIN/ 1986, S. 2). An solchem Satz zeigt sich, wie schwer Verständigung sein kann. Denn man darf diesen Satz doch wohl als erschreckend bezeichnen, zumal er ja, wenn er gilt, nicht nur für diesen einen Kontext gelten könnte. Was sagt dieser Satz zum Beispiel über den Umgang mit der Schuld im Dritten Reich aus?

*Lit.:*
H. KAUFFMANN (Hg.), Kein Asyl bei den Deutschen (1986)
KIRCHENAMT DER EKD (Hg.), Flüchtlinge und Asylsuchende in unserem Land (1986)
A. MARTIN, Flüchtlinge und Asylsuchende, in: Ev. Verantwortung, Oktober 1986, S. 1 ff.
THEOLOGISCHE FAKULTÄT ZÜRICH, Kirchlicher Raum – Asylraum – Freiraum, in: ThPr 16. Jg./1981, Heft 3/4, S. 133 ff.

*5.4.3 Thesen zur politischen Predigt*

ALBRECHT GRÖZINGER hat jüngst in einem Aufsatz die Problematik politischer Predigt unter den Bedingungen der »neuzeitlichen Unterscheidung von politischer und religiöser Dimension« (A. GRÖZINGER/1988, S. 94) erhellend dargestellt. Ich fasse einige Gesichtspunkte seiner Ausführungen thesenartig zusammen, weil sie geeignet sind, das leitende Motiv dieses Kapitels – die »Erfahrung der Gegenseite« – noch einmal aus anderer Perspektive sichtbar zu machen.

## 5.4 Ausblicke

Aus der Tatsache, daß sich der moderne Staat als weltanschaulich neutral versteht, folgt, daß politische Willensbildung und Entscheidung ein Prozeß ist, in dem Alternativen zur Debatte stehen. Dabei leitet die ideale Vorstellung, daß die besseren Argumente zur Wahl zwischen den Alternativen verhelfen. In diesem Kontext findet auch die politische Predigt statt:

»Politische Predigt kann sich immer nur als *eine* Stimme neben anderen im Konzert der politischen Willensbildung verstehen. Sie ist keine wie auch immer geartete privilegierte Stimme; auch sie kann nur durch die Kraft des besseren Arguments überzeugen. Zugleich gewinnt sie ihre Besonderheit aus der Basis, von der her sie argumentiert: aus der Erinnerung an Gottes Reich, wie es die Schriften des Alten und Neuen Testaments auf vielfältige Weise bezeugen.«
(A. GRÖZINGER/1988, S. 95)

So gesehen, ist die politische Predigt eine *einladende* Stimme im Kreis jener Gesprächspartner, die sich über Handlungsmaximen und deren Umsetzungen *verständigen* müssen. Das hat homiletische Konsequenzen:

☐ Politische Predigt verweigert sich gegenüber jeglichem Freund-Feind-Denken und kann dadurch zur Humanisierung der Entscheidungsprozesse beitragen.

☐ Politische Predigt bleibt auch da, wo sie um der Wahrheit und Klarheit willen widersprechen muß, menschenfreundliche Rede.

☐ Zur politischen Predigt gehört ein Element des Prophetischen. Weil der Prediger von einer größeren Vision bestimmt ist, ob er vom Reich Gottes redet oder nicht, wird er unbescheiden über technokratische Aussagen hinausgehen.

☐ Politische Predigt ist gerade als prophetische Rede selbstkritisch. Wo sie das nicht ist, verleugnet sie ihre Fundamente und dementiert sich selbst. Selbstkritik leitet zur Bescheidenheit an.

☐ Politische Predigt ist auf konkrete Situationen bezogen.

»Homiletische Aufgabe ... ist es also, stets aufs neue Situationen zu qualifizieren. Dies setzt eine theologisch-politische Wahrnehmungskunst voraus, die die Geschichte, von der die biblischen Texte erzählen, mit jeweils aktueller Lebensgeschichte ins Spiel bringt. Verfehlt ist die politische Predigt dann, wenn entweder von der Situation her die biblischen Texte usurpiert werden oder wenn umgekehrt die Erinnerung an die biblischen Texte an der Situation der Hörer vorbeigeht.«
(A. GRÖZINGER/ebd.)

☐ Politische Predigt ist insofern erfahrungsbezogen, als der Prediger seine Erfahrungen nicht verdrängt und dem Hörer helfen will, eigener Erfahrungen gewahr zu werden. Daraus folgt, daß es zur politischen Predigt gehören muß, daß ihr widersprochen werden kann. Sie kann nicht beanspruchen, letztes Wort zu sein, aber sie kann wollen, daß in Rede und Gegenrede der Prozeß der Verständigung vielleicht ein Stück vorankommt.

*Lit.:*
A. GRÖZINGER, Politische Predigt, in: Deutsches Pfarrerblatt 88. Jg./1988, S. 93 ff. (Teil II: Homiletische Perspektiven, im Druck)
A. GRÖZINGER/E. GRÖZINGER, Von der schwierigen Möglichkeit, auf der Kanzel »Ich« zu sagen, in: A. GRÖZINGER/H. LUTHER (Hg.), Religion und Biographie (1987), S. 250 ff.
P. LEHMANN, Christologie und Politik (1987)

# 6 HANDLUNGSFELD: REDEN UND SCHREIBEN
## – Reden/Sprache/Predigt

*Motto*

»Ist nicht die Eidesformel ein Versuch der Gerichte und der Armeen, durch ein Wortritual einen höheren Grad von Wahrheit oder Treue zu erzwingen? Schwingt nicht in manchen ausschweifenden Reden in der Vollversammlung der Vereinten Nationen, in manchem Dorfklatsch und in mancher Predigt am Ende ein Stück der Gesinnung mit, wie die Dobu-Insulaner sie hegen: daß der Lauf der Welt, um nicht ins Stocken zu geraten, unablässig beredet werden müsse? Oder daß zumindest die Plagen und Nöte des Lebens gemildert werden können, wenn man ihnen die bittenden, zaubernden Wörter Schwall um Schwall entgegenschickt? ...
Die Wörter sprechen selig, manchmal heilig, selten wahr. Aber Milliarden Menschen gaben und geben sie Kraft, und vielleicht ist das mehr als das, was Lehrer, Linguisten, Journalisten von der Sprache erwarten.«

WOLF SCHNEIDER/1976

## Thesen zur Orientierung

☐ Die Problematik der Predigt ist nur im größeren Zusammenhang der allgemeinen Grundfragen intentionalen Redens und Schreibens angemessen diskutierbar.

- Die Unterscheidung zwischen instrumentellem und medialem Sprachgebrauch (J. ANDEREGG) ist der entscheidende Schlüssel zum Verständnis der Problematik religiöser Rede.

- Die homiletische Reflexion darf sich nicht auf traditionelle Kanzelpredigtprobleme beschränken, sondern religiöse Sprache in Medien, im literarischen oder politischen Zusammenhang, im gesellschaftlichen Diskurs muß konsequent einbezogen werden.

## 6.0 Literatur

| | |
|---|---|
| J. ANDEREGG | Sprache und Verwandlung (1985) |
| J. L. AUSTIN | Zur Theorie der Sprechakte (1979²) |
| U. BALTZ | Theologie und Poesie (1983) |
| Dies. | Eucharistie im Gedicht<br>in: H. BECKER/R. KACZYNSKI (Hg.), Liturgie und Dichtung (1983), S. 903 ff. |
| Dies. | Drei Thesen zur Bedeutung poetischer Sprache für Theologie und Predigt<br>in: Zeitschr. für Gottesdienst und Predigt 2. Jg./1984, S. 8 ff. |
| U. BALTZ-OTTO | Religion und Literatur, Theologie und Literaturwissenschaft<br>in: Jahrbuch Religionspädagogik 4/1988 |
| A. BEUTEL u. a. (Hg.) | Homiletisches Lesebuch (1986) |
| K.-H. BIERITZ | Artikel: Die Predigt im Gottesdienst<br>in: BLOTH-HdB Bd. 3 (1983), S. 112 ff. |
| R. BOHREN | Predigtlehre (1980⁴) |
| G. BRAKELMANN (Hg.) | Kirche im Krieg (1979) |
| H. W. DANNOWSKI | Kompendium der Predigtlehre (1985) |
| H. GOLLWITZER | Zuspruch und Anspruch (1954) |
| A. GRÖZINGER | Das Verständnis von Rhetorik in der Homiletik<br>in: ThPr 14. Jg./1979, S. 265 ff. |
| Ders. | Noch einmal: Homiletik und Rhetorik<br>in: Dt. Pfarrerblatt 87. Jg./1987(a), S. 8 ff. |
| Ders. | Praktische Theologie und Ästhetik (1987(b)) |
| O. HAENDLER | Die Predigt (1960³) |
| K. HAMMER | Deutsche Kriegstheologie 1870 bis 1918 (1971) |
| G. HAY (Hg.) | Deutsche Abschiede (1984) |
| T. HEUSS | Die großen Reden (1967) |

| | |
|---|---|
| W. HINDERER (Hg.) | Deutsche Reden (1973) |
| G. HUMMEL (Hg.) | Aufgabe der Predigt (1971) |
| W. JENS u. a. (Hg.) | Theologie und Literatur (1986) |
| E. JOHANN (Hg.) | Reden des Kaisers (1966) |
| M. JOSUTTIS | Rhetorik und Theologie in der Predigtarbeit (1985) |
| H. KOOPMANN u. a. (Hg.) | Literatur und Religion (1984) |
| M. KRÖBER | Gottes Saat im Kriegsjahr (1915) |
| H. KÜNG | Theologie und Literatur: Gegenseitige Herausforderung in: W. JENS u. a. (1986), *siehe dort* |
| K.-J. KUSCHEL | Weil wir uns auf dieser Erde nicht ganz zu Hause fühlen (1985) |
| E. LANGE | Predigen als Beruf (1976) |
| R. W. LEONHARDT | Auf gut deutsch gesagt (1983) |
| K. LIEDTKE | Wirklichkeit im Licht der Verheißung (1987) |
| H. LUTHER | Predigt als Handlung in: ZThK 80. Jg./1983, S. 223 ff. |
| J. NIEMÖLLER | Gotteslästerung Rassismus in: Weltweite Hilfe 37. Jg./1987, Heft 3, S. 1 ff. |
| G. OTTO | Predigt als Rede (1976) |
| Ders. | Von geistlicher Rede (1979) |
| Ders. | Rhetorisch predigen (1981) |
| Ders. | Wie entsteht eine Predigt? (1982) |
| Ders. | Zur Kritik am rhetorischen Predigtverständnis in: J. DYCK u. a. (Hg.), Jahrbuch Rhetorik, Bd. 5 (1986), S. 1 ff. |
| Ders. | Predigt als rhetorische Aufgabe (1987) |
| J. ROTHERMUNDT | Der Heilige Geist und die Rhetorik (1984) |
| L. REINERS | Stilkunst (1967) |
| Ders. | Stilfibel (1977[15]) |

| | |
|---|---|
| W. Schaber u. a. (Hg.) | Leitartikel bewegen die Welt (1964) |
| H. Schanze (Hg.) | Rhetorik. Beiträge zu ihrer Geschichte vom 16. bis 20. Jh. (1974) |
| C. Schmölders (Hg.) | Deutsche Briefe. Von Liselotte von der Pfalz bis Rosa Luxemburg ($1987^2$) |
| W. Schneider | Wörter machen Leute (1976) |
| Ders. | Deutsch für Profis ($1983^4$) |
| G. Schüepp (Hg.) | Handbuch zur Predigt (1982) |
| Theologia Practica | Themenheft: Theologie – Literatur – Literaturwissenschaft 18. Jg./1983, Heft 3–4 |
| E. Thurneysen | Die Aufgabe der Predigt (1921) in: G. Hummel (1971), *siehe dort* |
| G. Ueding | Rhetorik des Schreibens (1986) |
| Ders./B. Steinbrink | Grundriß der Rhetorik (1986) |
| R. Zerfass | Grundkurs Predigt, Bd. 1 (1987) |
| ohne Hg. | Reden, die die Welt bewegten, 2 Bde. (o. J.) |

## 6.1 Kommentierte Zugänge: Beispiele

Um für die Überlegungen in diesem Kapitel einen möglichst breiten Materialhintergrund zu schaffen, halte ich in 6.1.1 bis 6.1.3 die kommentierenden Passagen kürzer als in den vergleichbaren Abschnitten der anderen Kapitel und erhöhe statt dessen die Zahl der Textbeispiele. Dabei soll die historische Abfolge von Wilhelm II. zur Gegenwart Parallelitäten, Vergleichbares oder Entgegengesetztes erkennbar werden lassen.

### 6.1.1 *Kriegsreligion im Kaiserreich*

»Rekruten!
Ihr habt jetzt vor dem geweihten Diener Gottes und angesichts dieses Altars Mir Treue geschworen. Ihr seid noch zu jung, um

die wahre Bedeutung des eben Gesprochenen zu verstehen; aber befleißigt euch zunächst, daß ihr die gegebenen Vorschriften und Lehren immer befolgt. Ihr habt Mir Treue geschworen, das – Kinder Meiner Garde – heißt, ihr seid jetzt Meine Soldaten, ihr habt euch Mir mit Leib und Seele ergeben; es giebt für euch nur einen Feind, und der ist Mein Feind. Bei den jetzigen socialistischen Umtrieben kann es vorkommen, daß Ich euch befehle, eure eignen Verwandten, Brüder, ja Eltern niederzuschießen – was ja Gott verhüten möge –, aber auch dann müßt ihr Meine Befehle ohne Murren befolgen.«
(zitiert nach E. JOHANN/1966, S. 56)

Wilhelm II. hat diese Ansprache 1891 bei einer Rekrutenvereidigung gehalten. Der Eid gegenüber dem Kaiser wird mit einem Eid gegenüber Gott identifiziert. Unbedingter Gehorsam gegenüber Gott wird zum unbedingten Gehorsam gegenüber dem Kaiser – was immer dieser auch befehlen mag. Dies ist eine Gehorsamsrhetorik, die als Antwort des Angesprochenen nur die blinde Unterwerfung kennt. –

»Lieber himmlischer Vater! Wir danken dir für allen Segen, den du in dieser ernsten Zeit über uns ausgeschüttet hast! Du hast das Lügengewebe der Feinde zerrissen, unserm Volke Klarheit über ihre Absichten und über sich selbst und seine eigene Kraft gegeben. Du hast die oft in bitterer Fehde getrennten Parteien, Konfessionen, Stände und Klassen über Nacht in vaterländischer Begeisterung zusammengeführt. Du hast die verschlossenen Quellen des Glaubens und des Pflichtgefühls in den Herzen und Gewissen geöffnet. Du hast uns erfahrene, geniale Führer und durch sie und durch den unvergleichlichen Kampfesmut unseres Heeres Sieg um Sieg beschert. Herr Gott, dich loben wir, Herr Gott, wir danken dir! ...

Gebiete du dem rohen, gewalttätigen Feinde halt ... Behüte die im Felde Stehenden, heile die Verwundeten, tröste die Sterbenden, tröste und versorge die, welche um die Gefallenen trauern, erfülle sie mit dem hohen Bewußtsein vaterländischer Pflicht und Opferwilligkeit und mit dem demütigen Gehorsam christlicher Ergebung. ...«
(M. KRÖBER/1915, S. 10 f.)

Dieses Gebet steht am Schluß einer »Kriegsandacht« am 27. August 1914 über Kolosser 2,7. Ging es im vorigen Text um die religiöse Verstärkung des Untertanengehorsams, so hier um religiöse Verklärung des Krieges (samt allen damit zusammenhängenden politischen Verdrehungen). Gebet und Andacht werden zu Instrumenten der Bestätigung und der weihevollen Verklärung der Kriegspolitik.

### 6.1.2 Stimmen aus nationalsozialistischer Zeit

»Liebe Gemeinde!
Wer soll denn heute noch predigen? Wer soll denn heute noch Buße predigen? Ist uns nicht allen der Mund verstopft an diesem Tage? Können wir heute noch etwas anderes, als nur schweigen? Was hat nun uns und unserem Volk und unserer Kirche all das Predigen und Predigthören genützt, die ganzen Jahre und Jahrhunderte lang, als daß wir nun da angelangt sind, wo wir heute stehen, als daß wir heute haben so hereinkommen müssen, wie wir hereingekommen sind? Was hat es genützt, daß Gott unserm Volk so viel hat gelingen lassen? Was hat die große, freudig empfangene Gabe des Friedens vor noch nicht zwei Monaten genützt, als daß jetzt jedes der Zehn Gebote, die wir soeben gehört haben, wie ein Hammer uns traf und uns niederschlug? ...

Was muten wir Gott zu, wenn wir jetzt zu Ihm kommen und singen und die Bibel lesen, beten, predigen, unsere Sünden bekennen, so, als sei damit zu rechnen, daß Er noch da ist und nicht nur ein leerer Religionsbetrieb abläuft! Ekeln muß es ihn doch vor unserer Dreistigkeit und Vermessenheit. Warum schweigen wir nicht wenigstens? Ja, es wäre vielleicht das Richtigste, wir säßen heute hier nur schweigend eine Stunde lang zusammen, wir würden nicht singen, nicht beten, nicht reden ...«
(H. GOLLWITZER/1954, S. 36)

Dies ist der Beginn der Predigt, die HELMUT GOLLWITZER am Bußtag 1938, also unmittelbar nach dem »Reichskristallnacht« genannten nationalsozialistischen Judenpogrom am 9. November 1938, in Berlin gehalten hat. Der furchtbare Anlaß wird an keiner Stelle der Predigt ausdrücklich genannt – und doch regiert er die

Aussage eines jeden Satzes, angefangen bei der Fragenkette zu Beginn und sodann im weiteren Verlauf, der streng auf die Auslegung von Lukas 3,3 bis 14 konzentriert ist. Die Bindung an den biblischen Text führt hier – selten gelungenes Beispiel! – zugleich die entschiedenste Aktualität herbei. GOLLWITZERS Predigt ist ein Exempel einer *biblischen* und zugleich *parteinehmend-politischen* Predigt – auch Exempel einer *Predigt* im Unterschied zu anderweitigen Redeformen, so sehr die Predigt auch überzeugende Rede wie andere ist. –

»In tiefer Demut und Dankbarkeit beugen wir uns am heutigen Erntedankfest vor der Güte und Freundlichkeit unseres Gottes: Wieder hat er Flur und Feld gesegnet, daß wir eine reiche Ernte in den Scheunen bergen durften ... Aber der Gott, der die Geschicke der Völker lenkt, hat unser deutsches Volk in diesem Jahr noch mit einer anderen, nicht weniger reichen Ernte gesegnet. Der Kampf auf den polnischen Schlachtfeldern ist ... beendet, unsere deutschen Brüder und Schwestern in Polen sind von allen Schrecken und Bedrängnissen Leibes und der Seele erlöst, die sie lange Jahre hindurch und besonders in den letzten Monaten ertragen mußten. Wie könnten wir Gott dafür genugsam danken!

Wir danken ihm, daß er unseren Waffen einen schnellen Sieg gegeben hat.
Wir danken ihm, daß uralter deutscher Boden zum Vaterland heimkehren durfte und unsere deutschen Brüder nunmehr frei und in ihrer Zunge Gott im Himmel Lieder singen können. Wir danken ihm, daß jahrzehntealtes Unrecht durch das Geschenk seiner Gnade zerbrochen und die Bahn freigemacht ist für eine neue Ordnung der Völker, für einen Frieden der Ehre und Gerechtigkeit.

Und mit dem Dank gegen Gott verbinden wir den Dank gegen ... den Führer und seine Generale, gegen unsere tapferen Soldaten ...

Wir loben Dich droben, Du Lenker der Schlachten, und flehen, mögst stehen uns fernerhin bei.«
(zitiert nach: G. BRAKELMANN/1979, S. 129)

Diese Verlautbarung für die Gemeinden hat der »Geistliche Vertrauensrat«, am 31. August 1939 von der Kirchenkanzlei berufen und aus dem lutherischen Bischof Marahrens, dem DC-Bischof Schultz und einem Vertreter des Evangelischen Oberkirchenrats bestehend, zum Erntedankfest 1939 herausgegeben. Die stabreimende Sprache am Anfang, die altertümelnden Wendungen und Daktylen und Trochäen am Schluß lassen den Text weihevoll wirken. Aber hinter dieser Weihe verbirgt sich nichts anderes als fromm überhöhte Kriegspropaganda, wie sie zynischer und verlogener kaum sein kann. Der Dank an den die Waffen segnenden Gott verbindet sich mit dem Dank an den Führer und seine Generale – der Weg der Kirche vom Ersten zum Zweiten Weltkrieg scheint weniger weit, als mancher gedacht haben mag.

### 6.1.3 *Republikanische Reden*

»... es gibt Gehorsamsverweigerungen, die einen *historischen* Rang besitzen.

... Als die Sachsen in dem hin und her wogenden Siebenjährigen Krieg königliche Sammlungen in Charlottenburg geplündert hatten, gab Friedrich, nach dem Wechsel der Kriegslage, dem Kommandeur des Regiments Gens d'armes den Befehl, ein Schloß des sächsischen Staatsministers Graf Brühl zu plündern. Marwitz wies den Befehl zurück, der eines Kommandeurs dieses Regiments nicht würdig sei – und schied aus. Der König wollte ihn wiederhaben, aber er weigerte sich. Auf dem Stein in Friedersdorf aber steht, der Neffe setzte ihn:
  Sah Friedrichs Heldenzeit
   und kämpfte mit ihm
  in allen seinen Kriegen,
   wählte Ungnade
  wo Gehorsam nicht Ehre brachte.
So mag das Preußische, Preußens ›Gloria‹, als moralische Substanz begriffen werden.

›Nicht *Ehre* brachte‹? Ist die ›Ehre‹ ein *Ziel*, zu dem man strebt? Nein, sie ist eine Gegebenheit, die man achten soll, um sie nicht zu verlieren.«
(T. HEUSS/1967, S. 217)

THEODOR HEUSS thematisiert in seiner großen Rede »Das Recht zum Widerstand«, gehalten zur zehnjährigen Wiederkehr des Attentats auf Hitler am 20. Juli 1944, an entscheidender Stelle das Problem des Gehorsams, gegenläufig zu spezifisch deutschen Traditionen, wie sie nicht nur bei Wilhelm II. und bei Hitler ihren Ausdruck fanden, und der neue Ton des ersten Bundespräsidenten wird zugleich als ein alter, oft vergessener Ton rechtverstandener preußischer Haltung, jener so oft pervertierten, im historischen Beispiel bildhaft verdeutlicht. –

»... Die Kirchen der Bundesrepublik sind sich mit den Kirchen in Südafrika darin einig, daß Apartheid Sünde – sagen wir lieber Gotteslästerung – ist. Einigkeit besteht auch darüber, daß das gegenwärtige Regime in Südafrika so schnell wie möglich auf friedlichem Wege abgelöst und durch eine die Gesamtbevölkerung repräsentierende Regierung ersetzt werden muß. Aber alle Appelle in dieser Richtung sind in den letzten zwanzig Jahren von der südafrikanischen Regierung in den Wind geschlagen worden. ...
In der Tat sind es die deutschen Banken, die in besonderer Weise im Südafrika-Geschäft engagiert sind und damit nach dem Beschluß der Synode der Evangelischen Kirche in Deutschland eine besondere Verantwortung dafür tragen, ob die südafrikanische Regierung die Notwendigkeit einer grundlegenden Änderung der politischen Verhältnisse anerkennt. ...
Bei dem Vorschlag, bei den führenden im Südafrika-Geschäft engagierten Banken keine Konten zu unterhalten, geht es nicht um einen Machtkampf mit diesen Banken. Es geht für uns um die Frage, wie lange Christen und kirchliche Institutionen es verantworten können, daß kirchliche Gelder auch in solchen Geschäften drinstecken. ...«
(J. NIEMÖLLER/1987)

JAN NIEMÖLLERS Rede gehört in den Zusammenhang der Anti-Apartheid-Demonstration während des Frankfurter Kirchentages 1987. Sie wurde vor dem Gebäude der Deutschen Bank gehalten. Liest man die Rede im ganzen, so fällt auf, daß angesichts einer komplexen und kontroversen Frage sehr sorgfältig argumentiert wird: einmal in Erinnerung an die Rassismus-Schuld im

Dritten Reich, zum anderen mit Hinweisen auf die Situation in Südafrika, schließlich im Blick auf die gewissensmäßigen Konsequenzen, die sich ergeben, wenn man davon ausgeht: »Die Frage, ob man den Rassismus duldet oder nicht, ist die Frage nach unserem Bekenntnis.«

## 6.2 Theorieansätze und Handlungsformen

### 6.2.1 Reden und Schreiben

Vielleicht ist es das entscheidende Defizit traditioneller Homiletik, daß sie seit Ende des 19. Jahrhunderts die Reflexion der Predigtproblematik unvertretbar isoliert – zum Schaden der Predigt und derer, die predigen müssen, aber auch zum Schaden anderer Genera der Aussage. Ich will diese Verengung durchbrechen, nicht nur weil unser Horizont über die Kirche (und ihre Predigt) hinausweist, sondern auch weil die rhetorische Perspektive solche Blickverkürzungen verbietet.

Begreift man Predigt rhetorisch, dann ist sie kein isolierbares theologisches Thema, ja, so kommt sie in ihrer Eigenart überhaupt nicht in den Blick, sondern sie ist allein im Zusammenhang verwandter Rede- und Schreibweisen innerhalb und außerhalb der Kirche sinnvoll zu verhandeln. Die »Ubiquität der Rhetorik« (H. SCHANZE/1974, S. 16) macht vor der Predigt nicht halt, auch wenn die Theologie unseres Jahrhunderts dies nur mit Mühe und entsprechend langsam zur Kenntnis nimmt. Der historische Befund der »Ubiquität« wird verstärkt durch »die Bedürfnisse einer sich zunehmend versprachlichenden Gesellschaft, in der Kommunikationsfähigkeit, Textproduktion und Textanalyse, die pragmatischen Aspekte der Redekunst, immer wichtiger geworden sind« (G. UEDING/1985, S. 9).

So gesehen, gehört die Predigt nicht nur grundsätzlich in die *Familie der Reden* verschiedenster Art und unterschiedlichsten

Anlasses hinein (vgl. W. HINDERER/1973; G. HAY/1984; »Reden«/o. J.) – und dies gerade, wenn man ihre Eigenart erkennen will! –, sondern sie ist zugleich verwandt mit:
– Leitartikeln in Zeitungen und Zeitschriften (SCHABER u. a. 1964)
– Briefen (vgl. C. SCHMÖLDERS/1987²)
– Betrachtungen unterschiedlicher Themen und Anlässe,
– Erzählungen,
– Aufrufen, Statements,
– usw.

Die genannten (und weitere) Mitteilungsformen haben alle gemeinsam: Sie wollen beim Hörer etwas bewirken. Zustimmung zur gemeinsamen Sache, Korrektur anderer Auffassungen, Ablehnung des für falsch Gehaltenen. Der Redner oder der Schreiber will den Konsens mit dem Hörer oder Leser – andernfalls könnte er schweigen. Ob die Mitteilung schriftlich oder mündlich erfolgt, ist bei aller Bedeutung der freien Rede sekundär, weil die Vorbereitung (dazu: G. OTTO/1982) in *jedem* Falle im schriftlichen Entwurf erfolgt (wie unterschiedlich er individuell auch gestaltet sein mag).

Weil dies so ist, können wir im ersten Schritt die Differenz der Formen der Mitteilung auf sich beruhen lassen und uns auf einige »Voraussetzungen des wirkungsbezogenen Schreibens und Redens« (G. UEDING/1985, S. 16 ff.) konzentrieren, die generell gelten. Hier hilft keine Theologie, sondern allein die Hinwendung zur Sprache und zum Hörer. Zwar ist es richtig: »Das Schicksal, unsagbar zu sein, teilt das Höchste mit dem Niedrigsten: Weder Gott noch die Farbe dieses Papiers können mit Worten beschrieben werden« (ORTEGA Y GASSET nach: W. SCHNEIDER/1976, S. 344). Allein dies dispensiert nicht von der Bemühung um die Sprache, um den angemessenen Ausdruck, um flexiblen, den Hörer einladenden und mitnehmenden Stil, um Klarheit und Abwechslung in der Form. Denn:

»Die Sprache zieht die Grenzen des Denkens und die Grenzen der Freiheit. Sie trägt die Erinnerungen des Menschengeschlechts, und das heißt auch: mit jedem Wort, das wir sprechen, mit der Art, wie wir es füllen und biegen, aufladen und verwandeln, produzieren wir Erinnerungen und Denkvorgaben für künftige Generationen und fällen damit Vorentscheidungen über ihr Geschick. In den Wörtern liegt Wahrheit – über die Menschen, die sie sprechen; sogar eine Art Wahrheit über die Welt: Denn die Wörtlichkeit von heute kann die Wirklichkeit von morgen sein.«
(W. SCHNEIDER/1976, S. 345)

Damit steht die *Sprachlehre* als das Herzstück aller Rhetorik am Anfang jeder Bemühung um das Reden und Schreiben. Dafür gibt es qualifizierte Hilfsmittel, auf die niemand, der in Sachen Religion zu reden oder zu schreiben hat, verzichten kann. Weil hier nicht der Ort ist, solche Sprachlehre auszubreiten, verweise ich auf:

G. UEDING/B. STEINBRINK, Grundriß der Rhetorik. Geschichte, Technik, Methode (1986)

Das Buch bietet eine umfassende Einführung in die Rhetorik, gegliedert in einen historischen und einen systematischen Teil. Im historischen Teil wird die wechselvolle Geschichte der Rhetorik von ihren Anfängen bis zur Gegenwart dargestellt, zugleich ein Spiegel der Geistesgeschichte des Abendlandes. Den historischen Hintergrund ständig einbeziehend, werden im systematischen Teil die Grundkategorien der Rhetorik erörtert.
Das Buch ist geeignet, im Sinne einer Reliefkarte differenzierte Basisinformation zu liefern, die es ermöglicht, sich im vielschichtigen Gelände der Rhetorik zu orientieren – eine Grundvoraussetzung für jeden, dessen entscheidendes Medium die Sprache ist!

G. UEDING, Rhetorik des Schreibens. Eine Einführung (1985)

Diese kleine Schrift sollte man mit dem zuvorgenannten »Grundriß« zusammennehmen, weil sie der Geschichte und der Theorie die praktische Übung zuordnet.

Das Buch ist geeignet, als Grundlage und Anleitung eines rhetorisch durchdachten Übungskurses zur Verbesserung der sprachlichen Möglichkeiten zu dienen.

L. REINERS, Stilkunst. Ein Lehrbuch deutscher Prosa (zuerst 1943, dann in zahlreichen Neuauflagen)
L. REINERS, Stilfibel. Der sichere Weg zum guten Deutsch (1977[15])

Beide Bücher sind »Klassiker«. Sie bieten in unterschiedlichem Ausmaß, die »Stilkunst« sehr viel umfassender als die »Fibel«, eine deutsche Sprach- und Ausdruckslehre, die durch ungezählte literarische Beispiele aus den verschiedensten Epochen verlebendigt wird.
Das Buch ist geeignet zur begleitenden Lektüre, zum Teil auch als Nachschlagwerk. Die »Fibel« kann als Grundlage eines detaillierten Übungskurses dienen, der auf seiten des Übenden nur geringe Voraussetzungen macht.

W. SCHNEIDER, Wörter machen Leute. Magie und Macht der Sprache (1976)
W. SCHNEIDER, Deutsch für Profis. Handbuch der Journalistensprache – wie sie ist und wie sie sein könnte (1983[4])
R. W. LEONHARDT, Auf gut deutsch gesagt. Ein Sprachbrevier für Fortgeschrittene (1983)

Für alle drei Bücher gilt vorweg: Es ist ein Genuß, sie zu lesen (was ja nicht für alle lehrhaften Bücher gilt). SCHNEIDERS »Wörter machen Leute« ist eine überwiegend nach den Funktionen des Wortes (Das Wort als Aggressor, als Ordner, als Tröster usw.) geordnete große Darstellung der Sprachproblematik, die Entstehungsgeschichte der Sprache einbeziehend. Diese Darstellung ist mit einer Fülle literarischer wie aktueller Beispiele durchsetzt.

SCHNEIDERS »Deutsch für Profis« ist als Anleitung für Journalisten gedacht, ist aber zugleich für jeden, der mit der Sprache umgeht, ein exzellentes Lehrbuch, das man Kapitel für Kapitel durcharbeiten sollte.

LEONHARDTS »Auf gut deutsch gesagt« ist eine Sammlung von Glossen, in denen verbreitete Sprach- und Sprechfehler aufgespießt werden – ein Spiegel, in dem der Leser manchen eigenen Fehler vorgehalten bekommt.

Zweierlei ist die elementarste Voraussetzung qualifizierten und den Adressaten anziehenden Redens und Schreiben: einerseits kontinuierliche *Lektüre* und andererseits andauernde kontrollierte *Übung*. Lektüre meint dabei nicht Lehrbücher, deren Stil ja oft genug nur mäßig ist, sondern Umgang mit bewußt geformter und gestalteter Sprache. Der eine mag dabei philosophische Abhandlungen vorziehen, der andere große Romane oder moderne Lyrik. Nicht die Gattung ist entscheidend, sondern allein das Sprachniveau, auf das der Leser gehoben wird. Und eigene sprachliche Übung, in der der Kontrolle des Geschriebenen auch genügend Aufmerksamkeit gewidmet wird, kann sich auf private Texte (Briefe, Tagebuchnotizen, persönliche Entwürfe) ebenso beziehen wie auf berufsorientierte Texte. Letztlich ist das alles auch kein Zeitproblem, sondern eine Frage der eigenen Lebens- und Arbeitsorganisation, oder genauer: es ist die Frage, welchen Wert man dem zumißt und zubilligt, ohne das wir nicht leben können – der Sprache.

### 6.2.2 *Instrumentelle und mediale Sprache*

Bisher war vom Thema Sprache in einem sehr allgemeinen Sinn die Rede. Auf diesem Hintergrund ist es wichtig, eine grundlegende Unterscheidung zwischen zwei verschiedenen Sprachebenen einzuführen und auf ihre Konsequenzen hin zu betrachten. Denn in dieser Unterscheidung stecken nicht nur die Probleme des *Redens* von Religion, sondern mindestens ebenso sehr die Schwierigkeiten, angemessen zu *verstehen*, was in religiösen Aussagen zur Sprache kommt.

(1) JOHANNES ANDEREGG (1985) unterscheidet zwischen »instrumentellem« und »medialem« Sprachgebrauch. Ich übernehme die Unterscheidung, weil ich glaube, daß sie in das Gelände von Sprache und Verstehen sehr viel Klarheit bringen kann.

Der *instrumentelle Sprachgebrauch* läßt sich mit ANDEREGG (1985, S. 36 ff.) folgendermaßen zusammenfassend charakterisieren:

Wir gehen im allgemeinen davon aus, daß die Gegenstände und Sachverhalte, mit denen wir es im Alltag zu tun haben und die wir sprachlich benennen, *eindeutig gegeben* seien. »Dementsprechend erscheint die *Alltagssprache als Instrument* zur Bezeichnung oder zur Bezugnahme innerhalb einer problemlos vorhandenen, immer schon gegebenen Wirklichkeit« (S. 39). Dies aber ist eine Selbsttäuschung, in der wir verkennen, daß unsere Wirklichkeit »das Resultat eines Interpretationsvorganges« (S. 39) ist, der auch anders verlaufen, könnte. Ein bestimmter Wahrnehmungshorizont, neben dem es andere gibt, läßt uns unsere Welt so sehen, wie wir sie sehen, und so artikulieren, wie wir sie artikulieren:

»Mit der Sprache bzw. in der Sprache aktualisieren wir aus der Fülle des Möglichen jene Ordnung, vollziehen wir jene Ausdifferenzierung und jene komplexe Vernetzung, auf die wir als auf unsere Welt Bezug nehmen.«
(J. ANDEREGG/1985, S. 40)

Sprache stellt also Welt her. Daß dies (wenigstens in sehr vielen Alltagssituationen) gelingt, liegt daran, daß uns Konventionen leiten, über die wir nicht jedes Mal neu nachdenken müssen. Wir nehmen quasi implizit, ohne es zu merken, auf Sichten von Welt, auf Zusammenhänge, auf vermeintlich Bestehendes Bezug und können uns deshalb verständigen:

»Im Alltag werden wir der konstitutiven Dimension von Sprache nicht gewahr, weil wir die Sprache nicht eigentlich konstituierend gebrauchen, sondern auf bereits vollzogene Konstituierungen bestätigend Bezug nehmen, weil die Welten, auf die wir uns beziehen, uns als Konventionen schon vertraut sind ...
So gesehen ist die Sprache im Alltag, was das reduktive Kommunikationsmodell ihr zu sein gestattet: *ein Instrument* zur Bezeichnung von Gegebenem.«
(J. ANDEREGG/1985, S. 43)

Zur Eigenart instrumentell gebrauchter Sprache gehört, daß sie fixiert. Sie macht das, wovon sie spricht, zum »Gegebenen«, und insofern läßt sie »es als verfügbar erscheinen« (S. 45). Dies ist für unser Welt- und Wirklichkeitsverständnis ungemein folgenreich, denn so, auf dem Wege instrumentellen Sprachgebrauchs, »versichern wir uns auf Schritt und Tritt, *daß wir das Wirkliche haben*« (S. 46).

Anders dagegen der *mediale Sprachgebrauch*. Wir kennen ihn alle, und doch verkennen wir ihn oft; anders lassen sich viele Mißverständnisse oder Verständigungsschwierigkeiten gar nicht erklären.

Nehmen wir die Sprache einer Fabel oder einer Erzählung, einen Abschnitt aus einem Brief, der mehr als die Mitteilung eines Termins enthält, oder einen religiösen Textabschnitt, sei es aus der Schöpfungsgeschichte oder aus den Evangelien oder aus ganz anderen religiösen Traditionen, einen Mythos oder eine Sage – überall haben wir es mit einer Sprache zu tun, in der sich die Dinge mit einem Mal nicht aufgrund von Konventionen von selbst verstehen, in der uns nicht einfach etwas verfügbar wird wie im instrumentellen Sprachgebrauch, sondern in der wir allemal zu einer Rückfrage, oder besser: zu einer uns erst auf die Spur bringenden Frage genötigt werden. Diese uns weiterbringende Frage lautet: Welchen *Sinn* hat, was da geschrieben oder gesagt ist? Die Sprache ist hier also *Medium* für etwas, was zu finden ist.

»Wenn uns ein Sprachgebrauch die Frage nach Sinn nahelegt, so ist er selbst nicht das, worum es uns im letzten geht, sondern er bietet sich an als Medium für eine Sinnbildung, die über ihn hinausgeht; aber dem, worum es eigentlich geht, dem, was sinnbildend begriffen werden soll, nähern wir uns nur, indem wir uns ganz auf den Sprachgebrauch einlassen, indem wir ihn ernst nehmen als Medium für unser sinnbildendes Begreifen.« (J. ANEREGG/1985, S. 51)

Solcher Sinn ist nicht verfügbar, auch nicht registrierbar, sondern er »entsteht im Prozeß der Sinnbildung« (S. 51).

»Wenn der instrumentelle Sprachgebrauch bezeichnend und bezugnehmend die Gegebenheit dessen setzt, wovon er spricht, so läßt der Sprachgebrauch, der uns zur Sinnbildung anhält und der uns Sinnbildung ermöglicht, der *mediale Sprachgebrauch* also, das, worum es geht, als etwas erfahren, das *in erprobendem Begreifen und Konstituieren* prozeßhaft gebildet werden muß.« (J. ANDEREGG/1985, S. 51)

Die Frage nach Sinn und das Bedürfnis nach Sinnbildung sind für den Menschen nicht peripher, sondern sie gehören »in grundlegender Weise zur menschlichen Existenz« (S. 54). Im Prozeß der Sinnbildung, also im Einlassen auf den medialen Sprachgebrauch, erfährt der Mensch, anders als im instrumentellen Sprachgebrauch, mehr und anderes über sich und seine Welt, als er immer schon weiß. »Der mediale Sprachgebrauch transzendiert jene Welten, läßt uns jene Welten transzendieren, deren wir uns instrumentell versichern« (S. 55) – und ich füge hinzu: versichern *müssen*, um im Alltag der Welt bestehen zu können. Aber ebenso gilt umgekehrt: auf medialen Sprachgebrauch ist der angewiesen, »der seine eigene Befindlichkeit oder die Befindlichkeit anderer anders begreifen möchte, als es die konventionelle Situationsbestimmung nahelegt« (S. 71).

Die Unterscheidung zwischen instrumentellem und medialem Sprachgebrauch darf nicht zu dem Trugschluß führen, als hätte jede der beiden Weisen des Sprachgebrauchs ihre je eigenen Zeichen. Dann hätten wir es mit verschiedenen Sprachen zu tun, je nachdem ob wir ein Kochbuch oder einen Liebesbrief lesen (obwohl doch Liebe durch den Magen geht – was im Unterschied zum Kochrezept eine Aussage medialen Sprachgebrauchs ist). Nein, der mediale Sprachgebrauch bedient sich der sprachlichen Zeichen, die wir alle aus dem Umgang mit dem instrumentellen Sprachgebrauch gut genug kennen. »Insofern ... kann man von einer *Verwandlung von der Instrumentalität in die Medialität* sprechen, stellt der mediale Sprachgebrauch sich als ein verwandelter Sprachgebrauch dar« (S. 57).

Es spricht viel für die Vermutung, daß es ganze Lawinen von theologischen Streitigkeiten nie gegeben hätte und nicht zu geben brauchte, wenn die am Streit Beteiligten sich auf die Unterscheidung zwischen instrumentellem und medialem Sprachgebrauch hätten einigen können – eine Einigung, die freilich schon deswegen so schwer ist, weil beide Male dieselben Wörter/Zeichen gebraucht werden. Der Gegenstand des Streits liegt daher nur zu oft in nichts anderem als darin, daß der eine das entscheidende Wort instrumentell, der andere aber medial gebraucht – zum Beispiel: Jungfrauengeburt oder Auferstehung.

Ohne uns des instrumentellen Sprachgebrauchs zu bedienen, sind wir nicht lebensfähig. Verbleiben wir aber allein im instrumentellen Sprachgebrauch, dann beschränken und begrenzen wir uns, möglicherweise gut funktionierend, auf das Gegebene. »In die uns verfügbaren Welten bringt der mediale Sprachgebrauch auf Grund seiner Differenz eine Welt ein, die sich von allen anderen dadurch unterscheidet, daß sie nicht ist, sondern entsteht« (S. 67). Darum ist der spezifischen Gefahr unserer Zeit zu widerstehen – der Gefahr, daß Leben verkümmern muß, weil der instrumentelle Sprachgebrauch die Alleinherrschaft übernimmt.

(2) Im weiteren Sinn gehört in diesen Zusammenhang auch der Dialog zwischen Religion und Literatur, Theologie und Literaturwissenschaft, auf den ich wenigstens mit einigen Hinweisen eingehen will (vgl. H. KOOPMANN u. W. WOESLER/1984; W. JENS, H. KÜNG u. K.-J. KUSCHEL/1986; U. BALTZ-OTTO/1983 und 1988; Themenheft ThPr 18. Jg./1983).

Daß die Überschneidungen zwischen Religion und Literatur weder im Genus einer »christlichen Literatur« realisiert werden, in der die Frage nach der Frömmigkeit des Autors oder des Sujets die literarische Qualität zweitrangig erscheinen läßt, noch in einer Instrumentalisierung der Literatur durch die Theologie, ist heute unumstritten (vgl. U. BALTZ-OTTO/1988). HANS KÜNG hat auf dem Tübinger Symposion 1984 die Positionen klar umrissen:

»Viel wäre erreicht ..., wenn es gelänge, daß zunächst einmal *Theologie* die Literatur weniger zur Illustration und Selbstbestätigung festgeschriebener, unveränderlicher Inhalte benutzte. Wenn Theologie ein wenig bescheidener aufträte hinsichtlich ihres Wahrheitsanspruchs. Wenn sie aufhörte, Literatur homiletisch, katechetisch oder pädagogisch zu verzwecken. Wenn sie entdecken würde, wieviel an Krisenwahrnehmung, authentischer Subjektivität, die nicht einfach überspielt werden kann, aber auch an neuer Gestaltung, neuer Formgebung, neuer Bewältigung, neuer Hoffnung in Literatur zu finden ist. Unendlich viel wäre erreicht, wenn Theologie aufhörte, obsolet gewordene binnentheologische Probleme zu traktieren ... und sich die Wahrnehmungsfähigkeit, die Sprachkraft und den Gestaltungswillen der Literatur ein Stück weit zu eigen machte: um der Bewältigung der wahren Probleme des Menschen willen, an die sich Theologie wie Literatur im Wort, mittels der Sprache, richten.«
(H. KÜNG/1986, S. 27 f.)

In den Grenzbereich der zuvor erörterten Unterscheidung zwischen instrumenteller und medialer Sprache führt WALTER JENS am Beispiel eines Bildes von Vincent van Gogh und eines dazugehörigen Briefes des Malers an seinen Bruder:

»Es verriet ... ebensoviel aristischen Sachverstand wie religiösen Takt, als Vincent van Gogh – bestrebt Jesus zu malen, wie er Lazarus erweckte – keine Figur, sondern ... die Sonne malte – van Gogh, genauer als viele Schriftsteller, wußte, daß das Mysterium am ehesten von der Peripherie her, mit Hilfe objektiver Korrelate und Bild-Elemente, die aufs Zentrum verweisen, indem sie es aussparen, künstlerisch gebannt werden kann: ›Wenn ich hierbleibe‹, so im Brief an Bruder Theo, ›werde ich nicht versuchen, einen Christus im Olivengarten zu malen; vielmehr die Olivenernte, so wie man sie noch sieht, und wenn ich darin in die wahren Verhältnisse der Gestalt auffinde, so kann man an jenes denken.‹ Das sind Schlüsselsätze aus einem geheimen Lehrbuch der religiösen Kunst ...
*Denke bei dem, was man noch sieht, an jenes:* Das van Goghsche Axiom will sagen: Nur vom Rand aus, von der Welt her, vom Sichtbar-Profanen, dem Alltäglichen des Hier und Jetzt, nur vom Natürlichen der Wirklichkeit, vom Relativen und Wandelbaren, nur vom Endlichen aus kann, durch die Vermittlung der Kunst, aufs – vielleicht – Unendliche, nur vom Vorläufigen aufs Defini-

tive, vom Besonderen auf jenes Absolute verwiesen werden, das sich im Partikulären manifestiert.«
(W. JENS/1986, S. 48 f.)

Dies schließt nicht aus, daß es besondere Beispiele dafür gibt, daß die Sprache der Dichtung in Religion und die Sprache der Religion in Dichtung umschlagen – und dies in vollendeter ästhetischer Gestaltung. PAUL CELANS »Tenebrae« ist der seltene Fall einer solchen Symbiose (vgl. die Interpretation von U. BALTZ/ 1983), und WALTER JENS' Formulierung, daß dieses Gedicht »den Charakter einer in gleichnishafter Rede vorweggenommenen und bis heute ungeschriebenen Theologie nach Auschwitz besitzt« (W. JENS u. a./1986, S. 44), ist nichts hinzuzufügen – außer vielleicht der Anmerkung, daß es der Theologie zu denken geben müßte, in welchem Ausmaß ihr bisweilen die Dichtung und die Dichter voraus sind (vgl. K.-J. KUSCHEL/1985).

### 6.2.3 Die Predigt als Rede/Handlung

Die Auffassung, daß Homiletik nicht außerhalb des Horizonts der Rhetorik, nicht gegen die Rhetorik traktiert werden kann, zuerst von MANFRED JOSUTTIS (1968, jetzt in: 1985, S. 9 ff.) und mir (1970, jetzt in: 1987, S. 18 ff.) wieder in die Diskussion gebracht, hat sich durchgesetzt (vgl. z. B. R. ZERFASS/1987; G. SCHUEPP/1982; semiotisch akzentuierend: K.-H. BIERITZ/ 1983). Daß Einzelaspekte unterschiedlich beurteilt werden und Rückfragen bleiben (vgl. J. ROTHERMUNDT/1984; G. OTTO/ 1986), ändert daran nichts. Der antirhetorische Affekt (vgl. E. THURNEYSEN/1921) der dialektischen Theologie ist überwunden; er prägt noch den letzten großen homiletischen Entwurf, der aus dieser Richtung stammt (R. BOHREN/1980⁴). A. GRÖZINGER (1987a) hat BOHRENS negativ besetztes Rhetorikverständnis einleuchtend analysiert und zugleich noch einmal herausgearbeitet, wie die Bezugnahme der Homilektik auf die ambivalente Gestalt und Geschichte der Rhetorik zu fassen ist:

»Eine homiletisch verantwortliche Rhetorik kann sich also nur als eine Rhetorik verstehen, die die Form-Inhalts-Relation zu ihrem zentralen Anliegen macht. Insofern trifft der Einwand BOHRENS, daß die Rhetorik sich allein dem Formalen zuwende bzw. im Verfolg ihrer Intention einem der Sache ›fremden Gesetz‹ folge, ein solches Verständnis von Rhetorik gerade nicht. Gleichwohl ist der Einwand BOHRENS als Warnung zu hören, da die Rhetorik im Laufe ihrer Geschichte stets in der Gefahr stand und steht, die Form-Inhalts-Relation aus dem Auge zu verlieren und sich dem rhetorischen ›Erfolg‹ als alleinigem Prinzip zu verschreiben.«
(A. GRÖZINGER/1987(a), S. 11; vgl. auch Ders./1979 und umfassend zur ästhetischen Problematik Ders./1987(b))

Auf dem Hintergrund einer *im Ansatz* geklärten Diskussionslage kann es nun darum gehen, einzelne Aspekte der komplexen Problematik besser als bisher auszuarbeiten (einen teilweise repräsentativen Überblick über die Diskussionslage bietet A. BEUTEL/ 1986, eine knappe Einführung bei H. W. DANNOWSKI/1985).

(1) HENNING LUTHER hat die These, Predigt ist Rede (G. OTTO/ 1976), dadurch differenziert, daß er den Begriff der Rede mit dem Begriff der Handlung verbunden hat: »Predigt ist als Rede eine Handlung« (1983, S. 223). Dieser differenzierenden Erweiterung der Ausgangsthese ist zuzustimmen, weil erst so der Hörer und der Lebenszusammenhang von Prediger und Hörer voll zur Geltung kommen:

»Das, was der Prediger sagt, ist nur verstehbar als Reaktionen herausfordernde Anrede an Hörer und ist nur verstehbar auf dem Hintergrund einer gemeinsam geteilten Erfahrungswelt von Prediger und Hörer.«
(H. LUTHER/1983, S. 223)

Diese These verdankt ihre Anregung der Sprechakttheorie, die davon geleitet ist, daß es im Sprechen nicht »nur« um Worte geht, sondern wer spricht, tut etwas, indem er spricht (J. L. AUSTIN/1979²). Die Intention des Redenden und die Interaktion zwischen Redner und Hörern werden damit zu Schlüsselbegriffen. Dies sind – in neuem Zusammenhang und zum Teil gewandelter Terminologie – alte rhetorische Kategorien. Im neuen wie im alten Gewand helfen sie, darauf aufmerksam zu werden, daß für Predigten gilt, was für Reden in unterschiedlichsten Zusammenhängen ebenso gilt: Sie sind nicht nur auf Interaktion und Kommunikation aus, sondern sie sind zugleich auch immer schon *Ausdruck von Interaktion und Kommunikation* – oder aber sie haben das Genus der Rede gar nicht erreicht, auch wenn sie eine halbe Stunde oder länger andauern.

Damit gerät in der neuesten homiletischen Diskussion etwas wieder ins Blickfeld des Interesses, was Führere schon erkannt haben. Gleichwohl ist es immer wieder unbeachtet geblieben. Verräterisch ist die in der gängigen Praxis der Predigtvorbereitung (dazu s. u.) nicht selten zu beobachtende Tendenz, die man auch in der homiletischen Literatur belegen könnte, *zuerst* den theologischen Inhalt der Predigt klären zu wollen, um *sodann* die Beziehung zum Hörer herzustellen. Dagegen:

»Der Predigt liegt als Rede eine interaktive Struktur zugrunde. Der Hörerbezug ist ihr also immanent und konstituiert das Predigen immer schon. Er ist nicht nachträglich aufgesetzt als bloße Vermittlung eines Inhalts.«
(H. LUTHER/1983, S. 241)

Im Horizont der Predigt gibt es also weder den Predigtinhalt »als solchen« noch den Prediger »als solchen« noch die Hörer »als solche«, sondern, sofern es um Predigt als Rede geht, ist die *Subjektivität des Redners* (vgl. dazu noch immer O. HAENDLER/1960³) ebenso wie die *Lebenswelt der Hörer* in den *Inhalt* eingeschmolzen. Es gibt keinen Inhalt, dessen Teil nicht die Hörer sind (vgl. G. OTTO/1979, S. 16 und 1981, S. 12). Der zitierte Predigtanfang von H. GOLLWITZER (s. o. 6.1.2) zeigt dies übrigens ganz deutlich.

In ERNST LANGES Predigtverständnis leitet genau dieser Blickwinkel. Darum ist sein Beitrag zur Homiletik bleibend wichtig (vgl. K. LIEDTKE/1987, S. 141 ff.), gerade weil er in der »vor-rhetorischen« Diskussionsphase entwickelt worden ist:

»Für den Hörer entscheidet sich die Relevanz der Predigt mit der Klarheit und der Stringenz ihres Bezuges auf seine Lebenswirklichkeit, auf seine spezifische Situation. Dabei ist der Ausdruck ›Wirklichkeits*bezug*‹ eigentlich noch zu schwach. Denn der eigentliche Gegenstand christlicher Rede ist eben nicht ein biblischer Text oder ein anderes Dokument aus der Geschichte des Glaubens, sondern nichts anderes als die alltägliche Wirklichkeit des Hörers selbst – im Licht der Verheißung ...
Predigen heißt: Ich rede mit dem Hörer über sein Leben. Ich rede mit ihm über seine Erfahrungen und Anschauungen, seine Hoffnungen und Enttäuschungen, seine Erfolge und sein Versagen, seine Aufgaben und sein Schicksal. Ich rede mit ihm über seine Welt und seine Verantwortung in dieser Welt, über die Bedrohungen und Chancen seines Daseins. Er, der Hörer, ist mein Thema, nichts anderes; freilich: er, der Hörer vor Gott. Aber das fügt nichts hinzu zur Wirklichkeit seines Lebens, die mein Thema ist, es deckt vielmehr die eigentliche Wahrheit dieser Wirklichkeit auf.«
(E. LANGE/1968, in: 1976, S. 57 f.)

(2) J. ANDEREGGS Unterscheidung zwischen instrumentellem und medialem Sprachgebrauch (s. o. 6.2.2) ist für das Verständnis der Predigt und der Predigtvorbereitung von entscheidender Bedeutung. Die Rede vom medialen Sprachgebrauch berührt sich mit meinem Plädoyer für poetische Sprache in der Predigt (vgl. G. OTTO/1976 passim). Für ANDEREGG stehen die Begriffe von poetischer Sprache und von Medialität in »engem Zusammenhang« können aber miteinander »nicht gleichgesetzt werden« (J. ANDEREGG/1985, S. 106). Dennoch sind »»poetisch‹ und ›medial‹ teilweise sich überlagernde« Bereiche (S. 106 f.). Der Literaturwissenschaftler muß an dieser Stelle ein noch genaueres Interesse an der Distinktion haben als der praktische Theologe. Abgesehen davon, daß der Gebrauch des Begriffs »poetische Sprache« im praktisch-theologischen Zusammenhang zugegebenermaßen seine Unschärfen hat (die ja auch genügend Mißverständnisse produzieren), der Begriff »medial« hat bei Nichtliteraturwissen-

schaftlern seine anderen Verständnisprobleme, auch wenn ihn ANDEREGG völlig einleuchtend erläutert. Es kommt nun aber hinzu, daß die Unschärfen des Begriffs »poetisch« im außerliterarischen Zusammenhang ihn in mancher Hinsicht vielleicht gerade geeignet erscheinen lassen. Denn wir haben es bei religiösen Reden und Predigten nicht mit eindeutig definierbaren literarischen Formen zu tun. Literarisch gesehen, gehört die Predigt zu den »Gebrauchsformen«, und das ist nun alles andere als eine eindeutig abgrenzbare Kategorie.

Konzentriert tauchen die Mißverständnisse, die sich mit der Einbeziehung poetischer Sprache in die Predigt verbinden, bei J. ROTHERMUNDT (1984) auf; die Entgegnung von A. GRÖZINGER sollte eine Verständigungsbasis darstellen, damit der Streit zwischen den Kontrahenten wenigstens annähernd um dieselbe Sache geht:

»Wenn – wie Eberhard Jüngel dies formuliert hat – die christliche Wahrheitserfahrung ›die menschliche Existenz eindeutig zu deren Gunsten unterbricht‹, dann ist die Verkündigung auf eine Rhetorik angewiesen, die dieser Unterbrechung auch *sprachlichen* Ausdruck verleiht. Gerade durch ein solches Vermögen ist die poetische Sprache charakterisiert, nämlich daß sie den alltäglichen Schritt der Sprache und der Dinge unterbricht und die Welt in ein neues Licht rückt. In der poetischen Sprache wird der Kosmos des Vorgegebenen gesprengt und ins Offene verwiesen.« (A. GRÖZINGER/1987 (a), S. 11; vgl. auch U. BALTZ/1983 und 1984)

Genau auf derselben Argumentationsebene ist der immer wieder begegnenden These zu widersprechen, die Alltagssprache müsse die Sprache des Glaubens und der Predigt sein. Die Erfüllung dieser Forderung, so einleuchtend sie im Rahmen eines allzu flachen Begriffs von Verständlichkeit ist, würde dem Hörer notwendig gerade das vorenthalten müssen, was mehr und anderes ist als die Wiederholung seines Alltags, die Wiederholung der Festschreibungen und Verengungen, wie sie Alltagssprache transportiert.

»Die Alltagssprache nimmt in ihrer Instrumentalität auf Konventionen Bezug, und das, wovon sie spricht, läßt sie als ein Selbstverständliches erscheinen. Wie also sollte sich alltagssprachlich einholen lassen, was Ziel einer Sprache des Glaubens ist?«
»Wo die Alltagssprache herrscht, wo wir mit der Alltagssprache herrschen, da hat alles seine Ordnung, da ist alles in Ordnung. Von einer Sprache des Glaubens aber reden wir in Hinblick darauf, daß Außerordentliches in unsere gewohnten Ordnungen einbricht und sich ihnen widersetzt, daß Außerordentliches begriffen, und das heißt: zur Sprache gebracht werden soll. Im Sinnbezirk des Glaubens und der religiösen Erfahrung soll Sprache mehr sein als ein Instrument zur Bezugnahme. Sie soll nicht nur das Reden über Erfahrungen, sondern Erfahrungen möglich machen, sie soll nicht nur Begriffenes bezeichnen, sondern Medium des Begreifens sein.«
(J. ANDEREGG/1985, S. 84)

(3) Die Einbindung der homiletischen Fragestellungen in die Rhetorik hebt die Notwendigkeit nicht auf, nach zwei Seiten hin einige nähere Bestimmungen zu suchen.
*Einserseits* sind die Beziehungen im Dreieck von Theologie – Rhetorik – Homiletik zu präzisieren. MANFRED JOSUTTIS (1985) hat dies in einer Skizze versucht, die noch der näheren Ausführung bedarf, aber geeignete Ansatzpunkte verdeutlicht. Er unterscheidet:

☐ *Theologie* ist »die wissenschaftliche Reflexion der Arbeit am religiösen Symbolsystem im Einflußbereich der biblischen Überlieferung« unter gleichzeitiger Beachtung anderer religiöser Symbolsysteme;

☐ *Rhetorik* ist »die wissenschaftliche Reflexion der Arbeit mit sprachlichen Symbolen«;

☐ *Homiletik* ist der Begegnungsort von »Rhetorik und Theologie in der Reflexion jenes Aktes, in dem das überlieferte Symbolrepertoire der christlichen Religion in einem Ritual aktuelle sprachliche Gestalt gewinnen will« (M. JOSUTTIS/1985, S. 142).

## 6.2 Theorieansätze und Handlungsformen

Die Beziehung der drei Größen aufeinander ist möglich und notwendig, weil sich alle drei auf »menschliche Arbeit an und mit sprachlichen Symbolen« beziehen (S. 142 f.)

Naheliegenderweise ist Josuttis' Systematisierungsversuch auf die Homiletik hin zugespitzt, und die Homiletik wiederum zielt auf das Ritual des Gottesdienstes.

Damit sind wir beim *zweiten* Aspekt, der der Präzisierung bedarf. Wo Josuttis auf das Ritual des Gottesdienstes zielt, gibt H. Luther zu bedenken, daß »nicht nur der institutionelle Kontext des liturgischen Gottesdienstablaufes ... die Verstehensvoraussetzungen einer Predigt« absteckt, »sondern der umfassendere Lebenszusammenhang der Gemeinde« (H. Luther/1983, S. 242).

Das Ritual des Gottesdienstes ist als *ein* Kommunikationsrahmen der Predigt sicher unbestreitbar, aber wohl doch nur als ein möglicher unter anderen. In diese Richtung weist H. Luthers These, aber es ist zu fragen, ob sie schon weit genug reicht. Wenn die Predigt in den *Gesamtzusammenhang* des Redens und Schreibens hineingehört, dann ist sie auch im Zusammenhang ganz anderer Formen religiöser Mitteilung als den liturgisch eingebundenen zu reflektieren. Dies aber bedeutet, daß dann von Fall zu Fall auch der »Lebenszusammenhang der Gemeinde« noch überschritten werden muß in Richtung auf den Lebenszusammenhang der *Gesellschaft*. Andernfalls entlassen wir zahlreiche Formen religiöser Mitteilung aus der homiletischen Reflexion, was ja auch zu deren Schaden, aber nicht minder zum Schaden der gottesdienstlichen Predigt nur zu oft geschieht. Ein Artikel in einer Tages- oder Wochenzeitung anläßlich eines der Feste des Kirchenjahres hat als Verständnis- und Bezugsrahmen für viele Leser weder das gottesdienstliche Ritual noch auch einen gemeindlichen Lebenszusammenhang. Aber man darf Sprachvorgänge dieser Art, für die ja leicht weitere Parallelen zu nennen sind, nicht aus der homiletischen Reflexion ausblenden:

einschlägige Wortbeiträge in Presse, Funk und Fernsehen, Ansprachen auf Kirchentagen oder bei Veranstaltungen der Friedensbewegung oder bei Demonstrationen.

## 6.3 Verknüpfungen

*(1) Dominierende Reflexionsperspektiven:*
- 2: Rhetorik      (= Bd. 1, S. 109 ff.)
- 7: Symbolik      (= Bd. 1, S. 225 ff.)
- 5: Ideologiekritik   (= Bd. 1, S. 180 ff.)

| (2) hier erörterte *Handlungsfelder:* | in anderen Kapiteln erörterte *problemverwandte Handlungsfelder:* |
|---|---|
| Reden/Predigten | z. B. 2: *Lernen (2)* |
| | bes. 2.1.2: Der umfassende Horizont des Lernens |
| | z. B. 5: *Verständigen* |
| | bes. 5.4.3: Politische Predigt |
| | z. B. 7: *Deuten* |
| | bes. 7.2.1: Gesamtverständnis der Amtshandlungen |
| | z. B. 8: *Feiern* |
| | bes. 8.2.2: Gottesdienst |
| | z. B. 9: *Kooperieren* |
| | bes. 9.2: Theorieansätze und Handlungsformen |

(3) Nicht erörterte
*verwandte Praxiszusammenhänge:*
z. B.: Religion/Kirche in der Presse
   Politik in kirchlichen Zeitungen/Zeitschriften
   Wort und Bild in Massenmedien

## 6.4 Ausblicke

### 6.4.1 Religion/Kirche in Massenmedien

Aus dem umfassenden Zusammenhang der Publizistik und der Beziehung zwischen Kirche und Publizistik (vgl. W. HUBER/ 1973; H. J. DÖRGER/1979; H. TREMEL/1984) löse ich eine Spezialproblematik heraus, die freilich so beschaffen ist, daß sie exemplarische Fragestellungen erkennen läßt: Fernsehen *als* Religion, und Kirche/Gottesdienst *im* Fernsehen.

WOLF-RÜDIGER SCHMIDT stellt in einem vorsichtig abwägenden, die einschlägige neue Literatur verarbeitenden Essay die These zur Debatte: »Die elektronischen Medien sind ein Stück neuer Religion. Aber wer sagt uns, daß wir sie wirklich nicht brauchen? Sie sind zugleich ein Instrument der Aufklärung, aber wo liegen die Übergänge?« (in: H. N. JANOWSKI/1987, S. 109). Die These ist abgeleitet aus der Interpretation von Funktionen und Wirkungen des Fernsehens, wie sie sich bei Rezipienten beobachten lassen. Aus dem Umstand, daß das Fernsehen das Alltagsleben der Menschen in den letzten Jahrzehnten tiefgreifend verändert hat, folgert W.-R. SCHMIDT unter anderem:

– Die elektronischen Medien haben »im Alltagsablauf, der inneren und äußeren Daseinsorientierung der Zeitgenossen vielfach elementare, lebensregelnde Funktionen übernommen.« Es ist zu fragen, ob diese »lebensregelnden Funktionen der elektronischen Medien religiöse Qualität haben?«
– Das Medium leistet »Alltagsstabilisierung, als tief in der Bilderwelt verankertes, neues emotionales Orientierungssystem, das als Brücke über die Diskontinuitäten des Tages und des Lebens hinweg führt.«
– Die Film- und Fernsehwirklichkeit stellt »eine systematische Reproduktion einer eigenen neuen Form von Wirklichkeitserfahrung« dar.
(in: H. N. JANOWSKI/1987, S. 99 f.; 100)

SCHMIDTs These ist von einem funktionalen Religionsverständnis geprägt. Unter diesem Blickwinkel ist sie einleuchtend und sicher weiterführend als manche kulturpessimistische Aussage über das Fernsehen. Wie aber stellt sich die These dar, wenn man den funktionalen Fragehorizont überschreitet? SCHMIDT sieht diese Frage selbst, aber er verfolgt sie nicht (vgl. S. 109). So bleibt das Resümee:

»Möglicherweise stehen wir bei der Erforschung der postmodernen Medienreligiosität heute dort, wo die Astronomie und Chemie vor vierhundert Jahren standen. Abschließendes ist noch nicht zu sagen. Zu ambivalent sind die Sachverhalte, auch wenn wir über ihren Stellenwert manches wissen...«
(in: H. N. JANOWSKI/1987, S. 109)

Diskutiert W.-R. SCHMIDT die implizite Religiosität der Medien, so fragt INGOLF DALFERTH nach der *theologischen* Problematik der Übertragung von Gottesdiensten im Fernsehen. Er hält diese Frage für eine der wichtigsten, die sich der Praktischen Theologie »gegenwärtig und für absehbare Zukunft stellen« (1985, S. 183).

DALFERTHs These basiert auf der Aussage, daß sich die unverwechselbare Eigenart der Kirche in nichts anderem manifestiere als »in der Feier *gemeinsamer Gottesdienste*« (S. 190), tendenziell Abendmahlsgottesdienste, für deren Vollzug die »lokale Kopräsenz von Menschen« (S. 192) unabdingbar ist. Aus dieser Feststellung folgt:

»Sofern genau das bei Gottesdienstfeiern über elektronische Medien ausgeschlossen ist, besteht zwischen den Vollzugsbedingungen des christlichen Gottesdienstes und der Kommunikationsstruktur dieser Medien eine solche Spannung, daß diese... zwar als Mittel der Darstellung, nicht aber als Mittel des Vollzugs gemeinsamer Gottesdienste taugen. Teilnahme am Gottesdienst erfordert im Unterschied zur Teilnahme an Gottesdienstsendungen die lokale und nicht nur mediale Kopräsenz von Personen...«
(I. U. DALFERTH/1985, S. 193)

In DALFERTHs theologischer Argumentation sind die Kommunikationsstrukturen und -bedingungen elektronischer Medien scharfsinnig vorausgesetzt. Ihnen wird ein Gottesdienstverständnis konfrontiert, das auf völlig anderen Kommunikationsbedingungen und -strukturen basiert. Die Frage bleibt: Gibt es hier nur die Konfrontation und folglich die gegenseitige Unvereinbarkeit, oder ist auch im theologischen Denken ein nächster Schritt vorstellbar, der über die Konfrontation hinausführen könnte? Die weitere Frage, die DALFERTH noch nicht stellen konnte, ergibt sich von W.-R. SCHMIDTs Überlegungen aus: Unterstellt, es gäbe eine spezifisch religiöse Qualität des Fernsehens, wie ist dann das Verhältnis zwischen der Religiosität des Fernsehens und der Botschaft eines christlichen Gottesdienstes, *vermittelt im Rahmen der Religiosität des Fernsehens,* näherhin zu beschreiben?

*Lit.:*
H. ALBRECHT, Arbeiter und Symbol (1982)
I. U. DALFERTH, Kirche in der Mediengesellschaft – Quo vadis?, in: ThPr 20. Jg. 1985, S. 183 ff.
H. J. DÖRGER, Kirche in der Öffentlichkeit (1979)
W. HUBER, Kirche und Öffentlichkeit (1973)
H. N. JANOWSKI (Hg.), Die kanalisierte Botschaft (1987)
W.-R. SCHMIDT, Opium des Volkes?, in: H. N. JANOWSKI/1987
H. TREMEL (Hg.), Öffentlichkeitsarbeit der Kirche (1984)

### 6.4.2 Religiöse Sprache im Kabarett: HANNS DIETER HÜSCH

Die Hinweise zur Beziehung zwischen poetischer und religiöser Sprache (s. o. 6.2.2) finden ihre eigene Konkretisierung, wenn man sich dem Kabarett und seinen Texten zuwendet (wohl zum ersten Mal in einem Lehrbuch der Praktischen Theologie). Ich nehme als Beispiel das Werk von HANNS DIETER HÜSCH, aber es stellt keinen Einzelfall dar; bei anderen ist der Befund oftmals lediglich sparsamer oder verhüllter, wie zum Beispiel bei Lore Lorentz oder Werner Schneyder.

Es geht nicht nur darum, daß biblische Sprachelemente in zahlreichen Texten HÜSCHs auftauchen, wörtlich oder im Anklang;

wichtiger und bezeichnender ist es, daß die poetischen Texte des Moralisten Hüsch – man hat ihn den »literarisch subtilsten Solokabarettisten der Bundesrepublik« genannt (R. Hippen, in: H. D. Hüsch/1978, S. 9) – oftmals einen Unter- oder Zwischenton haben, den ich als eine Art genereller religiöser Grundierung bezeichnen möchte, die ohne Rest in die poetische Struktur der Texte eingeschmolzen ist:

Sie sagen
Idealismus ist ein Intelligenzdefekt.
Ich glaube es nicht

Sie sagen
die Bergpredigt wäre nicht so gemeint.
Ich glaube es nicht

Sie sagen
Du sollst nicht töten ist so zu verstehen, daß...
Ich glaube es nicht

Sie sagen
Bei etwas gesundem Menschenverstand
müßte doch jeder...
Ich glaube es nicht

Sie sagen
Selbst Christus würde, wenn er heute...
Ich glaube es nicht

Und wenn man mir Berge
schwarzen und roten Goldes verspricht
Ich glaube es nicht
(H. D. Hüsch/1978, S. 56)


Im Jahre 2000 und 3
Hat die Erde eisgraue Schläfen
Und in den Häfen
Sagt kein Mensch mehr good bye

Im Jahre 2000 und 3
Macht der Mond von sich reden
Und schickt jeden der sich freiwillig meldet
Zur Mondpolizei

Dort wird dann weitergemacht
Mond gegen Mars
Oder Mars gegen Mond
Wohl dem der dann auf dem Jupiter
wohnt

Im Jahre 2000 und 3
Verschwinden Wälder und Berge
Denn aus der Erde macht man dann Särge
Für die Mondpolizei

Im Jahre 2000 und 3
Hat die Erde nichts mehr zu sagen
Nur noch vom Mond hört man direkt übertragen
Todes- und Hilfegeschrei

Denn dort wird dann weitergemacht
Die alte Geschichte vom Turmbau zu Babel
Von Habgier und Neid
Die alte Geschichte von Kain und Abel.
(H. D. Hüsch/1978, S. 72 f.)

Hüsch hat den über die Jahre bemerkenswert gleichgebliebenen Grundton seiner Texte einmal als den eines »linkskonservativen Rebellen« beschrieben:

»Ich glaube, linkskonservativ, das ist es, das trifft es – konservativ im Sinne von sich-selbst-bewahrend, ja. Ich möchte mir meinen eigenen Klang, den ich von klein auf in mir habe, bis an mein Lebensende bewahren. Ich kann diesen Klang nicht wirklich beschreiben. Er ist der Kern, aus dem ich atme, von dem ich lebe, mit dem ich letzten Endes das grausame, praktische Leben bewältige. Ich kann das mein Melos nennen. Es hat sich in mir vergrößert, ist gewachsen, ist mir bewußter geworden.«
(H. D. Hüsch, in: B. Schroeder/1985, S. 47)

Dies ist das »Melos«, von Hüsch bei seinen Auftritten gern als Zugabe und Schlußpunkt vorgetragen:

Ich sah einen Mann
Mit seiner Frau
Beide schon älter

Die Frau war blind
Der Mann konnte sehen
Er fütterte sie
Das ist alles
Gute Nacht.

Man mag, wenn man HÜSCH und seine Texte kennt, die Selbstbezeichnung »konservativ« im ersten Augenblick belächeln. Dennoch trifft sie für jeden, der wie HÜSCH Sprache und christliche Tradition bei ihrem *Ursprungssinn* behaftet, gegen die, die Sprache und christliche Tradition mißbrauchen und sich darin verraten, – der sie behaftet bei dem, was sie meint, der es in *seiner* Sprache sagt und so elementarste Werte der Menschlichkeit in die Erinnerung ruft. Daß mancher, der sich für konservativ hält, diesen Ton nicht mag, zeigt nur, wieviele sogenannte Konservative in Wahrheit *reaktionär* sind.

*Lit.:*
E. FRÜHLING, HANNS DIETER HÜSCH ... ein Mainzer Kabarettist (1983)
H. D. HÜSCH, Freunde, wir haben Arbeit bekommen (1968)
Ders., Den möcht' ich seh'n .. . (1978)
Ders., Das schwarze Schaf vom Niederrhein (1983)
B. SCHROEDER, HANNS DIETER HÜSCH hat jetzt zugegeben (1985)

### 6.4.3 *Religion/Kirche im gesellschaftlichen Diskurs*

Die Frage, ob sich die Kirche am gesellschaftlichen Diskurs beteiligen dürfe oder solle, ob sie also »politisch« Stellung nehmen solle, war schon immer eine Scheinfrage, weil die Kirche, eingebettet in die Gesellschaft, dies seit eh und je tut, wie ihre Geschichte beweist. Die Frage wird heute vollends zur Absurdität, weil die Kirche bei der Diskussion der Überlebensprobleme der Menschheit nicht als Zuschauer unbeteiligt und wortlos im Abseits stehen kann. Die Überlebensprobleme betreffen keineswegs nur die atomare und die ökologische Gefährdung, also das Risiko menschheitlicher Selbstvernichtung. Dies ist nur die eine Perspektive. Sie ist *immer* mit der anderen zu verbinden: Wie kann eine Menschheit überleben, die in Auschwitz der eigenen Abgründe ansichtig geworden ist? Der Symbol gewordene Name mag hier genügen. Aus beiden Perspektiven erwächst der Lebenshorizont, auf den sich die Kirche beziehen muß. In beiden Perspektiven sind zugleich religiöse Argumentationsmuster und Sprachelemente unterschiedlichster Art zu beobachten, die außerhalb der Kirche ihre Rolle spielen (vgl. 6.1).

Die Denkschriften der EKD sind (unterschiedlich) gelungene Beispiele kirchlicher Beteiligung am gesellschaftlichen Diskurs. Die 1970 veröffentlichte Denkschrift »Aufgaben und Grenzen kirchlicher Äußerungen zu gesellschaftlichen Fragen«, sozusagen eine Denkschrift über die Denkschriftenpraxis der Kirche, ist »das wichtigste Dokument einer Selbstvergewisserung der Kirche auf dem eingeschlagenen Weg« (L. RAISER, in: Denkschriften Bd. 1/1, 1978, S. 17). Die bekannteste und vielleicht auch wirkungsvollste Denkschrift wurde 1965 veröffentlicht: »Die Lage der Vertriebenen und das Verhältnis des deutschen Volkes zu seinen östlichen Nachbarn« (in: Bd. 1/1, S. 77 ff.). Der Zusammenhang dieses Textes mit den damaligen Weichenstellungen in der deutschen Ostpolitik ist unverkennbar. Nicht minder bemerkenswert ist jedoch, daß der Diskurs über strittige gesellschaftliche Fragen nun auch innerkirchlich eine neue Qualität bekommt. Anders als dem Wort von der Kanzel kann einer Denkschrift *in derselben Form* und mit der Chance wenigstens relativ vergleichbarer Publizität *widersprochen* werden. Dafür gibt es (leider nur) ein präzises Beispiel: Ende 1970 veröffentlichen die evangelische und die katholische Kirche einen Text, der zwar nicht als Denkschrift bezeichnet wird (daher in der einschlägigen Sammlung auch nicht enthalten ist), aber denselben Anspruch erhebt: »Gesetz des Staates und die sittliche Ordnung«, mit einem Vorwort des Ratsvorsitzenden der EKD und des Vorsitzenden der Fuldaer Bischofskonferenz. Der Inhalt ist eine Kritik an den geplanten Reformen des Ehescheidungsrechts und des Strafrechts. Von verschiedenen Seiten werden der Modus der Erarbeitung des

## 6.4 Ausblicke

Textes und vor allem die dort vertretenen Positionen kritisiert. Dies führt zu einer »Gegendenkschrift«, die wenige Monate später erscheint und den Titel trägt: »Das Gesetz der Moral und die staatliche Ordnung« (1971). Der Protest der Gegendenkschrift geht über die engere Thematik hinaus und nennt strukturelle Probleme in wünschenswerter Klarheit beim Namen:

»... Erfahrungen der letzten Monate lassen die Frage auftauchen, ob die mit erheblichen Zeitspenden (in einschlägigen kirchlichen Gremien, G. O.) mitarbeitenden Laien es sich leisten können, je nach Zweckmäßigkeit ihren Sachverstand benutzen zu lassen, während das eigentliche Geschehen nach wie vor von der theologischen Hierarchie bestimmt wird.«
(K. LEFRINGHAUSEN u. a./1971, S. 8)

In dieser Kontroverse zeichnet sich ab, daß die Form der Denkschriften in ihrer Konsequenz zu einem neuen Typus des Dialogs führt und auch produktiv für die innerkirchliche Auseinandersetzung ist. Dies ist auch noch durch ein aktuelles Beispiel eindeutig belegt. Wenn oder weil sich innerkirchlich dafür keine Mehrheiten fanden, haben 1987 eine Reihe nicht in institutionelle Zwänge eingebundener kirchlicher Gruppierungen einen Text veröffentlicht, der ganz und gar in die Kategorie der Denkschriften hineingehört, aber nicht von der kirchlichen Hierarchie legitimiert ist: »Versöhnung und Frieden mit den Völkern der Sowjetunion – Herausforderungen zur Umkehr. 8 Thesen.« Die Thesen treten dafür ein, daß im Rahmen einer Verständigung mit der Sowjetunion Christen und Kirchen ihre »besondere Aufgabe« wahrnehmen, nämlich »die verdrängte Geschichte der Schuld des deutschen Volkes gegenüber den Völkern der Sowjetunion aufzuarbeiten« (These 1).

Es ist zu hoffen, daß dieser dialogische Stil kirchlichen Redens, aber auch innerkirchlicher Auseinandersetzungs- und Verständigungsprozesse, weiter Schule machen wird.

*Lit.:*
W. Huber, Kirche und Öffentlichkeit (1973)
Kirchenkanzlei der EKD (Hg.), Die Denkschriften der Ev. Kirche in Deutschland, mit einer Einführung von L. Raiser, Bd. 1/1 bis 4/1 (1978 ff.)
Kirchenamt der EKD (Hg.), Gesetz des Staates und die sittliche Ordnung (1970)
K. Lefringhausen u. a., Das Gesetz der Moral und die staatliche Ordnung. Gegendenkschrift (1971)
AG Solidarische Kirche u. a. (Hg.), Versöhnung und Frieden mit den Völkern der Sowjetunion (1987)

# 7 HANDLUNGSFELD: DEUTEN
## – Lebensgeschichte/Taufe/Trauung

*Motto*

Im ganzen also gipfelt die Leistung des Ritus darin, daß er in extremer Erfahrung Kommunikation und Korrespondenz mit anderen Menschen ermöglicht und damit vor der unerträglichen Zumutung bewahrt, die für einen einzelnen das Zurückgeworfensein auf sich selbst bedeutet. Diese Leistung kommt nicht schon dadurch zustande, daß der Ritus überhaupt geprägte Formen und feste sprachliche Formeln enthält. Die Leistung des Ritus ist vielmehr weithin die deutende und interpretierende Leistung seiner Elemente.

DIETRICH RÖSSLER/1976

## Thesen zur Orientierung

☐ Rituale bieten Möglichkeiten, lebensgeschichtliche Einschnitte sinnhaft auszugestalten. Sie bieten Raum für Lebensdeutung.

☐ Eine Theologie der Amtshandlungen darf die anthropologische Bedeutung von Ritualen nicht außer acht lassen oder gar disqualifizieren.

☐ Lebensgeschichte und Lebenswelt sind insgesamt, nicht nur in ihren Krisen oder ihren Höhepunkten, der Horizont der Amtshandlungen.

## 7.0 Literatur

| | |
|---|---|
| F. AHUIS | Der Kasualgottesdienst (1985) |
| G. BARCZAY | Artikel: Trauung<br>in: OTTO-HdB (1975²), S. 586 ff. |
| H.-D. BASTIAN u. a. | Taufe, Trauung, Begräbnis (1978) |
| L. BOFF | Kleine Sakramentenlehre (1985⁸) |
| R. BOHREN | Unsere Kasualpraxis – eine missionarische Gelegenheit? (1968³) |
| K.-W. DAHM | Beruf: Pfarrer (1971) |
| K.-F. DAIBER | Die Trauung als Ritual in: EvTh 33. Jg./1973, S. 578 ff. |
| E. DOMAY (Hg.) | Arbeitsbuch Kasualien (1987) |
| D. EMEIS | Die Taufe<br>in: H.-D. BASTIAN u. a. (1978), *siehe dort* |
| M. FEREL | Artikel: Taufe<br>in: OTTO-HdB (1975²), S. 565 ff. |
| H. FISCHER | Trauung aktuell (1976) |
| A. GRÖZINGER | Seelsorge als Rekonstruktion von Lebensgeschichte<br>in: WzM 38. Jg./1986, S. 178 ff. |
| H. G. HAACK | Die Amtshandlungen in der evanglischen Kirche (1952²) |
| J. HANSELMANN u. a. (Hg.) | Was wird aus der Kirche? (1984) |
| G. HEFFT | Ehe, nichteheliche Lebensgemeinschaft und der Segen der Kirche<br>in: WzM 39. Jg./1987, S. 310 ff. |
| A. HELLER | Ausgewählte Literatur zu den Nichtehelichen Lebensgemeinschaften<br>in: PastInf 7. Jg./1987, Heft 1–2, S. 46 ff. |
| H. HILD (Hg.) | Wie stabil ist die Kirche? (1974) |
| H.-H. JENSSEN | Die kirchlichen Handlungen<br>in: DDR-HdB, Bd. 2 (1974) |
| W. JETTER | Der Kasus und das Ritual<br>in: WuPKG 65. Jg./1976, S. 208 ff. |

| | |
|---|---|
| M. Josuttis | Zur Ehe-Politik in der EKD<br>in: EvTh 42. Jg./1982, S. 271 ff. |
| Ders. | Der Pfarrer ist anders (1987³) |
| F.-X. Kaufmann | Der öffentliche Plausibilitätsverlust der Ehe<br>in: PastInf 7. Jg./1987, Heft 1–2, S. 4 ff. |
| Kirchenamt der EKD (Hg.) | Ehe und nichteheliche Lebensgemeinschaften. EKD-Texte 12 (1985) |
| Kirchenkanzlei der EKD (Hg.) | Die Denkschriften der EKD, Bd. 3: Ehe, Familie, Sexualität, Jugend (1981) |
| G. Kugler/ H. Lindner | Trauung und Taufe: Zeichen der Hoffnung (1977) |
| E. Lange | Aus der »Bilanz 65«<br>in: Ders., Kirche für die Welt (1981) |
| R. Leuenberger | Taufe in der Krise (1973) |
| K. H. Lütcke | Die Trauung<br>in: H.-D. Bastian (1978), *siehe dort* |
| Ders. | Artikel: Trauung<br>in: BLOTH-HdB, Bd. 3 (1983), S. 183 ff. |
| W. Marxsen | Darf man kleine Kinder taufen? (1969) |
| J. Matthes (Hg.) | Erneuerung der Kirche – Stabilität als Chance (1975) |
| Ders. | Volkskirchliche Amtshandlungen, Lebenszyklus und Lebensgeschichte<br>in: Ders. (1975), *siehe dort* |
| M. Mezger | Die Amtshandlungen der Kirche, Bd. 1 (1963²) |
| K. F. Müller/ W. Blankenburg (Hg.) | Leiturgia Bd. 5: Der Taufgottesdienst (1970) |
| W. Müller-Freienfels | Tendenzen zur Verrechtlichung nichtehelicher Lebensgemeinschaften<br>in: ZEE 24. Jg./1980, S. 55 ff. |
| D. Rössler | Die Vernunft der Religion (1976) |
| G. Schmidtchen (Hg.) | Gottesdienst in einer rationalen Welt (1973) |

| | |
|---|---|
| W. Schrödter | Paarbeziehungen. Ehe und Familie – Entwicklung und Antworten<br>in: WzM 33. Jg./1981, S. 472 ff. |
| H. v. Schubert | Die evangelische Trauung (1890) |
| Y. Spiegel | Gesellschaftliche Bedürfnisse und theologische Normen<br>in: ThPr 6. Jg./1971, S. 212 ff. |
| W. Trillhas | Sexualethik (1969) |
| R. Volp | Artikel: Taufe<br>in: Bloth-HdB, Bd. 3 (1983), S. 150 ff. |
| I. Witt | Lebensgeschichte und Alltag<br>in: A. Grözinger/H. Luther (Hg.), Religion und Biographie (1987), S. 233 ff. |
| Ders. | Theorie der Amtshandlungen (Manuskript, in Vorbereitung) |

## 7.1 Kommentierte Zugänge: Beispiele

### 7.1.1 Tendenzen

Vollständige Zahlenangaben über Eheschließungen, Trauungen, Taufen oder Bestattungen sind für die Bundesrepublik insgesamt nicht vorhanden; man kann nur zusammenstellen, was an verschiedenen Orten erreichbar ist. Dennoch sind die Tendenzen eindeutig erkennbar:

– *Trauungen:* »Von 100 evangelischen Ehepaaren wurden 1963 noch 86% evangelisch getraut, 1979 waren es nur noch 69%. Dabei verliefen die Entwicklungen in den Großstädten noch drastischer (z. B. in Berlin: 1963 49%, 1979 33%).«
(K.-H. Lütcke/1983, S. 183; vgl. J. Hanselmann/1984, S. 182 ff.).

– *Nichteheliche Lebensgemeinschaften:*
»Sie sind nicht nur in Deutschland, sondern auch im Ausland in allen sozialen Schichten anzutreffen. Umfassende Angaben...

fehlen. Immerhin liegen Schätzungen aus dem Statistischen Bundesamt Wiesbaden zum Verbreitungsgrad vor. Danach sollen sich in der Altersgruppe der 18- bis 30jährigen 10 bis 20% der Bevölkerung in nichtehelichen Lebensgemeinschaften zusammengefunden haben.«
(KIRCHENAMT DER EKD/1985, S. 3)

– *Taufen:*
In der zweiten EKD-Umfrage sprechen sich 88% der Befragten für die Kindertaufe aus, aber zwei Gruppen der Befragten weichen vom Durchschnitt ab. In der Gruppe der 14- bis 24jährigen lehnen 20%, in der Gruppe der Akademiker 24% die Kindertaufe ab. »Der Einfluß der beiden kritischen Faktoren höhere formale Bildung und Lebensalter«, der sich auch bei anderen Befragungsergebnissen bemerkbar macht, »tritt wiederum sehr deutlich hervor« (J. HANSELMANN/1984, S. 188 f.).

Die Rückläufigkeit ist bei den Trauungen am deutlichsten; dies wirkt sich auch auf die Kindertaufen aus. Solche Tendenzen können nicht Anlaß zur Anklage sein, sondern sie müssen die Frage auslösen: Wie kommt es zu dieser Entwicklung? (vgl. dazu: Einleitung)

### 7.1.2 Der Brauch der Taufe

»Die Taufe als christlicher Brauch konnte nie mehr und auch nichts anderes geben, als das Evangelium schon als Gabe gegeben hatte. Das wurde nur auf einen bekannten Brauch bezogen und insofern kann man es als eine geschichtliche Zufälligkeit bezeichnen, daß die Urkirche gerade *diesen* Brauch aufnahm.«

»Es würde der Kirche nichts fehlen, wenn sie die Taufe nicht hätte, sie auch nicht weiter übte, denn sie bietet nicht mehr, als dem geboten wird, der das gepredigte Evangelium glaubend annimmt.«
(W. MARXSEN/1969, S. 37 f.)

Es geht nicht um ein Programm für die Abschaffung der Taufe, aber angesichts des (vor allem emotional begründeten) traditionellen Stellenwertes, den die Taufe für viele hat, scheint es angebracht, auch die Frage der historisch-theologischen Wertigkeit des Brauches der Taufe wenigstens zu streifen. Tut man dies, so ist deutlich: Die Bedeutung der Taufe liegt nicht darin, daß sie Eigenes oder anderes zu vermitteln hätte, als in jeglicher Verkündigung des Evangeliums vermittelt wird. Dies gilt entsprechend für alle anderen Amtshandlungen auch. Sie bieten keine »speziellen« Inhalte.

Die Bedeutung der Amtshandlungen liegt nicht in der theologischen Besonderheit des jeweiligen Inhalts, sondern in ihrer Anbindung an bestimmte biographische Stationen. Folglich sind sie in ihrer Form natürlich auch als geschichtlich geworden und also von Fall zu Fall veränderbar zu begreifen. Dies hat W. MARXSEN in seiner kleinen Schrift präzise formuliert – und zwar *vor* der Diskussion, die sich an die EKD-Umfrage von 1974 (vgl. H. Hild/1974) und ihre Auswertung (vgl. J. Matthes/1975) anschloß (dazu s. u. 7.2.1). Aber den praktisch-theologisch-soziologischen Reflexionen, die sich an die Umfrage anschlossen, tut die Rückbindung an exegetisch-historische Klärungen gut, um falsche Einwände auszuschließen.

*7.1.3 Lebensgeschichte*

»Es gibt Augenblicke im Leben, an denen die Betrachtung der Vergangenheit die Wahrheit über die Gegenwart ausmacht.«
»Ein bedeutsames Widerfahrnis in der Gegenwart öffnet eine neue Landschaft im Verständnis der Vergangenheit.«
(L. BOFF/1985[8], S. 50)

LEONARDO BOFF entwickelt in seiner »Kleinen Sakramentenlehre« ein universales Verständnis des Sakraments. Es ist nicht auf die Sakramente der Kirche begrenzt, sondern es bezieht sich auf die Fülle und Vielfalt des Lebens, in der insofern alles zum Sakrament werden kann, als es als Träger von Sinn und den Augenblick, das Gegebene übersteigend erkannt und erfahren wird. Die Sprache, die solche Sakramente sprechen oder in der von ihnen zu sprechen ist, ist nicht die argumentative Rede, sondern die Erzählung.

In diesem Sinne ist bei BOFF vom »Sakrament der Lebensgeschichte« (S. 50 ff.) die Rede. Die Lebensgeschichte eines Menschen ist ein Bedeutungs- und also auch ein Deutungszusammenhang. In diesem Zusammenhang können Welt und Menschen »Zeichen und Symbole des Transzendenten« (S. 54) sein. Darum spricht BOFF vom Sakrament. Über den Begriff des Sakraments sollte man dabei nicht streiten, wichtiger ist die *Intention,* die hinter dem Gebrauch des Begriffes steht: indem die Lebensgeschichte in einen christlich-symbolischen Deutungshorizont gestellt wird, wird die Diastase zwischen Biographie einerseits und Glauben oder Verkündigungsinhalt andererseits prinzipiell aufgehoben. Dies ist natürlich für das Verständnis der Amtshandlungen und besonders der Predigt bei Amtshandlungen von weittragender Bedeutung.

BOFF exemplifiziert diesen Grundgedanken nicht nur an der individuellen Lebensgeschichte, sondern er übersteigt sie:

»Das jüdische Volk handhabte diese Deutung der menschlichen Geschichte meisterlich, indem es sie als Geschichte des Heils bzw. des Unheils verstand. Von einer höchst bedeutsamen... Erfahrung blickte es stets aufs neue auf seine Vergangenheit zurück.«
(L. Boff/1985[8], S. 55; vgl. A. GRÖZINGER/1986)

## 7.2 Theorieansätze und Handlungsformen

### *7.2.1 Zum Gesamtverständnis der Amtshandlungen*

In dem Diskussionsprozeß, der in den vergangenen Jahrzehnten um ein angemessenes Verständnis der Amtshandlungen geführt worden ist, spiegelt sich beides: einerseits unterschiedliche *theo-*

*logische* Akzentsetzungen, wie sie sich aus dem jeweiligen Verhältnis zur dialektischen Theologie ergeben, andererseits die *volkskirchliche* Problematik, die für viele nirgendwo so bedrängend, für andere so unlösbar, für wieder andere so chancenreich scheint wie bei den Amtshandlungen und in ihrem Kontext. Um einen Durchblick durch die verschiedenen Ansätze zu erreichen und den Ausgangspunkt detaillierterer Erörterung zweier Amtshandlungen, die hier exemplarisch für alle stehen, vorzubereiten, stelle ich einige »Interessenlagen«, die sich in der Diskussion abzeichnen, nebeneinander:

(1) Für die dialektische Theologie ist die Dominanz des Wortes Gottes und seiner Verkündigung auch für das Verständnis der Amtshandlungen die Richtschnur. Aber die Orientierung an dieser Richtschnur und die daraus abgeleiteten Konsequenzen können sehr unterschiedlich aussehen.

MANFRED MEZGER (1957; 1963²) sieht die Amtshandlungen im Wort zentriert:

»Es können, was die theologische Begründung der Amtshandlungen betrifft, keine anderen Voraussetzungen und Erkenntnisse gelten als diejenigen, die für die Verkündigung der Kirche schlechthin gelten. Die Amtshandlungen fallen unter die Ausführungsbestimmungen, nicht etwa eines Gesetzes, sondern der Botschaft: ›Herr ist Christus‹. Deshalb will das Wort, als Thema der Amtshandlungen, in einer bestimmten Weise verstanden sein.
Das Wort ist, als Thema der Amtshandlungen, kein Theologumenon; es ist nicht Begriff oder Vokabel, sondern das Leben in den Amtshandlungen.«
(M. MEZGER/1963², S. 51)

Dabei ist bemerkenswert, daß für MEZGER in dieses Wortverständnis der Mensch, der Hörer, dem die Amtshandlung gilt, immer schon mit hineingenommen ist. »Das Anthropologische ist mit dem Theologischen gegeben (M. MEZGER/1963², S. 53). Damit erhält die Predigt, in der »ganz wesentlich« die Verkündigung geschieht, ihren besonderen Stellenwert; ihr ist es aufgetragen, falsche Erwartungen durch den Bezug auf den Inhalt des Wortes Gottes zu korrigieren.

Von durchaus verwandten theologischen Voraussetzungen her (seinerzeit wohl noch stärker als in späteren Jahren) kommt RUDOLF BOHREN zu völlig anderen Konsequenzen (1960; 1968³). Weil das kreatürliche Leben weithin nicht mehr in »der Gliedschaft der Gemeinde gelebt und nur im Kasualfall mit der Kirche in Beziehung gesetzt« wird (R. BOHREN/1968³, S. 16), ist in den Amtshandlungen eine Verfälschung der Verkündigung *durch die Situation* unentrinnbar. Es wird unvermeidlich »Christus als Baal verkündet« (1968³, S. 19), »weil die Kasual*praxis* heute ein anderes Evangelium verkündigt als die Kasual*rede*« (1968³, S. 24). Praxis und Situation, eingeschlossen die Erwartungen der Teilnehmer, sind so stark, daß dagegen keine Textauslegung ankommen kann (dies gegen M. MEZGER und diesem verwandte Positionen). Die Lösung sieht BOHREN in der Verlegung der Kasualien in die Hausgemeinde und der Durchführung durch Laien. BOHRENS bissiger Spott, der seine Kennzeichnung der Lage durchzieht, und gelegentlich ist der Zynismus gegenüber den Bedürfnissen von Menschen nicht weit, kann nicht darüber hinwegtäuschen, daß sein eigener Lösungsvorschlag sich dem Verdacht aussetzt, um der Reinheit des Wortes und seiner Verkündigung willen die unreinen Amtshandlungen vom Amtsträger zu lösen und sie Laien zu übertragen. Ist das eine Lösung?

In seltsamer Verkehrung der Ebenen berührt sich H. H. JENSSENS Argumentation mit R. BOHREN. Natürlich ist bei JENSSEN zu beachten, daß er aus der spezifischen Situation der Kirche in der DDR heraus argumentiert, aber *wie* er es tut, zeigt die Tendenz, genau wie BOHREN zwischen »verunreinigter« Verkündigung und dem »reinen« Wort Gottes zu unterscheiden:

»Was den Wunsch nach reiner Feierlichkeit ohne gottesdienstlichen Charakter anläßlich bestimmter Situationen betrifft, so ist

die Kirche in der DDR in einer glücklichen Lage, da die Gesellschaft durch ein entsprechendes Angebot diesem Bedürfnis entspricht und damit zu einer begrüßenswerten Entlastung der Kirche beiträgt. Menschen, denen es *nur* um Feierlichkeit geht, werden in Zukunft immer weniger einen Situations*gottesdienst* begehren und ihre Kirchenmitgliedschaft nicht nur um der Handlungen willen aufrechterhalten. Grundsätzlich dürfen wir mit einer Bejahung des gottesdienstlichen Charakters der Handlungen seitens unserer Gemeindeglieder rechnen.«
(H. H. JENSSEN/1974, S. 145)

MEZGER setzt aufs Wort und seine alles durchdringende Kraft. BOHREN differenziert zwischen dem »reinen« Gottesdienst des Amtsträgers und der Handlung der Laien, und für JENSSEN ist die Lage klar, weil diejenigen, an die sich der Pfarrer nach BOHREN nicht ausliefern darf, eh' nicht mehr da sind – die Aporien sind umschrieben, und die Lösung kann nur in einem nächsten Schritt liegen, der über diese Diskussionsebene hinausführt.

(2) Eine neue Ebene wurde in dem Augenblick erreicht, als man die für manche überraschenden Ergebnisse empirischer kirchensoziologischer Erhebungen (G. SCHMIDTCHEN/1973; H. HILD/1974) zu analysieren und zu reflektieren begann. Die Verbindung zwischen sozialwissenschaftlicher Analyse und theologisch-kirchlicher Überlegung stellte das Thema der Amtshandlungen in ein neues Licht – jedenfalls machte sie die fast diffamierende BOHRENsche Abwertung unmöglich. Die neuen Aspekte, die nunmehr die Diskussion bestimmen, sind:

☐ die Frage nach der Bedeutung des Ritus (W. JETTER/1976; schon vor den Erhebungen: K.-F. DAIBER/1973);

☐ die Frage nach den Implikationen, die in der laut Umfrageergebnis starken Bejahung der Amtshandlungen stecken, und damit verbunden die Frage nach den Konsequenzen für die kirchliche Praxis (J. MATTHES/1975). Damit werden sodann auch schon früher angestellte Überlegungen, die in der Diskussion kaum berücksichtigt worden waren, belangvoll (z. B. Y. SPIEGEL/1971).

☐ Was bis zur Gegenwart zur Theoriebildung der Amtshandlungen erschienen ist, hat diese Bezugspunkte nicht mehr außer acht gelassen (z. B. D. RÖSSLER/1976; R. VOLP/1983; K.-H. LÜTCKE/1983).

Wirkungsgeschichtlich gesehen, stammt der entscheidende Beitrag von JOACHIM MATTHES (1975). MATTHES geht von der Beobachtung aus, daß es eine »Form volkskirchlichen Teilnahmeverhaltens« gibt, die sich vornehmlich auf die Amtshandlungen« (S. 110) stützt und außerdem auf solche Gottesdienste, »die einen besondern Stellenwert im Lebenszyklus und im Jahresrhythmus haben« (ebda.). Nun entsteht aber eine Asymmetrie dadurch, daß dieser Teilnehmerkreis seine Bindung an die Kirche und deren Realisierung in der Teilnahme an Amtshandlungen für *normal* hält, wogegen die offizielle Kirche und ihre Vertreter genau entgegengesetzt die normale Beziehung zur Kirche im Gottesdienst zentriert sieht. MATTHES zieht aus dieser Asymmetrie nicht – wie BOHREN – den Schluß, die Bindung an die Kirche durch Amtshandlungen sei insuffizient, sondern nimmt umgekehrt diese Bindung ernst und fragt, welche Konsequenzen zu ziehen sind:

»Für die Strategie des Handelns in der Volkskirche und ihren Gemeinden ergibt sich daraus vor allem zweierlei. *Zum einen* bedarf es einer *Verlagerung* der Handlungsprioritäten in Richtung auf die Amtshandlungen und eines Ausbaus der Amtshandlungspraxis um eine auf die Amtshandlungen bezogene Seelsorge.«
(J. MATTHES/1975, S. 111)

Das heißt: Aus jener Situation, die BOHREN attackierte, zieht MATTHES die genau entgegengesetzte Konsequenz.

»*Zum anderen* bedarf es einer *inhaltlichen* Neuorientierung der auf die Amtshandlungen bezogenen Seelsorge, die sowohl die

Problematik der Stellung der Amtshandlungen zu den Markierungen des gesellschaftlichen Lebenszyklus als auch die Mehrschichtigkeit der Lebenswirklichkeiten *all* derer beachtet und einbezieht, die am Amtshandlungsgeschehen beteiligt sind *(integrale Amtshandlungspraxis).*«
(J. MATTHES/1975, S. 111)

(3) Diese Ansätze differenzierend und weiterführend, arbeitet INGO WITT (1987 und Ms.) unterschiedliche Vorarbeiten aufnehmend (E. LANGE/1981; Y. SPIEGEL/1971; F. AHUIS/1985), an einer Theorie der Amtshandlungen. Seine Ausgangspunkte sind folgendermaßen zu kennzeichnen:

☐ Er knüpft an die Aufwertung der Amtshandlungen durch J. MATTHES an, stellt aber mit Recht fest, daß MATTHES' Begriff der »integralen Amtshandlungspraxis« (s. o.) bisher noch nicht in Richtung auf eine *Gesamtkonzeption*, die *alle* Amtshandlungen umfaßt, weitergedacht worden ist. Die bisherige Thematisierung einzelner Aspekte einzelner Amtshandlungen ist unzureichend.

☐ Der Grund dafür liegt nach WITT in der unzureichend bearbeiteten *Legitimationsproblematik*. Es reicht nicht aus, die in den empirischen Umfragen zutage getretenen Bedürfnisse (nach ritueller Ausgestaltung und Sinnstiftung für bestimmte Lebensstationen) kurzerhand zur Legitimationsgrundlage zu machen.

☐ Vielmehr ist hinter diese Bedürfnisse zurückzufragen. Es ist zu prüfen, »welche religiösen Potentiale unter der Oberfläche jener volkskirchlichen Religiosität liegen und erst noch auf ihre Dechiffrierung warten« (I. WITT/Ms.).

Diese Ausgangspunkte führen I. WITT zum Ansatz einer umfassenden Amtshandlungstheorie, der durch zwei Leitbegriffe bestimmt ist: Biographie und Lebenswelt.

Der Begriff der *Biographie* bezieht sich auf den ganzen Lebensbogen von der Geburt bis zum Tod. »Hier findet sich Platz für die markanten Punkte der Lebenswenden im lebenszyklischen Sinne, aber auch für all jene Ereignisse und Geschehnisse, die zwischen den zyklischen Wendepunkten als individuelle Lebensgeschichte liegen« (I. WITT/Ms.). Entsprechend werden die »rites de passage« im Anschluß an van GENNEP konsequenter als bei anderen auf das Lebensganze bezogen.

Der Begriff der *Lebenswelt* meint »den Hintergrund, vor dem sich je eigene Biographien ›ereignen‹. Er steht für das, was man gemeinhin als soziale Wirklichkeit bezeichnet ebenso wie für die Phänomene der Alltagswelt« (I. WITT/Ms.).

Es ist zu erwarten, daß sich von diesem Ansatz her eine Amtshandlungstheorie erschließt, die über das jetzige punktuelle Verständnis der Kasualien hinausführt, weil sie dazu anleitet, *Lebensgeschichte* und Lebenswelt zu deuten, nicht nur vereinzelt gesehene Höhe- oder Tiefpunkte. Solange eine solche Theorie noch nicht vorliegt, muß es dabei bleiben, einzelne Amtshandlungen je für sich zu erörtern.

### 7.2.2 Taufe

MARTIN FEREL hat in einem für die Diskussionslage nach wie vor bedeutsamen Artikel drei Komplexe herausgestellt, die für Theorie und Praxis der Taufe von Bedeutung sind:

☐ Die christliche Taufe ist ein Traditionselement (noch dazu ein in sich nicht einheitliches), und als ein solches unterliegt sie dem kritischen Prozeß, in dem allein Übernahme von Tradition in der Gegenwart möglich ist. »Wer die Taufe aus diesem Prozeß heraushalten will, entzieht sie gegenwärtiger theologischer Verantwortung« (M. FEREL/1975$^2$, S. 565 f.). Dabei wird man W. MARXSENS Hinweise zur »geschichtlichen Zufälligkeit« der Aufnahme des Brauchs der Taufe durch die Urgemeinde zu beachten haben (vgl. W. MARXSEN/1969, s. o. 7.1.2).

☐ Nicht selten läßt sich in Theologie und Verkündigung, aber auch im Bewußtsein der Gemeinden eine Tendenz zur Totalisierung der Taufe beobachten. Dagegen ist festzuhalten: Die Taufe ist nicht die einzige, sondern »*eine* Lebensäußerung des Christlichen neben anderen« (M. FEREL/1975², S. 566). Der Überhöhung der Taufe ist zu widerstehen. Statt dessen ist zu fragen, ob sie einen oder ggf. welchen Ort sie im Lebenszusammenhang *heute* einnehmen kann.

☐ Damit ist zugleich gesagt, daß die heutige Taufproblematik nicht allein durch den Rückblick auf die Entstehung der Taufe zu bewältigen ist. Die ausschließlich historische Perspektive wird der komplexen gegenwärtigen Problematik nicht gerecht (vgl. K. F. MÜLLER u. W. BLANKENBURG/1970). Sozialpsychologische Fragestellungen sind den theologiegeschichtlichen zuzuordnen; das im jeweiligen Taufverständnis steckende Kirchenverständnis ist offenzulegen und damit notwendig zugleich die gesellschaftlichen Implikationen dieses Kirchenverständnisses (vgl. insgesamt R. LEUENBERGER/1973).

Im Vollzug der Taufe kollidieren zwei Zuordnungen miteinander, und möglicherweise ist in dieser Kollision, die es gibt, seit Christen- und Bürgergemeinde nicht mehr deckungsgleich sind, ein wesentlicher Teil der gegenwärtigen Taufproblematik beschlossen (vgl. KUGLER u. LINDNER/1977, S. 58 ff.). Es handelt sich um das Gegenüber zweier heute grundsätzlich verschiedener Funktionen, die – jeweils *unterschiedlich* – entweder bei der Taufe stillschweigend vorausgesetzt werden oder der Taufe explizit zugerechnet werden: die Taufe als Initiationsritus in die *Familie* – die Taufe als Initiationsritus in die *Kirche*. Diese Diskrepanz der Auffassungen und Grundverständnisse macht die Taufproblematik schwierig, nicht so sehr das immer wieder einmal gern hervorgeholte Thema Erwachsenentaufe oder Kindertaufe, bei dem man sich getrost darauf verständigen kann, daß beide gleich möglich und gleich berechtigt sind.

## 7.2 Theorieansätze und Handlungsformen

Blickt man auf die an der Taufe unmittelbar Beteiligten, so ist deutlich, daß für sie Interesse und Bedürfnis der Familie im Vordergrund stehen. Dies gilt vorrangig bei der Kindertaufe. »Die Taufe wird als Familienangelegenheit empfunden« (KUGLER u. LINDNER/1977, S. 58). Dies zeigt sich bis hin zur meist kleineren Zahl der Teilnehmer als bei anderen Amtshandlungen und am geringeren Interesse der Öffentlichkeit. Das geringere Öffentlichkeitsmoment dürfte auch die Begründung dafür sein, daß man auf die Taufe relativ problemlos verzichten kann, ohne sich um einen Ersatzritus bemühen zu müssen; verzichtet man dagegen auf die kirchliche Bestattung, so muß man sich um einen entsprechenden säkularen Ritus bemühen.

Das Interesse der Kirche an der Taufe ist nicht auf die Familie, sondern auf die Eingliederung in die Gemeinde bezogen. Die Taufe hat also bei den beiden Beteiligten, den Eltern und der Kirche, ein unterschiedliches Bedeutungsgefälle, das zu Schwierigkeiten führen muß. Denkt man die beiden Positionen auf anderer Ebene weiter, so sind sie der Ausdruck zweier dahinterliegender Kirchenverständnisse.

Man kann das Familieninteresse und die Inanspruchnahme der Kirche, in diesem Falle des Taufritus, bejahen, wenn man der Auffassung ist, es sei Aufgabe der Kirche, krisenhafte Situationen und Einschnitte im Lebensablauf des einzelnen zu begleiten, zu stützen und zu deuten. Damit nimmt die Kirche eine Aufgabe wahr, die Religion immer schon ausgeübt hat. Erhebt man diese Auffassung auf die Ebene einer umfassenden Theoriebildung, was keineswegs zwingend ist, dann endet man bei einer funktionalen Kirchentheorie (vgl. K.-W. DAHM/1971). Aber auch ohne die *Gesamtaufgabe* der Kirche derart erfassen zu wollen, kann man die Funktion der Amtshandlungen, hier der Taufe, durchaus so beschreiben:

»Der Stellenwert der Taufe ist hier klar. Für die Gesellschaft, im wesentlichen für die Familie und den Einzelnen, hat sie eine

wichtige Funktion. Sie ist das Ritual, das helfende Begleitung und grundlegende Werte vermittelt. Für die Kirche, als dem organisatorischen Ausdruck von Religion (Religion braucht Strukturen, um ihre Funktionen zu erfüllen), ist es das Basisritual, das die ganze Breite des volkskirchlichen Systems trägt. Ohne Kindertaufe keine Volkskirche.«
(KUGLER u. LINDNER/1977, S. 62)

Liegt dagegen der Akzent primär oder ganz auf dem Verständnis der Taufe als kirchlicher Initiationsritus, so sind familiäre Gegenheiten oder Bedürfnisse allenfalls am Rande erfüllbar, denn im Zentrum steht die Aufnahme in die Gemeinde, die Entscheidungssituation des Glaubens. Wo nicht alles auf dieses Zentrum bezogen ist, hätte man es, im Sinne BOHRENS, mit einer Baalisierung des Sakraments zu tun.

KUGLER/LINDNER haben nun angesichts dieser Sachlage die berechtigte Frage gestellt, ob möglicherweise mit der Alternativsetzung der beiden Tauf- und Kirchenverständnisse eine Sackgasse betreten wird. Sie versuchen daher mit Hilfe des Begriffs der Komplementarität einen Schritt weiterzukommen, denn Komplementarität meint, in Ahnlehnung an modernes physikalisches Denken, daß »einander ausschließende Erfahrungen dennoch im Zusammenhang zu sehen sind«, weil sie »Aspekte der Wirklichkeit auf Grund eines jeweiligen Standortes und Ansatzes« sind (S. 66). Dies ist kein Freibrief für Beliebigkeit und Standpunktlosigkeit, sondern die Einsicht, daß aus *keiner* Perspektive die komplexe Problematik der Beziehungen zwischen Kirche und Gesellschaft zureichend erfaßt werden kann; es bedarf dazu immer *mehrerer* Perspektiven:

»Die in der Taufe eingeschlossene Universalität, also Grenzenlosigkeit der Gnade und ihr Entscheidungscharakter weisen auf ähnlich gegensätzliche Grunderfahrungen. Sie lassen sich nie auf einen Nenner bringen, nie gleichzeitig von einem Standort ausmachen. Es gibt darum Situationen, in denen zur Entscheidung gerufen wird und die Universalität zurücktreten muß. Und es gibt Grundsituationen, in denen der Entscheidungscharakter der

Taufe in den Hintergrund tritt, weil hier die Bedingungslosigkeit der Gnade zur Diskussion steht. In beidem aber geht es um das rechte Verständnis des lebendigen Christus, wir stehen also vor der Gefahr, hier wie dort einseitig zu begrenzen.
Wendet man diese Überlegungen auf die komplexe Situation der Kirche an, dann folgt daraus die Aussage:
Es geht um die eine Taufe und die möglicherweise vielen Taufverständnisse, die nicht kontradiktorisch, sondern komplementär zueinander verstanden werden müssen.«
(KUGLER u. LINDNER/1977, S. 66 f.).

Ein solches Prinzip der Komplementarität entspricht der Vielfalt, bisweilen bis hin zur Gegensätzlichkeit, der Auffassungen, der Frömmigkeitsformen und -traditionen, der theologischen Denkweisen, wie sie für die Kirche seit den Zeiten des Neuen Testaments charakteristisch ist. Diese Vielfalt hat es, ebenfalls seit Anbeginn, ermöglicht, in unterschiedliche Situationen hinein zu artikulieren, was christlicher Glaube ist.

### 7.2.3 Trauung

Führt die Taufe nahezu direkt auf Probleme des Kirchenverständnisses, so spiegelt die Problematik der kirchlichen Trauung in einer unübersehbaren Weise den Wandel gesellschaftlicher Verhältnisse und auch gesellschaftlicher Normen; die Schwierigkeit der Kirche, damit umzugehen, zeigt sich symptomatisch und zugespitzt in kirchenamtlichen Äußerungen zur Ehe des Pfarrers bzw. der Pfarrerin (vgl. M. JOSUTTIS/1987³, S. 17 ff.). Dabei ist dann in jedem Falle natürlich auch das Verständnis der Aufgabe der Kirche berührt.

(1) Als Ausgangspunkt für das Verständnis von Ehe und Eheschließung in der Gegenwart (vgl. durchgängig H. FISCHER/ 1976) ist der geschichtliche Wandel zu nehmen. Viele Probleme schlüsseln sich so allein auf.

Bis in die Reformationszeit hinein ist trotz unterschiedlicher geographischer Bedingungen und rechtlicher Strukturen die

Form der Trauung im Kern gleichartig: vor der Kirchentür spricht der Geistliche das Paar zusammen, und in der Kirche schließt sich eine Brautmesse ohne Ansprache an. Beide Akte werden durch die Personalunion des Priesters zusammengebunden. Diese Praxis ist in kirchlicher Sitte gegründet, nicht im Recht. In rechtlicher Hinsicht begründet der Konsens der Eheleute die Ehe (consensus facit nuptias). Auch bei LUTHER ändert sich an dieser Praxis im Prinzip noch nichts (vgl. H. v. SCHUBERT/1890; H. G. HAACK/1952²). Erst Zwingli und Calvin führen auf den Weg zur heutigen Form der Trauung. Im Straßburger Trauformular taucht erstmals auch eine Trauansprache auf. Vom 17. Jahrhundert ab tritt insofern eine entscheidende Veränderung ein, als nunmehr durch das Preußische Landrecht die kirchliche Trauung als Eheschließung gesetzlich verlangt wird. Damit übernahm die Kirche eine staatliche Ordnungsfunktion. Ohne sie war keine Eheschließung möglich. Durch die Zivilstandsgesetzgebung von 1875 änderte sich diese Situation. Denn jetzt wurde der Akt der Eheschließung aus der Kirche herausverlegt und staatlichen Organen übertragen. Die kirchliche Trauung hat es seitdem mit der *geschlossenen* Ehe zu tun. Nunmehr stellt sich die Frage nach der Funktion der Trauung.

(2) Neben die seit dem vorigen Jahrhundert schwieriger gewordene Funktionsbestimmung der kirchlichen Trauung tritt in diesem Jahrhundert die Tatsache, daß es neben rechtlich gültigen Ehen zunehmend nichteheliche Lebensgemeinschaften gibt (vgl. A. HELLER/1987). Darin spiegeln sich Veränderungen im Verständnis von Ehe und Trauung, die zu beobachten auch für das Verständnis der kirchlichen Trauung belangvoll ist.

Um ein differenziertes Bild zu erhalten, sollte man (mit F.-X. KAUFMANN/1987, S. 7 ff.) unterscheiden:

☐ Voreheliche Lebensgemeinschaften, die nach einer gewissen Zeitspanne entweder in eine Ehe übergehen oder wieder auseinandergehen. Sie sind die moderne Variante der früheren

## 7.2 Theorieansätze und Handlungsformen 305

Verlobungszeit. Mit der Verlobungszeit hat diese Form der vorehelichen Lebensgemeinschaft den Übergangscharakter gemeinsam, es unterscheidet sie, daß man aufgrund früherer sozialer und ökonomischer Unabhängigkeit bereits selbständig zusammenlebt.

☐ Nacheheliche Lebensgemeinschaften, in denen man auf eine Wiederheirat verzichtet, weil durch eine Eheschließung Pensions- oder Rentennachteile entstehen würden.

☐ Nichteheliche Lebensgemeinschaften, in denen die Partner entweder eine dauerhafte Bindung gar nicht im Sinn haben oder aber dauerhaft zusammenleben und zugleich die Institution der Ehe ablehnen. Wir haben es also in dieser dritten Gruppe mit zwei sehr unterschiedlichen Verständnissen zu tun.

Die Gründe dafür, daß die Eheschließung für manchen ihre Plausibilität verloren hat, und damit oft auch die Familiengründung, sind vielfältig (vgl. F.-X. KAUFMANN/1987; W. SCHRÖDTER/ 1981). Kultureller, sozialer und technisch-wirtschaftlicher Wandel greifen ineinander und wirken auf die Lebensformen zurück. Denn Lebensformen sind historisch bedingt, auch die Einehe und das jeweilige Familienideal. Besonders wichtig scheint mir ein Faktor:

»Die mit dem Begriff der Modernisierung grob zusammengefaßten Entwicklungen haben die weiblichen Lebenszusammenhänge vor allem in der Bundesrepublik mit Verspätung erreicht und verändern sie in den letzten zwei Jahrzehnten besonders nachhaltig im Sinne einer Erweiterung der Lebensoptionen im außerfamilialen Bereich. ›Familienleben‹ und ›Familienarbeit‹ sind daher mit höheren Opportunitätskosten verbunden.
In diesem Zusammenhang hat die zunehmende Bildungs- und Erwerbsbeteiligung der Frauen, die leichte Zugänglichkeit sicherer Methoden der Geburtenkontrolle und nicht zuletzt eine sich ändernde öffentliche Einstellung zur Sexualität in ihrem Zusammentreffen einen nachhaltigen Umbruch des weiblichen Erwar-

tungshorizonts bewirkt, der sich in der neuen Frauenbewegung Ausdruck gibt. Eine Restabilisierung der familialen Verhältnisse scheint nur bei einer grundlegenden Veränderung der männlichen (!) Rolle möglich.«
(F.-X. KAUFMANN/1987, S. 6 f.).

MANFRED JOSUTTIS (1982 und 1987[3]) hat in einer detaillierten Analyse gezeigt, daß die kirchlichen Stellungnahmen zur Ehe- und Familienproblematik einen »eindeutig defensiven Charakter tragen« (1982, S. 272). Bis hin zu neuesten Äußerungen ist deutlich, daß der Ehe gegenüber anderen Lebensformen der Vorrang gebührt, und dies nicht selten mit fragwürdiger theologischer Begründung (vgl. M. JOSUTTIS/1982; KIRCHENAMT DER EKD/ 1985). Folglich sind nach Meinung der EKD nichteheliche Lebensgemeinschaften »der Ehe nicht gleichzustellen und nicht zu verrechtlichen« (S. 17). Die Frage, ob veränderte Lebensbedingungen etwa die Kirche veranlassen könnten, Impulse für die Entwicklung neuer Lebens- und Gesellungsformen zu geben, wie sie es in anderen Bereichen durchaus getan hat, stellt sie angesichts von Ehe und Familie offensichtlich nicht.

(3) Die Begründungsproblematik für die kirchliche Trauung ist weitaus komplizierter als zum Beispiel im Falle der Taufe. Bei der Trauung geht, anders als bei der Taufe, ein rechtskräftiger Akt voran, der sich außerhalb der Kirche vollzieht und die Ehe konstituiert. Daraus folgt, daß die kirchliche Trauung auch für den Christen für die Gültigkeit seiner Ehe nicht notwendig ist. Dies ist keine Absage an die Trauung, sondern lediglich ein Hinweis auf ihren Status:

»Diese Erkenntnis ist zwingend und schließt in sich, daß auf Forderung oder gar Gebot der kirchlichen Trauung verzichtet werden muß. Die Trauung ist tatsächlich nicht notwendig zum Eingehen der Ehe. Erst wenn dies mit all seinen Konsequenzen radikal ernst genommen worden ist, öffnet sich ein Weg zur Begründung der christlichen Trauung. Denn wenn sie nicht notwendig zur Eheschließung ist, dann kann sie sich immer noch – und das ist nicht weniger, sondern mehr – als ein guter und

hilfreicher Dienst der Kirche an den Menschen erweisen, die
danach fragen.«
(G. BARCZAY/1975², S. 596).

Die Formel vom »guten und hilfreichen Dienst der Kirche an den
Menschen« ist vielfältig füllbar. Dabei wird es um Inhalte gehen,
die sich gleichzeitig auf die konkrete Situation zweier Menschen,
die sich zum gemeinsamen Leben entschlossen haben, beziehen
und auf die Verkündigung der Kirche. Dies sind nicht zwei voneinander
unabhängige Größen, die gewaltsam aufeinander bezogen
werden müßten, sondern es sind zwei Aussagerichtungen,
die immer erst in ihrer Verschränkung *konkret* werden. Wenn in
diesem Sinn die kirchliche Trauung die »wiederholende Interpretation«
der standesamtlichen Eheschließung (K. H. LÜTCKE/
1978, S. 71) ist, dann kann die Deutungsaufgabe, die in der Trauung
vollzogen wird, zum Beispiel folgende inhaltliche Aspekte
haben:

☐ der Schritt der Eheleute löst sie aus bisherigen Beziehungen
zum Teil heraus, was der Verarbeitung bedarf, die nur gelingen
kann, wo Freigabe herrscht;

☐ die Eheschließung führt in eine Beziehung zueinander, der
zwei Menschen nur dann gewachsen sein können, wenn sie
gegenseitig sich nicht festschreiben, sondern so offen füreinander
sind, daß sie sich aneinander verändern können. In der
Sprache der Tradition meint dies das Bilderverbot, das immer
sowohl theologisch wie anthropologisch gerichtet ist;

☐ zur gegenseitigen Offenheit gehört unter unseren gesellschaftlichen
Bedingungen nicht zuletzt für Mann und Frau, neue
Rollen zu lernen – Rollen, die *abweichen* von den Klischees,
die in unserer Tradition mit den Begriffen »männlich« und
»weiblich« verbunden sind, und in jene Ebenbildlichkeit führen,
die für Mann und Frau *gemeinsam* ausgesagt ist.

Das sind ausgewählte Aspekte. Jeder Einzelfall wird zu anderen
Konkretisierungen führen können. Die Konkretisierungen hel-

fen, den Ritus der Trauung mit jeweiligem Leben füllen. Darum ist eine Trauung ohne Predigt nicht denkbar.

Nach geltendem Recht darf die Amtshandlung der Trauung nur an standesamtlich getrauten Paaren vollzogen werden. Aber was spricht eigentlich im Blick auf die Veränderungen in der Gesellschaft *theologisch* dagegen, für Paare, die ohne rechtsgültige Trauung zusammenleben wollen und dafür die kirchliche Begleitung wünschen, eine *entsprechende* Amtshandlung einzuführen? Es spricht von der Sache her nichts dagegen, und rechtlich ist es unanfechtbar, solange diese Handlung nicht als Trauung bezeichnet wird. Dies aber wäre ja auch unzutreffend, weil es sich um Paare handelt, die keine Trauung wünschen – möglicherweise aber auf die sinndeutende Begleitung *ihres* Weges durch die Kirche nicht verzichten wollen (vgl. G. HEFFT/1987).

## 7.3 Verknüpfungen

*(1) Dominierende Reflexionsperspektiven:*
- 7: Symbolik   (= Bd. 1, S. 226 ff.)
- 1: Hermeneutik   (= Bd. 1, S. 85 ff.)
- 3: Didaktik   (= Bd. 1, S. 130 ff.)

| (2) hier erörterte *Handlungsfelder:* | in anderen Kapiteln erörterte *problemverwandte Handlungsfelder:* |
|---|---|
| Taufe | z. B. 1: *Lernen (1)* |
|  | bes. 1.4.1: Elementarerziehung |
|  | z. B. 2: *Lernen (2)* |
|  | bes. 2.1.3: Religion und Biographie |
| Trauung | z. B. 5: *Verständigen* |
|  | bes. 5.2.1: Dialog zwischen den Generationen |
|  | z. B. 8: *Feiern* |
|  | bes. 8.2.1: Fest und Feier |
| Säkulare Riten | z. B. 8: *Feiern* |
|  | bes. 8.1.1: Das Fest als Erweiterung |

(3) Nicht erörterte
*verwandte Praxiszusammenhänge:*
z. B.: Lebens- und Weltdeutungen in politischen Programmen
   und Reden
   Bestattung
   Biographie und Beruf

## 7.4 Ausblicke

### 7.4.1 Ökumenische Trauung

Bis 1970 war nach römisch-katholischem Mischehenrecht der katholische Ehepartner ohne Rücksicht auf seinen anderskonfessionellen Ehegatten zu katholischer Trauung und zu katholischer Kindererziehung verpflichtet. Im März 1970 erging das Motuproprio (ein päpstlicher Erlaß »aus eigenem Antrieb«) »Matrimonia Mixta«, das das bisherige katholische Mischehenrecht veränderte und den Bischofskonferenzen der einzelnen Ländern erheblichen Spielraum für eigene Regelungen einräumte. Das päpstliche Motuproprio und die Ausführungsbestimmungen der Deutschen Bischofskonferenz vom 23. September 1970 sind der Hintergrund der drei Texte, in denen sich ein neues Verständnis der Mischehenproblematik spiegelt: die »Erklärung des Rates der EKD zur Mischehenfrage« vom 24. September 1970, das »Gemeinsame Wort der katholischen Deutschen Bischofskonferenz und des Rates der EKD zur Zusammenarbeit in der Seelsorge an konfessionsverschiedenen Ehen« vom 18. Januar 1971 und die »Gemeinsamen kirchlichen Empfehlungen für die Ehevorbereitung konfessionsverschiedener Partner« vom März 1974. Die entscheidenden Veränderungen, die insbesondere die gemeinsamen Aussagen beider Kirchen überhaupt erst ermöglicht haben, sind zweifach:

»Von Bedeutung ist die Übertragung der grundlegenden Vollmacht an die Pfarrer, vom Ehehindernis der Konfessionsverschiedenheit zu dispensieren. Einen entscheidenden Schritt zur Neuordnung des Mischehenproblems hat aber die Deutsche Bischofskonferenz dadurch getan, daß sie die Gegebenheiten in Deutschland als solche bereits als ausreichenden Grund für eine Befreiung vom Ehehindernis anerkennt.
Das Mischehenproblem ist immer dadurch besonders belastet gewesen, daß das frühere Recht der katholischen Kirche im Mischehenfall ohne Ausnahme die katholische Taufe und Erziehung der Kinder verlangt hat. An dieser Stelle wird es in Zukunft praktisch keinen Streit mehr geben können, da die neue Ordnung

dem katholischen Partner wohl noch die Verpflichtung zur katholischen Kindererziehung vorhält, zugleich aber praktisch den Weg zu freien, gemeinsamen Vereinbarungen des Mischehepaares öffnet.«
(KIRCHENKANZLEI DER EKD/1981, S. 73)

Darüber hinaus ist eine Praxis, die sich schon vorher angebahnt hatte, nunmehr offiziell aufgenommen worden: das Brautpaar kann auf Antrag des katholischen Ehepartners von der Verpflichtung zur katholischen Trauung befreit werden. In den »Gemeinsamen kirchlichen Empfehlungen« von 1974 heißt es zur Trauung:

»Die Trauung konfessionsverschiedener Paare soll in der Regel von *einem* Pfarrer vorgenommen werden. Auf besonderen Wunsch können sich auch beide Pfarrer an der Trauung beteiligen. Für diese gemeinsame Trauung haben der Rat der EKD und die Deutsche Bischofskonferenz eine ›Ordnung der kirchlichen Trauung für konfessionsverschiedene Paare bei Beteiligung beider Pfarrer‹ herausgegeben. Beide Kirchen lehnen eine Doppeltrauung (erst katholisch, dann evangelisch oder umgekehrt) ab. Sie nähme das Handeln der anderen Kirche nicht ernst und widerspräche darum ökumenischem Denken.«
(KIRCHENKANZLEI DER EKD/1981, S. 87)

Eine ökumenische Trauung ist also die Abweichung von der »Regel«, daß die Trauung »von *einem* Pfarrer« vorgenommen wird. Diese Regelabweichung ist nicht nur möglich, sondern vorgesehen, wie die von beiden Kirchen verabschiedete Ordnung für solche Trauung zeigt. Ob damit freilich im vollen Sinne des Wortes schon eine *ökumenische* Trauung erreicht ist, darf man bezweifeln (vgl. H. FISCHER/1976, S. 177).

*Lit.:*
H. FISCHER, Trauung aktuell (1976)
KIRCHENKANZLEI DER EKD (Hg.), Die Denkschriften der Evangelischen Kirche in Deutschland, Bd. 3 (1981), enthält die zitierten Texte von 1970, 1971 und 1974!
J. KLEEMANN/H. NITSCHKE (Hg.), Ökumenische Trauungen (1973)

## 7.4.2 Säkulare Riten

Den Ersatz kirchlicher Riten, insbesondere an den Schwellen entscheidender Lebensphasen, zuverlässig zu dokumentieren und zu diskutieren, ist schwierig, weil einerseits schwer durchschaubar ist, was sich im privaten Bereich entwickelt, und andererseits die Ritenbildung im öffentlichen Bereich, zum Beispiel in der DDR, durch Unsicherheiten und Brüche in der Entwicklung gekennzeichnet ist. Insofern kann man kaum mehr als Tendenzangaben machen, bei denen immer einzukalkulieren ist, daß sie von der Entwicklung inzwischen möglicherweise schon überholt sind.

Insgesamt dürfte KLEMENS RICHTERS Situationsbeschreibung zutreffen:

»Obwohl die Religion in der industriellen Gesellschaft nicht mehr das Monopol sozialer religiöser Institutionen hat, Werte und Sinndeutungen von verschiedensten Sozialisationsträgern vermittelt werden, gibt es in den westlichen Industriegesellschaften keine oder doch nur schwach entwickelte säkularisierte Riten für die entscheidenden Lebensphasen. ...
Im Bereich von Trauung und Bestattung gibt es zumindest in den USA konkurrierende gesellschaftliche, auf finanziellen Gewinn ausgerichtete Institutionen, die mit ihrem geschäftlichen Erfolg deutlich machen, wie sehr der Mensch des im Ritus aufgefangenen symbolischen Handelns bedarf. ...
In den Gesellschaften des kommunistischen Staatenverbundes wird dort, wo der Einfluß der Kirchen weitestgehend zurückgedrängt ist, der Versuch unternommen, auch das kirchliche ›Ritenmonopol‹ zu brechen. Es werden eigene Symbolhandlungen geschaffen, welche die zentralen Daseinskrisen neben spezifischen Sinndeutungen auch rituell bewältigen sollen.«
(K. RICHTER/1978, S. 181)

K. RICHTER folgend, stelle ich drei DDR-Riten vor, wobei es nicht darum gehen kann, ob damit die Realität in der DDR *heute* getroffen wird, sondern, unabhängig von unmittelbarer Aktualität, um die grundsätzliche Frage: Wie werden traditionell kirchliche Riten säkular ersetzt?

– *Namensweihe:* Selbständig gegenüber dem Rechtsakt der Anmeldung der Geburt des Kindes findet eine Feier statt, in der sich emotionale und politische Motive mischen. Adressaten sind Eltern, Paten, Arbeitskollegen, Freunde und Verwandte. Die Fürsorge der Gesellschaft für die Kinder soll erfahrbar gemacht werden, und andererseits sollen die Beteiligten ihrer Verbundenheit mit der sozialistischen Gesellschaft Ausdruck verleihen. Die Feier findet jeweils für mehrere Kinder statt. Die einzelnen Elemente der Feier (Musik, Lesungen, Ansprache, Blumenschmuck u. a.) sind agendarisch geordnet. Das Kulturhaus in Leipzig gibt entsprechende Anleitungen heraus (z. B.: Sei willkommen Kind. Empfehlungen für die Namensweihe, 1973).

– *Eheschließungsfeier:* Anders als bei der Namensweihe findet die Feier im unmittelbaren Zusammenhang der standesamtlichen Eheschließung statt. Die zusätzliche Initiative der Angesprochenen, sich für eine Feier (wie bei der Namensweihe) zu entscheiden, wird damit vermieden, und so wird mit Sicherheit auch eine größere Beteiligung als bei der Namensweihe, die wohl kaum noch in Anspruch genommen wird, erreicht. Der juristische Akt der standesamtlichen Trauung wird rituell aufgewertet. Die Parallele zur kirchlichen Trauung ist unverkennbar. Das Bedürfnis nach Feierlichkeit soll befriedigt werden, verbunden mit einer emotional besetzten Verpflichtung auf die sozialistische Gesellschaft. Bis hin zum Ringwechsel werden Elemente der Tradition aufgenommen und neu gefüllt. Agendarische Anleitungen gibt ebenfalls das Kulturhaus in Leipzig heraus (z. B.: Hochzeit machen. Material für die Fest- und Feiergestaltung, 1974).

– *Trauerfeier:* Soweit erkennbar unterscheidet sich dieser Ritus in der DDR kaum von säkularen Bestattungsfeiern, die es auch anderwärts gibt (und die einer eigenen Untersuchung bedürften). Im Mittelpunkt steht die (positive) Würdigung des Verstorbenen, umrahmt von Musik und Rezitation. Die Hinterbliebenen, nicht der Tote, sind die Adressaten. Der Grundton, der den ganzen Ritus bestimmen soll, kommt in der Handreichung zum

Ausdruck: Alles hat am Ende sich gelohnt. Material für weltliche Trauerfeiern (1973).

Die formalen Parallelen zu kirchlichen Amtshandlungen sind insgesamt unverkennbar. Offensichtlich entstehen derartige säkulare Riten aufgrund anthropologischer Bedürfnisse. Wo deren Erfüllung durch kirchliche Angebote nicht mehr akzeptiert wird, muß Ersatz geboten werden. Aber auch in ihrer inhaltlichen Struktur, nun freilich säkularisiert, bleiben die neuen Formen den kirchlichen vergleichbar. K. RICHTER, dem ich in diesem Abschnitt durchgängig gefolgt bin, faßt zusammen:

»Fast immer wird der Blick zurückgerichtet, geschieht Erinnerung und Dank für das mit der neuen Gesellschaft angebrochene ›Heil‹. Die Gegenwart wird zugleich mit dem Ausblick auf die zukünftige bessere Welt betrachtet. Wie in nahezu allen Kultformen kommen in symbolischer Vorwegnahme Heilszusage und Heilserwartung zum Ausdruck. So werden etwa das Lob der Partei und der Genossen besungen, die Kraft der Einheit und Geschlossenheit gepriesen und die hoffende Gewißheit der Zukunft im Kommunismus verkündet und gegenseitig bestätigt.« (K. RICHTER/1978, S. 192)

Diese Einschätzung entspricht auch der Auffassung des sowjetrussischen Philosophen D. M. UGRINOWITSCH, der das Ritual als ein »spezifisches Mittel der Aneignung der gesellschaftlichen Ideen, Werte und Normen« bezeichnet und ein »objektives Bedürfnis nach Ritualen auch in der sozialistischen Gesellschaft« gegeben sieht (1977, S. 24).

*Lit.:*
K. RICHTER, Feiern mit politischer Zielsetzung, in: ThPr 13. Jg./ 1978, S. 181 ff. (Nachdruck aus: Kirche im Sozialismus 6/1977).
D. M. UGRINOWITSCH, Das Wesen und die sozialen Funktionen von Brauchtum und Ritual in der sozialistischen Gesellschaft, in: Deutsche Zeitschrift für Philosophie 25. Jg. 1977, S. 15 ff.

# 8 HANDLUNGSFELD: FEIERN
## – Fest/Gottesdienst/Kindergottesdienst

*Motto*

»Gleich der Phantasie liebt die Religion die Symbole, die Verwandlung vertrauter Formen und die Entwicklung von Impulsen und Ideen, die jenseits der Grenzen empirischer Beschränkung liegen. Gleich der Phantasie befähigt die Religion den Menschen, die empirische Welt zu transzendieren und die Zartheit und das Geheimnis des Daseins zu genießen.«

»Das Ritual schafft Form und Anlaß für den Ausdruck der Phantasie.«

HARVEY COX/1970[2]

## Thesen zur Orientierung

☐ Expressivität und Bewußtseinserweiterung, die in Fest und Feier erlebt werden, sind anthropologische Notwendigkeiten.

☐ Für die Theorie des Gottesdienstes ist der Anschluß an Fest- und Feiertheorien wiederzugewinnen.

☐ Feste und Feiern ebenso wie Gottesdienste verschiedenster Art finden ihre Gestalt in der Spannung zwischen Form und Inhalt. Formen transportieren nicht Inhalte »als solche«, sondern prägen, deuten, interpretieren sie.

## 8.0 Literatur

| | |
|---|---|
| I. ADAM | Arbeitshilfe für den Kindergottesdienst (o. J.) |
| agok (Hg.) | Liturgische Nacht (1974) |
| M. BACHTIN | Literatur und Karneval (1969) |
| H.-E. BAHR | Kältestrom und Wärmestrom bei der Vermittlung des Christlichen<br>in: P. CORNEHL/H.-E. BAHR (1970), *siehe dort* |
| F. W. BARGHEER/<br>H. B. KAUFMANN (Hg.) | Aufgaben und Ziele des Kindergottesdienstes (1972) |
| H. BECKER | »Liturgie« im Dienst der Macht<br>in: Universität im Rathaus, hg. vom Präsidenten der Universität Mainz, Bd. 2 (o. J.), S. 56 ff. |
| C. BERG | Gottesdienst mit Kindern (1987) |
| K.-H. BIERITZ | Ansätze zu einer Theorie des Gottesdienstes<br>in: Theol. Lit.-Zeitg. 100. Jg./1975, Sp. 721 ff. |
| Ders. | Gottesdienst als ›offenes Kunstwerk‹<br>in: PTh 75. Jg./1986, S. 358 ff. |
| P. BRUNNER | Zur Lehre vom Gottesdienst der im Namen Jesu versammelten Gemeinde<br>in: K. F. MÜLLER/W. BLANKENBURG (1954), *siehe dort* |
| P. M. CLOTZ | Zur Theorie und Praxis des Kindergottesdienstes<br>in: ThPr 21. Jg./1986, S. 295 ff. |
| P. CORNEHL | Gottesdienst<br>in: F. KLOSTERMANN u. a. (Hg.), Praktische Theologie heute (1974), S. 447 ff. |
| Ders. | Theorie des Gottesdienstes – ein Prospect<br>in: Theolg. Quartalsschrift 159. Jg./1979, S. 178 ff. |

| | |
|---|---|
| Ders. | Christen feiern Feste<br>in: WuPKG 70. Jg./1981, S. 218 ff. |
| Ders. | Gottesdienst als Integration<br>in: BLOTH-HdB Bd. 3 (1983), S. 59 ff. |
| Ders. | Artikel: Gottesdienst VIII: Ev. Gottesdienst von der Reformation bis zur Gegenwart<br>in: TRE Bd. 14 (1985), S. 54 ff. |
| Ders. | Öffentlicher Gottesdienst<br>in: CORNEHL/BAHR (1970), *siehe dort* |
| Ders./H. E. BAHR (Hg.) | Gottesdienst und Öffentlichkeit (1970) |
| H. COX | Das Fest der Narren (1970²) |
| G. DOYÉ | Hauptformen der Gottesdienste mit Kindern<br>in: Christenlehre 40. Jg./1987, S. 17 ff. |
| L. FENDT | Einführung in die Liturgiewissenschaft (1958) |
| H. FISCHER | Glaubensaussage und Sprachstruktur (1972) |
| Ders. (Hg.) | Sprachwissen für Theoloen (1974) |
| Ders. | Thematischer Dialoggottesdienst (1975) |
| R. FLEISCHER | Zeichen, Symbol und Transzendenz<br>in: R. VOLP (1982), *siehe dort* |
| Ders. | Verständnisbedingungen religiöser Symbole am Beispiel von Taufritualen (1984) |
| H.-J. FRAAS | Grenzfall des Gottesdienstes – Der Kindergottesdienst<br>in: P. STOLT (Hg.), An den Grenzen kirchlicher Praxis (1986), S. 131 ff. |
| M. FRIES/<br>H. B. KAUFMANN (Hg.) | Mit Kindern Glauben erfahren (1987) |
| P. GRAFF | Geschichte der Auflösung der alten gottesdienstlichen Formen in der evangelischen Kirche Deutschlands, Bd. 1 u. 2 (1937 u. 1939) |

| | |
|---|---|
| E. Griese | Kindergottesdienst empirisch (1973) |
| A. Grözinger | Einübung in Weltlichkeit<br>in: Zeitschr. f. Gottesdienst und Predigt 5. Jg./1987, S. 19 ff. |
| H. H. Henrix | Jüdische Liturgie (1979) |
| H. Hild (Hg.) | Wie stabil ist die Kirche (1974) |
| W. Jetter | Symbol und Ritual (1978) |
| M. Josuttis | Artikel: Gottesdienst<br>in: Otto-Hdb (1975²), S. 284 ff. |
| Ders. | Gottesdienst nach Schleiermacher<br>in: Verkündigung und Forschung 31. Jg./1986, S. 47 ff. |
| E. Lange | Chancen des Alltags (1984) |
| Ders. | Kirche für die Welt (1981) |
| G. M. Martin | Fest und Alltag (1973) |
| Ders. | Artikel: Feste und Feiertage<br>in: TRE Bd. 11 (1983), S. 132 ff. |
| M. Mezger | Artikel: Kirchenmusik<br>in: Otto-Hdb (1975²), S. 378 ff. |
| Ders. | Artikel: Musik als Ausdruck religiöser Erfahrung<br>in: Bloth-HdB, Bd. 2 (1981), S. 96 ff. |
| J. Moltmann | Die ersten Freigelassenen der Schöpfung (1971) |
| K. F. Müller/<br>W. Blankenburg (Hg.) | Geschichte und Lehre des ev. Gottesdienstes (= Leiturgia Bd. 1/1954) |
| A. Niebergall | Artikel: Agende<br>in: TRE Bd. 1 (1977), S. 755 ff. und Bd. 2 (1977), S. 1 ff. |
| G. Otto | Artikel: Kindergottesdienst<br>in: Otto-Hdb (1975²), S. 330 ff. |
| Ders. | Predigt als rhetorische Aufgabe (1987) |
| J. Pieper | Zustimmung zur Welt (1963) |
| G. Rietschel/<br>P. Graff | Lehrbuch der Liturgik, 2 Bde. (1952²) |

| | |
|---|---|
| G. Schiwy u. a. (Hg.) | Zeichen im Gottesdienst (1976) |
| G. Schmidtchen (Hg.) | Gottesdienst in einer rationalen Welt (1973) |
| R. Volp (Hg.) | Zeichen. Semiotik in Theologie und Gottesdienst (1982). |

## 8.1 Kommentierte Zugänge: Beispiele

### 8.1.1 Das Fest als Erweiterung

»Kirchweih und Kirmes, Karneval und Fastenzeit, Karfreitag und Osterlachen, Fronleichnam und Stierkampf gehören konkret in zeitlicher und räumlicher Engführung oder gar – wie im Narren- und Eselsfest – in Simultaneität zusammen. Wenn so Exzeß und Ernst, Zustimmung und Übermut in eins gehen, dann ist aber der Drehpunkt für das Gesamtgeschehen ›Fest‹... die Erweiterung, die Aufsprengung des Bewußtseins- und Lebensfeldes.«
(G. M. Martin/1973, S. 22 f.)

Wir kennen zwar die Rede vom »Festgottesdienst« aus besonderem Anlaß, aber gemeinhin assoziiert weder der regelmäßige noch der gelegentliche Kirchgänger mit einem Gottesdienst die Vorstellung von Fest und Feier. Dies ist eine Folge der Isolation der Gottesdienste gegenüber dem gesellschaftlichen Leben und seiner Fest- und Feierkultur. Diese Isolation hat sicher auch dazu geführt, daß die Tendenz zur theologisch-dogmatischen Hochstilisierung des Gottesdienstes und seiner Gestaltung zunahm. Die zum erheblichen Teil restaurativen Liturgiereformen der frühen Nachkriegszeit belegen dies.

Daß der Gottesdienst, von der ihn umgebenden Fest- und Feierkultur abgetrennt, sein Eigenleben führen mußte, ist ihm schlecht bekommen. Für viele verbindet sich seitdem mit Gottesdiensten die Vorstellung, daß es dort besonders ernst und streng zugehe. Daß der Gottesdienst eine Botschaft anzubieten hat, die befreit, ist für viele schwer vorstellbar, weil es kaum vernehmbar wird – weder im Ritual noch in der Atmosphäre, weder in den Gebeten noch in der Predigt.

Zu feiern ist offenbar für Menschen zu aller Zeit eine anthropologische Notwendigkeit: auf Straßenfesten oder in Prozessionen, bei Familienfesten oder nationalen Feiertagen, im Jahreslauf oder im Lebenszyklus. Es wird darauf ankommen, das Nachdenken über den Gottesdienst wieder in diesen Kontext zu stellen und dogmatische Verkrustungen, wie sie sich in der Lehre vom Gottesdienst herausgebildet haben (vgl. P. BRUNNER/1954), zu durchbrechen.

### 8.1.2 *Politischer Kult*

»Von nicht geringerer Bedeutung als die Kulte der Religionen sind... die Pseudokulte der Ersatzreligionen.
Unter diesen ist der Nationalsozialismus... besonders aufschlußreich:
Die Feiern des Dritten Reiches sind die ausgeprägteste und bestdokumentierte Form einer säkularisierten Liturgie.«
(H. BECKER/o. J., S. 57)

Aus HANSJAKOB BECKERS minutiösen Analysen greife ich ein Beispiel heraus. Hitlers »Mein Kampf« ist ein Gedenkblatt vorangestellt, das folgendermaßen beginnt:

»Am 9. November 1923, 12 Uhr 30 Minuten nachmittags, fielen vor der Feldherrnhalle sowie im Hofe des ehemaligen Kriegsministeriums zu München folgende Männer im treuen Glauben an die Wiederauferstehung ihres Volkes:...«

– Es folgen die Namen der Toten –

Dann heißt es zum Abschluß:
»Sogenannte nationale Behörden verweigerten den toten Helden ein gemeinsames Grab.

So widme ich ihnen zur gemeinsamen Erinnerung den ersten Band dieses Werkes, als dessen Blutzeugen sie den Anhängern unserer Bewegung dauernd voranleuchten mögen.«
(zitiert nach H. BECKER/o. J., S. 58)

BECKER belegt an Hitlers Reden zum 9. November (der alljährlich als Gedenktag begangen wurde), daß in diesem Text der Gedenktafel »Geschichte zu Heilsgeschichte konsekriert wird« (S. 58). Zum Beispiel bei der Feier 1935:

»Wahrhaftig, die Bahrtücher dieser 16 Gefallenen haben eine Wiederauferstehung gefeiert, die weltgeschichtlich einzigartig ist. Sie sind zu Freiheitsbannern ihres Volkes geworden. Und es ist das Wunderbare, daß aus diesem Opfer heraus diese große Einigkeit in Deutschland kam, dieser Sieg einer Bewegung, und die Verpflichtung des ganzen Volkes darauf.«
(zitiert nach H. BECKER/o. J., S. 59)

Im Kult geschieht seit alters Vergegenwärtigung. Die nationalsozialistischen Opfer werden alljährlich gefeiert, und dies soll »über die Jahrtausende hinweg« so geschehen. Damit ist die kultische Dimension erwiesen. Das Gedenkblatt aus »Mein Kampf« ist der »heilige« Text, der alljährlich verlesen wird:

»Die kultische Verwendung dieses Textes bestätigt seine heilsgeschichtliche Deutung:
Wie das ›Am Abend vor seinem Leiden‹, so ist auch das ›Am 9. November‹ keine Zeit-, sondern eine *Heilszeitangabe*. Und wie die Märtyrerliste des Kanons nicht persönlicher Erinnerung sondern *kultischem Gedächtnis* dient, so auch die Aufzählung der Namen der Blutzeugen.
Die Gedenktafel ist die Pascha-Haggada des Nationalsozialismus.«
(H. BECKER/o. J., S. 59)

BECKER zeigt an einer Fülle von Texten und authentischen Materialien den pseudoliturgischen Charakter nationalsozialistischer Feiergestaltung. Das Material belegt, erschreckend genug, die Manipulierbarkeit vorgegebener ritueller oder kultischer

(Sprach-)Strukturen, und es belegt die Manipulierbarkeit *durch* Ritus und Kult. *Beckers* Ausblick ist skeptisch:

»1. Die *Tendenz zur Manipulation* von seiten der Institutionen ist heute keine andere als zu Hitlers Zeiten.
2. Die *Anfälligkeit für Manipulation* ist – so ungern wir das hören mögen – trotz oder vielleicht wegen des immer perfekter werdenden Pseudo-Informationsnetzes in keinem Fall geringer als im Dritten Reich.
3. Die etwaigen *Folgen der Manipulation* sind, bei den gegenwärtigen militärischen Möglichkeiten, gegenüber dem, was im Zweiten Weltkrieg geschah, ins Gigantische gewachsen.«
(H. BECKER/o. J., S. 85)

### 8.1.3 Ideal und Wirklichkeit

»An kaum einer anderen Stelle des kirchlichen Lebens ist der Abstand zwischen Ideal und Wirklichkeit so groß wie beim Gottesdienst. Die Einstellungen schwanken zwischen dogmatischer Überhöhung und aggressivem (oder resignativem) Fatalismus. So formuliert... die Lebensordnung (der VELKD) die amtliche Norm eines um den Gottesdienst zentrierten Gemeindelebens, das eingebettet ist in die intakte Welt von Kirchenjahr, Hausfrömmigkeit und Sonntagsheiligung... Indikative beschwören Tatbestände, von denen jedermann weiß, daß sie keine mehr sind.«
(P. CORNEHL/1983, S. 59 f.)

Regelmäßige Teilnahme am sonntäglichen Gottesdienst gilt nach wie vor als der »eigentlich« zu erbringende Ausweis des Christseins. Diese Vorstellung ist dem Bild der tendenziellen Einheit von Christengemeinde und Bürgergemeinde verhaftet, verstärkt durch den Umstand, daß in voröffentlicher Zeit die Kirche zugleich Ort von Öffentlichkeit und Veröffentlichung ist. Alle diese Voraussetzungen stimmen heute nicht mehr. Sie stimmen schon lange nicht mehr, wie es auch schon seit dem vergangenen Jahrhundert zum Beispiel an den Zahlen der Gottesdienstbesucher ablesbar ist. Neben den sozialgeschichtlichen Hintergründen sind nicht nur die rückläufigen Zahlen der Kirchenmitglieder als Erklärung zu nennen, sondern auch eine andere Beziehung zur Kirche und ein anderes Mitgliedschaftsverständnis. Dabei steht für viele nicht mehr der Sonntagsgottesdienst im Zentrum der christlichen Existenz, obwohl sie sich durchaus als Christen verstehen. Neben vielen schwer erhebbaren Gründen wird dabei auch eine Rolle spielen, daß Gottesdienste nicht mehr derart konkurrenzlos öffentliche Veranstaltungen sind wie in früheren Jahrhunderten.

Die veränderte Situation ist nicht durch Appelle korrigierbar. Vielmehr ist sie zu respektieren. Dann erst entsteht die angemessene und weiterführende Fragestellung: Welche gottesdienstlichen Angebote hat die Kirche denen zu machen, deren Lebensform der regelmäßige Kirchgang am Sonntag nicht entspricht? Welche Formen, in welchem Rhythmus?

## 8.2 Theorieansätze und Handlungsformen

### 8.2.1 Fest und Feier

Man spricht seit jeher von den *Festen* im Kirchenjahr, die es zu *feiern* galt, aber Fest und Feier als elementare Lebensformen und Lebensnotwendigkeiten des Menschen wurden in der Lehre vom Gottesdienst meist rasch theologisch überspielt. In den letzten Jahren bahnt sich ein Wandel an. Was in Festtheorien reflektiert wird, tauchte in bisherigen Darstellungen der Geschichte und Gestalt evangelischen Gottesdienstes kaum auf (vgl. zum Beispiel nur die Gliederung und die Begrifflichkeit bei P. BRUNNER/1954, S. 363 f.)

Aus dem Durchgang durch einige Festtheorien (M. BACHTIN/1969; H. COX/1970[2]; J. MOLTMANN/1971; J. PIEPER/1963) entwickelt G. M. MARTIN vier »Fragmente zur Anthropologie des festlichen Menschen«:

- *Bewußtseinserweiterung* im Sinne voller »Gegenwart von Selbst und Welt, statt Flucht von sich selbst und von der Welt fort; statt Zufriedenheit mit sich und der Welt: radikale Zuwendung zu seinen Erfahrungen...« (G. M. MARTIN/1973, S. 25).

- *Dialektische Spannung von Ja und Nein*, Zustimmung und Widerspruch kennzeichnen die im Fest liegende Wirklichkeitsbeziehung des feiernden Menschen:

»Wo im Nein das Ja nicht festgehalten wird, läuft das Nein Amok, wird es selbstzerstörerisch, kommunikationslos, sprachlos; aber das Ja ohne konkretes Nein ist süßlich und dumm. Nur das Ja mit dem Nein, das das Ja interpretiert, kann Salz der Erde sein.«
(G. M. MARTIN/1973, S. 29)

- *Urvertrauen*, im Sinne ERIKSONS, als alles umfassende Realität qualifiziert das Ja des Menschen zum Leben, das im Fest seinen Ausdruck findet.

- *Tanz, Spiel, Ekstase* sind »Hoffnungsgut« (S. 34), weil in ihnen Erfüllung antizipiert wird. Solche Antizipationen gehören zum Fest und zum Leben des feiernden Menschen.

In diesen Fragmenten ist Fest als der umfassendere, weiterreichende und offenere Begriff gegenüber der Feier gedacht. Die Formelemente der Feier sind stärker durchgestaltet. Dies hebt nicht auf, daß die Intentionen, die in den vier Fragmenten zum Ausdruck kommen, sowohl für das Fest wie für die Feier gelten, auch wenn dabei der Grad der Intensität unterschiedlich sein kann.

G. M. MARTIN hat aufgrund dieser Fragmente Kriterien entwickelt, mit denen sich Feste projektieren, aber auch kritisch analysieren lassen. Diese Kriterien lassen sich selbstverständlich auch auf Gottesdienste oder andere kirchliche Feste und Feiern beziehen:

»Ist das ›Fest‹ in zeitlicher und räumlicher Engführung entworfen als komplexes Gesamtgeschehen von feierlichen und festlichen Elementen (historisch z. B.: Kirchweih *und* Kirmes, Karneval *und* Fastenzeit, Ritual *und* spielerisches Vergnügen)? Oder sind Anlaß, Absicht, Raum- und Zeitparameter sowie die Zielgruppe streng (und mit welcher Begründung) eingegrenzt? – Bei welcher Öffentlichkeit dienen Feste und Feiertage überhaupt welchen Interessen? Werden Interessenkonflikte ›nur‹ symbolisch, d. h. auf Dauer der Festzeit und ohne Konsequenzen für den Alltag versöhnt? Welche Formen der Teilnahme, auch in den Phasen der Vorbereitung und der Nacharbeit sind möglich; herrscht ein statisches Gegenüber von Veranstalter und Zuschauer vor, oder gibt es Interaktionsmodelle?... (Wie) findet reale und symbolische Integration statt, und welche Festmittel werden dazu verwendet (Kult, Liturgie, Essen, Spiel, Tanz, Musik, Theater, Festarchitektur)? In welchem Verhältnis stehen dabei Elemente von Ritual und Spiel?... Wie erreicht die Integration symbolisch und/oder real auch Fremde und Feinde? – (Wie) wird (christliche und vor-christliche) Vergangenheit er-innert, wiederbelebt, transformiert, Zukunft vorweggenommen? (Wie) kommen Alltagsverhältnisse in der Festzeit vor, ohne den Alltag lediglich zu bestätigen? Aber auch andererseits: Isoliert sich die Festzeit gegenüber dem Alltag (Gefahr der Ästhetisierung, Ausblendung des Realitätsprinzips)?«
(G. M. MARTIN/1983, S. 133 f.)

Es wäre wichtig, mit Hilfe solcher (weiter zu entwickelnder) Fragestellungen Gottesdienste unterschiedlicher Gestalt zu analysieren, damit das Sensorium dafür wächst, daß Theologie, wie sie in landläufigen und herausgehobenen Gottesdiensten permanent transportiert wird, *nichts* ist ohne die Formen, in denen dies geschieht. Und die Formen, Arrangements, Dramaturgien interpretieren stets mit, was wir für den »Inhalt« halten – nicht selten interpretieren sie gegenläufig zu den besten Intentionen der Liturgen, ohne daß diese es bemerken.

### 8.2.2 Gottesdienst

Die neuere liturgische Diskussion hat (mindestens) zwei Voraussetzungen, die in den mannigfachen Überlegungen und Reformvorschlägen auch dann mitzubedenken sind, wenn sie nicht eigens ausgesprochen werden:

☐ Die neuzeitliche Geschichte des evangelischen Gottesdienstes ist eine Geschichte nachlassender Beteiligung am Gottesdienst – bei gleichzeitiger hoher theologischer Stilisierung der zentralen Bedeutung des Gottesdienstes.

☐ Die Wendung zur empirischen Analyse von Gottesdiensten und gottesdienstlichen Teilnahmeverhalten (z. B. G. SCHMIDTCHEN/1973; H. HILD/1974 und die anschließenden) verbindet sich mit einer deutlichen Hinwendung zu theologisch relevanten *»nichttheologischen«* Fragestellungen innerhalb der liturgischen Diskussion, was zur Einbeziehung anthropologischer, sozialpsychologischer, kommunikationswissenschaftlicher, kulturgeschichtlicher und anderer Aspekte führt.

Für das Verständnis der Vorgeschichte der gegenwärtigen Diskussionslage sind – natürlich immer unter Beachtung ihrer jeweiligen Perspektive – bleibend wichtig: P. GRAFF/1937 und 1939; G. RIETSCHEL u. P. GRAFF/1952$^2$; L. FENDT/1958; K. F. MÜLLER u. *W. Blankenburg*, Bd. 1/1954. Dieser Hinweis muß hier genügen, weil ich mich unmittelbar Haupttendenzen der gegenwärtigen Versuche, Verständnis und Funktion des Gottesdienstes zu begreifen, zuwende (Lit. bei M. JOSUTTIS/1986; K.-H. BIERITZ/1975). Einen konzentrierten Überblick über Form und Gestalt des Gottesdienstes in der orthodoxen, der katholischen und der evangelischen Kirche bietet M. JOSUTTIS/1975$^2$, ausführlich A. NIEBERGALL/1977 sowie TRE Bd. 14/1985, S. 1 ff.; zum jüdischen Gottesdienst vgl. H. H. HENRIX/1979.

(1) Eine entscheidende Frage ist es, wie die anthropologischen Reflexionen zum Umkreis von Fest und Feier mit liturgischen Überlegungen (und ihren Traditionen) verbunden werden können. In dieser Hinsicht sind die Arbeiten von PETER CORNEHL

## 8.2 Theorieansätze und Handlungsformen

wichtig. Faßt man entscheidende Aspekte daraus zusammen, so ergibt sich ein charakteristisches Profil der gegenwärtigen Diskussion.

Anfang der siebziger Jahre stellte sich die Situation so dar:

»Die liturgische Praxis verlangt nach einer Theorie, die das sich verändernde Gesamtfeld in seiner Komplexität begreift und die Frage nach Sinn und Gestalt des Gottesdienstes, seiner verschiedenen Erscheinungsformen, in unserer Gesellschaft beantwortet. Die Praktische Theologie beider Konfessionen ist jedoch bislang nicht in der Lage, diese Aufgaben angemessen wahrzunehmen. Die zünftige Liturgiewissenschaft ist so sehr auf das offizielle kirchliche Selbstverständnis von Gottesdienst festgelegt, daß ihr für die meisten Probleme, die diesen Rahmen überschreiten, nicht einmal Kategorien zur Verfügung stehen.«
(P. CORNEHL/1974, S. 449)

CORNEHLS entscheidende These, im Anschluß an Schleiermachers Gottesdienstverständnis (vgl. M. JOSUTTIS/1986) gewonnen, 1974 erstmals formuliert, bestimmt alle seine späteren einschlägigen Arbeiten und zieht zugleich die Konsequenzen aus seinen eigenen früheren historischen Analysen (vgl. P. CORNEHL/ 1970):

»Im Gottesdienst vollzieht sich das ›darstellende Handeln‹ der Kirche als öffentliche symbolische Kommunikation der christlichen Erfahrung im Medium biblischer und kirchlicher Überlieferung zum Zwecke der Orientierung, Expression und Affirmation. Die im Gottesdienst versammelte Gemeinde bringt in bestimmten verbalen, visuellen, musikalischen Interaktionen, Zeichen, Gebärden, in Diskursen und Handlungsketten das anschaulich zum Ausdruck, wovon sie sich als christliche bestimmt weiß, was sie ›unbedingt angeht‹: ihre Begegnung mit Christus, ihre Betroffenheit von Gebot und Gnade, ihre Hoffnung...
Dieses ›Sinnsystem‹ (das kein geschlossenes, sondern ein offenes ist) wird im liturgischen Vollzug öffentlich dargestellt, dramatisch inszeniert, durch Diskurse interpretiert, erweitert und auf das alltägliche Leben der Gesellschaft bezogen.«
(P. CORNEHL/1974, S. 460)

Mit dieser Rahmenthese versucht CORNEHL unterschiedliche Aspekte und Theorieelemente aus verschiedenen Zusammenhängen, so zum Beispiel auch Fest- und Feiertheorien, für die Problematik des Gottesdienstes diskutierfähig zu machen. Solche Rahmenthese ist notwendig, weil die binnenkirchliche und binnentheologische Argumentationsebene nicht mehr ausreicht, um kirchliche Wirklichkeit diskutabel und kommunikabel zu machen.

Das Spezifikum des Gottesdienstes gegenüber anderen Weisen praktizierter kirchlicher Kommunikation liegt »im Moment der Darstellung, der Symbolisierung« (S. 460). So kann es gelingen, Erfahrungen, Deutungen und Erwartungen darstellend zu gestalten und damit Teilnahme und Mitvollzug zu ermöglichen. Im Sinne der Blochschen Unterscheidung zwischen »Kältestrom« und »Wärmestrom« (dazu auch H.-E. BAHR/1970) charakterisiert den Gottesdienst vorrangig der »Wärmestrom« der Expressivität und der Überzeugungskraft, mit der Menschen ihr Leben formulieren: »ihre Klage, ihren Protest, ihre Trauer, ihr Versagen, aber auch ihre Freude, ihr Glück, ihren Dank, ihre Befreiung« (S. 461).

Auf diese Weise gewinnt CORNEHL im Ansatz dreierlei:

☐ Bezieht man die Überlegungen auf darstellendes Handeln, dann ist die Diskussion nicht auf den überkommenen und ggf. zu modifizierenden agendarischen Gottesdienst begrenzt, sondern die Skala der Anlässe und der Formen ist offen.

☐ Dem entspricht, daß der kirchlich-theologische Horizont durchbrochen wird, und zwar in Richtung allgemeiner anthropologischer Fragestellungen: »Gottesdienst als Feier der Befreiung reklamiert eine für die Bewahrung der Humanität in der Arbeitsgesellschaft unverzichtbare allgemeine Relevanz« (S. 462).

## 8.2 Theorieansätze und Handlungsformen

☐ Der ökumenische Dialog stellt eine Sprachebene dar, auf der unterschiedliche Traditionen und Erfahrungen diskutabel werden, um darstellendes Handeln in diesem Sinne in seiner Vielfalt zu begreifen. Ökumenische Unterschiede hemmen den Dialog nicht, sondern Vielgestaltigkeit wird als Reichtum begriffen, an dem alle partizipieren können.

In den weiteren Erörterungen seiner These (vgl. P. CORNEHL/ 1981; 1983; 1985) hebt CORNEHL einen Aspekt mit besonderem Nachdruck hervor: er verbindet die Überlegungen zum darstellenden Handeln mit einem »Plädoyer für das Kirchenjahr« (1981, S. 218 ff.). Die großen kirchlichen Feste werden als markante Ansatzpunkte darstellenden Handelns begriffen, weil sie sich als Fixpunkte auch im Bewußtsein der Teilnehmer anbieten. Für das Verständnis des Festes leiten Gesichtspunkte aus der Festtheorie (vgl. 1981, S. 219 f.), die mit der konsequenten Berücksichtigung der volkskirchlichen Situation verbunden werden. So kommt CORNEHL zum Vorschlag einer »integralen Festzeitpraxis als zweite Säule neben der und in Ergänzung zur von Joachim Matthes vorgeschlagenen ›integralen Amtshandlungspraxis‹« (1981, S. 221).

CORNEHL geht davon aus, daß bei den großen Festen sehr unterschiedliche Kirchenglieder erreichbar werden: regelmäßige Kirchgänger ebenso wie seltene (die in keiner Weise abgewertet werden, weil es nicht nur *ein* Mitgliedschaftsverhalten gibt, vgl. 1981, S. 230!). In inhaltlicher Hinsicht eignen sich die Feste des Kirchenjahres als Fixpunkte gottesdienstlicher Gestaltung, weil sie die Beteiligten mit den zentralen Glaubensaussagen konfrontieren. Und schließlich haben die Feste des Kirchenjahres eine öffentliche Relevanz für die Gesellschaft, »denn für die Fragen menschlicher Wertorientierung und Sinnvergewisserung ist die Präsenz der Themen, um die es an diesen Festen geht, gerade in ihrer Verbindung von Religiösem und Politischem von allgemeiner humaner Bedeutung« (1981, S. 225).

Solche Festzeitpraxis als gottesdienstliche Schwerpunktbildung schafft nicht den allsonntäglichen Gottesdienst ab, aber sie verbindet mit ihm nicht mehr die Vorstellung, daß durch veränderte Gottesdienstformen der Kirchenbesuch an jedem beliebigen Sonntag wieder ansteigt. Die Erfahrungen der wenigen Jahre seit der Veröffentlichung der Thesen CORNEHLS bestätigen diese Einschätzung.

Zur Festzeitpraxis gehört in vielen Fällen der Ausbau und die Weiterführung bestehender Traditionen (Advent und Weihnachten), in anderen Fällen die kreative Ausgestaltung von Festen, die eher dahinkümmern (Pfingsten). In jedem Falle wird das nur im Zusammenspiel aller Beteiligten gelingen, nicht durch liturgische Alleingänge der Pfarrer/innen. Partizipation vieler in der Vorbereitung könnte nicht nur das gottesdienstliche Konsumverhalten durchbrechen, sondern auch zugleich die Verbindung des Gottesdienstes mit anderen Arbeitsfeldern eröffnen.

Versteht man unter Volkskirche eine Kirche, die sich in möglichst großer Breite an Menschen mit sehr unterschiedlichen Beziehungen zur Kirche verwiesen weiß, dann scheint mir innerhalb der neueren Diskussion CORNEHLS Konzept das überzeugendste zu sein. Es setzt Schwerpunkte und ist darum realistisch. Es ist frei von illusionärem Überschwang, in dem manche meinen, für jeden Sonntag attraktive Gottesdienste neuer und immer anderer Form vorbereiten zu können. Es ist »strategisch« durchdacht und inhaltlich substanziell. Es ist offen für die Tradition und ihre Weiterschreibung, für die jeweilige Situation und ihre Artikulation. An dieser Stelle ergibt sich auch der Zusammenhang mit ERNST LANGES Überlegungen (E. LANGE/1981 und 1984; dazu A. GRÖZINGER/1987).

(2) CORNEHLS Überlegungen zur »integralen Festzeitpraxis« (s. o.) legen es nahe, nach Ort und Funktion der Musik im Gottesdienst zu fragen (ohne daß diese Frage auf die Festzeitpraxis beschränkt bleiben darf).

## 8.2 Theorieansätze und Handlungsformen

Entgegen zwar verbreiteten, wenn auch meist wenig reflektierten Auffassungen, nach denen Musik im Gottesdienst Rahmen und ornamentaler Schmuck sei, ist darauf zu verweisen, daß Musik ebenso wie Poesie oder bildende Künste grundlegende Weisen menschlicher Artikulation und Expressivität darstellen. Sie sind uranfänglich mit Religionen, Kulten und Gottesdiensten verbunden. Die Reduktion des Gottesdienstes auf Wort und Sprache basiert nicht nur auf einer Fehleinschätzung des Gottesdienstteilnehmers, sondern sie führt in letzter Konsequenz zu rationalistischer Verarmung (ganz zu schweigen vom kulturellen Banausentum, das sich in kirchlicher Geringschätzung großer kirchenmusikalischer Werke der Tradition oder der Moderne ausdrückt!).

MANFRED MEZGER hat den Zusammenhang von Musik und Religion unter den Leitbegriffen Religion und Erfahrung präzisiert:

»Musik als schöpferisches Element ist religiöser Erfahrung nicht abgewandt, sondern aufgeschlossen... Erfahrung ist nicht von vornherein subjektivitätsverdächtig; man muß hören, wie sie sich ausspricht; ohne Erfahrung wird überhaupt nichts vermittelt. Religiöse Erfahrung heißt also: eine Wirklichkeit kennenlernen, die wir als tragend, bindend und verpflichtend in Freiheit bejahen... Hierfür gibt es viele Ausdrucksweisen; eine davon ist die Musik. Sie kann... dem tragenden Seinsgrund menschlicher Existenz tönende Gestalt verleihen und die Fülle der Empfindungen durch das Medium des Klanges ins Absolute erheben.«
(M. MEZGER/1981, S. 97; vgl. auch M. MEZGER/1975²)

Verkürzt man im Gottesdienst die Ausdrucksdimension der Musik, so tritt ein entscheidender Verlust ein, der durch keine andere (sprachliche) Bemühung kompensiert werden kann. Entscheidend deswegen, weil eine grundlegende Möglichkeit menschlicher Expressivität gerade aus dem Gottesdienst ausgeschlossen würde. Diese Möglichkeit gehört unverzichtbar in ein Gottesdienstverständnis, das sich auf »darstellendes Handeln« oder auf symbolische Kommunikation bezieht.

Dabei ist der Vorteil der Musik gegenüber anderen Äußerungsformen der hohe Grad ihrer Abstraktheit. Mit abstrakt meine ich hier – im Anschluß an PETER NOLLS Hinweise in seinen »Diktaten über Sterben und Tod« (1984, S. 117 und 243; vgl. G. OTTO/ 1987, S. 128 ff.) – daß die Musik sprachlich-konkrete Aussagen zu übersteigen vermag und insofern einen weiteren Radius hat als zum Beispiel die konkrete Sprache der Predigt. In der Musik wird die sprachliche Aussage nicht verbessert oder komplettiert, sondern es erfolgt ein Sprung auf eine andere Ebene der Expressivität. Dies ist der Sprung auf eine Ebene, auf der es nicht mehr um Konkretionen geht. Das ist der Mehrwert musikalischen Ausdrucks. Auf ihn sind wir, zumal im gottesdienstlichen Zusammenhang, angewiesen, wenn Grenzsituationen nicht stumm machen sollen (s. o. Kap. 3.4.2). Wir sind aber auch darauf angewiesen, weil in einer gottesdienstlichen oder vergleichbaren anderen Veranstaltung niemals *eine* Konkretion für *alle* zutreffend sein kann. Wir brauchen passagenweise eine Sprache höheren Allgemeinheitsgrades, wenn wir nicht in der Vereinzelung verbleiben wollen. Dies ist die Sprache der Musik.

(3) Differenziertes Instrumentarium zur Analyse nicht nur tradierter Gottesdienstformen und der ihnen innewohnenden Kommunikationsstrukturen, sondern auch neuer Planungen und Versuche, bietet die *Semiotik*. Das Instrumentarium, das sie bereitstellt, zerstört heilsam jede Naivität, die da glaubt, die Vielschichtigkeit und Vieldeutigkeit der am Kommunikationsgeschehen beteiligten Komponenten – und Gottesdienst als darstellendes Handeln ist ein ungemein komplexes Kommunikationsgeschehen! – unreflektiert mit Hilfe guten Willens überspringen zu können. Was freilich immer zu beachten bleibt, ist der instrumentell-analytische Charakter semiotischer Fragestellungen, der ihre Grenze ebenso wie ihre Chance bezeichnet (vgl. H. FISCHER/1972 und 1974; G. SCHIWY u. a./1976; R. VOLP/1982; K.-H. BIERITZ/1986; R. FLEISCHER/1982 und 1984). In der gegenwärtigen Situation dürften semiotische Analysen dringend angezeigt sein für Experimente, die niemand adäquat beurteilen kann

## 8.2 Theorieansätze und Handlungsformen

und die daher naturgemäß gleichzeitig hochgelobt wie verrissen werden – in der Regel beides ohne zureichende Fundierung: Kirchentagsveranstaltungen, Politische Nachtgebete, Liturgische Nächte (dazu agok/1974), Dialoggottesdienste (z. B. vgl. H. Fischer/1975), aber nicht minder Veranstaltungen nichtgottesdienstlicher Art wie Kirchenvorstandssitzungen oder Protestkundgebungen.

### 8.2.3 Kindergottesdienst

Begründung und Geschichte des Kindergottesdienstes sind ungemein komplex. Insofern ist er ein in praktisch-theologischer Hinsicht interessantes Phänomen, auch wenn ihn die Praktische Theologie gerade aufgrund seiner komplexen Geschichte und Problematik sträflich vernachlässigt hat. Die erste zusammenfassende *wissenschaftliche* Darstellung ist vor kurzem erschienen (C. Berg/1987). Sie ist weitgehend aus den Quellen erarbeitet und verbindet historische mit systematisch-grundsätzlichen Perspektiven. Auch wenn man in Einzelheiten anders werten mag, hat die Kindergottesdienstarbeit mit diesem Buch endlich eine solide Grundlegung erfahren. Dies kann man wegen des selten bisher erkannten exemplarischen Charakters dieses Arbeitsfeldes gar nicht genug begrüßen.

Für unseren größeren Zusammenhang hebe ich vier bedeutsame Problemkreise heraus.

(1) Carsten Berg geht von zwei Hypothesen aus, die er im Verlauf seiner Arbeit beide überzeugend verifiziert. Die erste Hypothese lautet:

»Der Kindergottesdienst sitzt, praktisch-theologisch gesehen, zwischen allen Stühlen, da keine der Disziplinen ihn für sich reklamieren kann oder auch nur alle Dimensionen des Kindergottesdienstes zu beschreiben und zu reflektieren in der Lage ist.«
(C. Berg/1987, S. 14, vgl. S. 175 ff.)

Sieht man von der etwas abenteuerlichen Metaphorik dieser These ab, so trifft sie ins Schwarze. BERG expliziert nach der konzeptions- und problemgeschichtlichen Darstellung, daß man zu einer Praxistheorie des Kindergottesdienstes nur kommt, wenn man sich auf die Reflexionsebenen nahezu aller »klassischen« praktisch-theologischen Disziplinen (im Kern: Religionspädagogik, Seelsorge und Diakonik) einläßt, flankiert von nichttheologischen Disziplinen wie Entwicklungspsychologie und Pädagogik. Damit liefert er für ein Handlungsfeld, den Kindergottesdienst, ein Beispiel, das prinzipiell für *alle* gilt – wie ich mich im Verlauf dieser Darstellung der Praktischen Theologie, den Ansatz im 1. Band eingeschlossen, zu zeigen bemüht habe. Auch wenn BERG diese Konsequenz nicht mehr zieht, belegt er, daß die Aufteilung der Praktischen Theologie in die klassisch gewordenen Disziplinen verhindert, komplexen Phänomenen gerecht zu werden – und welches uns interessierende Phänomen wäre nicht komplex?

Im übrigen ist BERGs These nicht zuletzt an der neueren Geschichte des Kindergottesdienstes und der Vielfalt der in ihr jeweils dominierenden Aspekte und Akzentsetzungen mühelos belegbar. Dies zeigt der Ansatz von I. ADAM (Arbeitshilfe o. J. ebenso wie in BARGHEER u. KAUFMANN/1972, S. 68 ff.) nicht weniger als der neueste Zustandsbericht (P. M. CLOTZ/1986).

Die zweite Hypothese BERGs lautet:

»Der Kindergottesdienst ist der Bereich landeskirchlichen Handelns und Nachdenkens, der sich wohl am sensibelsten erwiesen hat für Veränderungen in seinem gesellschaftlichen (soziokulturellen) Umfeld. Veränderungen oder benennbare Unterschiede der spezifischen Umfeldkonditionen haben oft unmittelbar zu einem Überdenken der eigenen Arbeitsweisen und zu einer Anpassung an die jeweils veränderte Lage geführt. Auch diese Hypothese ist durch die Untersuchung bestätigt worden. Die Offenheit gegenüber dem eigenen Umfeld gehört zweifelsohne zu

## 8.2 Theorieansätze und Handlungsformen

den großen Stärken der Kindergottesdienst- und Sonntagsschularbeit seit 1780.«
(C. BERG/1987, S. 175)

Ehe man – sicher mit gutem Grund – auf die Gefahren solcher »Offenheit« blickt (vgl. C. BERG/1987, S. 175 ff.), sollte man erkennen, welche Stärke darin liegt.

(2) Dies zeigt zumal die Geschichte der Abfolge von Bemühungen, Kindern in der Kirche unter jeweils wechselnden Bedingungen gerecht zu werden. Dabei ist ganz gewiß nicht in jeder Phase die Situation der Kinder und die Berücksichtigung ihres Umfeldes dominant gewesen, aber immerhin läßt es sich zu unterschiedlichen Zeiten immer wieder beobachten. Ich hebe als beispielhaft hervor:

☐ Der Kindergottesdienst ist in England eindeutig aus *sozialen* Impulsen entstanden, die auch in Deutschland mitbestimmend geblieben sind (vgl. C. BERG/1987, S. 21 ff.; G. OTTO/1975$^2$, S. 331 f.). Bei dem Gründer in England, Robert Raikes, sind religiöse und soziale Motive untrennbar gemischt. Die Notsituation der Kinder ist der Auslöser weitergehender Aktivitäten.

☐ Seit Anfang dieses Jahrhunderts sind *psychologische* Erwägungen in die Reflexion der Kindergottesdienstarbeit einbezogen. Der Verweis auf DIETRICH VORWERKS Arbeiten zur Kinderseelenkunde und zur Gewissensbildung des Kindes muß hier genügen (vgl. C. BERG/1987, S. 92 ff.).

☐ Die *konzeptionellen* Veränderungen der Kindergottesdienstarbeit seit Ende der sechziger, Anfang der siebziger Jahre sind so eindeutig adressatenorientiert, wie man dies aus der Geschichte des Gottesdienstes zu keiner Zeit belegen kann. Einseitig theologische Argumentationen werden konsequent zum Kind und seiner Situation hin aufgebrochen (vgl. als Beispiel für diese Phase I. ADAM/o. J. = 1970).

(3) Gar nicht genug kann man in die Erinnerung rufen, daß der Kindergottesdienst seit seinen Anfängen in der Sonntagsschule eine *Laienbewegung* war, die sich gegen die offizielle Kirche und ihre Amtsträger durchgesetzt hat.

Widerstände, Vorbehalte und Ängste auf seiten der Kirche, der Schule und der Wissenschaft gegenüber einer Aktivität, die weder von der offiziellen Kirche initiiert worden war noch von Pfarrern durchgeführt wurde, waren symptomatisch für die Einschätzung der Laien in der Kirche: sie waren eine Gefahr! Wo einzelne – noch dazu vorwiegend Frauen! – oder Gruppen wagten, das »Priestertum aller Gläubigen« zu realisieren, war die Hierarchie der Kirche gefragt. Wo die Kirche selbst nicht agiert hatte, mußte sie wenigstens reagieren, und dies nun im Falle einer Initiative, mit der man sich mehr als schwer tat, weil die neue Wertschätzung der Kindheit allgemeines kirchlich-theologisches Bewußtsein noch kaum erreicht hatte. Vor diesem Hintergrund erklärt sich die Geschichte der Organisation des Kindergottesdienstes, sowohl seine frühe Anbindung an die Innere Mission wie auch seine Verbandsgeschichte. Organisationsgeschichte ist hier getreuer Ausdruck theologischer Ungereimtheiten. Aber auch eine andere Entwicklungslinie ist aufschlußreich. Laien haben in den Anfängen und teilweise lange darüber hinaus den Kindergottesdienst *selbständig* durchgeführt – mit der langsam voranschreitenden Einbindung in die Kirche (BERG spricht treffend von »Adoption«!) beginnt zugleich die Geschichte der »*Helfer*« im Kindergottesdienst: Aus eigenverantwortlichen Laien werden unselbständige Helfer der Pfarrer.

(4) Blickt man auf neuere Tendenzen in der Gestaltung des Kindergottesdienstes, so zeigt sich eine Vielfalt von Ansätzen (vgl. P. M. CLOTZ/1986), wobei in der DDR anscheinend das Interesse an gottesdienstlichen Formen stärker ist (vgl. G. DOYÉ/1987, S. 17 ff.) als in der Bundesrepublik. Hier scheinen verschiedenartige religionspädagogische Tendenzen, besonders aus dem Grundschulreligionsunterricht, eher das Bild zu bestimmen. Die

## 8.2 Theorieansätze und Handlungsformen

Bedeutung des Erzählens wird neu unterstrichen (vgl. z. B. M. FRIES u. H. B. KAUFMANN/1987, S. 68 ff.; außerdem s. o. Kap. 2.4.1). C. BERG weist mit Recht darauf hin, daß der Anschluß an die neuere Symboldiskussion und die Arbeiten zur Symboldidaktik gesucht werden muß. Über solchen eher didaktischen Bemühungen sollte nicht verloren gehen, was in der Kindergottesdienstarbeit durch die stärkere Einbeziehung von Spiel-, Fest- und Feierelementen gewonnen worden ist.

## 8.3 Verknüpfungen

*(1) Dominierende Reflexionsperspektiven:*
- 7: Symbolik (= Bd. 1, S. 226 ff.)
- 2: Rhetorik (= Bd. 1, S. 109 ff.)
- 1: Hermeneutik (= Bd. 1, S. 85 ff.)

| (2) hier erörterte *Handlungsfelder:* | in anderen Kapiteln erörterte *problemverwandte Handlungsfelder:* |
|---|---|
| Gottesdienst | z. B. 9: *Kooperieren* <br> bes. 9.2: Theorieansätze/Handlungsformen <br> z. B. 6: *Reden und Schreiben* <br> bes. 6.2.3: Die Predigt als Rede/Handlung |
| Kindergottesdienst | z. B. 1: *Lernen (1)* <br> bes. 1.4.2: Elementarerziehung |
| Ökumenische Gottesdienste | z. B. 7: *Deuten* <br> bes. 7.4.1: Ökumenische Trauung <br> z. B. 5: *Verständigen* <br> bes. 5.2.2 »Ökumenischer« Dialog |
| Politischer Kult | z. B. 6: *Reden und Schreiben* <br> bes. 6.1: Beispiele |

(3) Nicht erörterte *verwandte Praxiszusammenhänge:*
z. B.: Formen des Feierns im gesellschaftlichen Wandel
Innovation und Tradition im Fest
Abendmahl

## 8.4 Ausblicke

### 8.4.1 Abendmahl für Kinder

Protestantischer Tradition entspricht es, mit der Konfirmation die Zulassung zum Abendmahl zu verbinden. Nachdem seit ca. 20 Jahren vielerorts begonnen worden ist, das Abendmahl bereits in die Konfirmandenunterrichtszeit einzubeziehen, hat sich inzwischen die Fragestellung über den Kreis der Konfirmanden auf Kinder überhaupt, etwa ab dem (vierten bis) sechsten Lebensjahr, ausgeweitet. Gemessen an der Reaktion auf andere »Neuerungen« im kirchlichen Leben, ist es verblüffend, daß die Mehrheit der Reaktionen positiv ist. Der Grund dafür dürfte einfach sein: Die Nichtzulassung von Kindern zum Abendmahl läßt sich theologisch beim besten Willen nicht rechtfertigen, von den psychologisch-pädagogischen Ungereimtheiten ganz zu schweigen. Vielmehr kann man umgekehrt sagen: Beginnt man die Frage der Zulassung von Kindern zum Abendmahl zu diskutieren, ergeben sich rasch schwerwiegende Anfragen an die herrschende Praxis und ihre Begründung.

E. KENNTNER kommt in seiner Übersicht über die Praxis der Kirchen in der Ökumene zu dem begründeten Schluß:

»Insgesamt ist jedenfalls deutlich geworden, daß die überwiegende Mehrheit der christlichen Kirchen zusammen mit ihren kleinen Kindern das Herrenmahl feiert und diese nicht für die Dauer der gesamten Kindheit von der Teilnahme ausschließt. Die Zulassungspraxis der deutschen protestantischen Kirchen ist also... Praxis einer Minderheit innerhalb der Ökumene.« (E. KENNTNER/1980, S. 35)

Dieses kirchenkundliche Ergebnis erscheint nicht zufällig, wenn man bedenkt, daß die Verweigerung der Zulassung *getaufter* Kinder zum Abendmahl schwerwiegende Anfragen an das zugrundeliegende Taufverständnis impliziert. Es führt kein Weg daran vorbei, endlich zuzugeben, daß die jahrhundertelange Praxis, die Abendmahlszulassung an die Konfirmation zu binden, eine permanente Entwertung der Taufe ist. Denn die Taufe wird mit dieser Praxis als ergänzungsbedürftig definiert (so auch E. KENNTNER/1980, vgl. z. B. S. 150). Läßt man einmal die grundsätzlichen Probleme, die damit berührt werden, beiseite und sieht nur auf die faktische Geschichte der Konfirmation, so darf man fragen, ob ein derart reduktionistisches Verständnis der Taufe zugunsten einer Höherbewertung der Konfirmation sich sonderlich segensreich ausgewirkt hat.

Geht man davon aus, daß die Taufe die Gliedschaft in der Kirche begründet, so ergibt sich keine Möglichkeit, getauften Kindern das Abendmahl zu verweigern. Dies hat zwei Konsequenzen:

☐ Die Form vieler Abendmahlsfeiern müßte so verändert werden, daß Kinder dabei *erfahren* und *erleben* können, daß es sich um Fest und Feier handelt. Die Zulassung von Kindern zum Abendmahl hat Konsequenzen für die Gemeinde insgesamt. Möglicherweise können hier aus den Erfahrungen mit Familiengottesdiensten Anregungen übernommen werden (vgl. H. EGGENBERGER/1979; G. KUGLER u. H. LINDNER/1979; M. LIENHARD/1978).

☐ Das Konfirmationsverständnis muß nicht nur durch Ausnahmeregelungen, wie es sie jetzt vielfach gibt, sondern rechtsförmig, also durch Änderung der Kirchenordnungen bzw. Kirchengesetze der Landeskirchen korrigiert werden. Die Zulassung zum Abendmahl würde dann nicht mehr durch die Konfirmation, sondern durch die Taufe erfolgen. Bei der Konfirmation verblieben die beiden anderen traditionellen Elemente: das katechetische und das kirchenrechtliche (Verleihung der kirchlichen Rechte, Zulassung zum Patenamt). Dabei bleibt zu bedenken, daß diese Konstruktion zwar im Falle der Taufe von Kleinkindern und deren späterer Konfirmation schlüssig ist, aber Fragen im Falle der Erwachsenentaufe aufwirft (dazu s. Kap. 2.2.2).

*Lit.:*
H. EGGENBERGER (Hg.), Abendmahl – auch für Kinder? (1979)
E. KENNTNER, Abendmahl mit Kindern (1980)
G. KUGLER/H. LINDNER, Neue Familiengottesdienste 3 (1979)
M. LIENHARD (Hg.), Mit Kindern Abendmahl feiern (1978)

### 8.4.2 Ökumenische Gottesdienste

Trotz vieler Gemeinsamkeiten gibt es bleibende Unterschiede im Gottesdienst- und Sakramentsverständnis zwischen evangelischer und katholischer Theologie und Kirche (z. B. im Verständnis des Verhältnisses von Wort und Sakrament oder von Gottesdienst und kirchlichem Amt). Daher gibt es keine Gottesdienst- und Sakramentsgemeinschaft, sondern lediglich einige Regelungen für ökumenische Gottesdienste und für Eucharistie und Abendmahl.

(1) Ökumenische Gottesdienste finden nach dem Grundsatz der Gleichberechtigung statt. Daraus folgt, daß sie gemeinsam vorbereitet und die Funktionen im Ablauf des Gottesdienstes auf Vertreter beider Kirchen möglichst gleichmäßig verteilt werden. Dabei wird der Rückgriff auf gemeinsames Traditionsgut leiten, soweit es möglich ist.

Es haben sich zwar bestimmte Anlässe herausgebildet, zu denen ökumenische Gottesdienste mehr oder weniger üblich geworden sind (Weltgebetstag der Frauen, Schulgottesdienste, Gottesdienste zu besonderen öffentlichen Anlässen, ökumenische Veranstaltungen, musikalische Vespern usw.), aber ein gravierendes, keinesfalls nur organisatorisches, sondern grundsätzliches Problem bleibt es, daß die katholische Deutsche Bischofskonferenz nach wie vor ökumenische Gottesdienste am Vormittag von Sonn- und Feiertagen verbietet. Dies ist eine Einschränkung, die dem ökumenischen Bewußtsein an der Basis *beider* Konfessionen weithin nicht mehr entspricht. Hier zeigt sich, daß ökumenische Gemeinsamkeit auf der Ebene der theologischen Reflexion und der amtskirchlichen Regelungen nicht selten mehr oder weniger weit hinter den Realitäten zurückbleibt (vgl. N. GREINACHER/1983 und die Fallbeschreibung von F. MENNEKES u. G. KNOHL/1983). Was vermutlich unter dem stärkeren Druck der Verhältnisse bei ökumenischen Trauungen (vgl. Kap. 7.4.1) trotz unterschiedlichen Eheverständnisses erreicht worden ist, immerhin seit 1970, ist vergleichbar für den ökumenischen Gottesdienst noch immer Zukunftshoffnung.

(2) Das gilt erst recht für die gleichberechtigte gegenseitige Teilnahme an Eucharistie und Abendmahl. Divergenzen im Verständnis des Herrenmahls, insbesondere bezüglich der theologischen Aussagen über die Weise der Realpräsenz, aber auch unterschiedliche Sichtweisen bezüglich des Verhältnisses zwischen dem Sakramentsgottesdienst und dem kirchlichen Amt, blockieren den gegenseitigen freien Zugang zu gemeinsam getragenen Mahlfeiern:

»Für die katholische Kirche wäre Voraussetzung dazu die noch nicht gegebene Kirchengemeinschaft, während nach evangelischer Auffassung die Übereinstimmung im zentralen Inhalt des christlichen Glaubens ausreichend sein könnte, das Mahl des Herrn trotz unterschiedlicher Sicht in Einzelfragen gemeinsam zu feiern.«
(STUDIE DER THEOLOGISCHEN KONTAKTKOMMISSION/1984, S. 35)

Damit entfallen gemeinsame Sakramentsgottesdienste. Nach katholischem Kirchenrecht darf ein *Nichtkatholik* nur im Ausnahmefall (Todesgefahr oder schwere Notlage) am katholischen Sakrament partizipieren, ein *Katholik* aber darf das Sakrament generell nur von einem geweihten Priester empfangen. Der Standpunkt der evangelischen Kirche deckt sich damit nicht. Er trägt der *faktischen* ökumenischen Gemeinschaft an der Basis Rechnung. Der Einladungscharakter des Abendmahls dominiert gegenüber theologischen Distinktionen und kirchenrechtlichen Abgrenzungen. Die VELKD hat 1974, die Arnoldshainer Konferenz 1982, dem Sinne nach übereinstimmend, festgestellt: Glieder der katholischen Kirche, die die Gemeinschaft wünschen, sind vom Abendmahl nicht ausgeschlossen. Umgekehrt ist auch evangelischen Christen nicht untersagt, am Herrenmahl in einer anderen Kirche teilzunehmen, wenn ihr Gewissen sie dazu drängt (vgl. STUDIE DER THEOLOGISCHEN KONTAKTKOMMISSION/1984, S. 32 f.).

*Lit.:*
N. GREINACHER, Ökumene vor Ort, in: BLOTH-HdB, Bd. 3 (1983), S. 293 ff.
F. MENNEKES/G. KNOHL, Ökumenische Praxis am Beispiel Frankfurt-Nied, in: BLOTH-Hdb, Bd. 3 (1983), S. 286 ff.
STUDIE DER THEOLOGISCHEN KONTAKTKOMMISSION DER KIRCHENLEITUNGEN IN HESSEN, Christlicher Gottesdienst im evangelisch-katholischen Gespräch (1984)

*8.4.3 Die Lima-Liturgie*

Nach langjährigen Vorarbeiten wurde auf der Tagung der Kommission für Glauben und Kirchenverfassung des Ökumenischen Rates im Januar 1982 in Lima die Konvergenzerklärung über »Taufe, Eucharistie und Amt« einstimmig angenommen (vgl. KOMMISSION FÜR GLAUBEN UND KIRCHENVERFASSUNG/1982). Am Ende ihrer Tagung feierten die Delegierten eine ökumenische Eucharistiefeier im Sinne einer gemeinsamen gottesdienstlichen »Darstellung« der Ergebnisse ihrer Überlegungen. Die ursprüngliche Form vom Januar 1982 wurde leicht verändert im Juli 1982 als Abschlußgottesdienst des Zentralausschusses des Ökumenischen Rates der Kirchen gefeiert, und verschiedene ökumenische Konferenzen haben diese (zweite) Form anschließend ebenfalls übernommen (z. B. Vancouver 1983). Die zweite Form ist als Lima-Liturgie bekannt geworden (Text bei M. THURIAN/1983, S. 225 ff.).

In der Struktur der Lima-Liturgie lassen sich drei Hauptteile unterscheiden: die Eingangsliturgie, der Wortteil und die Eucharistiefeier als Kernstück. In diesen drei Teilen werden verschiedene liturgische Traditionen miteinander verbunden. So entsteht eine viel reichhaltigere Liturgie, als sie uns aus der deutschen protestantischen Tradition – welches Typs auch immer – geläufig ist. Die größere Reichhaltigkeit der einzelnen liturgischen Stücke führt in ihrer Summe zur eindrücklichen Unterstreichung des Fest- und Feiercharakters des eucharistischen Gottesdienstes, in dem das Gemeinschaftselement eine entscheidende Rolle spielt.

Mindestens so wichtig wie eine theologische Analyse der Lima-Liturgie (vgl. M. THURIAN/1983; F. SCHULZ/1983) scheint mir die andere Frage: Welche Beobachtungen lassen sich bei der *Rezeption* einer Liturgie machen, die aus ökumenischen Traditionen, die in unseren Kirchen fremd (geworden) sind, stammen? Die Frage bezieht sich also nicht auf liturgische Aussagen »als solche«, etwa auf ihre theologische Stimmigkeit oder ihre Abweichung von bei uns üblichen Liturgien, sondern auf vermutbare oder faktische Reaktionen solcher Menschen, die an eine Liturgie nicht mit wissenschaftlichen Interessen herangehen. Fragt man so, dann kommt man zu Überlegungen, für die die Lima-Liturgie nur ein Beispielsfall ist, weil sie tendenziell generalisierbar erscheinen:

☐ Wird es gelingen, unseren Gottesdiensten stärker den Charakter von Fest und Feier zu geben, indem man auf fremde oder fremd gewordene liturgische *Traditionen* zurückgreift? Der spirituelle Reichtum solcher Traditionen steht nicht zur Debatte, sondern das hohe Maß ihrer Erklärungsbedürftigkeit. Ist der Versuch erfolgversprechend, auf historisch orientiertem Weg Gemeinschaft stiften zu wollen, und zwar nicht nur für Eingeweihte, sondern immer auch für Neudazustoßende?

☐ In welchem Maß ist eine Schwerpunktverlagerung in Ablauf und Inhalt des Gottesdienstes auf dem *Weg über die Liturgie* erfolgversprechend? Das Abendmahl bildet im protestantischen Gottesdienst, von Ausnahmen abgesehen, nicht generell den Schwerpunkt. Das kann man mit dogmatischen Gründen beklagen, aber kann man es durch eine neue, nicht an der Basis der Gemeinden entstandene Liturgie überwinden?

Beide Fragen, ausgelöst durch den konkreten Fall der Lima-Liturgie, dürften sich im Prinzip immer stellen, wenn es um Überlegungen zu neuen gottesdienstlichen Formen geht.

*Lit.:*
KOMMISSION F. GLAUBEN U. KIRCHENVERFASSUNG DES ÖK. RATES, Taufe, Eucharistie und Amt. Kovergenzerklärungen (1982)
F. SCHULZ, Die Lima-Liturgie (1983)
M. THURIAN (Hg.), Ökumenische Perspektiven von Taufe, Eucharistie und Amt (1983)

# 9 HANDLUNGSFELD: KOOPERIEREN
## – Kommunikative Praxis/Laien/Pfarrerinnen und Pfarrer

*Motto*

»Mir scheint es nicht unproblematisch, wenn sich der Blick der Praktischen Theologie allzu sehr auf die Probleme des Pfarrers konzentriert. Mir schiene es dringender, praktisch-theologische Defizite in dem, was man Laien- oder Gemeindetheologie nennen könnte, aufzuholen. Ich frage, ob Theologen und Pfarrer sich nicht – statt die Selbstbespiegelung zu intensivieren – eher um die Kenntnis und das Verständnis der Gemeinde und der Laien bemühen sollten. Hier liegt ein weites offenes Feld, das es zu bearbeiten gilt.«

HENNING LUTHER/1984a

## Thesen zur Orientierung

☐ Kooperation ist ein Kommunikationsprozeß, der durch hierarchische Strukturen, wie zum Beispiel die Unterordnung von Laien unter Kleriker, gestört wird.

☐ Interaktion ist der Modus, die Beschränkung auf pastorale Handlungssubjekte zu überwinden und alle Subjekte, sogenannte Laien wie Pfarrerinnen oder Pfarrer, zur Erfahrung ihrer selbst zu bringen.

☐ Pfarrerinnen und Pfarrer haben die Aufgabe des Inszenierens und Moderierens, des Motivierens und Arrangierens; so nehmen sie im Wechselspiel der am Interaktionsprozeß beteiligten Subjekte ihre spezifische Rolle wahr.

## 9.0 Literatur

| | |
|---|---|
| H. Albertz | Dagegen gelebt – von den Schwierigkeiten, ein politischer Christ zu sein (1976) |
| C. Bäumler | Kommunikative Gemeindepraxis (1984) |
| H.-D. Bastian (Hg.) | Kirchliches Amt im Umbruch (1971) |
| K.-W. Dahm | Beruf: Pfarrer ($1974^3$) |
| H. U. Egli / H. J. Fehle | Vier Thesen zur Struktur christlicher Freiheit in Krisen in: ThPr 17. Jg./1982, Heft 1–2, S. 38 ff. |
| H. Faber | Profil eines Bettlers? (1976) |
| H. Frisch | Tagebuch einer Pastorin (1980) |
| N. Greinacher u. a. (Hg.) | Gemeindepraxis (1979) |
| J. Habermas | Theorie des kommunikativen Handelns 2 Bde. (1981) |
| K.-B. Hasselmann | Gemeindeberatung – Gemeindeentwicklung in: PTh 69. Jg./1980, S. 266 ff. |
| M. Josuttis | Der Pfarrer ist anders ($1987^3$) |
| E. Lange | Die Schwierigkeit, Pfarrer zu sein in: Ders., Predigen als Beruf (1976), S. 142 ff. |
| Ders. | Aus der Bilanz 65 in: Ders., Kirche für die Welt (1981), S. 63 ff. |
| Th.-D. Lehmann | Bilanz meines Vikariats in: PTh 77. Jg./1988, S. 44 ff. |
| H. Luther | Pfarrer und Gemeinde in: EvTh 44. Jg./1984a, S. 26 ff. |
| Ders. | Religion, Subjekt, Erziehung (1984b) |
| Ders. | Grenze als Thema und Problem der Praktischen Theologie in: ThPr 19. Jg./1984c, S. 221 ff. |
| Ders. | Identität und Fragment |

| | |
|---|---|
| | in: ThPr 20. Jg./1985, S. 317 ff. |
| Ders. | Schmerz und Sehnsucht |
| | in: ThPr 22. Jg./1987, S. 295 ff. |
| W. MARHOLD u. a. | Religion als Beruf. 2 Bde. (1977) |
| N. METTE | Gemeinde ist möglich. Ein Nachwort |
| | in: C. BÄUMLER/1984, *siehe dort* |
| Ders./H. STEINKAMP | Sozialwissenschaften und Praktische Theologie (1983) |
| W. NEIDHART | Theologie des kirchlichen Amtes: Der Pfarrer – ein Priester? |
| | in: H.-D. BASTIAN/1971, *siehe dort* |
| R. RIESS | Pfarrer werden? (1986) |
| H. SCHRÖER/ G. MÜLLER (Hg.) | Vom Amt des Laien in Kirche und Theologie (1982) |
| Y. SPIEGEL (Hg.) | Pfarrer ohne Ortsgemeinde (1970) |
| Ders. | Der Pfarrer im Amt (1970) |
| Ders. | Artikel: Pfarrer |
| | in: OTTO-HdB (1975²), S. 59 ff. |
| W. STECK | Artikel: Pfarrer(in) |
| | in: BÄUMLER/METTE (1987), S. 328 ff. |
| H. STEINKAMP | Artikel: Gemeindeberatung |
| | in: BÄUMLER/METTE (1987), S. 176 ff. |
| S. SUNNUS | Die ersten sieben Jahre (1977) |
| THEOLOGIA PRACTICA | Themenheft: Die Zukunft des Pfarrerberufs 20. Jg./1985, Heft 1 |
| G. WINGREN | Der Begriff »Laie« |
| | in: H. SCHRÖER/G. MÜLLER (1982), *siehe dort* |

## 9.1 Kommentierte Zugänge: Beispiele

### 9.1.1 Öffentliche Rechte und Pflichten

»Der Auftrag der Kirche... ist und bleibt öffentlich und wird daher, indem er öffentliche Rechte wahrnimmt, vor allen Dingen öffentliche Pflichten auf sich zu nehmen haben.
So wird also die Besonderheit der Rechtsfigur weniger darauf angelegt sein dürfen, daß in ihr Privilegien verteidigt werden, als daß eben gerade diese Kirche mehr als andere auch in ihrer äußeren Form darauf eingerichtet sein muß, in voller Freiheit das, was sie sagt, auch in dem Staat, in dem sie lebt, anwenden zu können.«
(H. ALBERTZ/1976, S. 107)

Der öffentlich-rechtliche Status der Kirchen als Religionsgemeinschaften ist unbestreitbar mit Privilegien der Kirchen verbunden. Es wird aber im Blick auf die Zukunft, und das heißt hier im Blick auf rückläufige Kirchenmitgliedschaftszahlen und entsprechend reduzierten Stellenwert der Kirchen in der Gesellschaft, viel darauf ankommen, daß die Kirchen ihre Rollen nicht von ihren Privilegien her, vielleicht nicht einmal in erster Linie von ihren Rechten her verstehen, sondern aus der Solidarität heraus, in der sie mit der Gesellschaft, deren Teil sie sind, verbunden sind. Solche Solidarität verpflichtet – und zwar nicht zuletzt dazu, den eigenen Beitrag als Hilfe und Orientierung für alle einzubringen. Denn Solidarität heißt nicht kritikloses Ineinanderaufgehen, sondern schließt ein, die je eigene Sicht zum Wohle aller zu artikulieren. So entsteht Kooperation, die immer mehrstimmig sein wird.

In dieser Form von Kooperation können Kontroversen, ausgelöst durch kirchliche Stellungnahmen oder Verhaltensweisen, nie ausgeschlossen werden. Das wäre nur dann möglich, wenn die Kirche prinzipiell staatliches Handeln legitimierte. Die Tendenzen, die es in dieser Richtung gegeben hat, und das gelegentliche Ansinnen von Politikern, es möge so sein, sind die beste Lehre, daß es so nicht sein darf.

## 9.1.2 Gesellschaftliche Krisen

»Eine Lebenshaltung und Weltsicht, die sich an Jesus Christus orientiert, rechnet mit Engpässen und Sachzwängen.«

»Dieser Zugang zu krisenhaften Entwicklungen ermöglicht es, sie nicht nur im persönlichen Bereich, sondern auch im sozialen und wirtschaftlichen Lebensraum ernst zu nehmen und nüchtern nach den Ursachen zu suchen.«

»Der Bezug zum christlichen Glauben bewirkt eine kritische Distanz zu selbstverständlich anerkannten Werten und Verhaltensweisen.«

»In der Nachfolge werden Christen bewegt von der gegenwärtigen Wirklichkeit des Reiches Gottes, das auf sie zukommt. Ihre Hoffnung in den aktuellen sozialen und wirtschaftlichen Krisen drückt sich aus in der Vision einer gerechten, für verantwortliche Teilhabe offenen und (über)lebensfähigen Gesellschaft.«
(H. U. EGLI u. H. J. FEHLE/1982, S. 38 ff.)

Die obenstehenden Sätze bilden den Kern von »vier Thesen zur Struktur christlicher Freiheit in Krisen«, die die Verfasser für einen sozialethischen Klärungsprozeß formuliert haben. Sie zeigen zugleich, besonders wenn man die hier nicht mit abgedruckte theologische Begründung hinzunimmt, Notwendigkeit und Eigenart des Beitrags von Christen und Kirchen im gesellschaftlichen Diskurs.

Die Quintessenz dieser Thesen ist es, Christen zur »Parteilichkeit für das Lebensrecht der ganzen Schöpfung« aufzurufen. Daraus folgt logisch, wenn man die Lage der Welt und die weithin bestimmenden Argumentationsstrukturen ansieht, daß »das Einbringen von Gegengewichten in die gegenwärtige Auseinandersetzung um die Gestaltung der Welt« (EGLI u. FEHLE/1982, S. 41) als christliche Aufgabe begriffen werden muß. Daraus erwächst für die Kirchen ein ungewohner Lernprozeß. Denn kirchlicher Tradition entspricht es auf weite Strecken hin (und im Bewußtsein vieler bis heute), eher als Stabilisator des Bestehenden zu fungieren. Daß Kooperation gegebenenfalls heißen kann, Initiator und Anwalt neuen Lebensstils, neuer politischer und wirtschaftlicher Strukturen zu sein, will erst noch gelernt sein.

### 9.1.3 Selbstkritische Rückfragen

»Stellen wir uns vor, unseren Gemeinden hierzulande würde der Prozeß gemacht, was könnten sie überzeugend zu ihrer eigenen Verteidigung anführen? Was bedeutet der Prozeß Gemeinde angesichts der dringend anstehenden Fragen, die sich von der Tagesordnung der Welt her stellen? Ist angesichts dessen Schleiermachers Option für die Ausweitung der Volkskirche zur Menschheitskirche – anstelle des hierzulande weithin gepflegten Provinzialismus – nicht aktueller denn je?«
(N. METTE/1984, S. 158 f.)

Das Leben einer Gemeinde, sei es eine kirchliche oder eine kommunale, hat seine Verlaufsformen und Entwicklungen, seine Höhe- und Tiefpunkte – kurz: es ist ein Prozeß. NORBERT METTE wendet den Wortgebrauch, indem er sich am juristischen Verständnis orientiert: der prozeßhaft lebenden Gemeinde wird der Prozeß gemacht – sie wird zur Rechenschaft gezogen. Prozeß als Metapher in diesem Sinn irritiert, weil sie aus theologischen Gehäusen herausnötigt. Gewohnt sind wir eher, die Rechenschaftslegung der Gemeinde wie des einzelnen auf eine letzte, ferne Instanz zu projizieren oder auch Existenz und Aufgabe der Gemeinde mit Hilfe theologischer Begrifflichkeit allemal schon sanktioniert zu wissen (der »Verkündigungsauftrag« an die Welt). METTES Fragestellung kehrt diese vertraute theologische Blickrichtung genau um, indem er die »dringend anstehenden Fragen, die sich von der Tagesordnung der Welt her stellen« (ebda.) zur Instanz des Prozesses macht. Dann ist die Welt nicht mehr Objekt kirchlichen Handelns, sondern gerade in ihren Krisen, in ihren ungelösten, um des Überlebens der Menschen willen auf Lösung drängenden Fragen, ist die Welt der Ort, an dem sich überhaupt erst zeigen kann, was Kirche ist, was sie zu sagen und zu tun hat. Daß dabei Schleiermachers Gedanke einer

Menschheitskirche wieder in Sicht kommt, ist schlüssig, denn jemehr sich die Kirche in diesem Sinne kooperativ und kritisch zugleich (s. o. 9.1.2) versteht, desto weniger wird sie sich nach innen orientieren können, sondern desto mehr wird sie sich selbst erst extra muros finden.

## 9.2 Theorieansätze und Handlungsformen

Das leitende Stichwort dieses Kapitels – »kooperieren« – verweist auf unterschiedliche Ebenen, auf denen es ansatzweise zu konkretisieren ist. Wo kooperiert wird oder werden soll, tauchen Rollenprobleme der Beteiligten auf. Angesichts von gesellschaftlichen Konflikten, deren Austrag auch eine Form von Kooperation ist, wird es nötig, den Ort und das Selbstverständnis der Kirche zu bestimmen, und schließlich sind Probleme der Meinungs- und Entscheidungsbildung, zum Beispiel in einer Kirchengemeinde, zu thematisieren, einschließlich der institutionellen Aspekte, die dabei sichtbar werden.

Es kann also nicht darum gehen, Probleme der Kooperation technokratisch oder autoritär zu lösen, sondern die bedingenden Faktoren von Kooperation als *Kommunikationsprozeß* müssen in den Blick kommen. Unter diesem Blickwinkel kann man die Problematik auch so formulieren: Wie wird Kooperation jeweils *inszeniert* – durch wen, mit welcher Rollenverteilung, mit welchen Zielsetzungen?

Diese Fragerichtung ist Bezugspunkt und Leitmotiv der folgenden Überlegungen, die sich, fast mehr noch als sonst, mit Handlungsfeldern in anderen Kapiteln überschneiden (vgl. 9.3).

### 9.2.1 Kommunikative Praxis

In unterschiedlichsten Zusammenhängen sind wir immer wieder darauf gestoßen, daß das Verständnis der Kirche und ihrer Auf-

## 9.2 Theorieansätze und Handlungsformen

gaben nur formulierbar wird, wenn dabei mitreflektiert wird, daß die Kirche nicht für sich existiert, sondern Teil je ihrer Gesellschaft ist. Anknüpfend an verschiedene theologische Traditionselemente sowie an ERNST LANGE, DIETRICH BONHOEFFER und an sozialwissenschaftliche Überlegungen, hat CHRISTOF BÄUMLER Bedingungen und Möglichkeiten einer »kommunikativen Gemeindepraxis« (1984) untersucht.

E. LANGE spricht nicht von Verkündigung oder Predigt, sondern von »Kommunikation des Evangeliums«, um das »prinzipiell Dialogische des gemeinten Vorgangs« zu akzentuieren (1981, S. 101), und gemeint ist dabei immer »das Ganze des Lebens und Arbeitens einer Gemeinde« (1981, S. 102). Dabei stellt die sich auf unterschiedlichen Ebenen und in verschiedenartigen Formen vollziehende Kommunikation des Evangeliums nicht eine Sonderkommunikation dar, im Abseits der Gesellschaft, sondern sie kann nur gelingen, sofern sich die Kirche auf den »gesellschaftlichen Wandel« einläßt und »zeitgenössisch« wird (ebda.). An erster Stelle der Leitvorstellungen für seine Arbeit stand bei E. LANGE der Begriff der »verantwortlichen Gemeinde« (1981, S. 76 ff.).

C. BÄUMLER nimmt Vorstellungen E. LANGES auf und führt sie, über 25 Jahre nach LANGES Experiment der Ladenkirche, unter veränderten Bedingungen weiter. Dabei hat er, anders als LANGE, nicht das Experiment einer bestimmten Gemeinde im Sinn, sondern Leitvorstellungen für Kirchengemeinden überhaupt. BÄUMLERS Ausgangspunkt lautet:

»Wird... als Inhalt des Evangeliums die sich in Jesus Christus durchsetzende Gottesgerechtigkeit erfaßt, dann entspricht diesem Inhalt ein kommunikatives Grundelement der Gemeindepraxis. Der Begriff der Gottesgerechtigkeit schließt ein, daß den Menschen neue, gemeinsame Lebensmöglichkeiten eröffnet werden. Die Rechtfertigung der Gottlosen gilt dem einzelnen Menschen und ermöglicht ihm zugleich gelungene Kommunikation mit anderen Menschen.«
(C. BÄUMLER/1984, S. 19)

LANGE hatte sein Kommunikationsverständnis auf die »verantwortliche Gemeinde« bezogen. Dabei war »der Verantwortungsadressat das diasporafähige Gemeindeglied, die Verantwortungsinstanz jedermann, der Rechenschaft über ihre Hoffnung fordert« (C. BÄUMLER/1984, S. 43). Wegen der naheliegenden Gefahr, Verantwortung »im Sinne der Übernahme von Herrschaft über einen Unmündigen im Namen einer übergeordneten Instanz« (ebda.) mißzuverstehen, rückt BÄUMLER vom Begriff der »verantwortlichen Gemeinde« ab und formuliert anders:

»In Aufnahme der Intention von Ernst Lange formuliere ich als Leitgedanken: ›Gemeinde der Befreiten‹.« So hält er LANGES Intention fest, »ohne die mit dem Begriff ›Verantwortung‹ verbundene Hypothek eines hierarchischen Gefälles von den Verantwortlichen zu den Adressaten mit sich zu schleppen. In dem Leitgedanken ›Gemeinde der Befreiten‹ kommt zum Ausdruck, daß die Gemeindeglieder ihre Freiheit nicht sich selbst verdanken. Denn es handelt sich ja gerade um die geschenkte Freiheit der gerechtfertigten Sünder, die in ihrem neuen Leben zu verwirklichen ist.
Damit ist zugleich klargestellt, daß der Leitgedanke ›Gemeinde der Befreiten‹ nicht nur eine formale Feststellung trifft, die mit beliebigen Inhalten ausgefüllt werden könnte, sondern streng auf die inhaltliche Bestimmung des ›Evangeliums‹... zu beziehen ist.«
(C. BÄUMLER/1984, S. 43)

Der Leitgedanke der Freiheit realisiert sich in bestimmten Spielregeln der Kommunikation: »Offenheit, Herrschaftsfreiheit, Partizipation, Solidarität« (S. 44). Dies sind »regulative Prinzipien, die sich im Prozeß der Christentumsgeschichte selbst als notwendige Kriterien gesetzt haben« (ebda.). Sie dürfen also nicht als unerfüllbare Forderungen oder als ferne Ideale mißverstanden werden.

Im Anschluß an HABERMAS' Verhältnisbestimmung zwischen System und Lebenswelt (vgl. J. HABERMAS/1981, bes. Bd. 2, S. 171 ff.) konkretisiert BÄUMLER an einem Fallbeispiel, worum es in kommunikativer Gemeindepraxis geht: daß die Beteiligten

## 9.2 Theorieansätze und Handlungsformen

»ihre Praxis als Prozeß der kritisch-konstruktiven Vermittlung von System und Lebenswelt in der Perspektive der Verwirklichung geschenkter Freiheit zu begreifen« lernen (S. 53).

Konsequenterweise leitet BÄUMLER aus diesem Ansatz keine Regeln zur Verwirklichung kommunikativer Gemeindepraxis ab. Dies ist nicht möglich, ohne das Konzept sofort zu verfälschen. Die Realisierung kann nicht durch Regeln gelingen, die andere aufstellen, sondern nur im Vollzug der Beteiligten. Dazu ist es als erstes nötig, jeweils die eigene Praxis zu untersuchen. Hierfür bieten sich die soziologischen Begriffe »Funktion« und »Struktur« an (vgl. C. BÄUMLER/1984, S. 55 ff.).

Der unabschließbare Diskurs ist das Grundmodell der »Kommunikation des Evangeliums«. In diesen Diskurs sind alle Prozesse innerhalb der Gemeinde einbezogen.

BÄUMLERS Konzept führt aus jeglichem hierarchisch orientierten Gemeindeverständnis heraus, wirft aber zugleich auch weiterführende Fragen auf (was für sein Konzept spricht!). Ich konzentriere mich auf zwei Fragestellungen.

(1) Ein kommunikatives Verständnis von Gemeindepraxis, in dem die Kooperation der Subjekte thematisch ist, muß sich mit dem Konzept der *Gemeindeberatung* auseinandersetzen (vgl. oben Kap. 4.4.1). Darauf hat insbesondere, wenn auch nicht unter ausdrücklicher Bezugnahme auf C. BÄUMLERS Überlegungen, HERMANN STEINKAMP (1987; vgl. auch N. METTE u. H. STEINKAMP/1983, bes. S. 69 ff. und S. 133 ff.) aufmerksam gemacht:

»Beratung gilt als ein neues Paradigma mehrerer Sozialwissenschaften insofern, als diese Interaktionsform – unabhängig von spezifischen Beratungsformen und vorgängig zu jeweils spezifischen Beratungszielen – auf Mündigkeit, Nicht-Bevormundung, Subjektwerdung des Ratsuchenden bzw. des Klientsystems zielt.«
(H. STEINKAMP/1987, S. 179)

Diese Umschreibung des »neuen Paradigmas« Beratung konvergiert in ihrer Zielsetzung eindeutig mit BÄUMLERs Gemeindekonzept, auch wenn STEINKAMP es im Kontext anderer Überlegungen formuliert. Aber deswegen ist die Parallelität um so bemerkenswerter. STEINKAMPS ›Generalklausel‹ trifft voll zu:

»Gerade hinsichtlich dieser impliziten Intentionen stimmt das Paradigma ›Beratung‹ mit fundamentalen Optionen einer praktischen Theologie überein, die an Subjektwerdung von Individuen, Gruppen und Gemeinden stärker interessiert ist als z. B. an volkskirchlicher ›Effektivität‹« (vgl. METTE u. STEINKAMP/1983, S. 133–163; 170 ff.).
(H. STEINKAMP/1987, S. 179)

Gerade angesichts der Parallelität der Intentionen bleibt es wichtig, sich damit auseinanderzusetzen, daß das Konzept der Gemeindeberatung entscheidende Anregungen der amerikanischen Organisationsentwicklung verdankt, die ganz sicher nicht unter dem Verdacht steht, emanzipatorischer Subjektwerdung der Beteiligten Vorschub leisten zu wollen. Vertritt man die These, daß sich das Verständnis von Gemeindeberatung in Theorie und Praxis inzwischen gegenüber seiner Herkunft aus der Organisationsentwicklung verselbständigt hat, wäre der Weg dafür frei, die Grundvorstellungen von kommunikativer Gemeindepraxis und von Gemeindeberatung miteinander zu verbinden. Wie weit sich dabei dann Veränderungen beider Konzepte ergeben würden, ist eine offene Frage.

(2) Auch die zweite Überlegung hängt mit Überlegungen zur Gemeindeberatung zusammen. K.-B. HASSELMANN hat gezeigt, daß die derzeitige Form der Gemeindeberatung »von ihrem Ansatz her eigentlich nichts anderes sein (kann) als Beratung von Mitarbeitern der Kirchengemeinde« (K.-B. HASSELMANN/1980, S. 281). Er möchte daher das Konzept modifizieren in Richtung *»Gemeindeentwicklung«*, damit nicht nur die Kirchengemeinde für sich Gegenstand des Interesses ist, sondern zugleich – vielleicht sogar vorrangig – ihr politisch-gesellschaftliches Umfeld.

Nur so scheint es ihm möglich, den Anspruch einzulösen, daß die Gemeinde »Sauerteig« in dem Gemeinwesen ist, in dem sie lebt. Für C. BÄUMLERS Konzept einer »kommunikativen Gemeindepraxis« stellt sich m. E. eine vergleichbare Frage, und zwar gerade dann, wenn man die Ansätze positiv beurteilt und daher noch weiter entfaltet sehen möchte. Die bisherige Ausformung der Gedanken zur kommunikativen Gemeindepraxis bezieht sich stark auf eine Veränderung innergemeindlicher Strukturen. Vielleicht wird dieser Eindruck auch noch ungewollt durch die passagenweise sehr dichte theologische Diktion gesteigert. Wie wäre eine kommunikative Praxis weiterzudenken, die nicht nur innergemeindliche Probleme und Situationen im Blick hat, sondern mindestens ebenso intensiv Kooperation, Kontakt und Dialog der Gemeinde mit ihrer Umwelt, deren Teil sie ist? Die Frage drängt sich auch deswegen auf, weil BÄUMLER an ERNST LANGE anknüpft.

Man mag mit Recht einwenden, daß mit beiden Rückfragen eine »sinnvolle Selbstbeschränkung« (H. STEINKAMP/1987, S. 181, dort aber anders bezogen) durchbrochen wird; deswegen braucht man gewiß noch nicht gleich »Omnipotenzphantasien« (ebda.) zu fürchten. Die Rückfragen können ihr Recht behalten, auch wenn man Gründe dafür hat, im Augenblick ihrer Richtung nicht zu folgen. Wenn man aber im Anschluß an BONHOEFFER und LANGE Kirche grundsätzlich nur als »Kirche für andere« thematisieren möchte, dann ist mit der Praxis der Kirche die Dimension der Kooperation zwischen Kirche und Welt mitgesetzt, also Kommunikation der Kirche nie nur Kommunikation in der Kirche, sondern grundlegend darauf aus, die Grenzen der Kirche und Gemeinde – diese Grenzen können sehr unterschiedlicher Art sein! – zu übersteigen.

*9.2.2 Die Laien als Subjekte*

Voraussetzung und zugleich Folge kommunikativer Gemeindepraxis ist es, Religion, Kirche und Kirchengemeinden nicht von ihren Amtsträgern her, also nicht klerikal, sondern von ihren Mitgliedern her, also »von unten«, zu verstehen. Damit sind die *Subjekte* benannt. Dies scheint mir der einzig adäquate Zugang zur fundierten Rede vom Laien. Jeder andere Zugang ist in der Gefahr, die Laien gegenüber den Amtsträgern lediglich etwas mehr aufzuwerten, wodurch sich aber im Prinzip nichts ändern würde. Die Frage nach dem Laien ist die Frage nach den Subjekten von Religion und Kirche. Daraus folgt alles andere.

(1) Ehe wir uns der Subjektproblematik zuwenden, muß das Interesse dem Begriff des Laien gelten.

Ein Laie ist sowohl in der griechischen Tradition wie im heutigen Alltagssprachgebrauch jemand, der (für einen bestimmten Bereich) kein Fachmann ist. Das Neue Testament kennt den Begriff des Laien (laikós) nicht. Das ist der Ausgangspunkt. Ein anderes Unterscheidungskriterium als die Taufe ist der Urgemeinde offenbar fremd. In der weiteren Entwicklung hat sich der Begriff des Laien als Gegenbegriff zum Priester herausgebildet:

»In der Kirche ist man Laie, wenn man nicht zum Priester geweiht ist... Diese kirchlichen Laien werden also durch das definiert, was sie *nicht* sind. Trotzdem *sind* sie etwas Positives, sie sind nämlich Mitglieder in der Kirche. Es könnte natürlich sein, sie als ›Getaufte‹ zu definieren. Aber das geht nicht. Auch die Priester sind getauft.
In einem Verein gibt es gewöhnlich eine Leitung und Mitglieder. Die Leitung ist ein Teil der Mitglieder. Der Verein ist eine größere Einheit, die eine kleinere Einheit umfaßt, die Leitung. Diese einfache und natürliche Tatsache hat nichts Entsprechendes in der Kirche, in der es statt dessen so ist, daß beide Personengruppen, die kleinere und die größere, von der *Priesterweihe* her definiert werden. Die Priester sind zu Priestern geweiht, das macht sie zu Priestern. Die Laien sind nicht zu Priestern geweiht, das macht sie zu Laien.«
(G. WINGREN/1982, S. 3)

Dieser Sprachgebrauch macht die Priesterweihe zum Kriterium. Sprachgebrauch ist nie folgenlos. Die Sprache »ordnet« die

Wirklichkeit und ihr Verständnis. Mit der Reformation hat sich das Verständnis der Priesterweihe verändert – aber das tradierte *Gegenüber* von »Geweihten« oder nunmehr Ordinierten und Nichtordinierten ist trotz der Rede vom Priestertum aller Gläubigen geblieben, bis heute. Dies ist der Grund, warum wir von den Laien als den Subjekten von Religion und Kirche reden müssen und somit an dieser Stelle noch einmal zu Grundfragen des Verständnisses von Praktischer Theologie zurückgeführt werden.

(2) HENNING LUTHER hat die Fragestellung in die neuere Diskussion mit eigener Zielsetzung eingeführt (vgl. 1984b und die Konkretisierungen in 1984a; 1984c; 1985; 1987). Faßt man die Grundintention seiner Arbeiten vorwegnehmend (und natürlich vereinfachend) zusammen, so könnte man sagen: Es geht ihm um nicht weniger als darum, das falsche »Weihe«-Kriterium zugunsten der Subjekte in Kirche und Lebenswelt, zugunsten ihrer Erfahrungen und Widerfahrnisse außer Kraft zu setzen – und dies samt der Wirkungen, die es in der Geschichte der Pastoraltheologie und der Praktischen Theologie gehabt hat, um auf diese Weise den wahren Subjekten, den »Laien«, zur Sprache zu verhelfen.

H. LUTHER zeigt in präzisen historischen Rückblenden, wie in der Pastoraltheologie das »pastorale Subjekt« die Reflexionslage bestimmt, dann aber, nach der Ablösung der Pastoraltheologie durch die Praktische Theologie, die Subjektfrage ungelöst bleibt:

»Ein Blick auf die Geschichte der Praktischen Theologie zeigt, daß aufkeimende Ansätze zu einer differenzierten Subjektbetrachtung, die zugleich einer Entmündigung der nichtbeamteten Christen (Laien, Gemeinde) zu wehren suchten, sich á la longue nicht behaupten konnten.«
(H. LUTHER/1984b, S. 283, vgl. S. 279 ff. und dazu die Exkurse in den Anmerkungen 4 bis 7, S. 364 ff.)

Das läßt sich nicht nur für die durch NITZSCH (s. o. Bd. 1, S. 44 ff.) bestimmte Tradition nachweisen, sondern ebenso für funktionalistische Ansätze bis in die Gegenwart (vgl. H. LUTHER/1984b, S. 283 ff.). Aber auch im handlungswissenschaftlichen und im semiotischen Verständnis Praktischer Theologie werden die Subjekte noch nicht im vollen Sinn *als Subjekte* erreicht. Das liegt einerseits daran, daß im handlungswissenschaftlichen Ansatz de facto wiederum das Handeln der Pfarrer im Vordergrund steht und die davon betroffenen Subjekte eher zu Objekten dieses Handelns werden (vgl. H. LUTHER/1984b, S. 286 f.). Andererseits hat der semiotische Ansatz die Gefahr bei sich, die Praktische Theologie dadurch subjektlos werden zu lassen, daß hier das Interesse sich auf die Eigendynamik verselbständigter Zeichen konzentriert: »Die Symbole, Zeichen und Texte der Religion werden nicht mehr als produktive Äußerungen historisch konkreter Subjekte gelesen, sondern als geronnene Objektivationen für sich, abstrakt genommen« (H. LUTHER/ 1984b, S. 291). Damit ist nicht gesagt, daß mit Hilfe der Semiotik keinerlei Klärungen möglich wären; aber ihre Grenzen sind bestimmt: Die Semiotik als hilfreiche *Methode* vermag nicht eine zureichende *Theorie* der Praktischen Theologie insgesamt herzugeben.

Indem er verschiedene Überlegungsstränge miteinander verknüpft – die Subjektfrage, das Handlungverständnis und die Frage nach dem Status des Laien – zielt H. LUTHER, in Aufnahme von Intentionen FRIEDRICH NIEBERGALLS, auf ein neues *Praxisverständnis*, das zugleich die Frage nach der Rolle des Laien beantwortet. Ich hebe drei charakteristische Momente dieses Praxisverständnisses im Kontext der Frage nach dem Laien hervor:

☐ Der Begriff der *Praxis* darf nicht auf Handeln als »monologischen Leistungsakt« verkürzt werden, sondern Praxis meint einen »kommunikativen, intersubjektiven Verständigungsprozeß«, in dem immer »die Frage nach der Subjektivität *aller* Beteiligten gestellt« ist. Die Laien sind also Subjekte ebenso wie die Amtsträger. »Kirchliche Praxis ... wäre insgesamt die

## 9.2 Theorieansätze und Handlungsformen 361

gemeinsame *Interaktion* verschieden beteiligter und betroffener Menschen und Gruppen in der Kirche« (H. LUTHER/ 1984b, S. 287).

☐ Aus der Perspektive der *Interaktion* heraus gelingt es, die »Beschränkung auf das pastorale Handlungssubjekt« zu durchbrechen. Außerdem hat der Begriff der Interaktion gegenüber dem Handlungsbegriff den Vorzug, Praxis nicht auf aktive Tätigkeit zu begrenzen, sondern die Ebene des Erlebens und Erleidens, des Widerfahrnisses einzubeziehen. Insofern gehört zum Handeln auch die »Sinndimension, die im Erleben und Deuten zum Ausdruck kommt«. Religiös vermittelte Praxis schließt »einen gemeinsamen Auslegungs- und Deutungsprozeß (ein), in dem das Leben, Handeln, sowie Widerfahrnis, gleichermaßen religiös reflektiert wird. Religiöse Praxis vollzieht sich immer schon als Verstehen und als Verständigung, in die das Handeln eingebettet ist« (H. LUTHER/1984b, S. 288f.).

☐ So gesehen geht es in der Reflexion religiös vermittelter Praxis immer auch um die Frage nach *konkreter Subjektivität*. Dies nennt H. LUTHER die »laientheologische Perspektive«, weil nicht mehr »vor allem Tätigkeiten kirchlicher Amtsträger, sondern die vielfältige religiöse Lebenswelt der sog. Laien« zur Debatte stehen. Damit erhalten die Verflechtungen von »Religion mit je individueller Lebenserfahrung«, die Beziehungen zwischen Religion und Biographie neue Bedeutung (H. LUTHER/1984b, S. 292f.).

(3) Die Frage nach dem Ort und dem Status von Laien in kooperativen Vollzügen hat uns unversehens zu einer Grundfrage zurückgeführt, nämlich zu der Grundfrage, wie *Praxis* zu verstehen sei. Allein in der Antwort auf diese Frage scheint es möglich, den Status des Laien auch in kommunikativer Gemeindepraxis angemessen zu bestimmen. Angemessen heißt: auf eine Weise, in der das Gegenüber zwischen Kleriker und Laien wirklich aufgeho-

ben und nicht nur relativiert oder verschoben wird. Insofern ist die Frage nach den Laien eine Schlüsselfrage Praktischer Theologie.

### 9.2.3 Zur Rolle von Pfarrerinnen und Pfarrern

Ist es ein Widerspruch, wenn nach den Überlegungen des vorangegangenen Abschnittes nunmehr die Rolle des Pfarrers und der Pfarrerin eigens thematisiert wird? Wird dadurch nicht doch wieder die Unterscheidung zwischen Klerikern und Laien festgeschrieben?

Diese Gefahr entsteht dann, wenn man das traditionelle Rollen- und Amtsverständnis *additiv* einfach dem in 9.2.2 angedeuteten Interaktionsverständnis hinzufügt. Dies ist unmöglich, weil ein Widerspruch in sich selbst. Zu fragen ist vielmehr, welche (neue) Rolle sich für Pfarrerinnen und Pfarrer in der Interaktion prinzipiell gleichberechtigter, aber unterschiedlicher Subjekte ergeben könnte. Da ich auf die außerordentliche Problemvielfalt nur sehr auswahlartig eingehen kann (vgl. W. STECK/1987; D. RÖSSLER/1986, S. 103 ff., S. 282 ff., S. 436 ff.), will ich eine leitende These voranstellen. Dabei muß deutlich sein, daß diese These in der gegebenen Situation, in der Pfarrerinnen und Pfarrer natürlich bis heute immer schon durch ihre Berufstradition voreingestellt sind und in der die Erwartungen der Gemeinden ebenfalls traditionell vorgeprägt sind, nicht mehr als eine *Tendenzangabe* für eine anzubahnende Entwicklung sein kann, nicht aber die Beschreibung eines morgen zu erreichenden Zieles.

Die These lautet:
Im Wechselspiel der am Interaktionsprozeß beteiligten Subjekte definiert sich die Pfarrerrolle nicht aufgrund eines besonderen Status. Pfarrer sind nicht »Geistliche« im Unterschied zu jenen, die keine »Geistlichen« sind (was wären die in solchem Sprachgebrauch eigentlich?). Vielmehr definiert sich die Pfarrerrolle aufgrund von Kompetenzen und Funktionen. Denn bei gleichbe-

rechtigten Subjekten sind die Kompetenzen, die sie einbringen können, und die Funktionen, die sie im Zusammenspiel aller Beteiligten übernehmen können, unterschiedlich. Als vorrangige Kompetenzen, die Pfarrerinnen und Pfarrer einzubringen bzw. zu übernehmen haben, sind zu nennen: umfassendes *Religions-Wissen* einerseits (dafür ist eine solide Ausbildung nötig) und andererseits die Fähigkeit, andere Menschen zu inspirieren, sich und ihren Teil in die Interaktion einzubringen – das ist die Funktion des *Inszenierens* und *Moderierens,* des *Motivierens* und *Arrangierens.* Für diese Funktion wird keine Pfarrerin und kein Pfarrer ausgebildet, weil man sie irrigerweise für Allotria hält oder weil man glaubt, sie verstehe sich von selbst. Die Folge ist in vielen Fällen aufgrund Unvermögens Kommunikationsunfähigkeit oder pfarrherrliches Gehabe – was im Kern dasselbe ist und dann nicht selten mit dem Begriff des »Amtes« theologisch drapiert wird.

Von dieser thesenhaften Umschreibung aus sind einige ausgewählte Probleme und Diskussionsstränge zu sichten.

(1) Läßt man die Ebene theologischer Begründungen des Pfarramts einmal beiseite (vgl. W. NEIDHART/1971; Y. SPIEGEL/ 1975[2]; K.-W. DAHM/1974[3]), so zeigt sich ein Bild, das in vielen Fällen der oben versuchten Umschreibung nahekommt. Ich will mit diesem Hinweis keineswegs die Realität und die Theologie des Pfarramts gegeneinander ausspielen, vielmehr soll deutlich werden, daß verschiedenartige theologische Begründungen des Handelns und das Handeln selbst miteinander in Spannung stehen, ohne daß die Betroffenen dies empfinden. Geeignetes Material für die Untersuchung dieser Frage in unserem thematischen Zusammenhang – sie reicht weit darüber hinaus – sind autobiographische Äußerungen von Pfarrerinnen und Pfarrern über ihre Tätigkeit. HELGA FRISCHS »Tagebuch« (1980) zeigt einen Berufsalltag, wie er auch für andere nicht untypisch sein dürfte. Er deckt sich in erheblichem Maße mit den genannten Kompetenzen und Funktionen.

In seiner Mischung aus biographischen Anteilen, gelebter Zeitgenossenschaft und theologischer Reflexion geht THOMAS-DIETRICH LEHMANNS Bilanz seines Berliner Vikariates über die doch eher assoziativen Notizen H. FRISCHS weit hinaus. In den Brechungen konkreter Erfahrungen finden sich alle in diesem Kapitel bisher erörterten Aspekte wieder, gipfelnd in dem Fazit:

Das Vikariat hat den Blick dafür geschärft, »daß ohne tiefgreifende Veränderungen, z. B. einer erst neu zu entdeckenden Sensibilität für ›unten‹ und ›außerhalb‹, die Kirche als Fassade zwar weiterbestehen kann, aber in diesem Fall der Geist und die Zukunft wohl in anderen Räumen Wohnung nehmen werden.« (T.-D. LEHMANN/1988, S. 51; vgl. S. SUNNUS/1977)

Genau in diesen Zusammenhang gehört dann auch der Satz in einem persönlichen Votum des Ordinanden-Jahrgangs: Es »darf durch eine Ordination kein besonderer Stand von Pfarrerinnen und Pfarrern begründet werden« (T.-D. LEHMANN/1988, S. 59).

(2) Es muß nachdenklich stimmen, daß es eine Serie kirchlicher Planstellen gibt, die meiner Kompetenz- und Funktionsbeschreibung sehr nahe kommen und die zugleich erkennen lassen, daß eben diese Kompetenzen und Funktionen ständig über den Innenraum der Kirche hinausweisen, in Zusammenhänge und Widersprüche von Gesellschaft und Kirche führend. Dies sind die sogenannten Spezialpfarrämter, auch Sonderpfarrämter genannt (vgl. Y. SPIEGEL/1970). Schon die Bezeichnung sollte zu denken geben. Im kirchlichen Bewußtsein sind sie als von der Regel abweichend verankert. Als Regel gilt: das parochiale Pfarramt. Ob Studentenpfarramt oder Pfarrer im Strafvollzug, ob Fernseh- und Rundfunkbeauftragte oder Leiter Evangelischer Akademien – sie und viele vergleichbare stehen bis heute oftmals unter einem besonderen Legitimationsdruck, weil ihre Tätigkeit nicht auf eine umgrenzte, vorzeigbare Parochie bezogen ist. Ausdruck der verspannten Einschätzung ist es, daß bis heute meist Voraussetzung für die Übernahme eines Spezialpfarramts der jahrelange

## 9.2 Theorieansätze und Handlungsformen

Dienst in einer »normalen« Gemeinde ist, obwohl es dafür meist keinerlei sachliche Begründung gibt, sondern nur eine ideologische.

Die Frage liegt nahe, ob hier nicht eine genaue Umkehrung der Maßstäbe an der Zeit ist: nicht das parochiale Pfarramt ist die Regel und das Spezialpfarramt die zu legitimierende Abweichung von der Regel – sondern das situations- und aufgabenorientierte Spezialpfarramt ist die Regel und das parochiale Pfarramt ist die zu legitimierende Abweichung. Das ist *keine* Absage an das Gemeindepfarramt, aber es ist die Unterbrechung einer Automatik, die sich auch aus der Entwicklung der Mitgliederstatistik der Kirche nahelegen könnte. Die Automatik parochialer Vorstellungen durchbrechen, würde dann auch heißen, daß die Funktionen einer Pfarrerin oder eines Pfarrers nicht undiskutiert immer schon festliegen, sondern für die jeweilige Stelle von Fall zu Fall zu ermitteln wären (auch wenn es immer eine Reihe gleichbleibender Aufgaben geben wird).

Noch einmal ist zu unterstreichen: Dies sind *Tendenzaussagen* und keine revolutionären Programme. Auch was keineswegs von heute auf morgen verändert werden kann oder soll, bedarf der projektiven Erwägung, gerade dies.

(3) Schließlich sind neuere *pastoraltheologische* Erörterungen, die in ihrer Tendenz auf ein theologisches Gesamtverständnis von Person und Amt des Pfarrers hinauswollen, in den Überlegungsgang einzubeziehen (vgl. M. JOSUTTIS/1987³; H. FABER/ 1976).

In einem 1972 gehaltenen Vortrag über »Die Schwierigkeit, Pfarrer zu sein« sagt ERNST LANGE:

»Es ist ein – das Leben nicht immer erleichterndes – Vergnügen, Pfarrer zu sein, weil der Beruf des Pfarrers teilhat an einer entscheidenden Verlegenheit unserer Epoche und insofern ein wesentlicher Beruf ist. Wenn ›die Menschen daran zugrunde gehen,

daß sie Anfang und Ende nicht zu verknüpfen wissen‹, dann werden in Übergangszeiten Funktionen, deren traditionelle Aufgabe es ist, Ende und Anfang zu verknüpfen, an Bedeutung nicht verlieren, sondern gewinnen. Nicht nur der Pfarrer hat eine solche Funktion, auch der Lehrer, auch der Richter, jeder Vater am Ende.«
(E. LANGE/1976, S. 165)

Auch wenn E. LANGE anschließend an diese Sätze die Rolle des Pfarrers eigens akzentuiert, ist doch sein Ausgangspunkt deutlich genug: die Solidarität des Pfarrers mit *anderen* Berufen und Rollen. Diesen Ausgangspunkt möchte ich festhalten gegenüber einer Literaturgattung, in der unbezweifelbar ernstzunehmende Einsichten geboten werden, deren Pointe aber in der *Andersartigkeit* von Rolle und Situation des Pfarrers liegt.

MANFRED JOSUTTIS sichtet und ordnet die verschiedenen Möglichkeiten, eine pfarrerzentrierte Pastoraltheologie der Praktischen Theologie zuzuordnen, und beschreibt sein eigenes Vorhaben folgendermaßen:

»Eine zeitgenössische Pastoraltheologie hat die Konfliktzonen, die an den Schnittpunkten zwischen der beruflichen, der religiösen und der personalen Dimension pastoraler Existenz lokalisiert sind, wissenschaftlich zu reflektieren.«
(M. JOSUTTIS/1987³, S. 20)

Von dieser Ausgangsdefinition her erörtert M. JOSUTTIS verschiedene Aspekte der Situation des Pfarrers. In der Vorgehensweise und Fragestellung anders, aber in der Absicht vergleichbar sind H. FABERS Untersuchungen über den »Pfarrer im Wandel der modernen Gesellschaft« (1976). Noch einmal: Es geht nicht darum, zu bestreiten, daß JOSUTTIS oder FABER treffende Reflexionen zum Verständnis des Pfarrerberufs bieten – sondern die Frage ist: Welches *Kirchenverständnis* verrät sich eigentlich darin, daß die hauptamtlichen Funktionäre der Kirche akzentuierter als andere, zweifellos nicht weniger belastete Menschengruppen zum Gegenstand der Betrachtung gemacht werden?

Die Tendenz ist deutlich: Die Kirchenleitung wendet sich an *beide* Seiten, an den Staat ebenso wie an die Demonstranten, sie will eine Denkpause erreichen, in der keine neuen Fakten geschaffen werden dürfen, und sie will *beide* Seiten motivieren, die eigenen Entscheidungen zu überprüfen, um Bewegung in die verhärteten Fronten zu bringen. WOLFGANG HUBER (1987, S. 681 ff.) hat die Reaktionen auf diese Erklärung der Kirchenleitung analysiert: Die hessische Landesregierung empfand sie als »unzulässige Einmischung in politische Entscheidungen« (aaO., S. 681), die Demonstranten rügten die fehlende »eindeutige Parteinahme« (aaO., S. 682) für ihre Position, und die Kirchenleitung sieht ihre Aufgabe darin, »auf die nach ihrer Auffassung entscheidenden Grundfragen hinzuweisen und eine Kommunikation über diese Fragen zu ermöglichen« (Erklärung vom 16. 10. 1981).

Der Vorgang ist erhellend und gewiß auch für vergleichbare Situationen aufschlußreich. Im Kern sind zwei Konstanten in der Auseinandersetzung strittig: was *Kommunikation* und was *Eindeutigkeit* im Streitfall heißen kann. Die hessische Landesregierung empfand die Aufforderung zur Kommunikation als Einmischung. Das ist ein Standpunkt, der Kommunikation gar nicht erst entstehen läßt. Die Demonstranten verstanden umgekehrt unter Eindeutigkeit lediglich das Ja zu ihrer Position. Dann bedarf es gar keiner Kommunikation. Insofern waren sich Regierung und Demonstranten in der Grundstruktur ihrer Haltung ziemlich nahe. Die Position der Kirchenleitung ist insofern hier überzeugender, als sie Kommunikation als *qualitativen Prozeß* und Eindeutigkeit der Aussage als *immer erst zu gewinnende* begriff: »Vielmehr kann man kirchenleitendes Handeln als den Versuch verstehen, einen Kommunikationsprozeß in Gang zu setzen und zu ermöglichen, der auf Eindeutigkeit gerichtet ist« (Erklärung vom 16. 10. 1981). W. HUBER hat aus der Analyse dieses Konflikts acht Kriterien für den Umgang der Kirche mit gesellschaftlichen Konflikten abgeleitet (1987, S. 683 f.)

Kommt man an dem Verdacht vorbei, daß wir den kirchlichen Solipsismus doch wohl noch nicht ausreichend überwunden haben? Bleibt die Rückfrage erspart, ob die sogenannten Laien und ihre doch wohl nicht weniger verspannte, zwischen widersprüchlichen Herausforderungen eingespannte Lage je vergleichbar thematisiert worden sind? (vgl. auch H. LUTHER/1984a).

## 9.3 Verknüpfungen

*(1) Dominierende Reflexionsperspektiven:*
- 6: Kommunikation   (= Bd. 1, S. 201 ff.)
- 5: Ideologiekritik   (= Bd. 1, S. 180 ff.)
- 4: Recht   (= Bd. 1, S. 160 ff.)

| (2) hier erörterte *Aspekte von Praxis:* | in anderen Kapiteln erörterte *Aspekte von Praxis:* |
|---|---|
| Laienrolle | z. B. 3: *Helfen (1)* |
|  | 4: *Helfen (2)* |
| Kommunikative Strukturen | z. B. 5: *Verständigen* |
|  | bes. 5.2: Handlungsformen |
|  | z. B. 4: *Helfen (2)* |
|  | bes. 4.4.1: Gemeinwesenarbeit und Gemeindeberatung |
|  | z. B. 1: *Lernen (1)* |
|  | bes. 1.4.3: Ev. Akademien |
| Öffentlich-rechtlicher Status der Kirche | z. B. 2: *Lernen (2)* |
|  | bes. 2.2.1: Religionsunterricht |
|  | z. B. 6: *Reden und Schreiben* |
|  | bes. 6.4.3: Religion/Kirche im gesellschaftlichen Diskurs |

(3) Nicht erörterte *verwandte Praxiszusammenhänge:*
z. B.: Hierarchische Strukturen in Kirche und Welt
 Gruppendynamik
 Aus- und Fortbildung

## 9.4 Ausblicke

### 9.4.1 Position im Konflikt

In der Mehrzahl der Fälle ist die Situation der Kirche in gesell[schaftlichen] Konflikten dadurch charakterisiert, daß nicht di[e] Kirche den Konflikt verursacht, sondern zur Stellungnahme ge[nötigt ist (oder wird), nachdem der Konflikt durch andere ausge[löst ist. Die Mitsprache der Kirche, möglicherweise die Solidar[i]sierung mit bestimmten Gruppen wird meist nicht von der Ki[r]che inszeniert, sondern erfolgt reaktiv. Man mag dies unte[r]schiedlich beurteilen, faktisch ist es jedenfalls so. Daher wi[rd] auch verständlich, daß sich für die Rolle der Kirche in gese[ll]schaftlichen Auseinandersetzungen gern die Metapher »Brück[en] schlagen« (H. HILD/1981) nahelegt.

Die Schwierigkeiten solcher Rolle werden exemplarisch deu[tlich] an den Auseinandersetzungen um den Bau der Startbahn [West] auf dem Frankfurter Flughafen im Jahre 1981. Als der Kon[flikt] eskaliert war und nahezu bürgerkriegsartige Auseinanderse[tzun]gen zwischen Demonstranten und Polizei stattgefunden ha[tten,] veröffentlichte die Kirchenleitung der Ev. Kirche in Hesse[n und] Nassau eine Erklärung. Sie trug den programmatischen [Titel] »An Gewaltfreiheit festhalten und Rechtsverletzungen v[ermei]den.« Nachdem eingangs auf die neue Lage infolge der ge[schehe]nen Auseinandersetzungen hingewiesen wird, heißt es:

»Die Kirchenleitung wird deshalb die hessische Landesre[gierung] bitten, darauf einzuwirken, daß vor der abschließend[en Ent]scheidung über das Volksbegehren zum Bau der Startba[hn West] keine Maßnahmen zur Vorbereitung des Baues getroffen [werden,] die Eingriffe in die ökologische Struktur darstellen. I[n der] gewonnenen Zeit können alle an den Auseinandersetzu[ngen Be]teiligten die Problemlage noch einmal vorrangig unter [dem Ge]sichtspunkt prüfen, wie weit veränderte Voraussetzun[gen neue] Entscheidungen fordern.«

*Lit.:*
H. HILD, Brücken schlagen (1981)
W. HUBER, Die Kirchen und ihre Verflechtungen in die gesellschaftliche und politische Umwelt, in: BLOTH-HdB Bd. 4 1987, S. 677 ff. (dort Lit.!)

### 9.4.2 Kirchliches Engagement gegen Arbeitslosigkeit

Am 9. September 1981 fand auf dem Römerberg in Frankfurt eine gemeinsame Kundgebung der Gewerkschaften und der Kirchen gegen die drohende Schließung von Industriebetrieben und damit verbundene Verluste von Arbeitsplätzen statt. Als Redner traten neben Gewerkschaftsvertretern der Frankfurter Propst Trautwein und der katholische Weihbischof Pieschl auf.

DIETER TRAUTWEINS Rede enthält in den entscheidenden Passagen zugleich die Begründung dafür, daß die Kirche in solcher Situation nicht schweigen kann:

»Liebe Mitbürger, amici italiani, amigos espagnoles, arka daschlar, drage college, synadelphoi...

›Arbeitsplatz Frankfurt – das geht uns an!
Arbeitsplatz Frankfurt – Christen sind dran!‹

Diesen Song haben wir vor 4 Jahren hier auf dem Römerberg beim Kreuzfest der Diözese Limburg ›ökumenisch‹ gesungen. Und diesen Song haben wir auf dem Evangelischen Kirchentag im Juni in Hamburg wiederholt. ›Arbeitsplatz Frankfurt – das geht uns an!‹ Heute weiß ich noch besser als damals: Lieder allein genügen nicht! Christen sind dran, wenn Tausende von Arbeitsplätzen in solcher Gefahr sind. Die Ortsgemeinden im Einzugsbereich von VDM und ADLER haben dies begriffen. Sie kennen die Menschen, deren Schicksal so hart auf dem Spiel steht. Sie können nicht warten, bis die seelische und leibliche Not später einmal dem Pfarrer, der Gemeindeschwester oder den diakonischen Helfern begegnen. Wir alle, ob in der Gemeinde oder im Leitenden Amt der Kirche haben uns schon heute neben die Betroffenen zu stellen. Es gilt, das Wort des Apostels Paulus

wahrzumachen: ›Und wenn (nur!) ein Glied leidet, so leiden alle anderen mit!‹ (1. Kor 12,26)«
(D. Trautwein/1982, S. 33)

Gegen diese Argumentation hilft auch der beliebte Verweis auf die mangelnde Sachkompetenz der Kirchen, zum Beispiel in Wirtschaftsfragen, nicht:

»Christen und Kirchenleute mögen in Wirtschaftsfragen Laien sein. Aber jetzt sieht auch jeder Laie, der sehen will, daß die angedrohten Werksschließungen von VDM und ADLER Signale sind für eine noch größere Bedrohung. Und Laien sehen auch, daß Fachleute nicht immer mit dem besten Sachverstand entschieden haben. Und haben Vorstände und Aufsichtsräte überhaupt genügend miteinander gesprochen, zusammengesessen und verhandelt? Zu oft sind der Arbeitnehmerschaft und der Öffentlichkeit unklare Auskünfte gegeben worden.
Das berechtigt uns, zu bitten und zu fragen: Müssen die verantwortlichen Gremien nicht doch zu besseren Beschlüssen kommen als den Schließungsbeschlüssen!? Muß wirklich in unserer Stadt mit noch weiteren Massenentlassungen gedroht werden?«
(D. Trautwein/1982, S. 34)

Vermutlich hat die Kirche diese Kundgebung nicht selbst inszeniert, sondern sie kooperierte im Interesse der von Arbeitslosigkeit bedrohten Menschen mit den Gewerkschaften. Dabei ist deutlich, daß die Kooperation nicht von der Kirchenmitgliedschaft der Betroffenen abhängt, sondern vom Ausmaß ihrer Bedrohtheit. Es ist auch deutlich, daß der kirchliche Redner in dieser Kooperation seine Rolle und ihre Begründung sehr genau reflektiert hat:

– *Solidarität* mit den Leidenden begründet seine Kooperation.

– Er spricht nicht als Experte für Wirtschaftsfragen, er maßt sich keine Rolle an, die er nicht ausfüllen kann, sondern er *mahnt und fragt* die Verantwortlichen, ob es keine anderen Lösungen gibt. Dies geschieht in einem Stil, der in einer veränderten Situation die Kooperation mit den jetzigen Kontrahenten nicht ausschließen muß.

*Lit.:*
KIRCHENKANZLEI DER EKD (Hg.), Solidargemeinschaft von Arbeitenden und Arbeitslosen (1982)
THEOLOGIA PRACTICA, Themenheft: Arbeitslosigkeit als Herausforderung an die Kirche = ThPr 19. Jg./1984, Heft 2
THEOLOGIA PRACTICA, Themenheft: Predigt – vor der Arbeitswelt sprachlos? = ThPr 17. Jg./1982, Heft 1–2
D. TRAUTWEIN u. a., Reden bei der Kundgebung von Gewerkschaften und Kirchen, in: ThPr 17. Jg./1982, Heft 1–2, S. 33 ff.

### 9.4.3 »Irgendwo ist eine Grenze...«

M. v. DÖNHOFF hat 1981 in der »ZEIT« einen Artikel unter der Überschrift »Was soll, was darf die Kirche?« veröffentlicht. Die Tendenz des Artikels läuft auf eine Trennung zwischen politischen Aussagen und Aussagen der Kirche oder des Glaubens hinaus. Der Vorwurf an die Adresse der Kirche lautet, sie halte diese Trennung nicht ein: »... irgendwo ist eine Grenze...«

Der Artikel ist so originell nicht, daß er hier der Erwähnung bedürfte, aber bemerkenswert ist die Reaktion, die er bei RUTH REHMANN, der Verfasserin des Buches »Der Mann auf der Kanzel«, ausgelöst hat. Jener Mann auf der Kanzel ist der Vater der Verfasserin, Pfarrer, konservativ, und sie spürt, Kindheitserinnerungen durchstoßend, der theologisch-politischen Biographie des Vaters nach – und stößt im Umkreis der Verbrechen der Nazizeit auf Schreckliches, auf schreckliches Schweigen oder schreckliche Blindheit eben jenes Pfarrers, der ihr Vater war.

RUTH REHMANN schreibt an M. v. DÖNHOFF:

»Es gibt in unserer evangelischen Kirche keine offizielle Lehrmeinung. Der Talar bedeutet nicht, daß sein Träger die Autorität der Kirche vertritt. Er bedeutet nur, daß sein Träger mit seinem ganzen Leben und der inneren und äußeren Erscheinung seinem

an Gottes Wort und dem Bekenntnis orientierten Christengewissen folgen will. Dies sichtbar zu machen, ist notwendig in einer Zeit, in der mit allen Mitteln versucht wird, die Friedens- und Antiatombewegung in die linke Ecke zu drängen, wo sie mit dem großen, immer wirksamen Knüppel ›Kommunistenschreck‹ ungestraft geprügelt werden kann.
Ich – nicht Kommunist, sondern Demokrat – gehöre selbst einer Friedensinitiative an, die einen Teil ihrer Kraft gegen solche Abdrängungen und Diffamierungen einsetzen muß. Für uns ist es wichtig, das christliche Element unserer Gruppe sichtbar zu machen, weil an ihm die Jauche, die über die Friedensbewegung ausgegossen wird, nicht so leicht hängen bleibt.«
(R. REHMANN/1982, S. 187)

Diese Argumentation verbindet RUTH REHMANN sodann mit der Biographie ihres Vaters – eines Mannes also, der sich nicht öffentlich geäußert hat, als es nötig war:

»Mein Vater, der auch so ein gewissenhafter, wohlmeinender, opferbereiter Bürger war, hat 1934 einen Brief an den alten Hindenburg geschrieben, in dem er ihn bittet, dem Führer seine, des kleinen Gemeindepfarrers, Sorgen um ›unsere liebe evangelische Kirche‹ vorzutragen. Der Grundton des Briefes ist ein tiefes, in der Tradition der Lutherkirche begründetes Vertrauen in die ›Obrigkeit, die Gewalt über uns hat.‹
Natürlich ist das Schreiben wirkungslos geblieben. Zu einem anderen Widerstand, etwa mit Gruppen Gleichgesinnter, war er wegen der vertrauensbildenden Tradition seiner Kirche nicht imstande. Das Vertrauen war sein und seiner Kirche Handicap.
Ich bin weit entfernt, diffamierende Vergleiche anzustellen, aber bei Ihrem Artikel... drängen sich Fragen auf: Ist es diese Art von Vertrauen, die Helmut Schmidt sich statt des leidigen Hinterfragens zurückwünscht? Ist es diese Beschränkung auf ›Innerkirchliches‹, die Sie in Ihrem Artikel den Talarträgern empfehlen?«
(R. REHMANN/1982, S. 188)

Die Gegenüberstellung spricht für sich. Sie bedarf keines Kommentars. Sie ist über den individuellen Fall hinaus aussagekräftig. Wer heute Kirchen und Christen im gesellschaftlichen Diskurs zum Schweigen verurteilen möchte und ihnen damit die Kooperationsmöglichkeit abspricht – denn Kritik ist in der jeweiligen Situation möglicherweise ein entscheidender Modus von Kooperation! –, der muß sich fragen lassen, wie er die Rolle der Kirchen in der neuesten deutschen Geschichte beurteilt – die Rolle von Kirchen, die aufgrund ihrer Obrigkeitshörigkeit nicht selten geschwiegen haben, wo sie hätten reden müssen.

*Lit.:*
M. GREIFFENHAGEN (Hg.), Pfarrerskinder (1982)
R. REHMANN, Zwei Briefe, in: M. GREIFFENHAGEN/1982, *siehe dort*
Dies., Der Mann auf der Kanzel (1979)

# SCHLUSS

Nachdem die Grundlegung (Band 1) und die Ausführung in Handlungsfeldern (Band 2) der Praktischen Theologie vorliegen, ist rückblickend und zusammenfassend noch einmal zu fragen:

☐ Was ist für diesen Entwurf eines Verständnisses der Praktischen Theologie kennzeichnend?
☐ Wie steht er in der Tradition praktisch-theologischer Theoriebildung?
☐ Welche Perspektiven legen sich für die künftige Arbeit der Praktischen Theologie nahe?

Ich möchte diesen Fragen abschließend in fünf Thesen andeutungsweise nachgehen.
(1) Die dem ersten Band als Motti vorangestellten Zitate aus ELIAS CANETTIS Aufzeichnungen »Die Provinz des Menschen« sind nicht nur dekorativer Auftakt, sondern sie stimmen in eine Tendenz ein, die in beiden Bänden einzulösen versucht worden ist: Praktische Theologie nicht als geschlossenes System zu begreifen, sondern als *offene Problemvielfalt*, deren verschiedenartige Aspekte und Facetten, Bündelungen und Überschneidungen zu erörtern sind, um so zu Grundfragen vorzustoßen, die auch für jene Themen und Bereiche maßgeblich sind, welche hier nicht erörtert worden sind – nicht weil der Umfang gesprengt worden wäre, sondern weil die Erörterung und die Darstellung der Problemvielfalt Praktischer Theologie prinzipiell unabschließbar ist. Dies bedeutet, daß immer wieder auf unberücksichtigt bleibende Probleme und Konkretionen hingewiesen werden muß – es bedeutet aber auch, daß grundsätzlich keine anstehende Fragestellung aus Gründen fachinterner Systematik ausgeblendet werden muß.
Mit diesem Ansatz hängt es auch zusammen, daß ich die traditionelle Gliederung der praktisch-theologischen Unterdisziplinen (Kybernetik, Homiletik, Katechetik, Poimenik, Liturgik) aufgegeben habe, weil sie die Gefahr mit sich bringt, Probleme gegeneinander abzuschotten, die die Grenzen dieser Unterdisziplinen übergreifen. Abgesehen davon verengt diese Einteilung aufgrund

ihrer impliziten Bindung an pastoraltheologische Vorstellungen den Horizont heute notwendiger praktisch-theologischer Reflexionen.

(2) Damit ist zugleich die durch den Namen CARL IMMANUEL NITZSCH repräsentierte Tradition, die *Kirche als Subjekt* der Praktischen Theologie zu begreifen, in Frage gestellt. Die Wirkungsgeschichte dieser These hat nicht selten dazu geführt, insbesondere in der alltäglichen Reflexion pfarramtlicher Praxis, praktisch-theologische Vorstellungen mehr oder minder geradlinig aus einem vorgängig festgelegten Kirchenverständnis abzuleiten. So wird Praktische Theologie gleichsam zu angewandter Ekklesiologie – und lebt aus der selbstverordneten dogmatischen Horizontverengung.

Die neuzeitliche Situation der Religion und des Subjekts (vgl. Bd. 2, Kapitel 0.1) scheint mir eine derartige Einbindung der Praktischen Theologie in das vorgegebene Subjekt Kirche zu verbieten, und dies nicht aus dogmatisch-positionellen Gründen, sondern weil so der Realitätsbezug der Praktischen Theologie unter den Bedingungen der Gegenwart unerreichbar wird.

An die Stelle der Kirche als Subjekt, aus dessen Verständnis die Kriterien praktisch-theologischer Reflexion deduziert werden, tritt vielmehr die offen zu haltende Frage: Wie muß Kirche im Kontext von Religion und mündigen Subjekten jeweils aussehen, wie muß sie begriffen werden, welche Aufgaben kommen auf sie zu?

(3) Dieses Verständnis von Praktischer Theologie und ihrer differenzierten Beziehung zur Kirche ist CHRISTIAN PALMERS Interessen verpflichtet (vgl. Bd. 1, Erster Teil). Man kann nicht heute, also unter völlig anderen sozial- und theologiegeschichtlichen Bedingungen, PALMER einfach wiederholen, wohl aber lohnt es, PALMERS weitgehend wirkungslos gebliebene Kritik an NITZSCH zu reformulieren. Es ging ihm um die Frage, wie sich die Reflexion der Kirche und der »Begriff der kirchlichen Tätigkeiten« in praktisch-theologischer Perspektive von der dogmatischen Betrachtung unterscheide, mithin: wie sich die Aufgabenstellung von Dogmatik und Praktischer Theologie voneinander unter-

scheiden. In seiner Antwort ordnet er der Dogmatik das »Durchsichtigmachen der göttlichen Tatsachen« zu, der Praktischen Theologie aber die Behandlung dessen, »*was noch nicht Tatsache ist*, es aber werden soll, und zwar nicht im Sinne einer göttlichen Notwendigkeit, sondern *durch menschliche Freiheit*«.
Diese Bestimmung der Praktischen Theologie schließt die notwendige Weite und Dynamik ein, die die Rede vom Realitäts- und Praxisbezug der Praktischen Theologie immer schon voraussetzt. Freilich war diese Weite oft gar nicht gegeben, weil dogmatisch-ekklesiologische Einschnürungen sie verhinderten. So nimmt es nicht wunder, daß der Realitätsbezug ein leeres Wort blieb.
Dabei ist von PALMER auch zu lernen, daß Gegenwart an Geschichte gebunden ist. Die Bearbeitung gegenwärtiger Realität ist auf die Auseinandersetzung mit Geschichte verwiesen, weil so allein die Voraussetzungen, denen wir unterliegen, ans Licht kommen.
(4) Der Weite der Aufgabenstellung und der Problemvielfalt entspricht die Nötigung zu interdisziplinärer Arbeitsweise. Der *Begriff des Interdisziplinären* ist dabei konsequent zu Ende zu denken.
Interdisziplinäre Arbeit besteht nicht darin, bei einer Reihe bestimmter Fragen jeweils einige Informationen aus einer oder mehreren anderen, nichttheologischen Wissenschaften zu übernehmen. Interdisziplinär arbeitet nicht, wer sich andere Wissenschaften, sei es die Pädagogik oder die Soziologie, die Psychologie oder die Rhetorik, zu »Hilfswissenschaften« macht, derer er sich fallweise bedient, ohne sie systematisch in seinen theologischen Denk- und Urteilsprozeß zu integrieren. Nur wo das Risiko der Veränderung theologischer Positionen durch die Auseinandersetzung mit nichttheologischen Einsichten gewollt wird, nur da handelt es sich in Wahrheit um interdisziplinäre Arbeit.
Versteht man interdisziplinäre Arbeit so, dann folgt daraus zweierlei. Einerseits zeigt sich, daß in der Theologie allenfalls ansatzweise begriffen ist, was Interdisziplinarität ist. Man darf zum Beispiel vermuten, daß die Mehrheit derer, die nach der Theolo-

gie ein »Zweitstudium« absolviert haben (welch ein verräterischer Begriff!), meist völlig losgelöst vom »Erststudium« der Theologie, von Interdisziplinarität weit entfernt sind. Dies ist um so bedauerlicher, weil doch bei genauerem Zusehen auf der Hand liegt, daß es aber auch nicht eine einzige praktisch-theologische Fragestellung gibt, die *nicht* von Grund auf interdisziplinär wäre. Es läßt sich leicht an der Vielzahl unterschiedlicher Konkretionen im 2. Band überprüfen!

Damit ergibt sich: Praktische Theologie ist *in sich* interdisziplinär angelegt. Wo dies in der Bearbeitung praktisch-theologischer Probleme nicht realisiert wird, wird Praktische Theologie als Wissenschaft destruiert. Dies mit allen Konsequenzen zu bedenken, ist vielleicht *die* Zukunftsaufgabe des Faches.

(5) Was hier als Spezifikum praktisch-theologischer Reflexionen dargelegt worden ist, weist zugleich über die Grenzen eines Faches und seines Grund- oder Gesamtverständnisses hinaus. Im interdisziplinären Charakter der Praktischen Theologie spiegelt sich nichts anderes als die notwendige *Interdisziplinarität der Theologie* überhaupt.

Wenn die grundlegende Frage »nach dem ›weltlichen‹ Ausgangs- und Bezugspunkt theologischer Glaubensverantwortung« (J. B. METZ) heute unerläßlich ist, dann bedeutet dies notwendigerweise, sich in der theologischen Arbeit auf Interdisziplinarität einlassen zu müssen, weil anders der »›weltliche‹ Ausgangs- und Bezugspunkt« nicht diskutierbar ist.

Diese Einsicht reizt am Ende zum Träumen.

Könnte es sein, daß Theologie auf diesem Wege *menschlicher* wird? Und folglich dann auch die Kirche? DIETRICH BONHOEFFERS und ERNST LANGES »Kirche für andere« setzt eine »Theologie für andere« voraus.

»Theologie für andere« wäre per definitionem: Theologie *als* Interdisziplinarität.

Wäre es möglich, daß es auf diesem Wege gelänge, alle geheimen oder auch offenen Sehnsüchte nach einer reinlichen »Theologie als solcher« zu überwinden?

Statt dessen: *Theologie als Reflexion von Zeitgenossenschaft?*

# SACHREGISTER

## Sachregister

Im Register sind die Titelstichwörter der Gliederung (vgl. das Inhaltsverzeichnis) hervorgehoben. Die Begriffe *Religion, Kirche* und *Gesellschaft* sind lediglich mit *einer* Globalnennung aufgeführt, die sich auf das Einleitungskapitel bezieht.

Abendmahl, 129, 279, 339, 341–344
Absolutheitsansprüche 210, 214–216
Alltag 159, 226, 264, 266, 273 f, 278, 325
Alltagswelt 59, 117, 198, 299
Alte 136
Altenarbeit 95 f
Alter 95
Amt 147, 155, 168, 179, 296, 342, 358, 362 f, 365
Amtshandlungen 287, 292–298, 301, 308, 314, 329
Antirassismus 217
Apartheid 228 f, 258
Arbeit 182, 232, 235
Arbeiterwohlfahrt 184
Arbeitsgemeinschaft der Evangelischen Jugend e. V. (AEJ) 87
Arbeitslosigkeit 181–183, 371 f
Asyl 244 f
Aufklärung 25, 42, 46, 49, 61, 124, 278
Auschwitz 269, 284
Autobiographie 109 f, 171, 363

Bedarfsdeckungsprinzip 187
Befreiungstheologie 237
Behinderte 136, 172 f
*Beratung* 59, 78, *142–173*, 355 f
Bestattung 208, 290, 312
Bewußtsein 33, 199, 236, 324
Beziehung 197, 208, 218 f
Bildung 53, 73, 76, 77, 83, 107, 115, 198
Biographie 36, 59, 79 f, 84, 96, 109, 157, 293, 298 f, 361, 364, 373 f
Bremer Klausel 119
Bundesrepublik 47, 53 f, 61, 74, 128, 148, 186, 245, 290, 305
Bundessozialhilfegesetz 85, 95, 184–186

Christenlehre in der DDR 137 f
Christentum 24, 26, 28, 41
Civil-Religion 37, 39–43, 47

Clinical Pastoral Training 153

DDR 40, 61, 109, 128, 130, 132, 295 f, 312 f, 336
Defiziterfahrung 159, 170, 173
Denkschriften 108, 284, 285
*Deuten 287–314*
Deutung 307
*Diakonie* 82, 85, 142, *183–199*
Dialektische Theologie 23, 150 f, 154, 269, 294
Dialog 47, 100, 215 f, 218 f, 221, 229, 285, 357
Didaktik 90, 113, 115, 116, 118, 120, 123, 136, 197 f, 208 f, 337
Diskurs 350, 355
Dritte Welt 197, 245, 246

Ehe 290, 303 f, 305 f, 310, 313, 342
Ehescheidungsrecht 284
Elementarerziehung 74, 96
Entwicklung 98, 196
*Entwicklungshilfe 194–199*
Erfahrung 34 f, 44, 51, 73, 79 f, 98, 198, 210, 219, 223, 237, 246 f, 278, 331, 364
Ersatzunterricht 112
Erwachsene 79, 88, 128
*Erwachsenenbildung 69–85*, 100
Erzählen 135 f, 293, 337
Erziehung 75, 83 f, 90, 97 f, 124, 132, 137, 146, 196
Ethik-Unterricht 118–122
Evangelische Akademien 59, 99
Evangelische Unterweisung 137
Expressivität 327 f, 331 f

Familie 161, 179, 206 f, 235, 300 f, 306
Familienberatung 205, 207
Familiengottesdienst 340
Familientherapie 161
*Feiern 315–345*
Feminismus 231–240
Feministische Theologie 231

Fest 139, 315, *319–325*, 328–330, 337, 340, 344
Flüchtlinge 244–246
Fokalberatung 164
Fortbildung 85
Frauen 75, 242, 305, 336
Frauen und Männer 208
Frauenbewegung 234, 306
Frauenunterdrückung 235
Friedensbewegung 221 f, 276
Fürsorge 175, 184, 189

Gehorsam 153, 229, 254, 257 f
Gemeinde 58, 126, 131–133, 153, 198, 223, 275, 346, 351, 353–357, 362
Gemeindeaufbau 50, 56–59, 61
Gemeindeberatung 201 f, 355 f
Gemeindepädagogik 58 f
Gemeinwesenarbeit 58, 201
Generationen 96, 215, *219–223*, 261
Generationenvertrag 222 f
Gerechtigkeit 179 f, 195
Geschichte 25, 44, 53, 92, 116, 124, 140, 190, 220, 226, 303, 381
*Gesellschaft 17–62*
Gespräch 78
Gesprächstherapie 161, 163
Gewalt 226 f, 369
Gewissen 335
*Gottesdienst* 39, 226, 242, 275, 278–280, 315, 319, 320, 322, *325–333*, 341, 343
Grenzsituation 170
Grundgesetz 109 f, 112, 115, 119, 122 f, 184 f
Gruppe 219, 223, 225, 356
Gruppendynamik 154

Hausgemeinde 295
Haushalterschaft 195
*Helfen 142–173, 175–207*, 208–210
Helfende Berufe 203
Helfer 169, 336, 205
Hermeneutik 157, 208 f, 238, 243
Herrschaft 34, 178, 196, 215, 217, 227 f, 238
Holocaust 220

Homiletik 247 f, 250, 259, 269, 271, 274 f
Humanwissenschaften 146 f, 150, 191

Identität 27, 35–37, 42, 79–81, 84, 96, 98, 140, 216, 225
Indoktrination 112, 124
Initiationsritus 300
Innere Mission 336
Institution 41, 45, 54, 126, 133, 222 f, 243, 352
Instrumentelle Sprache 263
Integration 32, 40, 43, 130
Interaktion 78, 80 f, 84, 97–99, 270 f, 325, 327, 346, 355, 360, 362 f
Interdisziplinarität 381 f
Islam 140, 231
Islamischer Religionsunterricht 139

Jugend 79, 87–89, 126, 128, 216 f
*Jugendarbeit* 74, *85–93*
Jugendbildungsgesetz 85
Jugendhilfe 85, 92
Jugendprotest 92, 221
Jugendreligionen 90
Jugendverbände 86
Jugendweihe 128, 130 f
Jugendwohlfahrtsgesetz 85 f, 184

Kinder 75, 79, 96–98, 335, 339
*Kindergottesdienst 333–337*
*Kirche 17–62*
Kirchenjahr 323, 329
Kirchenkampf 138
Kirchenordnung 340
Kirchenrecht 342
Kirchensteuer 46, 54
Kirchentag 59, 276, 333
Kirchenvorstand 73
Kirchenzucht 131, 152
Klientenzentrierte Methode 154
*Kommunikation* 96 f, 127, 136, 157, 162, 171, 173, 191, 208, 237, 259, 264, 271, 275, 279 f, 287, 327, 331 f, 346, 352, *357–362*, 363, 370
Kompetenz 47, 362–364
Konfession 51, 112, 117 f, 120, 122, 175, 210, 224, 226, 243

## Sachregister

*Konfirmandenarbeit 125–133*
Konfirmandenunterricht 339
Konfirmation 125–133, 339
Konflikt 82–84, 88, 148, 157, 227
Konventionen 264, 274
*Kooperieren 346–375*
Kritik 30, 39, 47, 98, 107, 115 f, 179, 223
Kritische Theorie 28
Kult 52, 320–322, 325, 331
Kultur 37–41, 88, 124, 139 f, 168, 224, 226, 234 f, 244
Kulturreligion 37
Kunst 156, 331
Kurztherapie 164

*Laien* 50, 99, 295 f, 336, 346, *357–362*, 366
*Lebensgeschichte* 81, 84, 109, 160, 163, 248, *292 f*
Lebenswelt 58 f, 115, 201, 223, 271, 298 f, 359
Lebenszyklus 205, 207, 297 f, 320
Lehrer 160, 366
Lehrerausbildung 54
Lernbereichsdidaktik 118
*Lernen 68–101, 102–141*, 125, 195–198, 208–210, 216, 236, 350
Lima-Liturgie 343
Literatur 267 f
Liturgie 27, 325, 327, 339, 344

Macht 191, 195, 219, 227, 242
Massenmedien 278
*Männer und Frauen 231–240*
Mediale Sprache 265
Medien 47, 136, 250
Mischehenrecht 310
Mission 47, 60, 214, 225
Mitarbeiter/innen 203 f, 356
Moralität 37–39
Musik 325, 330–332
Mündigkeit 112, 124, 355

Nachbarschaftshilfe 201
Namensweihe 313
Nation 50, 52
Nationalsozialismus 227, 255

Nichteheliche Lebensgemeinschaften 290, 304, 306
Normen 33, 236

Omnipotenzvorstellungen 204 f
Ordination 359, 364
Öffentlichkeit 47, 50, 90, 99, 192, 301, 349
*Ökumene* 90, 108, 122, 194, *223–231*, 329, 339, 341–343
Ökumenische Trauung 310
Ökumenischer Rat der Kirchen 227, 230

Parochie 364 f
Partizipation 50, 354
Passage-Ritus 128 f
Pastoralpsychologie 153, 156 f
Pastoraltheologie 359, 366, 379
Patenamt 340
Patriarchat 238, 240
Person 219
Pfarramt 75, 363
*Pfarrer/innen* 73, 160, 203 f, 242 f, 303, 336, 346, *362–367*, 373
Poesie 142, 272 f, 281, 331
Politik 146 f, 175, 198, 201, 329
Politische Predigt 246
Positivismus 30, 42
*Predigt* 108, 151 f, 208, 215, 226, 239, 243, 249, 259, *269–276*, 293 f, 308, 332, 353
Predigtvorbereitung 272
Privilegien 47, 54 f, 227, 247, 349
Psychoanalyse 154, 157, 161
Psychologie 146, 151, 156 f
Psychotherapie 154 f, 161
Publizistik 278

Rasse 52, 228
Rassismus 217, 226, 227, 228, 258 f
Recht 129, 369
*Reden 249–285*
Reichsgesetz über die religiöse Kindererziehung 112
Reifung 37, 98
*Religion 17–62*
Religionskritik 31, 43

Religionskunde 120
*Religionsunterricht* 47, 54 f, *110–125*, 137, 140, 336
Rhetorik 208 f, 259, 261, 269 f, 273 f
rites de passage 299
Ritual 274, 302, 314 f, 325
Ritus 27, 208, 242, 287, 296, 301, 308, 312, 322
Rolle 80, 142, 169, 307, 346, 352, 362, 366, 369, 372

Sakrament 292, 341 f
Säkularisierung 33–35, 45, 48
Säkularität 47
*Schreiben 249–285*
Schuld 198, 216 f, 227
Schule 54, 78 f, 107, 110, 113, 115, 118, 120 f, 123–125, 132, 137, 139
*Seelsorge* 108, *142–173*, 175, 198, 201, 297
Semiotik 332
Sinn 90, 118, 220, 265, 292, 308, 312, 327, 329, 360
Solidarität 173 f, 207, 226, 229, 354, 372
Sozialarbeit 161, 188
Soziale Elternschaft 235
*Sozialgesetzgebung 183–189*
Sozialhilfe 181, 184–189
Sozialisation 76, 98, 109 f, 236, 312, 348
Sozialität 36, 80
Sozialpsychologie 300
Sozialwissenschaft 150 f, 191 f, 355
Spezialpfarramt 364 f
Spiel 324 f, 337
*Sprache* 117, 142, 180, 225, 239, 257, 260, 262 f, *263–269*, 280, 283
Sprechakttheorie 270
Staat 40, 53–55, 111, 131 f, 137 f, 175, 179, 181, 183–185, 187–189, 191, 229, 247, 349
Staatskirchenvertrag 55
Studentenbewegung 221
Studentengemeinde 99
Subjekt 25, 35, 44–47, 80, 83 f, 91, 125–127, 130, 238, 346, 355 f, 358, 360, 362 f, 380

Subjektivität 26, 36, 268, 271
Subsidiaritätsprinzip 77, 188
Supervision 204 f
Südafrika 217, 228, 258
Symbol 36, 118, 156, 274 f, 293, 312, 315, 328, 337, 360

Tagung 100
*Taufe* 129, 290–292, *299–303*, 339 f, 358
Telefonseelsorge 148, 168 f, 203
Themenzentrierte Interaktion 198
Themenzentrierte Methode 154
Therapie 78, 160
Tiefenpsychologie 150, 154, 163
Tod 170–172, 221
Tradition 25, 40–43, 46, 48 f, 59, 90, 99, 116 f, 123, 130, 140, 180, 215, 258, 283, 307, 330, 341, 343 f, 350
Traditionsabbruch 48 f, 56, 61, 87, 127
Traditionsbruch 87 f
Trauerfeier 313
*Trauung* 290 f, 303, 303–308, 312 f

Unterdrückung 223, 237 f
Unterricht 90, 124 f, 130
Urbanisierung 92
Utopie 29, 32, 38, 42, 116, 207

Verhalten 33, 78, 162, 350
Verhaltenspsychologie 154
Verhaltenstherapie 158
*Verständigen 210–248*, 360
Verstehen 157, 198, 263
Volkshochschule 73
Volkskirche 50, 60 f, 92, 131, 138, 222, 294, 297 f

Wehrdienstbefreiung 55
Weimarer Reichsverfassung 54
Werte 33, 220, 236, 312, 329, 350
Wohlfahrtspflege 185

Zeichen 266 f, 293
Zivilstandsgesetzgebung 304
Zweites Vatikanisches Konzil 230